F. A. Stocker

Vom Jura zum Schwarzwald

Geschichte, Sage, Land und Leute (Siebenter Band)

F. A. Stocker

Vom Jura zum Schwarzwald
Geschichte, Sage, Land und Leute (Siebenter Band)

ISBN/EAN: 9783741184031

Hergestellt in Europa, USA, Kanada, Australien, Japan

Cover: Foto ©Lupo / pixelio.de

Manufactured and distributed by brebook publishing software
(www.brebook.com)

F. A. Stocker

Vom Jura zum Schwarzwald

Vom Jura zum Schwarzwald.

Geschichte, Sage, Land und Leute.

Herausgegeben

unter Mitwirkung einer Anzahl Schriftsteller und Volksfreunde

von

F. A. Stocker,

Redaktor der „Basler Nachrichten".

Siebenter Band.

Aarau,
Druck und Verlag von H. R. Sauerländer.
1890.

Inhalt.

Aus Alt-Rauracien.

Von Dr. Otto Schenker in Pruntrut.

II.

Burgundisch-fränkische Zeit.

Wir haben in einer frühern Arbeit darzustellen versucht, was in ältester Zeit unter dem Namen Rauracien zu verstehen war, welches die Grenzen und die Bevölkerung dieses kleinen Landes gewesen, der Wiege der gegenwärtigen Kantone Basel, Basel-land, des Berner Jura, eines Theiles des Aargau und Solothurn, und wie es sich in keltischer Zeit und unter späterer römischer Herr-schaft entwickelt hat. Wir sind bei unserer Untersuchung in das Brausen und Wogen der Völkerwanderung gelangt und den über den Rhein dringenden Germanenstämmen gefolgt, unter deren Sengen, Morden und Rauben nach und nach das einst so stolze Römerreich zusammen-brach, um nach kurzem Wiederaufleben, einem letzten Aufflackern alt-römischer Tapferkeit unter Stilico und Aëtius mit dem letzten Schein-könig, dem leeren Phantom Romulus Augustulus, als Staatswesen in die Nacht zu versinken. Wenn auch das römische Reich zerfiel und germanische Königreiche aus dem riesigen Umsetzungsprozeß hervor-gingen, die Erinnerung an die einstige Größe Roms, an die Einheit des gewaltigen Weltreiches, ging unter den Nachkommen der alten Römer und der Gallo-Römer unserer Gegenden nicht verloren; die rohen, gewaltthätigen Barbarenkönige selbst beugten sich dem Zauber des römischen Namens; sie schützten die alten Einrichtungen und suchten selbst die Titel der alten Imperatoren, unter welchen diese die Welt unterwarfen, von den oströmischen Kaisern zu erhalten.

Heute werden wir einen Schritt weiter gehen, um den germanischen Stämmen zu folgen, insofern sie unser Land, das ja, dem Grenzstrom, dem Rhein so nahe gelegen, am meisten ausgesetzt war, berührten und da und dort sich kürzere oder längere Zeit dauernde Niederlassungen schufen.

Wir treffen hier auf drei Hauptstämme der Germanen, jeder in seiner Art gewaltig und doch dem Charakter und der Natur nach verschieden, auf die Burgunder, Allemannen und Franken, aus deren Beziehungen unter einander und mit der alten gallo-römischen Bevölkerung im Lauf der Jahrhunderte zwei Hauptvölker unseres Erbtheils hervorgingen, die Deutschen und Franzosen. Unsere Aufgabe ist ungemein schwierig, wir sind uns dessen wohl bewußt, etwas Licht in das Dunkel zu bringen, das über jener so weit entlegenen Uebergangsperiode lastet; denn der Dokumente, die uns erhalten, sind sehr wenige, burgundische und fränkische Monumente sind selten vorhanden, und dazu ist das Land, das uns beschäftigt, nur klein, ja verschwindend klein, im Verhältniß zu großen Staaten und Königreichen, die sich da bildeten, wieder zerfielen, verkauft, verhandelt und vertheilt wurden wie Kartenspiele. Deßhalb folgt dieses enge Stück Erde, welches die Römer Rauracien nannten und dessen Name sogar als eigenes Staatswesen mit dem Einbrechen der Barbaren aus der Geschichte verschwand, dem Loose der benachbarten sich bildenden Staaten; obwohl klein, wird es noch in kleinere Fetzen zerrissen, welche bald diesem, bald jenem Reiche zugetheilt werden; es ist beinahe unmöglich, in diesem Wirrwarr den leitenden Faden zu finden und die Geschichte hat uns nur die Grenzen der größern Staatenkomplexe überliefert, während diejenigen unseres Ländchens hin- und herschwankten, wie ein Rohr im Winde. Wir müssen daher vorerst die Bildung der größern benachbarten Reiche in's Auge fassen und erst dann das Wenige zu sammeln suchen, das uns über unsere Heimath mit mehr oder weniger Sicherheit von Geschichte, Sage und Archäologie überliefert worden.

In jener ewig benkwürdigen, schauerlichen Sylvesternacht des Jahres 406 auf 407, als die germanischen Stämme der Sueven, Vandalen und Alanen den gefrornen Rhein überschritten, um Mord, Brand und Plünderung in die friedlichen gallischen Gaue zu tragen, als die Brandfackel die römischen Kastelle, Burgen und Städte in

Afche legte, während die Rheingrenze von römifchen Kriegern faft ganz entblößt war, da Stilico die Legionen zur Abwehr der Gothen nach Italien gezogen, wurde auch das Volk der Burgundionen in diefen Raub- und Beutezug mitgeriffen.

Jedoch hatte diefer Zug keine dauernde Niederlaffung zur Folge; Franken und Allemannen, welche mit Stilico ein Bündniß gefchloffen, fuchten vergeblich den Einbruch zu hindern, obwohl 20,000 Vandalen mit ihrem König Godegifel im Kampfe fielen. Der römifche Feldherr und Ufurpator der Imperatorenwürde, Conftantinus, fchlug fie jedoch über den Rhein zurück, nachdem fie weit und breit die gallifchen Lande verwüftet, konnte aber einen zweiten Einfall im Jahr 409 nicht verhindern; die Burgundionen werden bei diefem zweiten Ver-fuche nicht erwähnt und find wahrfcheinlich auf dem rechten Rheinufer zurückgeblieben. Die Vandalen, Alanen und Sueven durchzogen aber Gallien mordend und raubend nach damaliger Sitte und fanden ihren Abfluß nach Spanien, wo fie fich dem aufftändifchen römifchen Feld-herrn Gerontius anfchloffen, und das fchöne Land nach fchrecklicher Verwüftung in Befitz nahmen. Eine kleine Anzahl Sueven war um den Rhein zurückgeblieben und bildeten den Stamm der fpätern Schwaben.

Die Erhebung des Jovinus, eines edlen Galliers, zum Imperator fällt in das Jahr 411, unterftützt von einer Anzahl Alanen, welche um 406 in römifche Söldnerdienfte getreten waren; ferner von Alle-mannen, Franken, und endlich der Burgundionen unter ihrem König Guntiar oder Gundicarius, Gundaharius, dem Günther der Nibelungen.

So tritt uns das Volk, das uns in erfter Linie befchäftigt, vor die Augen, ftark, groß, reckenhaft, die Helden im Glanze der Sage, der Nibelungen.

Gibica, der Vater Gundicars, war wahrfcheinlich der Führer der Burgundionen im Raubzuge von 406 auf 407, dann folgte fein Sohn Gundicar als Volkskönig nnd Bundesgenoffe des Imperators oder vielmehr Urfupators Jovinus, während feine Brüder Godomar und Gislahar (Gernot und Gifelher der Sage) als untergeordnete Stammes-fürften dem ältern Bruder zur Hand gingen. Wir wiffen, daß Jovinus ebenfowohl wie fein Rivale Conftantinus bei Arles von Conftantius, dem Feldherrn des rechtmäßigen Imperators Honorius, anno 411 gefchlagen wurde, daß des Jovius Verbündete, die Burgundionen,

welche damals wahrscheinlich noch auf dem r e ch t e n Rheinufer ihre
Sitze hatten, und nur theilweise, nicht als gesammtes Volk dem Usur-
pator zu Hilfe gezogen, mit in die Niederlage einbegriffen waren.
Trotzdem gewährte ihnen Constantius und sein Herr Honorius (413)
dauernde Sitze am l i n k e n Rheinufer, einerseits in Anerkennung früherer
Bundesgenossenschaft und erwiesener Dienste um das römische Reich,
andrerseits um die Burgundionen als Grenzmacht gegen den fernern
Andrang der Barbaren zu verwenden. Sie traten in das Verhältniß
römischer Unterthanen, gezwungen, unter römischer Oberhoheit dem
Reiche Hilfstruppen zu stellen und die betreffenden Gebietstheile gegen
Angriffe anderer germanischer Horden zu schützen; ihr König war
also ein Vasallenkönig.

Die Gebietsvertheilung geschah aber nicht sogleich; die Burgundionen wohnten nach den Grundsätzen des römischen Einquartierungs-
systems bei den römischen Grundbesitzern, die einen Drittel ihres Hauses
ihnen einräumen mußten und wurden hier verpflegt auf Kosten der
Römer oder des Staates. Erst später wurden die Ländereien, die
nun burgundionische sortes hießen, vertheilt. Der Mittelpunkt der
Niederlassungen war Worms und Umgegend, mit Worms als Hauptstadt, ferner Mainz und Speyer mit ihren Stadtgebieten, also die
ganze römische Provinz Germania I, mit Ausnahme Straßburg's;
das 1. Königreich Burgund umfaßte somit das heutige Rheinbayern
und Rheinhessen. Hier wurden die Burgundionen zum Christenthum
bekehrt, nach den Einen nach katholischem, nach den Andern zu aria-
nischem Ritus. Und um eben dieses Worms hat die Sage den ewig
grünen Kranz geflochten, der uns jetzt noch, nach 14 Jahrhunderten,
entzückt. Die altehrwürdige Stadt mit den lachenden Gefilden am
grünen Rheinstrom ist der Schauplatz der Nibelungen, der Burgunderkönige Günther, Gernot und Giselher des jungen, mit ihrem Gefolge
von Recken, und des grimmen Hagen. In Worms Mauern ist der
kühne Siegfried eingeritten; von ihrer Kemenate herab stieg die schöne
Königsschwester Kriemhilde, Liebe zu empfangen und ihm zu erwiedern.
Und dann, als Siegfried dem König Günther die schöne Brunhilde
gewonnen, als zwei Königinnen hier herrschten, entbrennt der Streit
zwischen ihnen vor den Thoren des Münsters, ein Streit, wie er
gräßlicher nur noch zwischen zwei Frankenköniginnen Fredegonde und
einer andern Brunhilde entstanden, und der endlich mit der Vernichtung

des Königshauses endete. Hagen tödtet Siegfried auf Anstiften Brun-
hildens und Günthers, ihres Gemahls, und Kriemhilde rächt sich später
in ihrer Brautnacht, als sie den Hunnenkönig Etzel (Attila) freite
und die Burgundionen zu ihrer Hochzeit lud, indem sie durch die
Hunnen ihre Brüder nebst Hagen und den Edlen Burgunds tödten
ließ. Eine furchtbare Dichtung, gewaltig wie die Zeit, in der sie
entstanden, mächtig wie die Leidenschaft, welche noch ungezügelt und
schrankenlos in den menschlichen Herzen glühte und barbarisch wie
die Epoche der Völkerwanderung, in der dies Drama stattgefunden
hatte und in der das Menschenleben so wenig Werth besaß. Und doch
ist die Form, in welcher die Nibelungen auf uns gekommen, jedenfalls
noch milder als der ursprüngliche Text. Denn sie wurden erst im
12. Jahrhundert aus germanischen und nordischen Sagen zusammen-
gestellt und zeigen nicht mehr die ursprüngliche Kraft und Wildheit;
das höfische Wesen, die galante Ritterpoesie hat schon viele Ecken und
Härten abgestumpft, welche unser modernes Gefühl auf's Tiefste ver-
letzen müßten; und auch so noch hören wir der Greuel genugsam.

Was waren aber die Burgundionen für ein Volk, welchem großen
Völkerstamm gehörten sie an und woher kamen sie an den schönen
Rhein?

Diese Frage müssen wir noch zu lösen suchen. Der Name Burgunder oder Burgundionen kommt nicht, wie Viele fälschlich angenommen haben, vom lateinischen burgos her, Grenzwächter, Wächter
der Burgen, da sie den Namen schon mitbrachten, bevor sie sich als
wirkliche Grenzwächter des römischen Reichs am Rhein niederließen,
sondern wahrscheinlich vom gothischen Burja-immola-civis, und chunda,
gunda-bellicosus. Sie sind also gothischen Stammes und waren
ursprünglich, wie die Gepiden und Langobarden, Anwohner der Ostsee.
Plinius zählt sie zu den Vandalen, zwischen Oder und Weichsel, im
heutigen Pommern niedergelassen; Zweige davon kamen nach Skandinavien, selbst an die Westküste Norwegens. Durch die Gepiden ge-
drängt, zogen sie Mitte des 3. Jahrhunderts, durch Vandalen verstärkt, südwestlich und etappenweise gegen den Rhein zu, gelangten in
die unbequeme Nähe der Allemannen, welche noch jenseits des römischen
Grenzwalles seßhaft waren. Durch die Burgundionen in ihrer Ruhe
und ihren Sitzen aufgestört, rückten die Allemannen nach 282 in die
ostrheinischen Grenzlande, in der Strecke vom untern Main bis zum

Bodensee und die Burgundionen nahmen von den verlassenen allemannischen Landen Besitz. Natürlich konnte dieser Wechsel zwischen
sehr kriegerischen Völkerschaften nicht auf friedliche Weise vor sich gehen
und es müssen also vor 292 mehrjährige Kriege zwischen Burgundionen
und Allemannen stattgefunden haben. Auch als Nachbaren waren
sie in steter Grenzfehde, durch den römischen Grenzwall getrennt,
unternahmen aber dennoch in Gemeinschaft im Jahr 287 einen Raub-
zug nach Gallien.

Während des ganzen 4. Jahrhunderts waren die Burgundionen
durch allemannisches Gebiet von der römischen Rheingrenze abgeschnitten,
konnten also nicht Wächter des römischen Grenzgebietes sein, wie so
oft behauptet worden, und „Freunde und hospites" hießen sie den
Römern erst in viel späterer Zeit, als die Hauptmasse des Volkes schon
am linken Rheinufer angesiedelt war. Nur so viel ist gewiß, daß das
burgundische Volk im 4. Jahrhundert nicht mehr in feindliche Berührung
mit den Römern gekommen ist, vielmehr dem Kaiser Juliannus bei
seinem Kriegszug durch das Allemannenland bis an ihre Grenze keine
Veranlassung zu Feindseligkeiten gab und sich mit den Römern eifrig
zu verbinden suchte. Bald darauf gingen sie mit den letzteren ein
Bündniß gegen die Allemannen ein. Ammianus Marcellinus erzählt,
wie Kaiser Valentinianus I., nachdem die Sachsen am Niederrhein
zurückgeworfen worden, die Burgundionen, welche mit den Allemannen
der Salzquellen wegen in Grenzfehde lagen, zu einem gemeinschaftlichen Angriff gegen letztere, die den Mittelrhein bedrohten, aufgerufen
habe; wie dann auserlesene Schaaren der Burgundionen, ohne die
Vereinigung mit den römischen Truppen abzuwarten, durch allemannisches Land, 80,000 Mann stark, bis an das Rheinufer einen Vorstoß
gemacht hätten, zum Schrecken der verbündeten Römer selbst; wie sie
vom anderweitig beschäftigten Kaiser Valentinianus aber im Stich
gelassen, ergrimmt über diesen Treubruch und die Verweigerung der
verlangten Deckung des Rückzugs nach Niederhauen der kriegsgefangenen
Allemannen wieder in ihre Wohnsitze zurückgekehrt seien (370). Wir
sehen also, daß die Burgundionen zu verschiedenen Zeiten und zu verschiedenen Malen den Rhein besucht, daß sie in Gemeinschaft mit andern
Völkern sogar in Gallien vorgedrungen waren und wie die anderen
Barbaren an Mord und Plünderung der Gallo-Römer sich betheiligt
hatten. Müde dieser Wanderzüge und des rauhen Lebens in den

germanischen Forsten, milderen Sinnes und weniger roh von Natur aus als Allemannen, Vandalen, Franken, Langobarden, waren sie froh, im Jahr 413 dauernde Wohnsitze am linken Rheinufer zu erhalten, wie wir sie in Worms gefunden, und wurden als die Ersten der Germanen zum Christenthum bekehrt.

Jahn, Binding und Andere glauben, sie seien vorerst katholisch getauft worden, während Secretan von vorneherein ihren Arianismus, dem sie ja später bekanntermeise nach dem Vorgehen der West- und Ostgothen anheimfielen, annimmt.

Die Burgundionen besaßen große Hochachtung vor den römischen munizipalen Einrichtungen, ja eine gewisse Scheu und Ehrerbietung vor Allem, was römisch war. Jeden Morgen vereinigten sie sich, um die adeligen Römer zu begrüßen, in deren Nähe sie wohnten und gaben ihnen dabei den Namen Onkel oder Vater.

Ihre langen Haare ordnend und mit Fett bestreichend, sangen ihre rauhen Kehlen alt-germanische Weisen und fragten die anwesenden Römer, die sich über ihr Thun lustig machten, wie ihnen ihre Lieder gefielen. Welch' Unterschied zwischen diesen Barbaren und den eroberndern Allemannen und Franken, welche alles niederdrückten, was römischen Namen trug (Sidonius Apollinaris).

Wir müssen aber nicht glauben, daß sich gleich das ganze Volk am Rhein niederließ; ein Theil blieb in den alten Wohnsitzen zurück, noch heidnisch während längerer Zeit, und vereinigte sich erst nach und nach mit ihren Stammesgenossen. Reckenhafte Gestalten von 7 Fuß Höhe (bei den meisten antiken Autoren septipedes geheißen), wodurch sie den Römern imponirten, blondgelockte Männer, wie man sie der Größe nach noch in Waadtland und in den Montagnards der französischen Departemente des Doubs und des Jura findet — sogar die starke Schädelbildung des waadtländischen Patriciats soll auffallend mit der übereinstimmen, welche an Schädeln in Burgundergräbern notorisch beobachtet wird (Jahn), — mit langem Haupthaar, das, ebenso wie die Haut, mit ranziger Butter angefettet wurde, die Vornehmen in Pelze eingehüllt, bildeten sie anfangs den Schrecken der Römer. Sie waren schrecklich anzusehen, in Wahrheit aber gutmüthigen Sinnes, etwas eitel und putzsüchtig und bei näherer Bekanntschaft mit den Römern machten sich letztere eher über sie lustig, hauptsächlich ihres Gesanges und der rauhen Sprache wegen, welche, anfänglich ein Ge-

misch von Gothisch und Germanisch, später von Allemannisch und
Römisch, den feingebildeten Römern barbarisch in's Ohr klang, welchem
Spott Sidonius Apollinaris in einem berühmten Brief an seinen
Freund Ausdruck verlieh.

Wiewohl tapfer und kriegerisch, waren die Burgundionen, nicht
unähnlich den Gothen, von Haus aus weniger wild und bildungs=
fähiger als Allemannen und Franken, vermuthlich weil bei ihnen, den
ehemaligen Nachbarn der Gothen oder nach Einigen selbst gothischen
Stammes, die zu diesen von Süden her schon früh gebrachten Kultur=
anfänge nicht ohne Rückwirkung geblieben waren. Diese Bildungs=
fähigkeit brachte sie schnell römischer Gesittung näher, aber auch rö=
mischer Verweichlichung. Sie seien hauptsächlich Handwerksleute ge=
wesen, behaupten verschiedene Geschichtsforscher, besonders geschickt als
Wagner, Schmiede :c. und man läßt die Geschicklichkeit der Berner
Oberländer für die Holzschneidekunst von den Burgundionen abstammen;
das Berner Oberland war nämlich lange Zeit burgundisch. Dies ist,
so allgemein ausgedrückt, jedenfalls nicht richtig; Ackerbau und Vieh=
zucht war die Hauptbeschäftigung, während allerdings Viele sich in
der Mußezeit, im langen Winter mit Handwerk, ja mit Anfängen
künstlicher Beschäftigung mögen abgegeben haben (Zahn).

Die Sitte bildete bei ihnen das Gewohnheitsrecht; schon früh war
an die Stelle der Blutrache ein Wehrgeld getreten, sowie Bußen für
geringere Vergehen nach den verschiedenen Volksklassen: Adel, mittel=
freie oder freie Volksgenossen, dann der gemeinen niedrigen Freien
oder Freigelassenen, endlich der unfreien Knechte, Sklaven (servi).
Für die Tödtung eines Freien mußte aber im Gegensatz zu den Franken
mit dem Tod gebüßt werden und war kein Wehrgeld zulässig, was
schon den römischen Einfluß beweist. Erst unter fränkischer Herrschaft
wurde das Wehrgeld für Tödtung eines Freien eingeführt. Gottes=
urtheile und gerichtlicher Zweikampf waren im Schwunge; strenge
Gesetze für Ehebruch und geschlechtliche Vermischung mit Frauen der
verschiedenen Stände beweisen das tief sittliche Gefühl dieses Volks=
stammes, welches auch die Gastfreundschaft heilig hielt.

In politischer Beziehung hat sich das Volkskönigthum oder
Stammkönigthum aus dem Gau= oder Bezirkskönigthum entwickelt.
Bevor sich die Burgundionen in Gallien niederließen, besaßen sie keinen
Nationalkönig, sondern eine Mehrzahl von Fürsten oder Königen,

welche, von der versammelten Landsgemeinde der Freien vorzugsweise
aus den Adelsgeschlechtern gewählt, je einer der verschiedenen aus sog.
Hundertschaften zusammengesetzten Stammesabtheilungen oder Gauen
als Heerführer im Kriege, im Frieden als Richter in gleichberechtigter
Stellung vorstunden. Von den Gaufürsten, resp. den Volksgemeinden,
gingen die wichtigsten Beschlüsse aus; der Gaufürst oder König hieß
Hendinos oder Hundino, war nicht lebenslänglich gewählt und konnte
bei Unglücksfällen als von den Göttern verlassen abgesetzt werden.
Bei den kriegerischen Expeditionen nach Gallien mußte aber dem Heer
ein König, ein Führer vorstehen, und so entstand das Volkskönigthum, das wahrscheinlich mit Gibica begann und in seiner Familie
erblich wurde. Später suchten sie die römischen Titel eines magister
militum und patricius nach und waren so stolz auf diese Benennungen
wie auf ihr Königthum. Der König wählte aus seinem Dienstgefolge
die Grafen (comites), die an Stelle der alten Gaufürsten traten und
den beibehaltenen römischen Munizipalkreisen, welche auch als Gaue
bezeichnet wurden, als Richter und Heerführer vorstanden. Ferner
entstand ein Dienstadel aus der persönlichen Umgebung des Königs,
ja aus königlichen Knechten, die den Freien gleichgestellt waren.

Mit dem Nationalkönigthum sank der Einfluß der Volksversammlungen, und nur die Großen des Reiches entschieden unter Vorsitz
des Königs über die wichtigsten Fragen. Nur in den Hundertschaften,
unter den Centenaren, welche wahrscheinlich von den Gaugrafen gewählt wurden, blieb noch ein Rest der Volksgemeinde zur Berathung
von Gemeindeangelegenheiten.

Die Religion war früher der Odinkultus. Man hat viele Gräber
aufgefunden, die den Burgundionen zugeschrieben werden vor ihrer
Niederlassung in Gallien und von der Zeit ihrer Christianisirung da-
tirend. Die Gräber lagen meist in Reihen, auf Anhöhen, mit Vorliebe aber in der Nähe römischer Straßen und Städte, besonders
aber in römischen Gebäuden oder auf Trümmern römischer Baulich-
keiten, die Körper von West nach Ost oder von Nord nach Süd gerichtet.

Kehren wir nach dieser kulturhistorisch-politischen Abschweifung
zur Geschichte zurück, welche aber, nichts weniger als sicher festgestellt,
wie schon den Chronisten, so auch den neuern Geschichtsforschern viele
Räthsel zu lösen gibt und die Autoren sind über die künftige Periode
in vielen wichtigen Dingen uneins.

Wir wollen versuchen, in Kürze das darzustellen, was uns im Kampfe der Meinungen als das Wahrscheinlichste vorschwebt.

Wir finden die Burgundionen unter König Gundicar noch im Jahr 435 in den Niederlassungen um Worms, wie sie von den Römern anno 413 ihnen gewährt worden. Aber sei es, daß ihre Volkszahl zu stark zugenommen, sei es, daß der ritterlich-abenteuerliche Geist, der ihre früheren Wanderungen und Züge beseelt, noch nicht zur Ruhe gekommen, kurz, sie suchten ihre Besitzungen auf römisches Gebiet, auf das belgische Gallien und Lothringen auszudehnen. Allein der Statthalter des römischen Kaisers und Feldherr in Gallien, Aëtius, schlug sie zurück, zwang sie zum Frieden (435) und im folgenden Jahr (436) wurden sie von hunnischen Hülfsvölkern im Dienst des Aëtius noch vollständiger geschlagen und 20,000 ihrer Krieger sammt ihrem König Gundicar getödtet, jedoch nicht vollständig aufgerieben. In Folge dieser schweren Niederlage wurde der Rest des Volkes von Aëtius nach Sabaudia (Savoyen) verpflanzt (443), wie der Chronist Tiro Prosper sagt: Sapaudia Burgundionum reliquiis datur cum indigenis dividenda. In die verlassenen Wohnsitze am Rhein sind dann wahrscheinlich die Allemannen eingerückt.

Im Frühjahr des Jahres 451 brach der Hunnenkönig Attila mit 500,000 Mann von den Harz- und Maingegenden aus bei Mainz (nach Anderen bei Konstanz) in Gallien ein und seine Schaaren ergossen sich durch die römische Provinz Germania I in's belgische Gallien. Eine Menge von Städten, wie Trier, Tongren, Metz, wurden zerstört, Basel stark geschädiget; es war ein Einbruch, der an Gräßlichkeit den der Barbaren vom Jahr 407 womöglich noch übertraf. Attila hatte Orleans schon zum Theil genommen und mit Plünderung und Zerstörung der blühenden Stadt begonnen, als der letzte Hort und Schirm des sinkenden Römerreiches, Aëtius, mit den Römern und den zu diesem Zweck verbündeten Westgothen unter Theoderich, den Franken unter Merovée und den Burgundionen anrückte, die Stadt entsetzte und Attila zum Rückzuge zwang. Die Verbündeten setzten ihm nach und erst jetzt kam es zum Hauptzusammenstoß bei Chalons in den katalaunischen Feldern, in jener Riesenschlacht, wie sie einzig in der Weltgeschichte dasteht, in welcher der Westgothenkönig Theoderich fiel und wo die Geister der Erschlagenen nach der poetischen Sage den Kampf noch in den Lüften fortsetzten. Attila, von allen Seiten

in seinem Lager eingeschlossen, und schon bereit, lieber den aufgehäuften
Scheiterhaufen zu besteigen, als seinen Feinden lebend in die Hände
zu fallen, konnte in Folge der Uneinigkeit seiner Feinde entwischen;
er nahm den nämlichen Weg, den er gekommen, das Wenige, das
sein Einbruch zurückgelassen, noch zerstörend, und zog sich nach Pan-
nonien zurück, noch stark genug, um im folgenden Jahr Italien bis
nach Rom zu brandschatzen.

Dies ist, mit wenig Worten erzählt, der Verlauf jenes furchtbaren Drama's, das sich im Jahr 451 abgespielt, welches mit Blut
und Feuer in Gedächtniß der Nachkommen sich eingeschrieben hat und
viele nebensächliche Ereignisse vergessen oder falsch deuten ließ; damit
ist ferner die Theilnahme der Burgundionen am Kampfe gegeben, wie
sie der Chronist Jordanis erzählt, und wie sie die neuern Historiker
Jahn, Waitz, Binding 2c. annehmen. Dennoch ist der Zusammenhang
dieser Thatsachen nicht so einfach, und in alter und neuer Zeit haben
sich gewichtige Stimmen erhoben, welche nach Zeit und Ort die Facta
anderweitig gruppiren. Die Chronisten Prosper Aquitanus, Cassiodorus,
Prosper Tiro, Jdatius, Paulus Diaconus warfen die Ereignisse von
436, 437, ferner die Niederlassung der Burgundionen in Sabaudia
anno 443 zusammen, oder bringen sie mit Attila's Einbruch vom Jahr
451 in Zusammenhang; ja Paulus Diaconus behauptet geradezu, es
hätten im Jahr 451, als Attila bei Mainz den Rhein vermittelst einer
Schiffbrücke passirte, die Burgundionen sich den Hunnen entgegen-
geworfen, und hier am Rhein hätte die für die Burgunder so ver-
hängnißvolle Schlacht stattgefunden, in welcher König Gundicar mit
seinem Stamm und 20,000 der Seinen getödtet worden. Schweizerische
Geschichtsforscher, wie De Ginginš, Secretan, französische Historiker,
wie Amédée Thierry, unterstützten diese Ansicht, indem sie behaupten,
nur ein Theil der Burgundionen hätte sich nach Sabaudien (Savoyen)
im Jahr 443 verpflanzen lassen, während das Gros der Nation nebst
dem Königshause bis 456 in Worms und im Königreich am Rhein
zurückgeblieben sei, wo es sich dem Einfall der Hunnen entgegenwarf,
und sie versetzen die Uebersiedlung nach Savoyen erst in die Jahre
456 und 457. Wenn es wirklich der Fall wäre, daß Gundicar, der
Burgunderkönig, von Attila getödtet worden, so würde die Geschichte
mehr im Einklang mit der Nibelungensage stehen, in welcher König
Günther mit den Seinen von den Hunnen Etzels ausgerottet wird,

nach der Sage allerdings bei einem Brautmahle und nicht in offener Feldschlacht.

Amedee Thierry, von dem Waitz sagt, er habe die Geschichte als Roman behandelt, spricht von einer Schlacht zwischen Burgundionen und Hunnen bei Basel, indem er annimmt, eine Abtheilung der Hunnen hätte bei Basel den Rhein passirt, welchem Vorhaben sich die Burgundionen entgegenstellten, während das Gros der Armee den Uebergang bei Mainz bewerkstelligte. Secretan glaubt auch, es wäre den Burgundern unmöglich gewesen, nach der Niederlage bei Worms so schnell in Chalons zu erscheinen, um, mit Aëtius verbündet, die entscheidende Schlacht den Hunnen zu liefern. Daher theilt er die berühmte Schlacht in den katalaunischen Feldern in zwei Abtheilungen, in die Schlacht bei Mauriac, wo nur Franken und Burgunder auf die Nachhut der Hunnen stießen — nach dem Rückzug der letzteren von Orleans — und mit denselben die erste Schlacht lieferten, und dann 3 Tage später der eigentliche Riesenkampf bei Chalons, wo die nun vereinigten Römer, Franken, Westgothen und Burgundionen unter dem Oberbefehl des Aëtius die Hunnen und Attila bezwangen. Deßhalb sollten burgundisch-fränkische Quellen nur von der Schlacht von Mauriac, wo nur Burgunder und Franken gefochten, und westgothisch-römische nur vom Kampf in den katalaunischen Feldern sprechen. Wie schon oben bemerkt, sind Zahn, Binding, Waitz, ferner Gaupp, Derichsweiler, Wichersheim, d. h. die Mehrzahl der deutschen Autoren, endlich auch der Franzose Martin in seinem berühmten Geschichtswerk mit diesen Versionen nicht einverstanden. Sie verlegen die Niederlage der Burgundionen und den Tod ihres Königs Gundicar, veranlaßt von den römischen Truppen unter Aëtius oder deren hunnischen Hülfsvölkern, — wie letztere oft von den Römern zu ihren Zwecken, wie die spätern Landsknechte im Mittelalter von verschiedenen Fürsten, benutzt wurden — in das Jahr 437, als die Burgundionen sich römisches Gebiet zueignen wollten und dafür von Aëtius bestraft wurden; die Uebersiedlung der Burgundionenreste nach Sabaudia, dem Chronisten Prosper Tiro, folgend, in das Jahr 443, den Zuzug der Burgundionen zu des Aëtius Völkern von Sabaudien, den neuen Wohnsitzen, und nicht vom Rhein aus, wo sie nichts mehr zu thun hatten, und endlich die entscheidende Schlacht von Chalons in das Jahr 451. Das Gebiet am Rhein, welches die Burgundionen nach ihren Niederlagen von 436 und 437, also vor 443, verließen, um nach Savoyen zu ziehen, soll nach den Einen wieder unter römische Herrschaft gefallen, nach Andern von den nachrückenden Allemannen eingenommen worden sein. Wir folgen in unsrer Darstellung der Mehrzahl der deutschen Autoren, indem wir dem Bericht Prosper Tiro's glauben, der mit ausdrücklichen, nicht zu mißverstehenden Worten versichert, und zwar vom Jahr 443: „Sapaudia Burgundionum reliquiis datur cum indigenis dividenda."

Gundicar war dennoch nicht mit seinem ganzen Stamm ausgerottet worden, wie die Chronisten übertreibend behaupten. Aus dem alten burgundionischen Königsgeschlecht regierte Gundioch oder Gundeuch über die Burgunder in Sabaudien — Gregor von Tours läßt ihn zwar von den Westgothen abstammen — wie Einige sagen, zugleich mit seinem Bruder Hilperich; Genf war wahrscheinlich Residenzstadt. Sapaudien oder Savoyen war von Aëtius im Namen des römischen Kaisers den Burgundionen zur Niederlassung überwiesen worden, einerseits, um dies Volk von der steten Beunruhigung Nordgalliens abzuhalten, ferner zum Schutze des südöstlichen Galliens gegen die Westgothen, und endlich, um die so wichtigen Alpenpässe gegenüber dem Vordringen der Barbaren als Vormauer Italiens zu schützen: „Sabaudia war durch den Genfersee und die Rhone von Sequanien geschieden, und umfaßte das heutige Savoyen nordwärts bis an die Rhone bei Genf, südwärts weit über Grenoble hinaus bis an die Gegend von Embrun an der Durance. Oestlich wurde es durch die Kette der grajischen und kettischen Alpen — großer und kleiner St .Bernhardt — begrenzt."

Die Vertheilung des Landes geschah wahrscheinlich in der Weise, daß die Burgundionen ⅔ der Wohnung und ⅓ vom Grundbesitz der frühern Bewohner erhielten und der König war auf kaiserliches Krongut angewiesen.

Von dieser savoyischen Provinz aus dehnte sich Burgund mit der Zeit nach West und Nord aus, wahrscheinlich um 457 in die römische Provinz Lugdunensis I mit Lyon und in die Viennensis mit Arles, Vienne, Marseille. Diese Vergrößerung ging aber vor sich nach der Rückkehr Gundiochs und Hilperichs aus Spanien, wo sie als Rom's Alliirte in Gemeinschaft mit den Westgothen rühmlich gegen die Sueven gefochten, die Chartago geplündert und sonst auch den Befehlen des römischen Imperators (Avitus) nicht gehorcht hatten.

Die Ausdehnung der Burgundionen im lugdunensischen und viennensischen Gallien war aber weniger eine Eroberung als ein Ueberein-
kommen mit den dort ansässigen Gallo-Römern, d. h. mit den Sena-
toren, den dem römischen Adel angehörenden Curialen, zugleich den
Großgrundbesitzern des Landes, indem letztere hofften, durch die engere
Verbindung mit den kriegstüchtigen Burgundionen dem nicht mehr zu
ertragenden Steuerdruck der Römer zu entgehen und zugleich einen Schutz
gegen rohere Barbaren, besonders den andrängenden Allemannen und
Franken, und ferner gegen die aufständigen Bagauden, den verarmten
Kommunisten unserer Tage, zu besitzen.

Die Burgundionen erhielten bei dieser Theilung ⅔ der Ländereien,
oder wenigstens die Hälfte, ⅓ der Sklaven, die Hälfte des Hofes und
Baumgartens. Der König erhielt Staatsländereien zum Grundbesitz
angewiesen und durch seine Freigebigkeit bekamen seine Getreuen, selbst
verdienstvolle Römer, Land geschenkt. De Gingins glaubt, die Provinzen seien unter Burgundionen und Gallo-Römern in der Weise
getheilt worden, daß die Städte und das flachere, bewohntere und be-
baute Land den Gallo-Römern überlassen worden, während die Burgundionen die wald- und wildreicheren höheren Gegenden als Antheil
erhielten. Wahrscheinlicher und dem Charakter der germanischen Stämme
angemessener ist jedoch Bindings Ansicht, nach welcher das Land in
viele einzelne Parzellen getheilt wurden (sortes), um welche geloost wurde.

Da nun Sabaudien den großen Zuwachs der lyonnensischen und
viennensischen Provinzen erhielt, regierte König Gundioch in Lyon,
das jedoch, vom Kaiser Majorjan erobert, um die Burgundionen zur
Anerkennung der römischen Oberhoheit zu zwingen, nach dessen Tod
durch Ricimer wieder zurückgegeben wurde, und sein Bruder Hilperich
in wahrscheinlich untergeordneterer Stellung in Genf.

Von größter Bedeutung war aber die Ausdehnung des burgundischen Königreichs in die römische Provinz Maxima Sequanorum,
wodurch die Burgundionen Herren unserer Gegenden wurden und
Grenznachbaren der Allemannen.

Die Ostschweiz und das Elsaß waren wahrscheinlich um 472 von
den Allemannen dauernd besetzt worden, und schon 473 waren sie
im Besitz des Alpengebietes, aber als Eroberer, wobei sie alles
Land unter sich theilten und die alten Einwohner zu Colonen oder
Sklaven herabgedrückt wurden.

Ihrer Pflicht als römischer Föderaten treu — König Gundioch hatte den römischen Titel eines magister militum erhalten — traten die Burgundionen dem Einbruch der Allemannen in römisches Gebiet entgegen, und es gelang ihnen, trotzdem sie gleichzeitig gegen die West-gothen kämpften, welche den Römern die Auvergne streitig machten, die Maxima Sequanorum zwar nicht ganz, aber doch Westhelvetien bis an die Aare und den angrenzenden Theil von Ostgallien zu be-haupten. Das Jahr 472 wird als dasjenige der gleichzeitigen bur-gundischen und allemannischen Okkupation dieser Provinz angenommen. Nach Gregor von Tours bildet ursprünglich der Jura in der Gegend von Aventicum die Grenze zwischen Burgund und den allemannischen Landen. Die Allemannen waren wahrscheinlich sogar bis Besançon vorgedrungen und hatten eine Zeit lang einen großen Theil der Maxima Sequanorum okkupirt, bis sie von den Burgundionen immer mehr dem Osten zu gegen den Rhein zurückgebrängt wurden. Die Alle-mannen grenzten also 473 südlich an die Burgundionen, im Ober-Elsaß und bei Basel, sowie an der oberen Aare, im Uebrigen süd-westlich in den Alpen. In der Unsicherheit der Grenzen geben uns die Vertheilung der Bisthümer die besten Anhaltspunkte für die Ver-theilung der Länder, und wir dürfen behaupten: Die mittlere und obere Aare, erstere bis an die Sigger unterhalb Solothurn, waren die westliche Marfscheide der Allemannen, gegenüber den Burgundionen, indem das Land westlich davon zum Bisthum Lausanne, dasjenige östlich dieser Markscheide zum Bisthum Konstanz gehörte.

De Gingins, der die Geschichte der Burgundionen auf's Gründ-lichste studirt hat, und welchen wir in diesen Fragen als Autorität anerkennen müssen, theilt Westhelvetien in sieben Gaue, den sieben Schaaren Gundiochs entsprechend:

1) in den Pagus Waldensis — mit Lausanne, Aubonne, Yverdon —; 2) Pagus Aventicus um den Murtensee; 3) in den Pagus Nugerol, um den Bielersee bis Solothurn; 4) in das Uechtland, Hochland, Greyerzer- und Saanenthal; 5) in den Pagus caput-lacense, Chablais bis zum Genfersee und um die Rhone bis Villeneuve; 6) in den Pagus equestricus, Nyon und das Pays de Gex; 7) Pagus Vallensis, im Wallis. Pagus Aventicus, Pagus Nugerol und Uechtland sollen ausschließlich den Burgundionen, Uechtland und Pagus equestricus den burgundischen Königen als Domänen, Pagus Waldensis und

pagus caput lacense den Gallo-Römern gehört haben. Ob diese Ein-
theilung politischen Werth hat, ist eine andere Frage; jedenfalls ge-
hörten alle sieben Gaue, also ganz Westhelvetien zum burgundiunischen
Königreich. Wichtiger ist folgende Eintheilung der Provinz Maxima
Sequanorum, welche als Hauptstadt Besançon besaß: 1) Metropolis
Vesontio (Besançon); 2) civitas equestrium Noiodunus (Nyon);
3) civitas Elvitiorum aventicus (Avenches); 4) civitas Basiliensium
(Basel); 5) castrum Vindonissa (Windisch); 6) castrum Ebrodunense
(Yverdon); 7) castrum Rauracense (aus den Trümmern von Augusta
Rauracorum erbaut); 8) Portus Abucini, Port sur Saône bei Vesoul;
9) Solodurum (Solothurn); die civitas Vesontiensium gehörte zu
Burgund mit Besançon, Mandeure, Porrentruy, St. Ursanne, ebenso
die Gaue No. 2, 3, 6, 8, während das im ehemaligen Gebiet der
Mauraker gelegene castrum Argenturense (Argentuaria bei Colmar)
mit dem gesammten Elsaß sich in der Gewalt der Allemannen befand
und dies seit 472. Ebenso war Basel allemannisch, ferner auch das
castrum Rauracense und wahrscheinlich auch das castrum Vindonissa.
Gregor von Tours geht allerdings weiter, indem er behauptet, daß
Allemannien auch den Theil der Maxima Sequanorum zwischen Rhein
und Jura umfaßte, während die jenseits des Jura ausgedehnte West-
hälfte dieser Provinz zu Burgund gehören sollte, daß also auch Aventicum
mit der Gegend vom Jura zum Leman allemannisch war. Wir
glauben aber, daß der berühmte Geschichtschreiber als dauerndes Besitzthum annahm, was nur vorübergehende Eroberung gewesen. Waren
doch die Allemannen, wie früher bemerkt, bis nach Besançon gedrungen, dann aber von den Burgundionen nach Osten zurückgedrängt
worden.

Grimm behauptet: „Der größte Theil der deutsch redenden Schweiz
ist allemannisch, der französisch redenden aber burgundisch, und nur
im Bernerland und Stücken von Freiburg, Luzern und Aargau nimmt
man burgundische Bewohner an, die aber der deutschen Sprache treu
blieben. Nach Zahn kann dieser Ausspruch, von so gewichtiger Seite
herrührend, nicht richtig sein, da an den Grenzen oft gekämpft wurde,
deßhalb eine bestimmte Abgrenzung zur Unmöglichkeit gehört. „In
den Kämpfen um die Aargrenze," sagt Zahn, „mögen die Burgen,
welche in spät römischer Zeit an beiden Ufern der Aare bis in's Oberland hinauf gegen allemannische Einfälle angelegt waren, von den

Burgundionen benutzt und ergänzt worden sein; gegen das linke am
rechten Aarufer angelegte Verschanzungen, wie man sie in jener
Gegend antrifft, scheinen von den Allemannen selbst herzurühren, welche,
einmal im Besitz des rechten Aarufers, nicht werden ermangelt haben,
die älteren dortigen Defensivmaßregeln in entgegengesetztem Sinne zu
verwenden. Unbehindert durch die politischen Grenzen muß aber im
Lauf der Zeiten, zumal nach vollständiger Christianisirung der Allemannen durch Verkehr und Einwanderung, eine theilweise Allemanni-
sirung der zwischen der Aare und den heutigen allemannischen Landen
eingeschlossenen Burgundionen Platz gegriffen haben, da dieselben wie
in der nachmals romanisch gewordenen Schweiz dem Kultureinfluß
der damaligen römischen Bevölkerung, demjenigen der benachbarten
Allemannen ausgesetzt waren.

Nur so ist die allemannische Kultur zu erklären, welche selbst in
dem Berner Alpenland unverkennbar eingedrungen ist. Dieselbe trug
aber wirklich dazu bei, das germanische Element der Burgundionen
zu stärken und vor völliger Verrömerung zu bewahren. Es kann
daher füglich an eine mit Allemannen vermischte deutschredende burgundionische Bevölkerung gedacht werden, wenn urkundlich im Jahr
1151 der an das Saanenland angrenzende oberste Theil des Greyerzer-
landes als Grenze gegen die Allemannen bezeichnet wird. Immerhin
hat sich im Gebiet der Vor- und Hochalpen naturgemäß von rein
burgundischen Wesen viel mehr erhalten, als im Unterlande westlich der
Aare und bis zur Saane. Soweit Zahn.

Das Berner Oberland, westlich der Aare, gehörte also zu Burgund, ebenso wie der Berner Jura und beinahe ganz Sequanien, und
der gegenwärtige Kanton Bern umfaßte also schon damals zwei Bevöl-
kerungen in seinem mütterlichen Busen, welche jetzt durch Sprache und
Sitten so getrennt sind: Berner Oberländer und Jurassier waren
Burgundionen; es kann also von Racenunterschieden füglich kaum die
Rede sein.

Wo waren nun die wahrscheinlichen Grenzen zwischen Burgundien
und Allemannien im Jura und überhaupt in dem Landestheil, der
dem gallischen Rauracien entspricht? Hören wir wieder vorerst den
Haupthistoriker für jene entlegene Zeiten, de Gingins, den merkwürdigerweise deutsche Autoren spöttisch einen schweizerischen Antiquar
nennen und der doch, abgesehen von seinen Schrullen und konservativen

Veranntheiten, als Historiker für die welsche Schweiz von größter Bedeutung, obwohl sein Hauptwerk über Burgund, als Manuskript auf
der Bibliothek in Lausanne aufbewahrt, nur in wenig Exemplaren
gedruckt ist. Wir haben oben gesehen, in welche Provinzen die Maxima
Sequanorum von den Römern getheilt worden; nach de Gingins, dem
auch Secretan folgt, machten nun die Burgundionen von dem Theil
Sequaniens, den sie inne hatten, folgende vier Kantone: Im Süden das
sog. Scobing, das Amaous oder Kanton der Amaver im Westen;
le Port im Norden; das Warasch oder Kanton der Waraschen oder
Barösken, der an das Elsgau (Gegend um Pruntrut und Montbéliard) grenzt oder dasselbe in sich begreift, im Osten gegen die
Allemannen zu. Im Uebrigen ließen sie den Senat der Städte und
die Munizipalbehörden an der Spitze der Städte und Kantone (jetzt
pagi genannt) bestehen und letztere erhielten nur einen burgundischen
Beamten oder Chef, der die Oberhoheit der neuen Herrschaft zur Anerkennung zu bringen hatte. Diese Gaue waren vorher im Besitz
der Allemannen, welche, indem sie die Zerstörung, die die Hunnen
hinterlassen und die Vereinsamung, in der sich die dem Rhein nahe
liegenden Provinzen nach dem Hunnenzug und Abzug der Burgundionen aus Worms und der Rheinprovinz befanden, benützten, über
den Rhein setzten und sich an dessen Ufern ausdehnten, in Gegenden,
welche zu keltischer Zeit germanische Stämme, wie Triboken, Vangionen
und Andere inne gehabt hatten. Ein neuer Stamm der Allemannen,
die Barösken, in Sequanien eindringend, war dem Laufe des Doubs
gefolgt, und, während der Patricius Egidius (458), auf den Jurahöhen postirt, die Defileen zu vertheidigen suchte und einen Moment
noch in der Ebene der Saône die römische Herrschaft aufrecht erhielt,
drangen die Allemannen, welche die südlichen Abhänge der Berge unbesetzt fanden, bis zum Leman vor, und bald befand sich die Maxima
Sequanorum ganz in ihren Händen. So hatten die allemannischen
Chamaver und Attuarier die Ebene inne, die bis jetzt unbekannten
Stadevinger hatten sich um Loposagium herum niedergelassen und
stießen mit den Waraschen zusammen. Die Nuitonen besaßen die
Gegend um Bern und Freiburg. Da kamen von Süden her die
Burgundionen heran, stiegen von den savoyischen Bergen, wo sie seit
443 niedergelassen waren, herab, und, die Unruhen im Reich und die
Freundschaft des Patricius Ricimer für ihre Könige benutzend, von

denen der Eine mit dem Titel eines Patricius, der Andere mit dem eines **magister militum** beehrt worden, hatten sie die Allemannen zurückgedrängt, sich des ganzen Landes zwischen den Alpen, der Rhone und den Cevennen bis zur Rhone bemächtigt, und wurden so wieder Herren über Sequanien, das sie mit den Gallo-Römern theilten. (Duvernoy).

Wir haben uns die größte Mühe gegeben, die Grenzen zwischen Burgund und Allemannien in unsern Gegenden festzustellen, und sind nach langen Studien bei alten und neuen Geschichtsforschern zu folgendem, allerdings nicht unbestreitbarem Resultat gelangt: Montbéliard und Pruntrut, welch letzterer Ort, wie in neuester Zeit aufgefundene Münzen beweisen, schon zur Römerzeit bewohnt war, gehörte vermuthlich dem Gau der Waraschen an, war also burgundisch geworden mit der Ausdehnung bis gegen den Rhein zu, dessen linkes Ufer mit Basel sich in den Händen der Allemannen befand. Es bildete ein Grenzland zwischen beiden mächtigen Völkerschaften, oder, wenn es nicht zu Burgundien selbst gehört hatte, so bildete es vielleicht eine neutrale Zone, noch verwüstet und verheert durch die Züge der Hunnen und Allemannen.

Nach Johannes von Müller nennt Gregor von Tours das Uechtland: „Jurensis deserti secreta, quæ inter Burgundiam et Allemanniam sunt," was sich wahrscheinlich auch auf den Gau der Waraschen erstreckt. Es war jedenfalls auf diesem Boden, daß sich Burgundionen und Allemannen heftig um die Herrschaft stritten und vielleicht gerade dieser unausgesetzten Kämpfe wegen und um die ewigen Reibungen zu verhindern, dürfte dies Stück Erde von den Betreffenden neutralisirt worden sein. Am besten aber könnte da, wo alle Dokumente schweigen, wo kein Monument Aufschluß gibt, die Sprache uns zur Führerin dienen. Man spricht gegen Osten zu französisch bis zum Dorf Saugern (Soyhières), unterhalb Delsberg, und alle Dorfnamen kommen vom Lateinischen her, während von Soyhières bis zum Rhein die deutsche Sprache allein herrscht. Fast in der nämlichen Linie mit Saugern bildet das Dorf Bourrignon die Sprachscheide, und es gab in alter Zeit ein schon längst zerstörtes Dorf Bourgnon bei Courtetelle; Bourrignon und Bourgnon erinnern ihren Namen nach zweifellos an das Volk der Burgundionen, welches diese Dörfer inne hatte. Ferner finden wir ob Delsberg die Trümmer eines alten Schlosses

(Beridiai), und etwas weiter unten, durch einen uralten Weg damit
verbunden, die alten Schlösser von Vorburg, welche längst vor
dem großen Erdbeben von 1356 zerstört waren, also in viel ältere
Zeiten zurückdatiren. Ein hohes Plateau bei Bourrignon, das die
Defileen von Pucelle, die Grenzen zwischen Burgund und den Alle-
manniern, den Besitzern des Elsasses im 5. Jahrhundert, beherrscht,
war wahrscheinlich befestigt, ebenso wie die Anhöhe auf dem alten
Bourgeon bei Courretelle; diese bilden mit Vorburg ein befestigtes
Dreieck mit fast gleichen Schenkeln; es waren zweifellos die Befestigungen,
welche die Burgundionen an ihren Grenzen gegen die Allemannen errichtet hatten (Quiquerez). — Oestlich davon waren die Allemannen,
die Herren des Rheins, des Elsasses und der Ostschweiz, bis und mit
Rhätien, westlich davon die Burgundionen, welche die ganze West-
schweiz, die Franche-Comté, Mâcon, Besançon, Lyon 2c. inne hatten
und die Sprache sowohl, wie die Ortsnamen stimmen damit vollständig überein. Diese Ansicht scheint uns begründeter als diejenige
einer neutralen Zone, welche also bis Saugern sich hätte erstrecken
müssen, wobei aber so großartige Befestigungen gewiß unnütz gewesen
wären.

Wir halten also dafür, daß das Warasch oder das östliche Burgund
sich bis Saugern erstreckte, Aventicum, das Elsgau, den Sornegau,
Pruntrut und Delsberg mit einschließend, während die Allemannen
Herren des alten Rauracien bis zum Rhein und über den Rhein
weg, sowie der ganzen östlichen Schweiz waren und jedenfalls grau-
samere, wildere Herren als die gesitteteren, milderen Burgundionen,
die, in Mitte der Gallo-Römer, schon viel von römischer Civilisation
angenommen hatten. Johannes von Müller behauptet, die Ostschweiz
hätte andere Herren besitzen müssen, um mit der Civilisation fort-
zuschreiten, wohlverstanden, in jener entlegenen Epoche. Südlich von
der Ajoie und dem Delsbergerthal werden wir auch die Jurathäler zu
Burgund rechnen müssen bis Solothurn oder etwas unterhalb Solothurn, das mit größter Wahrscheinlichkeit burgundisch war, während
Basel den Allemannen gehörte nebst der alten Hauptstadt der Rau-
raker, Augusta Rauracorum, die aus einem Trümmerfeld bestand und
aus deren Ueberresten das castrum Rauracense gebaut worden.
Von Alt-Rauracien wäre also höchstens ⅓ burgundisch, ⅔ allemannisch gewesen, und dies würde auch mit der Vertheilung der

Bisthümer Lausanne (Besançon, Metropolitankirche) und Basel (Metropolitan, der allemannische Konstanzer Bischof) stimmen, indem der ganze französisch sprechende Jura zum Bisthum Lausanne (Besançon) gehörte und der Bischof von Basel selbst, als späterer Herr dieser Lande, nur weltlicher Fürst gewesen und keine episkopalen Pflichten aber über seine Unterthauen auszuüben hatte.

Den größten Glanz und die weiteste Ausdehnung gewann dies erste Königreich Burgund (im Gegensatz zum zweiten, 400 Jahre später) unter der 40jährigen Regierung Gundobalds, des Sohnes von König Gundioch, einem Fürsten, in welchem sich die Barbarei seines Zeitalters und erst halb civilisirten Volkes, kalte Grausamkeit gegenüber seinen nächsten Verwandten, mit römischer Bildung, staatsmännischen Tugenden des weisen Gesetzgebers, und in religiösen Dingen toleranten Herrschers und der Tapferkeit und Tüchtigkeit des Heerführers vereinigte. Doch unter seiner Regierung, welche den Höhepunkt des burgundischen Reiches bezeichnete, trat auch schon der Zerfall ein; ein rasches Abwärtsgehen der Macht und der Herrscher hatte in seiner langen Regierungszeit mit dem Genuß seines Einflusses, der sich bis auf Italien und auf die Wahl der letzten römischen Imperatoren, den letzten Scheinregenten des sich zu Tode blutenden Westreiches, erstreckt, auch alle die Bitternisse des Verrathes von Seite seiner Brüder, von einem Theil seines Volkes und der hohen Geistlichkeit zu kosten, und endlich noch das Schwerste, die Abhängigkeit von einem fremden Volke, den Franken.

Gundioch war noch König 463, Hilperich I., sein Bruder zwischen 463 und 474, der nämliche, der mit Gundioch in Spanien siegreich gegen die Sueven gekämpft und im Verein mit ihm und den Römern die Auvergne gegen die Westgothen vertheidigt hatte. Ob sie mit einander geherrscht haben, Gundioch als Oberkönig in Lyon, Hilperich als eine Art von Vasallenkönig in Genf, ist wahrscheinlich, jedoch nicht mit Sicherheit zu behaupten. Nach ihrem Tode folgten Gundiochs Söhne zur Regierung, Gundobald, der ältere, in Lyon, Godegisel in ähnlicher Stellung wie Hilperich in Genf, nachdem Gundobald zwei andere Brüder, Hilperich II. und Godomar, weil sie sich mit den Allemannen gegen ihn verbündet und ihn momentan zur Flucht zum Patricius Ricimer nach Italien gezwungen hatten, hatte tödten lassen. Die Gemahlin Hilperichs II. soll in eine Cysterne geworfen, die zwei

Töchter, von denen die Eine später die berühmte Gattin Chlodwigs, des Frankenkönigs, geworden, nach einigen Chronisten in ein Kloster verbannt, nach Andern an Gundobalds Hofe aufgezogen worden sein. Berücksichtigen wir ein wenig die äußern Verhältnisse Burgunds unter Gundobald: Eine neue Staatsordnung, lediglich auf germanische Kraft sich bauend, befand sich in der Bildung. Im Norden Galliens drängte eben gährende Kraft der Franken vor, und in Italien entstand, auf germanische Kriegsschaaren gegründet, eine neue Kriegsherrschaft, zuerst unter Odoaker, dann unter dem großen Ostgothen Theoderich (Dietrich von Bern der Sage).

Je unreifer und unfertiger diese Zustände noch waren, um so mehr hatten die bedeutenderen Reiche der Westgothen und Burgundionen, welche dazu noch durch einen Glauben, den Arianismus, der die Gottheit Christi leugnete, verbunden waren, die Pflicht, an deren Weiterführung energisch zu arbeiten. Sie hatten jedenfalls eine Solidarität der Interessen, die nämlich, jeden Versuch, eine dritte Hauptmacht in Gallien zu gründen, mochte er von Allemannen, Franken oder andern Barbaren ausgehen, schon in seinen Anfängen mit Waffengewalt zu unterdrücken (Binding). —

Dies war klar vorgezeichnete Politik, welche auch vom Ostgothenkönig Theoderich, dem italienischen König getheilt wurde und in deren Interesse er seine Tochter Ostrogotha dem Sohn des Burgunderkönigs, Sigismund, zur Frau gab. Es war aber das Verhängniß Gundobalds, diese Politik nicht verstanden, ja, indem er sich mit den Franken gegen die Westgothen verband, Alles gethan zu haben, diese weise Staatskunst zu verhindern und den Franken selbst den Weg zu bahnen. Unterdessen mischte er sich in fremde Händel und folgte seinem etwas abenteuerlichen Trieb zu einem Zuge nach Oberitalien. Nach dem Sturze des Westreiches stand nämlich Ligurien (Oberitalien) eine Zeit lang unter burgundischer Abhängigkeit, und es ist wahrscheinlich, daß König Gundobald als Patricius, scheinbar als Vertreter legitimer römischer Gewalt das Land Burgund anfügte, indem er es, wie die Quellen angeben, nur von den „extranei", den Schaaren Odoakers, zu schützen vorgab. Dann traten Gundobald und Odoaker in ein Bündniß gegen die Ostgothen, das Letzterer nicht hielt und daher der Zug der Burgundionen nach Ligurien, wo Gundobald im Verein mit seinem Bruder Godegisel reiche Beute und eine große

Zahl von Gefangenen machte (487). Im Jahr 493 mußte Odoaker in Ravenna kapituliren, sein Reich war gefallen und Theoderich an der Spitze seiner Gothen trat die Herrschaft Italiens an.

Mit dem neuen Herrn Italiens standen die Burgundionen gleich von Anfang an, wie es scheint, in intimen Beziehungen. Im Früh= jahr 494 finden wir Theoderichs Tochter Ostrogotha mit Gundobalds ältestem Sohne Sigismund verlobt und ihre Schwester heirathete den Westgothenkönig Alarich II. Also waren Burgundionen und West= gothen mit den Ostgothen in engste Beziehung gelangt, und es war der Hauptfehler der beiden ersteren Völker, diesem Familienbündniß nicht ein politisches folgen zu lassen. Vereinigt, hätten sie den Franken widerstanden, vereinzelt wurden Westgothen und Burgundionen nach einander von den Franken aufgesogen.

Neben diesem politisch höchst verhängnißvollen Fehler Gundobalds schufen ihm die kirchlichen Verhältnisse im eigenen Lande die höchsten Schwierigkeiten. Der König war mit dem ursprünglichen Volk der Burgundionen arianisch, während die unter seiner Herrschaft sich be= findlichen Gallo=Römer sich zum katholischen Glauben bekannten. Da= durch hatte er g e g e n sich das gesammte Episkopat mit ihrem Führer, dem berühmten Erzbischof von Vienne, Avitus, einem starren, ener= gischen Charakter, der die Religion weit über die Interessen seines Landes stellte. Obwohl Gundobald in religiösen Dingen sehr nach= sichtig sich bewies und nichts von der Unduldsamkeit der Katholiken zeigte, obwohl er die Hauptfragen im Unterschied zwischen Katholizis= mus und Arianismus in einer Konferenz der Bischöfe mit Arianern in seiner Gegenwart disputiren ließ, obwohl er endlich seinen ältesten Sohn Sigismund der katholischen Kirche zur Erziehung übergab, gewiß die weitgehendste Konzession; die Katholiken und besonders ihre Bischöfe wußten ihm dafür keinen Dank. Alles oder Nichts! war die Parole, und nun begann jenes dunkle Intriguenspiel gegen den eigenen Landes= herrn zu Gunsten Chlodwigs, des Frankenkönigs, ein Spiel, in welchem die Jesuiten aller Zeiten und aller Länder die Karten so meisterlich zu mischen verstehen, daß sie gewöhnlich den letzten Trumpf auszu= geben im Stande sind und die Partie gewinnen. Ihr Hauptbestreben ging dahin, auch den Vater zum Katholizismus hinüberzuziehen — der Thronfolger war ihnen sicher — und als dies nicht gelang, rich= teten sich ihre Blicke auf das neu auftretende Gestirn, auf den Franken=

König Chlodwig, mit dem sie in hochverrätherische Verbindung traten. Gundobald hatte davon Kenntniß, strafte die Schuldigen nicht und beklagte sich nur. Er hatte Chlodwig unter romantischen Umständen, deren Darstellung hier zu weit führen würde, seine Nichte Chlothilde, die Tochter des von ihm getödteten Bruders Childebert II., eine katholische Prinzessin, zur Gemahlin geben müssen, obwohl sein geheimer Rath Aredius, ein Römer, ihn vor dieser Verbindung gewarnt. Chlodwig war nach der Schlacht gegen die Allemannen bei Tolbiac (496), in welcher er, hart bedrängt und beinahe schon geschlagen, sich mit seinem Volk dem Christengott, dem Gott seiner Gemahlin, zu unterwerfen versprochen, und aus der er schließlich als Sieger hervorging, katholisch geworden (496), ein eminent politischer Schritt, der ihm bald in Gallien die Suprematie sichern sollte. Sogar Bischof Avitus, Gundobalds Unterthan, wagte es, ihn in einem Brief, der an Hochverrath grenzt, zu beglückwünschen, indem er ihm schrieb: „Freilich ist mein Herr (Gundobald) seines Volkes König, aber in Wahrheit doch nur Euer Diener." Daß der Papst Chlodwig, den sonst alle Laster befleckten, in einem Schreiben in den Himmel erhob, und ihn „den ältesten Sohn der Kirche" pries, ist beinahe selbstverständlich. Der religiös-politische Konflikt zwischen Arianern und Katholiken, zwischen Gundobald und seinen gallo-römischen Unterthanen einerseits, und den Franken andrerseits, sollte sich bald zuspitzen; für den Herbst 499 erlaubte Gundobald eine Versammlung der katholischen Bischöfe seines Reichs — es gab Ende des 5. Jahrhunderts 27 katholische Bisthümer in Burgund — in Lyon, eine Disputation mit den Arianern, und es war des Königs herzliches, aufrichtiges Bemühen, womöglich den religiösen Frieden wieder herzustellen, aber beinahe kindisch für einen Politiker, einem solchen Gegner gegenüber eine solche Hoffnung zu hegen. Gundobald konnte sich auch in Voraussicht eines gefährlichen Krieges mit den Franken nicht entschließen, förmlich zum Katholizismus überzutreten, er war nicht wie Heinrich IV. von Frankreich, und daß die Schaar seiner katholischen Bischöfe, seiner Unterthanen, welche er auf unkluge Weise so geschont hatte, nicht nachgab, war von vorneherein klar. Sogar Godegisel, Gundobalds Bruder und Mitherrscher, hatte sich heimlich mit Chlodwig verbunden; der burgundische Episkopat, Avitus an der Spitze, betrieb rücksichtslos ihre Pläne auf Kosten ihres Landes und selbst Gundobalds Sohn, Sigismund, in den katholijchen Lehren erzogen, stand mit allen jeinen Sympathien im Lager der Katholiken und Franken. Es war ein Verrath der nächsten Blutsverwandten, der Unterthanen, wie er eben nur im Namen der Religion verübt werden kann, und welcher Religion? eines äußern Firnisses, der Chlodwigs und jeines Hauses Verbrechen decken jollte! Im Jahr 500, aljo kaum ein Jahr nach der resultatlos gebliebenen Versammlung von Lyon, kam es zwijchen Gundobald und Chlodwig zur Schlacht. Den vereinigten Angriffen der Franken und jeines eigenen Bruders erliegt Gundobalds Heer, troß jeiner jeften Pofition, der Burgunderkönig flieht durch jein ganzes Land und wirft jich in jeine jeste Stadt Avignon; jein Bruder Godegijel begiebt jich nach Bienne. Chlodwig kehrt als Sieger mit jeinem Heer in jein Land zurück, aber nach dejjen Abzug erholt jich Gundobald rajch, rückt mit jchwachen Kräften vor Bienne, die Stadt jeines Bruders, nimmt die Stadt und tödtet Godegijel; die Franken, welche als Bejaßung in Bienne lagen, jchickte er Chlodwig zurück. So war denn Gundobald Alleinherrjcher und mächtiger denn je; allein unjomehr erwachte die Rivalität zwijchen Gundobald und Chlodwig, der Eine als Vertreter des duldjamern Arianismus, der Andere als Repräjentant der intoleranten Kathol iken. Jener ein Mann gejitteter und idealerer Anjchauungen, Diejer r oh und gewaltjam, Jener friedliebend, jo daß er den Krieg beklagte, Diejer ehrjüchtig, ländergierig und im Krieg jeine Stärke findend. Gundobald machte zwijchen 501 und 506 Frieden mit Chlodwig, und es fand auf burgundijchem Boden eine Zujammenkunft zwijchen beiden Herrjchern statt, die zu einem Freundjchaftsbündniß führte. Im Kriege zwijchen Weftgothen und Franken, wobei die erfteren bei Poitiers gejchlagen wurden, standen die Burgundionen auf Seite der Franken, der unpolitijchfte Schritt, den je ein Burgunderkönig thun konnte. Der Weftgothenkönig Alarich II. jelbft wird von Chlodwigs eigener Hand getödtet, jein Heer bejiegt und die Gejchlagenen fliehen nach Spanien. Dennoch wehren jich weftgothijche Landftriche auf's Aeußerfte; 508 und 510 wird das leßte Bollwerk der Weftgothen, Arles, von den vereinigten Burgunbionen und Franken belagert. Da rückt Theoderich mit jeinen Oftgothen zum Entjaß aus Italien an; bei Arles kommt es zur Entjcheidungsjchlacht, wobei Burgunder und Franken gejchlagen werden, jedoch waren es eigentlich nur die Burgundionen, die an Land verloren, nämlich Marjeille mit der Provence. — Gundobald ftarb

516 nach mehr als 40jähriger Herrschaft. Nach seiner Besiegung durch die Franken bei Dijon (500) hatte er sich Chlodwig tributär erklären müssen und nach einigen Autoren war er gezwungen, an Chlodwig den Theil des Warasch, der die Gegend um Pruntrut und Montbéliard umfaßt, abzutreten. (Daguet.) Und so wäre also unsere Gegend zum Frankenreich geschlagen worden. Andere fassen die Sache anders auf und behaupten, das Warasch sei schon 495 nach dem Sieg Chlodwigs über die Allemannen bei Tolbiac, wobei ganz Rauracien mit dem allemannischen Gebiet an den Sieger fiel, als neutrales Gebiet Chlodwig unterthan geworden. Jedenfalls gelangte nach der Niederlage der Allemannen der Theil Rauraciens, der am Rhein liegt, bis Vorburg, ferner das Elsaß und die Ostschweiz unter fränkische Oberherrschaft und half später, als Chlodwigs Reich getheilt wurde das Königreich Austrasien bilden. Burgund blieb auch nach dem Untergang seiner Selbständigkeit ein Königreich mit eigener Armee, eigenen Gesetzen, aber von Fürsten aus fränkischem Stamme regiert. Unsere Gegend, vom eigentlichen Burgund losgerissen, gehörte bald zu Austrasien, bald zu Lothringen, wie wir später sehen werden.

Gundobalds Hauptfriedenthat war sein Gesetzbuch, das „loi Gombette", das hauptsächlich das Verhältniß zwischen den eingewanderten Burgundionen und den ansässigen Gallo-Römern regelt und beide Bestandtheile der Bevölkerung auf eine Stufe stellt. Die Angehörigen der burgundischen Nation werden mit denjenigen der Gallo-Römer rechtlich gleichgestellt, und die Verschmelzung beider Nationen, sowie der Angehörigen Anderer vorausgesetzt. Ehen zwischen Römern und Burgundionen werden erlaubt; ferner sind vornehme und gebildete Römer Hauptrathgeber der Burgunderkönige (Syagrius, Laconius, Arebius, Placidus, Lucanus, Heraclius).

Jeder Pagus oder Gau hatte an seiner Spitze einen Gaugraf (comes), der das Gericht präsidirte und Gewalt über Burgundionen und Gallo-Römer in gleicher Weise besaß. Die Subdivision des Pagus war der Pagellus, in welchem ein besonderer Richter den Burgundionen und ein besonderer den Gallo-Römern vorstand. Mit Pagellus war die sog. Hundertschaft bezeichnet mit einem Centenaire an der Spitze, und mit Marka (le marche), das Territorium der Hundertschaft, welche später zur Bezeichnung der Grenze wurde, ursprünglich als Zeichen auf die Bäume an der Grenze gehauen. In der Marka besaß jede Familie ein Haus und einen Hof, umgeben von einem Garten und 2—3 Stück bebauten Landes. Der Rest des Territoriums oder der Marka gehörte der Gemeinde. Auf dem Territorium des Pagellus befinden sich verschiedene Gruppen von Häusern, bald isolirt nach allemannischer Art, bald einander mehr genähert, wie bei den Burgundionen. Diese Gruppen heißen villa, Dorf, weiller, will, wyl.

Mit der Zunahme der Bevölkerung theilten sich die marks in immer kleinere Gemeinden, und die Dörfer wurden so, wie sie jetzt noch existiren. So wurden auch die gemeinschaftlichen Besitzungen einer mark stets kleiner, und die kleinern Gemeinwesen traten an Stelle der Großen (Secretan).

Die größte Ausdehnung besaß das Königreich Burgund vor dem Krieg mit den Franken zwischen 483 und 500, wo es nach moderner Geographie das Herzogthum und die Freigrafschaft Burgund, die West- und Südschweiz, das Lyonnais, Savoyen, die Dauphiné und Provence umfaßte. Das Konzil von Epaona, das unter König Sigismund, Gundobalds Sohn, stattfand (517), zeigt am besten durch die Unterschriften der dabei anwesenden Bischöfe und Grafen die Ausdehnung des burgundischen Territoriums; von da an trat aber rasch der Zerfall ein.

Auf einer Villa, nahe bei Genf, die den Namen Quatruvium führte, wurde nach des Vaters Tode und auf dessen Geheiß Sigismund zum alleinigen König erhoben (516). Dann folgte 517 das oben genannte Konzil von Epaona, dessen Ergebniß Stärkung der bischöflichen Gewalt und Unversöhnlichkeit des Katholizismus dem Arianismus gegenüber war. Trotzdem sich Sigismund als sehr eifriger Katholik bethätigte, hatte er doch einen Konflikt mit den Bischöfen, unterwarf sich schließlich und gründete das berühmte Kloster St. Maurice im Wallis (Agaunum), das erste Kloster Burgunds; ebensowenig Charakter, wie den Bischöfen gegenüber, zeigte er in seinen Beziehungen zum oströmischen Kaiser, von dem er den Titel eines Patricius erhalten, und seine Schreiben an den Kaiser sind so schmeichelhaft, speichelleckend, daß sie bei deren Lektüre geradezu Ekel erregen. Durch seine Bekämpfung des Arianismus, der Religion seines Volkes und Stammes, seine ausgesprochene Neigung zu den Gallo-Römern, und besonders durch den Mord seines Sohnes aus erster Ehe mit Ostrogotha, von seiner zweiten Gemahlin aus Haß veranlaßt, zog er sich den Abscheu seines Volkes und Theoderichs, des Ostgothenkönigs und Großvaters des ermordeten Prinzen, zu. Ein Jahr nach jenem Morde ziehen die Söhne Chlodwigs und der Chlothilde, deren Lebenszweck auch nach dem Tode ihres Gemahls stets in der Rache gegen die Nachfolger des Mörders ihrer Eltern (Hilperich, Bruder von Gundobald) bestand, die fränkischen Könige Chlodomer, Childeberth und Chlothar nach Burgund (523). An der Spitze ihrer Heere rücken ihnen Sigismund und sein jüngerer Bruder Godomar entgegen, werden geschlagen und Sigismund und Godomar ergreifen die Flucht, der Letztere in die Berge Savoyens, der Erstere in das Kloster S. Maurice, wo er, als Mönch verkleidet, entdeckt, von den eigenen Burgundionen an Chlodomer ausgeliefert, und nebst seiner Familie in Orleans in eine Cisterne geworfen wird. Gleichzeitig, während die Franken den Norden Burgunds bedrohten, waren die Ostgothen im Süden vorgerückt und unterwarfen sich unter Theoderichs Feldherrn Tumulum ein großes Stück Burgundiens nördlich der Durance. Godomar rafft mit seltener Energie nach dem Abzug der Franken seine Streitkräfte zusammen, gewinnt sein Reich wieder und regiert an Stelle seines Bruders Sigismund. Im Jahr 524 greift ihn der Frankenkönig Chlodomer von Neuem an und bei Visorontia, dem heutigen Véséronce, kommt es zur Schlacht, worin Chlodomer getödtet wird, und die Burgundionen Sieger bleiben. Der Sieg wendete aber den Sturz Burgunds nicht ab, er zog ihn nur hinaus. Noch acht Jahre lang konnte sich Godomar als König halten, als die fränkischen Königsbrüder Chlothar und Childebert im Jahr 532 auf's Neue in Burgund einfielen und bei Autun Godomar mit seinem Heer schlugen; Godomar floh, wohin, weiß Niemand, und blieb verschollen.

So war Chlothildens Rache an ihrem eigenen Hause, welche mit ihrer Heirath mit Chlodwig begann, erfüllt, Burgund gefallen, sein Königshaus ausgelöscht, nachdem es 121 Jahre lang — 413 erste Niederlassung in Gallien — regiert hatte. Die Ursachen des jähen Sturzes waren äußere und innere: Jahn sieht sie in den wiederholten Einfällen der Franken, in einer zu starken Ausdehnung der Südgrenze Burgunds, in der Losreißung vom Mutterlande und künstlichen Versetzung nach Sapaudia, und endlich in dem zersetzenden Einfluß des degenerirten Römerthums. Die Burgundionen, mit den Gallo Römern vermischt, von römischen Sitten und römischer Civilisation durchdrungen, besaßen nicht mehr die ursprüngliche Kraft, welche ihnen in den germanischen Wäldern ihre Stärke verliehen, und mußten naturgemäß den rohern, aber kriegstüchtigern Franken erliegen. Innere Schäden waren besonders die Herrschaft des ältern Bruders als Ober= könig, neben seinen jüngern Brüdern, den Vasallenkönigen, und die Eifersucht und der Hader, den ein solches Verhältniß hervorrufen mußte, ferner Familienverbrechen und die daraus entspringende Rache Chlothildens, eine Rache, welche gerade dem eigenen Stamm unheilvoll werden, gerade das eigene Haus treffen sollte. Am meisten trug aber der religiöse Zwiespalt zum Zerfall bei, der Gegensatz zwischen den arianischen Burgundionen und den katholischen Gallo=Römern in einem Reich, der Verrath der Bischöfe, welche fremde heidnische Völker, also die Franken auch v o r ihrer Bekehrung zum Christenthum weniger haßten als die arianischen Mitchristen (wie heutzutage das Verhältniß zwischen Katholiken, Altkatholiken und Protestanten), endlich die poli= tischen Fehler Gundobalds, sein Schwanken zwischen westgothischer und fränkischer Allianz, während doch eine Verbindung der Westgothen, Ostgothen und Burgundionen politisch in der Natur der Verhältnisse lag. Allein das Ringen um die Hegemonie in Gallien unter diesen drei arianischen Völkerschaften, ihre Eifersucht, trieb sie einzeln dem frän= kischen Wolf in den Rachen, während sie vereinigt stark genug gewesen wären, demselben zu widerstehen.

Von den Berufsarten und Erwerbszweigen der Waldenburger.
Von J. Mory †.

Wie Graf Heumann v. Froburg es angefangen hat, um dem von ihm um das Jahr 1200 gegründeten Städtchen Walden= burg Einwohner zu verschaffen, habe ich nirgends ausfindig machen können; wahrscheinlich hat er denjenigen seiner Unterthanen, welche in das Städtchen ziehen wollten, gewisse Vortheile eingeräumt und unter diese mögen die Befreiungen gerechnet werden, die urkundlich festgestellt sind, nämlich die von der Abgabe des „Fastnachthuhns" und der „Stammlöse", sowie auch vom „Burgkorn". Wenigstens wird sowohl 1678 als auch 1721 in „Rathserkanntnissen" und Eingaben der Obervögte anerkannt, daß die Waldenburger seit „ohnerdenklichen" Jahren her von diesen Abgaben befreit gewesen sind, und der Rath zu Basel erkennt daher, daß es auch in Zukunft so bleiben solle. Wohl waren nun zwischen diesen Erklärungen und der Zeit Hemmanns v. Froburg Jahrhunderte verflossen, aber da im Mittelalter die Lage der Unterthanen durch den Wechsel der Herrschaft nicht verändert wurde, so ist anzunehmen, daß Basel, als es im Jahr 1400 die Aemter Liestal, Homberg und Waldenburg erwarb, in den Rechten und Pflichten, bzw. Abgaben, Frohnungen und allfälligen Befreiungen der Waldenburger nichts änderte.

Die übrigen Pflichten leibeigener Unterthanen wurden von den Waldenburgern geleistet. So mußten sie, wie die Ausschüsse 1721 hervorheben, „allezeit, sowohl im Sommer als im Winter, bei und zu dem Schloß, an den Brönnen Steg- und Wegverbesserungen mit Leib- und Fuhrtauwen, auch mit den Wachten bald allein frohnen und sonsten in andern stucken auch viel beschwert sein, dahingegen andre Gemeinden dessen allerdings entladen und durch's Jahr keine Handfrohnungen zu dem Schloß thun und verrichten." Von Solchen, die aus dem Gebiet der Herrschaft auswandern wollten, wurde denn auch verlangt, daß sie Manumissionsgebühr und — im Falle des Vermögensbesitzes — den Abzug entrichteten; jene war die Loskaufung von der Leibeigenschaft. 1747 steht daher der Obervogt an, der in der Champagne lebenden Sybille Guldenzehn von Waldenburg den Taufschein ausstellen zu lassen, da „dieses Mensch" sich der Leibeigenschaft niemals „loos" gekaufet, und noch 1775 hatte Zimmermann Joh. Brodbeck von hier, der in Camin, Hinterpommern, sich niederließ, die Manumission und den Abzug zu entrichten.

Ob den Einwandernden (in das Städtlein Ziehenden) etwas Land angewiesen wurde, kann nicht beantwortet werden. Im Ganzen wird die größere Sicherheit, auf die man in einem befestigten Orte rechnen durfte, die Haupttriebfeder gewesen sein und benützten dieselbe hauptsächlich Leute, die entweder eine Gastwirthschaft oder einen damit

in Verbindung ſtehenden Beruf, endlich überhaupt ein vorzugsweiſe
ſtädtiſches Gewerbe betreiben wollten.

Gaſtwirthe finden wir den auch frühe erwähnt: 1246 erſcheinen
als Zeugen eines bei Waldenburg geſchloſſenen Vergleichs zwiſchen
dem Kloſter Schönthal und dem Ritter Burkhard v. Titterten u. A.
die Waldenburger Rudolfus caupo (Gaſtwirth) und Dietricus caupo.
Wie damals die Gaſthäuſer geheißen, ſteht dahin; 1573 wird in einer
Jahresrechnung des Landvogts des „wärt zum Krütz zu Waldenburg" erwähnt und 1593 berichtet der Landvogt Wix an den Rath
zu Baſel, daß im Amte Waldenburg als rechte und ſchon lange be-
ſtandene Gaſtherbergen zu nennen ſeien der „Sch l ü ſ ſ e l" und „das
wiße Krütz" in Waldenburg (ſtieß hinten an den Roßmarkt, d. h.
an den Platz zwiſchen dem Bach und der Häuſerreihe, die von der
ſüdlichen Stadtmauer bis zur Ecke des heutigen Gaſthofs zum Löwen
ſich hinzug). Er fügt hinzu: „Wiewohl man ſagt, daß auch auf eine
Zeit alda ein Würtzhuß, wöliches „zum L e u w e n" geheiſen, ſye geweſen." In der That hatte 1586 Urs Ruoffli, der vorher im „Kreiz"
geweſen, den „Leuwen" wieder zu eröffnen gewünſcht, war aber mit
ſeinem Geſuche abgewieſen worden, obſchon er behauptete, die damaligen
Wirthe zum Kreuz und zum „Schlüſſel" ſeien wegen geringer Mittel
nicht im Stande, den Anforderungen der Reiſenden zu genügen. In
Hölſtein ſoll nach Wix früher eine Herberge im Hauſe der „Gyſine"
(Amtspfleger Gyſin im Bauernkriege) geweſen ſein.

Die Gaſthäuſer gaben nicht nur das Weinumgeld, ſondern auch
den „böſen Pfenning", d. h. eine Abgabe von 6 Maß pr. Saum oder
deren Werth. Dieſe hatte der Landvogt zu erhalten und zu verrechnen.
Am beſuchteſten war der „Schlüſſel"; unter Hanns Berger vertrieb
derſelbe z. B. in einem Jahr 9 Saum Wein, während Jakob Ruefflin,
der würth zum „Kreuz" nur 5½ Saum brauchte.

Basler, die in amtlichen Aufträgen hieher kamen, zogen, wenn
ſie nicht im Schloſſe ſich bewirthen ließen, den „Schlüſſel" vor; ſo verzehrten 1617 Hanns Lux Iſelin der eltter und Andre, als er den
Augenſchein der Brunſt zu Benweil eingenommen, zum „Schlüſſel"
zu Waldenburg 3 ₰ 16 ₰ (1 ₰ = 1 Fr. 50 Cts., was den Silber-
gehalt anbetrifft und 1 ₰ = 7½ Cent.; aber man erhielt, abgeſehen
von den Zeiten großer Theuerung, wohl zehnmal mehr dafür als
heut zu Tag). 1624, als Herr Wettſtein, Hauptmann Graff und

übrige Abgeordnete die Wachten und Schlösser besichtigt, ist durch sie im „Schlüssel" zu Waldenburg verzehrt worden 14 ℔. Ebenso nahm „der Stattschreiber von Liestall", wenn er hier Geschäfte hatte, seine Erfrischungen im „Schlüssel" ein, wobei der Landvogt, der Weibel und Andre sich auch einfanden, z. B. 1606 bei Anlaß der Vereinigung der Schloßgefälle, wo an mehreren Tagen zusammen 33 ℔ 6 ß und 8 Pf. verzehrt wurden; 1622, wo der Stadtschreiber zu Liestal, der Vogt und 24 Kundschafter (in Sachen der Kindsmörderin Elsbeth Clauß von Waldenburg) 10 ℔ 5 ß verzehrten, und wenn hiesigen Leuten vom Landvogt ein Trunk verabreicht wurde, so war auch dies im „Schlüssel"; z. B. 1625 erhielten die „4 so herrn de Bassompierren (dem französ. Gesandten) den 13. und 14. Febr. auff dem Schloß zu ehren geschossen" einen Trunk im „Schlüssel", welcher 2 ℔ 15 ß kostete. So zogen auch Fremde den „Schlüssel" vor; 1741 logirte ein französischer Graf daselbst, der freilich sehr filzig war und nicht bezahlen wollte, was der Wirth (Sixt) verlangte, und der französische Ambassador, der im gleichen Jahre Sixt's Gast war, sich aber über ihn beschwerte, weil er beim Mittagessen in der Ungeduld ausgerufen hatte „Sacrament, ich kann nicht an allen Orten sein." Zu Ende des Jahrhunderts war Napoleon einmal Gast in diesem Hause; es war, als er aus Italien an den Rastatter Kongreß reiste. Weil es geregnet hatte und die Straße schmutzig war, legte man Dielen, damit Napoleon darauf gehe, er aber verschmähte diese, weil einem Soldaten nicht gezieme, den Straßenkoth zu meiden.

Das „Kreuz" ist zum letzten Mal erwähnt 1643; an seine Stelle trat der wiedereröffnete „Löwen", der sicher bereits 1740, aber wahrscheinlich noch früher wieder betrieben wurde. 1797 äscherte eine Feuersbrunst die Stallungen und die Scheune desselben ein, wie dies eine ziemlich umständliche Beschreibung des damaligen Landvogts darthut. 1821 kommt Löwenwirth Joh. Zörin um die Erlaubniß ein, ein Ehr= und Freischießen mit Gaben von zus. 500 Fr. Werth abhalten zu dürfen, da er eine starke Familie habe und der Gang der Wirthschaft schwach sei.

Außer den eigentlichen Gasthäusern war schon frühe eine sogenannte Nebenwirthschaft, d. h. Weinschenke, und zwar im Rothhause. 1637 wurde derselben vom Landvogt Zömlein erlaubt, an Gerichts= und Markttagen auch warme Speisen zu geben; sonst durfte sie nur Wein

und Brod verabreichen. An jenen Tagen hatte sie dann das große
Weinumgeld zu entrichten. 1702 war ein Basche Meier darauf, 1778
ein Niklans Meyer „Rothhäuser Wirth".

1804 klagen die Tavernenwirthe von Waldenburg und Joh. Jörin
in Reigoldswyl, daß dermalen bald ein Jeder sich nur mit der Wirthschaft befassen möchte. Eine Vermehrung der Wirthschaften brachten
die neuen Verhältnisse um die Wende des 18. Jahrhunderts. 1803
begehrten das Patent für eine Pintenwirthschaft in Waldenburg:
Joh. Meyer und Ludw. Tschopp, früher in Reigoldswyl.

Auch die Kramläden waren zahlreicher, weil nun eben Gewerbs-
freiheit eingeführt war; so gab es im Jahr 1804 fünf Krämer in
Waldenburg, die entweder nur mit Kafee, Zucker, Seife, Oel, Tabak
und Gewürz handelten oder noch Wollen- und Leinentuch, einer auch
seidene Zenge verkauften; 1819 wünschte Joh. Brunner ab Ramstein
auf der von ihm erkauften Burgmatt ein Bad zu errichten, was
aber wahrscheinlich wegen des Widerstrebens der Wirthe nicht zu
Stande kam.

Verdankten die Gasthäuser der Lage am Hauensteinpaß ihr Dasein
und ihre Einnahmen (sie lieferten auch Vorspannpferde, wie Bruckner
meldet), so suchte man doch auch, weil die anwachsende Bevölkerung
nicht vom Verkehr allein leben konnte, die Hilfsquellen, die der Boden
darbot, zu verwerthen. Man fand in demselben Eisenerz (bei der
gebrochenen Fluh), ja auch Kupfer und Töpfererde. Das Eisenerz wurde in der „Hammerschmiede" (etwa 10 Minuten vor dem
Städtchen) geschmolzen und zu Stangen geformt; so kaufte der Landvogt in derselben 1590 „Issenstangen" an die Fenster des Schlosses;
der Hammerschmied hatte jährlich 3 ℔ Bodenzins an den Landvogt
zu zahlen. Oft jedoch mußte er den Zins schuldig bleiben, und 1538
schreibt der Vogt in seiner Rechnung: „Verbeitet (nachgelassen) den
Zins uff dem Hammerschmid zu Waldenburg, der verbrunnen ist,
3 ℔." Andere Male wurde wenigstens 1 oder 2 ℔ am Zins nachgelassen, wenn die Geschäfte schlecht gingen. 1601 wollte der Hammerschmied Offner dem Landvogt Wurstisen nichts geben für das Recht,
Kohlen zu brennen, weil die Hufschmiede auch nichts gäben. Das
Geschäft ging trotz dieser Ersparniß immer schlechter: auch Christoph
Iselin von Basel, der es kaufte, konnte ihm nicht neues Leben ein-
flößen, und nachdem es 1666 an Heinr. Buser, Gerber, gelangt war,

ward es von diesem, da er sich weigerte, auch 3 ℔ Bodenzins zu bezahlen, 1670 an den Papierer Schaub aus Lausen verkauft, der eine
Papiermühle darin zu gründen beabsichtigte. 1678 ward es wieder
und abermals an einen Papierer verkauft um 700 ℔. Es ist bekannt, daß es eine Papiermühle geblieben bis vor wenigen Jahren,
wo es der Besitzer in eine Fabrik elektrischer Uhren umwandelte (gegenwärtig nicht mehr im Betrieb).

Zu erwähnen ist bei diesem Anlasse noch, daß die Ausbeutung
von Eisen und dessen Verarbeitung in der Hammerschmiede weitgehende
Hoffnungen, selbst beim Rath zu Basel erregte; 1511 ertheilte dieser
allen Ernstes einem Bergmann aus Kaufbeuren, Namens Georg
Spengler, eine Konzession zum Betrieb des Waldenburgischen
Bergwerkes und „Erztgruben" auf 10 Jahre eine Konzession, die
uns heute herzlich lachen macht. Der Konzessionär sollte hienach
jährlich von 20 Centnern Eisen 1 Ctr., von 10 Mark Silber oder
Gold 1 Mark, von 10 Ctr. Kupfer, Zinn oder Blei auch 1 Ctr. —
alles wohl ausgebrannte und gearbeitete Waare geben.

Bescheidener, aber reeller war die Industrie, welche sich an das
Auffinden von Töpfererde anschloß. Die Töpferei, hier Hafnerei
genannt, lieferte das „weiße Waldenburger Geschirr", das laut
einer Beschwerde gegen die Spinnwetternzunft in Basel alldort in der
Zunft zum Schlüssel während der Messe feil geboten wurde. Es sei,
sagen die hiesigen Hafner 1720, bisher immer ein Unterschied gemacht
worden zwischen weißem, grünem und gelbem Geschirr und jedes an
einem „sonderbaren" Orte (d. h. besonderm Orte) verkauft worden.
Jetzt sollte Alles auf dem Münsterplatz verkauft werden. Ebenso
beschweren sich die hiesigen Hafner gegen die Meisterschaft in Basel,
weil diese verbieten wolle, an den Frohnfastenmärkten mit ihrem weißen
Geschirr zu hausiren. Das schade ihrem Geschäfte sehr und könne
sie an den Bettelstab bringen.

Der Erwerbszweig scheint viele Hände beschäftigt zu haben.
1755 erklärt der Baumwart Hs. Tschudi vor der Waldkommission zu
Basel, daß beim Gabholz ein Jeder ein Klafter bekomme, aber keiner
damit auskomme, denn „sie haben zu viel Hafner im Städtlein und
wäre gut, wenn einem einem „Vatter" nicht mehr als ein Sohn das Handwerk zu lehren erlaubt würde."

1801 wünscht ein Joh. Straumann von Waldenburg, bisher

Hafnergeselle im Kanton Bern, ein Patent, mit Erdengeschirr zu handeln. Er wird angewiesen, sich bei der Munizipalität von Waldenburg zu melden, diese soll ihn dann an die Verwaltungskammer verschreiben, welche ihm ein Patent, gültig für den Handel in ganz Helvetien, geben könne (Schreiben des Ober-Einnehmers der NationalEinkünfte im Kanton Basel an die Verwaltungskammer des Kantons).

Wo die Töpfererde gewonnen wurde, lesen wir in den amtlichen Schreiben leider nicht; Bruckner sagt indessen, daß man auf dem Humbel eine sehr zarte, fette Erde zu Geschirr und anderem Nützlichen finde, und da zu seiner Zeit die Geschirrfabrikation noch blühte, mag dies wohl der Ort gewesen sein, wo die Hafner ihren Rohstoff entnahmen.

Merkwürdig ist, daß, nachdem die Helvetische Republik durch die Mediationsverfassung ganz umgestaltet war und alle Professionisten wieder ganz sehnsüchtig nach der Zunftordnung verlangten, einzig die Hafner des Waldenburger Amtes erklärten, sie begehrten nicht wieder zünftig zu werden (1809).

Ein Wort bei diesem Anlaß über die verschiedenen andern hier ausgeübten Professionen. Wir finden außer den in keiner Ortschaft mangelnden, mithin unentbehrlichen, wie Bäcker, Metzger, Schuster, Schneider, Schmiede, auch solche, die heutzutage nicht mehr an hiesigem Orte vertreten sind; so wird 1743 ein Hutmacher B. Berger erwähnt, dem damals erlaubt wurde, in seinem Krautgarten ein Farbhäuslein zu errichten; 1742 ein Rothgerber Joh. Buser, Kirchmeier, welchem gestattet wird, auf seinem Krautgärtlein, so gegen das Gäßchen neben den Lemmen schaut und an den „Roßmarkt" stößt, eine Scheuer zu bauen; 1762 zwei Brüder Tschopp, Färber, welche Holz zu Ausbesserung ihrer Mange erhalten; 1785 ein Handschuhmacher Baumann, der zugleich Gerichtsschreiber war; 1788 ein Leinenfärber Dan. Tschopp, welcher seine Demission als Geschworener eingibt. 1797 wird ein Bernhard Berger, Strumpfer, 35 Jahre alt, als Zeuge erwähnt. Ein eigenthümlicher Kumpan war der Hühneraugenoperateur Christoph Heggendorn aus Waldenburg, wegen Verdachts eines ausgezeichneten Diebstahls aus Neuburg in Bayern per Schub nach Basel geschafft (1821). Seine mitgebrachte Chaise sammt Zubehörde sollte nach der Osterzeit verkauft und der Mehrerlös über die Schuld hinaus an Basel gesandt werden.

Diese, wie die andern Professionisten wachten eifrig darüber, daß keine Unbefugten ihnen „in's Handwerk pfuschten", sowie, daß sich nicht aus andern Ortschaften, selbst Basler Gebiets, Handwerker niederließen. 1717 z. B. beschwerten sich die Sattler von Waldenburg und Oberdorf gegen Hans Spinnler, Sattler, von Selbensperg (Seltisberg), Liestaler Amts, und verlangten, daß diesem „neuwen und frembden Sattler nicht gestattet werde, sich in Oberdorf zu setzen." 1702 beschweren sich die fünf Metzger von Waldenburg (Badwirth Hanns Thommen eingerechnet) wegen unbefugten Metzgens, gegen zwei Brüder Krattiger in Oberdorf, die nicht einmal ihre Lehrzeit beendigt hätten; 1711 die Bäckermeister des Amts Waldenburg gegen zwei Wittfrauen in Waldenburg wegen unbefugten Backens, die jedoch von der Gemeinde durch eine Fürbitte in Schutz genommen werden, weil sie sich hiedurch erhalten können und zudem billigers Brod liefern als die Bäcker. 1803 klagen wiederum die Metzger, in ihrem Namen Ludwig Buser, daß Solche, die das Handwerk nicht erlernt, mit Fleisch hausiren.

Maurer und Zimmerleute konnten den Taglohn nicht beliebig erhöhen; 1795 mußte ihnen daher, „wegen der höchst theuren Zeit, wo alle Lebensmittel auf einen bis dahin unerhörten Preis gestiegen", eine Erhöhung des Taglohns bewilligt werden.

In den Jahren 1790 f. f. liest man ziemlich häufig von Posamentern, hier „Passementer" genannt. 1793 gab es in Waldenburg 6 Seidenwinderinnen (lauter Ehefrauen), die unterstützungsbedürftig waren.

Eine ziemliche Zahl hiesiger Bürger waren Fuhrleute und Säumer. Ein solcher war Daniel Tschopp, dem 1796 von frevelnder Hand ½ ℔ Pulver in seine Bären gelegt ward. Acht Tage vorher war sein Wagen mit Schießpulver beladen gewesen. 1778 klagt der Schloßschreiber Beck über das insolente Benehmen des Säumers Konrad Berger, den er hatte pfänden lassen. Noch früher (1752) wird erwähnt der Fuhrmann Schweizer von Waldenburg, gestorben während einer Reise in Kerzers, nahe bei Murten. Im Jahre 1800 ward Fuhrmann Joh. Hänger von Waldenburg in Basel um zwei Ballen Tuch bestohlen, die nach Neuenburg bestimmt waren. 1783 fand ein Einbruch statt in dem Hause Christen Baumanns, des Fuhrmanns.

Mit dem Bau der Eisenbahn von Basel nach Olten und weiter hinauf in die Schweiz wurde der Verkehr über den obern Hauenstein so gut wie eingestellt, und es handelte sich daher für Waldenburg, das zu einem guten Theil aus diesem Verkehr gelebt hatte, um einen möglichst ausreichenden Ersatz. Es ist bekannt, daß dieser unter großen Opfern Seitens der Gemeinde in der Einführung der Uhren- macherei gefunden wurde. Diese, zuerst auf Rechnung der Ge- meinde betrieben, ging 1859 in die Hände zweier jüngerer Bürger über, zur vollen Entfaltung gelangte sie aber erst, nachdem auch diese Gesellschaft sich im Jahr 1870 aufgelöst hatte und das Geschäft an den einen der Associé's, Herrn Nationalrath Gedeon Thommen, über- gegangen war. Derselbe beschäftigt jetzt in zwei Fabriken und in den Häusern ungefähr 400 Arbeiter und Arbeiterinnen, die in Waldenburg wohnen, und ca. 100, die in den umliegenden Ortschaften Langenbruck, Ober- und Niederdorf, Hölstein und Lampenberg, wie auch Reigolds- wyl angesessen sind.

Indem wir darauf verzichten, in Weiteres hierüber einzutreten, weil wir hier auf dem Boden der Gegenwart angelangt sind, tragen wir noch nach, daß wie jetzt, so auch früher, neben den verschiedenen Gewerben die Pflege des Landbau's und der Viehzucht immer ihren Boden gefunden hat.

Schon 1742 besaß die Gemeinde in Folge früherer Landankäufe stattliche Weideplätze, zusammen genannt die „Gemeine Weidt", näm- lich 30 Mannwerk Matten und Weydt im Gerstel und Kapff, die theilweise verliehen, theils „geweidet" wurden; 2) 59 Mannwerkhs Weyd, die Blümlis-Matt oder Alpmatt genannt; 3) 50 Mannwerk Weyd, der Richtacker und Brochen-Fluh genannt; 4) 80 Mannwerk Weyd, die Gemeine Matt und Hornussen-Reute genannt; 5) 10 Mann- werk Weyd, das Waldmättele und rothe Matt genannt; 6) 2 Mann- werk Weyd, beim Brücklin genannt; 7) (seit 1736) 30 Mannwerk Weyd, der Schellenberg genannt, gekauft um 2700 ₶; 8) 18 Mann- werk Weyd, die Studenweid genannt, seit 1738, wo sie um 1079 ₶ gekauft worden. An Nr. 7 und 8 war die Gemeinde im Jahr 1742 noch 2200 ₶ schuldig. Hiezu kam 1815 noch ein Stück von 2 Iucharten Mattland auf Wyl, welche dem Daniel Tschopp abgekauft wurden und zu einer Munimatt dienen sollten.

Von den übrigen Matten sagt Pfarrer Annoni 1741, daß sie alle theuer seien. Es ist das vollkommen begreiflich, da die Matten hiesigen Banns an sich werthvoll sind und die Ortschaft immer verhältnißmäßig sehr stark bevölkert war, so daß öfter, wie noch in unsern Tagen, Wohnungsnoth eintrat.

Im 18. Jahrhundert ward laut mehrfacher Aussage der Basler Kommission „zu den Landsachen" von den Waldenburgern viel Fleiß auf die Pflege der Obstbäume verwandt.

Armen Bürgern wurde von der Obrigkeit wiederholt gestattet, z. B. noch 1795 Land aufzubrechen, damals auf dem „Wald", dafür mußten dann die bisherigen, nun „ausgemärkelten" Reutenen wieder zum Hochwald geschlagen werden.

Im Waldenburger Bann suchte man, wie Landvogt Buxtorf 1705 schreibt, vergebens, die Eichen einheimisch zu machen; die an den besten Orten gepflanzten, kommen wegen des „kalten und wilden" Bodens nicht fort, wie er sagt, ebenso wenig im Reigoldswyler Bann. Man war daher nach wie vor genöthigt, die Schweine (zur Sommers- zeit) in auswärtige, mit Eichenwäldern ausgestattete Gegenden zu thun oder dann sie in den Ställen zu mästen.

Der Getreidebau war ehedem nicht unbedeutend. In Korn betrug die Quart des großen Zehntens zu Waldenburg anno 1606 35 Vierzel- Säcke (Doppelcentner), in Bennwyl nur 17, in Hölstein 15, in Rei- goldswyl 21. Der Heuzehnten betrug in Geld 2 ℔ 10 s.

Die Mahlmühle (Getreidemühle) im Städtchen gehörte dem großen Spital zu Basel, wie auch das Kornhaus (wo heutzutag die Kirche und die Schule sich befinden); jene ging 1782 durch Kauf an Johannes Schneider, Müller von Oberdorf, und damit in Privatbesitz über, dieses ward erst 1830 von der Gemeinde Waldenburg dem Spital abgekauft, welcher nach Aufhebung der Zehnten keines Kornhauses bedurfte.

Von den Sägemühlen wurde die untere, d. h. die unterhalb des Städtchens befindliche, im Jahr 1660 erbaut. Die Gemeinde, welcher der Rath zu Basel das Geld darlieh, errichtete dieselbe als eine Wohl- that für den Ort; da aber kein Pächter sich finden wollte, brachte man sie an eine Gant und es wurde dieselbe 1662 von Isaak Baumann von Bennwyl, einem Zimmermann, erstanden. 1774 heißt es in einem Gesuch um Bewilligung einer Lohstampfe vor dem obern Thor, am Bache, daß die bei der untern Säge oft nicht benutzt werden könne, da der Säger alles Wasser braucht und sein Geschäft streng geht.

Einige Aehnlichkeit haben hiemit die Veränderungen im Besitz der Ziegelhütten, die sich hier noch anschließen mögen, da der Boden auch den Lehm und das nöthige Holz liefern mußte. — Schon vor 1624 war vor dem obern Thor, ob Waldenburg in dem Berg, gleich bei dem Wald, eine Ziegelhütte gewesen; diese war dann eingegangen und seitdem hatte man die Ziegel in Reigolbswyl holen müssen, was aber wegen der schlechten Wege, und weil die Nachfrage zu groß war, dem Bedürfnisse wenig entsprach. Deshalb verlangten die Gemeinden des Thales nebst Langenbruck, daß am gleichen Ort, wie früher, wieder eine Ziegelhütte errichtet würde, und die Regierung streckte hierauf die Bausumme vor. Nach Abzahlung derselben gehörte sie der Gemeinde Waldenburg. Im Jahre 1760 ward eine zweite für nöthig erachtet, und auch diesmal streckte Basel die Bausumme vor. Diese Ziegelhütte wurde unterhalb des Städtchens gebaut. Beide gingen schließlich in den Besitz von Partikularen über, zuerst 1789 die obere, 1799 die untere. Das Pachtsystem, verbunden mit reduzirten Preisen für die Gemeinde und den Staat, hatte sich nicht gut bewährt; die Ziegler lieferten schlechte Waare, so daß strenge Maßregeln gegen sie in Gang gebracht wurden. So wurde 1768 der eine der Ziegler gefänglich nach Basel geführt, um sich zu verantworten und ebenso hatte der Amtspfleger von Lampenberg sich zu verantworten, weil er zu wenig Aufsicht hatte walten lassen, und 1753 hatte der Vogt gemeint, das Beste wäre, jeden schlechten Brand einfach zu zerschlagen. Die Ziegler redeten sich damit aus, daß die Gemeinde bessern Lehm anweisen sollte und der Staat mehr Holz.

Bekanntlich ist seit mehr als 40 Jahren keine der Ziegeleien mehr am hiesigen Orte in Betrieb.

Nicht gerade von der Gemeinde, wohl aber von einer Anzahl von Bürgern wurde im Jahre 1825 die Sparkasse gegründet, die jetzt noch, aber als Aktiengeschäft besteht und eine Bilanz von über 1,100,000 Fr. hat, und die Vieh-Assekuranz, die jedoch nicht mehr besteht und kann lange bestehen konnte, da Versicherungen rein lokalen Umfangs nicht im Stande sind, bedeutende Verluste zu ertragen. Sehr nützlich ist dagegen die Uhrenmacher-Krankenkasse, gestiftet im Jahr 1870.

Karl Jauslin.

Ein Lebensbild. Von ihm selbst erzählt.

(Mit Illustration.)

Im Fuße des Wartenberges, da wo die Römerruinen stehen, in einem kleinen Hause im alten Muttenz, kam ich anno 1842, ben 21. Mai, zur Welt, klein, krank und schwach. Meine Eltern waren arm, die Mutter, eine vermögliche Bauerntochter, folgte meinem Vater, einem armen Steinbrecher, in Noth und Arbeit, beide waren von Muttenz gebürtig, ebenso die Großeltern und Ureltern. Der Großvater war ein „Revoluzer" und rührte die Trommel anno 33 beim Sturm gegen die Basler, wo er noch verwundet wurde; er ruht nun aus, der alte Tambour, bei den Patrioten und Aristokraten, sie thun sich dort oben kein Leid mehr an. Als ich ungefähr zwei Jahre alt war (unterdessen war noch Schwesterchen Emma gekommen), ging der Vater unter die Laubjäger, da der Verdienst damals schlecht war und wir Menschenkinder genährt sein wollten. Zuerst kam er als Schließer im Zuchthaus an, wo ich ihn als Kind oft bei den Gefangenen besucht habe. Bei einem gefangenen Flüchtling vom badischen Aufstand, der aus irgend einer Ursache ein oder zwei Jahre eingesperrt wurde, ließ ich mich Tage lang einschließen und unterhielt mich mit ihm. Es war ein sehr gebildeter Mann und jedenfalls aus gutem Hause, seinen Namen hat man nie erfahren, denn er verschwieg ihn, um den Seinen keine Schande zu machen. Dieser liebe Gefangene machte mir Zeichnungen, Schönschreibhefte, schrieb mir aus der Schweizergeschichte das Beste aus, kurz, suchte mich kleinen Knirps zu belehren, zu bilden und heranzuziehen, so gut es einem Kinde von zwei, drei Jahren eben beizubringen war. Sobald ich einen Bleistift, einen Griffel und ein Stück Papier erhaschen konnte, mußte gezeichnet und mit schlechten Farben gemalt werden, gerade wie es eben fast alle Kinder in diesem Alter machen. Etwas Anderes wollte ich nicht thun, was mir oft bittere Stunden brachte.

So gingen die Jahre hin, es war eine kriegerische Zeit, Sonderbund, Freischaarenzüge und der badische Aufstand zogen im Verlaufe von mehreren Jahren nacheinander vorüber. Ich sah die deutschen Flüchtlinge in Liestal, man konnte Gewehre, Säbel und Helme um ein Spottgeld von ihnen kaufen, denn die armen Menschen hatten kein Geld. Da erlebte ich manch' militärisches Schauspiel. Soldaten sah ich mit Kübelezakos, umgekehrten Blumentöpfen ähnlich, die stets wackelnd auf dem Kopfe saßen. Bückte sich der Mann, so fiel das Monstrum mit Kamm, Bürste, Putzzeug, Käse und Speck, was darin aufbewahrt war, zur Erde nieder. Ich sah Sappeure in Bärenmützen und Schurzfell, die Reiter mit Roßschweif und Feuereimerczakos auf dem Kopfe vorbeiziehen. Ich sah meinen Vater als Traintrompeter hoch auf weißem Rosse, sah ihn früher anno 44 als alten Eidgenossen mit Helm und Harnisch, mit der Hellebarde in der Faust, beim Triumphbogen an der Kirche in Muttenz Wache stehen, allwo die Schützen aus der Schweiz, zu Pferd und Wagen, beflaggt und bekränzt, an das eidgenössische Schützenfest nach Basel zogen.

Diese kriegerischen Eindrücke haben auf mich so eingewirkt, daß ich mit Vorliebe jetzt noch Militärbilder zeichne.

So ging die Zeit hin mit Zeichnen und Schauen; ich mußte nun in die Schule; lesen konnte ich bald, aber das Zeichnen, Geschichte hören und Landkartenstudiren waren mir das Liebste. Ja ich machte einmal ein Relief von Baselland in Lehm, nach einer alten Karte, vertieft und erhaben. In andern Fächern war ich nie stark, nur poesievolle Aufsätze schrieb ich, so daß mir der Lehrer sagte, es sei hirnverbranntes Zeug. Es handelte von Quellenrauschen, Waldesdunkel und andern schönen Sachen mehr.

Die Zeiten kamen und gingen. Mein Vater wurde nach Sissach stationirt; aus Liestals Schule ging's nun in die Sissacher mit meiner Schwester Emma. Von Sissach kamen wir nach etwa einem Jahre nach Rothhaus bei Schweizerhalle in das einsame Grenzerhaus am Rhein, von wo ich nun nach Muttenz mit Emma in die Schule täppelte. Ein herrlicher Weg dies durch den damaligen, noch nicht niedergelegten, wunderschönen Eichenwald, darin die Eichhörnchen sprangen und die Vögelein liebliche Lieder pfiffen, am Wege die Ruggenmöhnlein (Frösche) quakten und wir Kinder selig waren im Waldesgrün und Blüthenduft. Nur die Schule war uns zur Qual. Von Muttenz,

wo noch der Eichwald (Weißspiel stand, weit hingedehnt am Berges-
rücken ob dem Dorfe, von dem Schweinehirten und den Eicheln weg,
mußten wir nach Allschwyl, dort hatten wir ein paar Jahre Lust und
Leid durchgekostet. Der Grenzerdienst, den der Vater zu verrichten
hatte, ist gefahrvoll und beschwerlich, die Wohnung dort kalt und unbequem, im Winter herrschte eine sibirische Kälte darin und im Sommer
eine afrikanische Hitze. Zu Allschwyl hatten wir wieder einen andern
Lehrer, es war entsetzlich dieses ewige Aendern und Wandern. Trotz
alledem verlebten wir dort schöne Tage. Den Sommervögelein nach-
jagen, an der von Lehrer Bürgin (der die Schweizer-Reliefs macht)
veranstalteten Schlacht bei Sempach mitmachend, als Hirtenbube in
Speerstoß und Schwertkampf, noch heute in der Erinnerung davon
zehrend, so ging das Leben fort.

Die Gestalten eines Tell und Winkelried mußten überall her-
halten, mit Kreide und Kohle, mit Farbe und Tinte, auf Alles, was
weiß war, dazwischen wurde mit Thon modellirt, Bekannte und Lehrer
und was mir hie und da auffiel. Mit dem Vater ging ich manchmal
den kürzern Grenztouren nach, und große Freude machten mir die
französischen Gensdarmen mit ihren Napoleonshüten, dem gelben Leder-
zeug und den Schwalbenschwänzen. Hie und da gab es Gefangene,
desertirte Dragoner mit Roßschweif-Helmen, rothen Hosen und langem
Palasch an der Seite. Noch sehe ich zwei derselben, wie sie vor meinem
Vater auf den Knien lagen und flehentlich baten, sie doch frei zu
lassen. Die Beiden hatten etwas gestohlen, in den Uniformen versteckt, und waren mit noch ein paar Andern durchgebrannt, sie wollten
nach Hüningen, wo ihr Depot war. Der Vater erwischte sie noch
auf Schweizerboden, die Kerle zogen ihre Seitengewehre, aber es nützte
ihnen nichts, mein Vater schlug sie mit dem Karabiner nieder und
band sie, und nun bettelten die Armen um Freilassung, aber mein
Vater verstand kein Wort Französisch, sie mußten sitzen und per Schub
nach Hüningen gebracht werden.

Diese französischen Soldaten von damals waren eine Schelmen-
bande und händelsüchtig, nichts war sicher vor ihnen. Nur arme,
meist krummbeinige, kleine Leute, aber sehr kräftig. Ich sah einmal
einen Soldaten, der sich blutüberströmt wie ein Löwe mit einem Bajonnett
gegen zehn bis zwanzig wehrte. Ich sah dem Schauspiel zu, wie's
eben die Kinder machen, ängstlich; von da an mußte auf allen meinen

Bildern Blut fließen, stromweise, und durch und durch gestochen sein mußten die Leute.

Für das Wohlverhalten meines Vaters, der hier gar oft in Lebensgefahr stand, wurde er zum Korporal ernannt und wir mußten weiter ziehen.

An einem Abend, als es gerade am andern Ende des Dorfes brannte, fuhren wir auf hochbepacktem Leiterwagen voll Möbeln, das Land hinauf über Basel, Birsfelden, Pratteln, Liestal, Höllstein nach Waldenburg.

Waldenburg, o schöne Jugendzeit, die ich in dir verlebte! Eine herrliche Gottesnatur mit grauem Berg- und Tannendunkel, Felsen und Zuraweiden, o du Frühlingszeit! wo bist du hingekommen?!

In Waldenburg besuchte ich, nachdem ich die andern Schulen durchgemacht, die Bezirksschule, wo mich wieder die Geschichte und die Poesie: Homer und Uhland, ganz gefangen nahm, das Zeichnen nicht vergessend.

Mit Freuden und Wehmuth denke ich des guten, herzlichen Lehrers Mäsperli, der so verständig zu demonstriren wußte, denke ich der Ausflüge auf den Bilstein, nach dem Kilchzimmer und Belchen, der Spaziergänge mit Edmund, dem jetzigen eidgen. Fabrik-Inspektor in Aarau, und Ottmar, des Bruders, mit dem Rednertalente; denke an Emil Frey, jetzigen Oberst in Arlesheim, der in den Fünfziger Jahren zu Waldenburg in die Bezirksschule ging; Emil, der mir Papier und Bleistifte zusteckte, daß ich heimlich besser zeichnen konnte, denn ich machte ja, wie es zu Hause hieß, nur Hügrameter und Kripelfaxen. Unterdessen wurde mein Vater krank, er hatte einen Zweikampf mit einem Schelmen zu bestehen, dem er stundenlang im Reigoldswuler Walde nachgespürt, und der eine Uhr gestohlen hatte. Wohl siegte mein Vater, denn es ging auf Leben und Tod, aber von da an war die Gesundheit des großen, starken Mannes dahin. Ganz Waldenburg kam zu schauen, wie er blutüberströmt mit dem ebenso blutigen Arrestanten, einem starken, stämmigen Berner Oberländer, am Städtchen anrückte, beide halbtodt von der Hitze, dem Kampf und Blutverlust, beide nun gefährlich krank. Ach! des Bleibens war nicht in Waldenburg. Vier Jahre der schönsten Jugendblüthe lagen wieder hinter mir, wieder mußte geschieden sein, nun als Geschwister selb Dritt, es war noch ein Schwesterchen gekommen, Karolina, mit gelblockigem

Haare und blauen Augen. Lina, das als Kind vom durchreisenden König von Portugal einmal auf den Armen geherzt und getragen wurde, da es ihm vor dem Hause beim Spielen so gefiel. Vergessen, dahin!

Wir wanderten nach Arlesheim mit Sack und Pack, den Hausrath zu Wagen, wir in einer Chaise. Im neuen Hause, noch feucht vom Kalk und Mörtel, starb mein Vater, nachdem er monatelang an der Auszehrung und Wassersucht gelitten, und nun ging das Leid und das Weh für uns an, die wir so sorglos gelebt hatten wie der Vogel im Hanfe, wir armen Kinder und eine arme Mutter dazu.

Unvergeßlich bleibt mir das Leben in Arlesheim, es hat liebe Menschen dort. Die Eremitage mit ihrem Zauber, die Burgen Reichenstein, Dorneck, Landskron, Rothberg, Fürstenstein, Mönchsberg bei Aesch, Pfeffingen, Angenstein, Bärenfels und Ilfenstein, hoch oben im Gempener Walde auf steilem Fels, die Alle wurden besucht und gezeichnet. Ich machte Gedichte darüber von Noth und Graus, von Ritterlust und Waffenklang. Es war der Sonnenschein vor dem Gewitter.

Im Januar des Jahres 1858, im Winter voll Schnee und Kälte, ward mein Erhalter und Ernährer nach Muttenz zu Grabe geführt und mit militärischen Ehren beerdigt, drei Salven wurden über das Grab gegeben und da standen wir allein und verlassen, die Mutter, ich Karl, Emma, Lina, und noch ein Kindlein, Bertha, von Niemand mehr gekannt (man kennt ja nur die Glücklichen), denn eines Landjägers Sold macht keinen reich.

Ich mußte nun verdienen gehen. Ich ging als zarter, des Schaffens ungewohnter Knabe als Maurerhandlanger nach Basel wie andere Leidensgefährten meines Alters, und kehrte jeden Tag wieder nach Arlesheim zurück, es war eine harte Zeit. Ich wurde krank, weil ich Tage lang in nassen Kleidern arbeiten mußte, denn die Parliere ließen einen erst an das Trocknen gehen, wenn das Wasser zu den Hosen hinauslief. Wieder fehlten die paar Batzen zum Leben, es ging uns sehr schlecht; das Klagen war nicht unsere Sache, wir darbten, litten und schwiegen.

Da erbarmte sich Herr Stabsmajor Achilles Alioth unserer Noth; Emma und ich kamen in die Fabrik nach Dornach, ich ging mit Schmerzen hin, weil ich nicht mehr zeichnen konnte, denn das war

mein Alles. O der grausam verlorenen Zeit von damals! Zwei
Jahre hielt ich diese Qual aus, dann lief ich davon, da man für mein
Streben kein Verständniß zeigte, ich litt unsägliche Seelenpein. Ich
war ein armer Prometheus, an den Felsen des Erwerbs angeschmiedet.

Wieder ging ich zu Major Alioth und klagte ihm meine Noth,
zeigte ihm meine Zeichnungen und Malereien, was ich noch hatte,
denn das Meiste hatte ich aus Verzweiflung in den Ofen geworfen,
es waren mehrere festgestampfte Körbe voll. Herr Alioth erbarmte
sich meiner und ich kam nun nach Basel in die Lehre zu Dekorations-
maler Thommen, vom Räderölen und Cylindermachen weg und
auch vom Fabrik an- und abstellen, bei welchem Amte am Kanal zu
stehen ich an einem Ohre übelhörig wurde.

Herr Alioth war in dem Glauben, daß ich bei Thommen ein
Künstler werde, und um ihn zu täuschen, mußte ich hie und da Land-
schäftchen in Oel malen zum Geschenke. Thommen sah nur auf
seinen Vortheil und suchte so viel als möglich aus den armen Lehr-
buben, wir waren einmal unserer 8—12, heraus zu pressen.

Ich war noch lange kein Künstler, ich war Anstreicher und Farben-
reiber und meine Ideale gingen fast in Trümmer. Wieder klage ich
um verlorene Jahre, es sind deren statt zwei nun viele Jahre geworden.

Wohl gab es nun Geld, das ich alles redlich meiner Mutter
gab; ich behielt nichts davon, ich rauchte nicht, ich trank keinen Wein
und kein Bier, Wasser war mein Labsal. Wir trieben nur das
Kartenspiel, das ich von meinen Freunden gelernt hatte, wir spielten
aber um nichts. Jähzornig, wie ich war, glaubte ich einmal betrogen
worden zu sein, schlug meinen Freund gefährlich nieder und mit der
Faust eine Tischecke dazu und schwor, nie mehr Karten zu spielen
und ich hab's gehalten. Ich war damals etwa 18 Jahre alt.

Bei Thommen war ich elf Jahre, ich lernte nach und nach Landschaften malen, Theaterkoulissen, Blumen, Rouleaux, Ornamente,
selbst Ofenkacheln malen, aber ohne den Styl genau zu kennen, ich
lernte Vieles, doch nicht das Rechte. Mein Ziel war: fort nach
München! Thommen schickte mich, um mich ruhig zu halten, anno
1867 an die Ausstellung nach Paris, und bezahlte die Reise, zog
aber später die Hälfte wieder nach und nach ab. Ich war unter
ihm in Aarburg, in Schönenwerd, in Bern, in Lenzburg, in Lörrach,

in Steinen, in Schopfheim, wo wir Hitze und Kälte durchmachten und dazu Hunger litten.

Auf dem Heimweg, ich war nun wieder in Muttenz nieder-gelassen, las ich lehrreiche Bücher und dichtete St. Jakobsschlachten, so oft ich durch St. Jakob ging. Im Winter ging ich zu Herrn Zeichnungslehrer Larte in die Zeichnungsschule am Steinenberg, und Herr Larte gab mir das Lob vor den Andern, daß ich trotz Sturm, Schnee und Regen nie gefehlt hätte, obschon ich allemal erst so Nachts zwölf Uhr nach Hause kam. Zwischenhinein modellirte ich bei Neu-stück und bekam schon im ersten Semester für Zeichnen und Model-liren ein Diplom; überhaupt füllte ich meine freie Zeit mit Zeichnen, Malen, Modelliren und Dichten aus und konnte beim schönsten Wetter zu Hause sitzen, ich lebte eben in einer andern Welt. Da kam der Tod und brachte mich wieder vorwärts, es starb Herr Thommen. Noch denke ich an den Tag, da er Abschied nahm, es war ein wunder-lieblicher Sommertag. „Karl!“ sagte er und gab mir die Hand: „Karl! hier diese Deine letzte Arbeit ist die schönste, die ich von Dir sah. Es ist prächtig dies!“ Ich malte ein Rouleaux mit Blumen und Blät-tern nach der Natur. Das Lob freute mich sehr.

„Hüte heute das Haus gut, ich gehe nach Schönthal zu den Ar-beitern bei Herren Ringwald und Bölger, ich komme heute nicht mehr zurück, leb wohl, Karl, auf Wiedersehen am Morgen!“

Er kam nicht mehr lebend zurück, ein Schlaganfall warf ihn beim Kegelspiel im Schönthal nieder. Das war anno 1868, als Herr Thom-men starb. Jetzt trat ich mit Maler Nebel in Verbindung, er betrieb die Flachmalerei und ich malte Rouleaux und Oefen bei Hafner Linder. Zwei Jahre trieb ich's so, da verleidete mir der Drang, weiter zu kom-kommen, die Geschichte. Beim Bezahlen ließen Basel's Herren mich ein ganzes Jahr lang warten. Das verleidete mir den Beruf eines Rou-leauxmalers. Glücklich für mich, brach der Krieg von 1870 aus, und der brachte mich dem Ziele näher.

Damals war ich in der Werkstätte in der Malzgasse in Basel, da hörte ich unten trommeln, ich wollte rasch hinab; da stand ein alter Stadttambour mit Trommel da, die Kriegserklärung Frankreichs an Deutschland lesend; die diensthabende Mannschaft müsse, die Infan-terie in's Klingenthal, die Artillerie in den Werkhof mit Sack und Pack einrücken. Nun war vom Arbeiten keine Rede mehr. Ich ging in das Klingenthal und sah dort viele Mannschaft, die trotz der Kürze der Zeit ihrer Ausrüstung recht stattlich aussahen.

Herr Maler Samuel Bauer am Gemsberg sagte mir nach ein paar Tagen, er wisse was für mich; es stehe nämlich eine Anzeige in der Zeitung, es würde für „Ueber Land und Meer" von Eduard Hallberger in Stuttgart ein Zeichner und selbständiger Kompositeur von Schlachtenbildern gesucht, derselbe müsse nur zur Einsicht eine einfache Skizze einsenden. Ich machte den Versuch, setzte mich hin, zeichnete schnell auf blaues Briefpapier nur ganz klein die Schlacht bei Wörth; Küraffiere in den Hopfen :c., schickte das Ding an die Redaktion und sofort wurde ich gerufen und mußte hinaus nach Stutt= gart.

Nun wurde von meinen Lieben Abschied genommen. Meine Jugendliebe hatte mich verlassen und war nach Amerika gegangen; der Schmerz war heftig, ich sehnte mich daher fort aus der Gegend meines Liebesglückes und Schmerzes und munter dampfte ich Stutt= gart entgegen. Hier nun arbeitete ich Tag und Nacht, nach Zeitungs= nachrichten, brühwarme Schlachtenkompositionen für die „Deutsche Kriegszeitung" und „Ueber Land und Meer" und mußte sie sofort auf Holz zum Schnitt zeichnen. Es ging wie „geschmiert" und die Deutschen kamen kaum nach mit Siegen, so schnell zeichnete ich drauf los, Alles aus dem Kopfe. Wer wußte das, der Leser? Ha! kaum Einer!

Ich verdiente ziemlich Geld, was mich sehr freute, meiner Mutter heimbringen zu können, denn ich lebte fast nur von der Luft und hatte keine Zeit, an's Essen und Trinken zu denken, vor Aufregung und Beschäftigung.

Alle Tage sah ich etwas Neues, Truppenabmärsche, Abschieds= scenen nach dem Kriegsschauplatz, aber auch recht Trauriges; ich sah Verwundete ankommen mit allen möglichen Verbänden, ganze Wagen= ladungen Franzosen, Schwarze und Bleichgesichter als Gefangene.

Bei jedem Siege Glockengeläute, Kanonendonner und unendlicher Jubel, man muß das gesehen haben, so mächtig war die Begeisterung, aber würdig und menschlich immerdar. Illuminationen, Feuer auf allen Höhen wechselten alle Abend ab, die Zeit ging herum, man wußte nicht wie. Als die Arbeit etwas nachließ, reiste ich wieder nach Hause. Ich ging über Karlsruhe, besuchte dort das Lazareth, sah mir das Kriegsleben in Kehl und die Beschießung Straßburgs und

Belforts an: die bombardirten Städte, die Brände und das Elend, es war entsetzlich mit anzusehen.

Des Winters zeichnete ich nun in Muttenz weiter und ging dann im Frühling darauf nach Stuttgart zu Ed. Hallberger auf längere Zeit, um endlich die Königliche Kunstschule zu besuchen. Endlich war ich am Ziel, das ich wollte. Ich wollte lernen und nichts als lernen, einholen, was versäumt und verhindert worden war in so gräßlich langer Zeit.

Vier Jahre lang besuchte ich die Akademie auf das Fleißigste, den Unterhalt bei Hallberger in der Zwischenzeit mit Zeichnen verdienend. In den Ferien ging's für „Ueber Land und Meer" an Feste, Revuen und Manöver. So war ich beim Einzug und der Heimkunft der siegreichen Würtemberger, es war ein herrlicher, unvergeßlicher Anblick, das ganze Volk feierte im Sonntagskleid mit freudigen Gesichtern.

Die Triumphpforten mit Trophäen von Helmen, Kürassen, Palaschen, Adlern, Trommeln, Kanonen und Mitrailleusen; eroberte Kanonen lagern vor dem Schloßportal links und rechts. Die Freude der Schwaben vom Lande war groß und schön war der Einzug. Feierlich, alle Soldaten mit großen Bärten, geflickten und abgetragenen Monturstücken, über und über mit Kränzen, Blumen und Guirlanden behangen, vom General bis zum Gemeinen die Augen leuchtend in der Sieges- und Heimathfreude. Ich fühlte das Alles mit, denn auch ich war dabei, wenn auch nur als Spalierschüler. Die Polytechniker und Akademiker nämlich, wir Alle mußten mit Bannerträger in Rubenstracht nebst ungezählten Vereinen mit Fahnen Spaliere bilden.

Einmal beim Manöver in Degerloch und auf der Ludwigsburger Haide kam ich arg ins Gedränge, doch hielt ich, mit noch einigen Offizieren demonstrirend, mich tapfer in dem Pulverdampf, Roßgestampf und fliegenden Pfropfen, alle Augenblicke in Gefahr stehend, von den Dragonerpferden überritten zu werden. Man mußte mir auf General Stülpnagels Befehl hin einen reitenden Feldjäger in grüner Uniform mit Bärenmütze als Begleiter geben, den ich als Ordonnanz auf Erkundigungen ausschickte, um bei Zeiten auf die Seite zu kommen. Ich mußte nämlich ein paar Illustrationen zeichnen mit dem Bilde des deutschen Kronprinzen Friedrich.

Ich zeichnete ferner die Hochzeit der Prinzessin Wera, allwo ich militärische Ehren erhielt und mich goldbetreßte und rothbefrackte Diener abholten in's königliche Schloß. Das Militär präsentirte, als ich hereinschritt, und da dachte ich: wenn die wüßten, daß ich nur ein armer Schweizer sei, sie würden es bleiben lassen, aber ich trug Wadenklopfer, weißes Gilet, weiße Halsbinde, glänzende Augströhre, und war geschniegelt, gebügelt und gekräuselt und mit weißen Glacé-handschuhen angethan.

Den Rock und die Hosen gemiethet von einem Juden, die Uhr geborgt, ein paar Kreuzer in der Tasche, es war köstlich: der Jauslin von Muttenz.

Im Saale sah ich ein Flimmern, ein Leuchten, manch' Gold-geschmeid von klarem Schein, manch' roth und grünen Edelstein, die mir nicht unächt erschienen.

Kaiser, Könige, Fürsten, Grafen und Barone, Königin Olga, Prinzessin Wera, die Hoffräulein, die Pracht der Gewänder und der Uniformen, in allen Farben, roth, blau, gelb, grün, weiß, grell und blendend, die Kleider mit Demanten bestreut, es war ein Anblick, der mächtig auf mich einwirkte.

Da war der König Karl, der Prinz von Württemberg, der Kron-prinz von Deutschland, der Kaiser von Rußland, Alexander II., rus-sische Generale, kurz eine Zusammenstellung von hohen Herrschaften, wie man sie nicht alle Tage sieht. Ein russischer General unterhielt sich lange mit mir, er sprach fließend deutsch, befragte mich über die Schweiz, über meinen Lebensgang und übergab mir die Photo-graphien der Herrschaften, damit ich sie getreu auf das zu machende Bild bringen könne. Ich lieferte ein gutes Bild und Alles war zu-frieden.

Von der Schule aus besuchte ich im Militärspital die Anatomie, ferner das Polytechnikum und seine Vorlesungen zwei Mal in der Woche, die Aesthetik von Professor Fischer und die Kunstgeschichte von Professor Lübke.

Herr Lübke ließ von mir seine Kupfertafeln zeichnen für die Kunstgeschichte, herausgegeben von Ebner und Seubert in Stuttgart und E. A. Seemann in Leipzig.

Bei Professor Häberlin lernte ich malen; bei Professor Funk Landschaften zeichnen und malen, bei Professor Kreutle kupferstechen, auch etwas radiren und unter Professor Wagner modelliren, kurz, ich war fleißig und bekam verschiedene Preise, Diplome und — Dukaten.

Mit einer Frühlingslandschaft, die mir als Preisaufgabe im Winter aufgetragen war, hatte ich Unglück. Als das Aquarell fertig war, fiel es mir aus der Hand, so daß es der Länge und der Breite nach ganz zerrissen war. Ich jammerte darüber. Endlich klebte ich es so gut es gehen wollte, zusammen und schickte es schweren Herzens ab, in der Meinung, umsonst gearbeitet zu haben. Aber das Glück war mir günstig; ich bekam den Preis und dreißig Gulden in Gold dazu. Nun konnte ich eine Woche abkommen und nach Rothenburg an der Tauber reisen mit Professor Rustige, ein paar Bildhauern und ein paar Malern, um Studien zu machen. Welch ein Glück! Ich zeichnete dort ungefähr vierzig Städteansichten sauber aus, derweil die Andern tranken; die Zeichnungen wurden öffentlich ausgestellt und Hallberger ließ sie in „Ueber Land und Meer" erscheinen, wofür ich großes Lob erntete.

Für ein Genrebild, „Am Brunnen" betitelt, erhielt ich die silberne Medaille, leider gab's damals keine goldenen, ich hätte sie auch bekommen, dazu ein Diplom nebst den üblichen fünf Dukaten in Gold, was ein armer Kunstjünger gut brauchen konnte, der den Unterhalt nebenhin noch so verdienen mußte. Doch das war gut so und erhielt mich munter.

Zu Hause in der Wohnung an der Henstraße, die ich mit Freund Hutzel vier Jahre bewohnte, im engen Stübchen, wo wir statt der Stühle nur unsere Kisten zum Sitzen hatten und Jeder sich am Andern vorbeidrücken mußte, malte ich auf dem Wandraum die größeren Bilder: Den Rückzug der Bourbakiarmee nach der Schweiz. Eine ausgeführte Kohlenzeichnung besitzt davon Adam Brobbeck zum „Landschäftler" in Liestal, ferner das große Aquarell „Am Brunnen", im Besitz von Sekretär Gärtner in Stuttgart, und Engelein in Oel für Karl Hallberger und Anderes, was ich nicht mehr weiß. Hier entstunden die größeren und kleineren Reliefs in Gyps, der Kampf um den todten Patroklus, Achileus und Priseus, Odysseus und Polypheme und Anderes mehr.

Wie ich nun zu malen anfing, lehnte sich Hallberger dagegen auf, er wollte mich nur zum Zeichnen unterstützen, um mich in seinem Geschäft behalten zu können. Das war wieder ein neues Hemmniß.

Auf meine Klagen schrieben Direktor Neher von der königlichen Kunstschule und Sekretär Gärtner an Hallberger, er möchte sich für mich
um ein Stipendium aus Baselland verwenden, um einmal in gewissem
Sinne unabhängig zu werden. Beiläufig gesagt, besuchte ich des Nachts
noch bis eilf Uhr die Gewerbeschule, um Studien in der Draperie
und Perspektive zu machen. Baselland wollte das Stipendium geben,
ausnahmsweise für mich, da für die Kunst kein Posten im Staatsbudget
stand, aber es war zu wenig zum Leben und zum Sterben. Ich
lehnte das Stipendium ab.

Aus Ludwighafen am Rhein bekam ich gleichzeitig eine
größere Summe, für ein Bild zu machen; ich ging hin, um nur von
Stuttgart los zu kommen. Ich machte die Aufnahmen, die sich gegenwärtig im Besitz des Herrn Siegle in Stuttgart befinden.

Und nun neuerdings ins Weite. Mit guten Empfehlungen ging's
München zu, aber da wurde ich sterbenskrank; es war die ganze
Zeit Regenwetter und Schneegestöber, denn es war im November;
überhaupt waren die Speisen und Getränke für mich ungesund; ich
blieb nur drei Tage dort und machte mich dann wieder fort, nachdem
ich mit Mühe und Noth die Kunstschätze mir angesehen, von einem
Künstlerschwarm begleitet.

Von München ging es nach Wien; ich fand gute Aufnahme bei
dem kaiserlichen Bibliothekar und Historiker Herrn von Lützow, dieser
Herr verschaffte mir das Geld zum Leben und öffnete mir die Kunstwerke der Bibliothek, so daß ich ohne Geldhinterlage oder Haftpflicht
Werke zum Studium nach Hause nehmen konnte. Hier ging es nun
mit Begierde an das Privatstudium. Im Belvedere fand ich die alten
Meister und ihre Werke: Dürer und Rubens gefielen mir am meisten, der Eine zart und streng, der Andere groß und breit, dann Rem-
brandt mit der wunderbaren Farbe, die Breughel und Andere mehr.

Zwei und ein halbes Jahr blieb ich in Wien. Jeden Tag war
ich im Belvedere zwei bis drei Stunden und in der Lichtensteingallerie
und am Abend in der Bibliothek in der Annagasse fleißig mit meiner
Ausbildung beschäftigt. Ich malte hier wenig, ich beobachtete nur
und verglich.

Der blinde Geiger und sein Kind (ein Aquarell im Besitze des
Herr von Lützow), der Frühling im Walde, eine Schlittenpartie, die
Schlacht bei Mostar (Türkei) und weniges Andere war Alles, was

ich malte. Dagegen zeichnete ich viel, ich wurde immer wieder dem Holzschnitte zugeführt. Illustrationen wie: Im Garten von Schön= brunn, der St. Niklaus=Abend, Straßenkehrer in Wien, der Prater, die Kesselflicker, die Schlacht bei St. Jakob und Anderes mehr wurden gezeichnet; ich wollte aber durchaus malen; Herr von Lützow sprach deßwegen mit Feuerbach, aber zum Malen kam es wieder nicht. Ich mußte für Hallberger, dem ich für seine Hilfe nicht unbankbar sein durfte, vom deutschen Bundesschießen in Stuttgart ein großes Tableau zeichnen. Ich mußte also wieder nach Stuttgart zurück. Nachdem ich meine Arbeit vollendet hatte, ging es nach drei Wochen wieder nach Wien. Ich hoffte nun, endlich ein größeres Bild unter Feuerbach anzufangen, da wurde der Mann krank und starb. Und da war es aus mit der Herrlichkeit! Alles schien sich gegen meine Malerei verschworen zu haben. Wien war mit Feuerbach verödet, Makart malte mir zu asphaltig und technisch unhaltbar, was nun? Ich wollte etwas anfangen und zeichnete bereits einige Wochen an einem Karton „Karl der Kühne" oder „Die Schlacht bei Murten", ein Bild nach dem Studium der Konstantinsschlacht von Rafael, die mir Herr von Lützow in seinem Vortrage und der Sohn des Aesthe= tikers Vischer erläuterten und erklärten. Beide Kartons wurden aber nicht fertig, da jetzt die Murtenfestzeit mich auf neuen Arbeitsweg brachte. Eines Tages kam ein Telegramm aus Bern an mich, als ich gerade von Professor Dr. Stricker aus dem allgemeinen Kranken= hause heim kam, wo ich für ein wissenschaftliches Werk gezeichnet hatte. Das Telegramm hieß mich dringend nach Bern zu kommen. Was nun machen? Der Auftrag war ehrenvoll und machte mich etwas bekannter. Gern ging ich und gerne blieb ich, da ich jetzt etwas malen wollte. Doch die Aufforderungen von Bern wurden wieder bringender, ja die Buchhändler Schmid und Xylograph Buri schickten mir eine Anweisung von hundert Franken an ein Bankhaus, sollte etwa das Geld zum Reisen fehlen. Und da war's entschieden, ich ging. Ich nahm von meinen lieben Freunden Frank, Baldinger, Eckstein, Keppler, Pfründer, Hackländer, Sohn des Schriftstellers, und Knapp Abschied, schmerzlich auf Nimmerwiedersehen. Die Guten waren wegen mir nach Wien gekommen, ich vermisse sie jetzt noch. Herr von Lützow wehrte sich energisch gegen die Abreise, doch es nützte nichts.

Ich ging und dampfte der Heimath zu. Doch schlug mein Herz,

als ich nach 6½ Jahren der Trennung die Berge der Schweiz wieder
sah. Wohl war ich ein paar mal in die Schweiz gekommen, um für
„Ueber Land und Meer" den Gotthard zu zeichnen, in Appenzell die
Landsgemeinde, in St. Gallen das Schützenfest, aber nun zog's mich
nach Hause. Hoch ging der Bodensee, das Schiff schwankte und

Karl Jauslin.

schaukelte furchtbar, so daß mich der Kapitän hinuntergehen hieß; aber
ich ging nicht, sondern sagte dem Kapitän, er solle mich anbinden,
wenn er glaube, daß es mich über Bord nehme. Er ließ mich gehen,
und ich sah die Heimaterde näher und näher kommen. Nach langer
Fahrt hieß es: Hie Bern', hie Murten! Sofort ging es an die
Arbeit des Murtner Fest-Albums. Für die Herren G. Roux
und Bachelin war es der Arbeit zu viel und sie ging nicht rasch

genug vorwärts, und so mußte ich einspringen. Es war die allerhöchste Zeit; ein Album von 9 Meter Länge sollte gemacht, komponirt und auf Holz gezeichnet werden. Ich wagte es, ging frisch an die Arbeit und brachte sie zur rechten Zeit noch fertig. Nach dem wunderschönen Murtenfeste malten Herr Roux und ich das große Murtenfest-Album in Aquarell, vierzig Blatt. Diese Arbeit nahm viel Zeit weg.

Nachher zeichnete ich Jllustrationen für die Schweizergeschichte in Bildern, den Krieg von 1870, die Schlacht bei St. Jakob, Karl der Kühne von Grandson bis Nancy, die Malserhaide mit Wala ꝛc. Für Buri's „Almanach" machte ich mit Karl Brünner in Basel viele Bilder, bis zuletzt mir die Arbeit allein überblieb.

Doch wurde aber jetzt endlich gemalt, zuerst Kohlenzeichnungen für Herrn Brüstlein, Partikular in Mülhausen: Der Küraffierangriff bei Wörth, Pfahlbauer im Walde, die Wassernixe und ein Ritterleben.

Aquarelle wurden von mir gemalt: Hagen und Volker; Hagen und die Wasserfrauen; Hagen und die Wasserfrauen (gemalte Kohlenzeichnung); Pfahlbauer und seine Liebe, Mondschein-Seebild (groß); Der letzte Ramsteiner (groß); Die ersten Verwundeten von Wörth in Straßburg; Küraffiere bei Wörth (Kampfbild); Küraffiere auf dem Schlachtfelde; Tambourmajor und Marketenderin; Schloß Birseck (gemalte Kohlenzeichnung); Gegend von Birseck (Abendbild); Basler Familienleben von Emma Kron (34 Bilder in Aquarell und Feder-zeichnung).

Für Herrn Haurez in Mülhausen: Zwanzig kleine Aquarelle (Trachtenbilder verschiedener Gruppen). Für den großen Berner Um-zug 160 Kostümbilder, die künstlerischen Werth haben; der Schweizer-gesang an der Beresina (verkauft in Bern); Hagen vor dem Saal (verkauft); Landsknecht und Dame (gemalte Kohlenzeichnung); eine Schützengilde, Aquarell an Kunsthändler Schmid in Bern; als Holz-schnitt das Gleiche in der Leipziger „Jllustrirten Zeitung"; Tanzende Landsknechte; Der letzte Ramsteiner; Basler Schlittenpartie; Berner Umzug; (alle für die „Jllustrirte Zeitung"); Exerzirende Mönche (Aquarell nach London verkauft); Reiterbild in Aquarell (Propst in Bern); Würsch am Stanzerhorn 1798 (Oelbild, groß), zu Hause; Würsch, das Gleiche (Kohlenzeichnung), an Statthalter Häring in Arlesheim, nun im Besitz von Fr. Lotz-Herport in Basel; Exerzirende Mönche (Karton), an Häring, Statthalter; Schönbrunn mit Napoleon (Aquarell), Häring, Statthalter; Schönbrunn (gemalte Kohlenzeichnung), Benno Schwabe in Basel; Hans Waldmann im Gefängniß (Aquarell), Besitzer Herr A. Brobbeck zum „Landschäftler" in Liestal; Ein Berner Miliz (Oelbild); Wassernixe (Oelbild); Schlacht bei St. Jakob (Aquarell, groß); Die Schweizer an der Beresina (Aquarell, groß); Hilarius und Hillonome aus dem Centaurenkampf; Willibald Pyrkheiner und die Kinder als Grasesser 1499 (Aquarell); Aeneas und Dido; Erzählung der Zerstörung von Troja (Aquarell); Napoleon auf St. Helena (große, gemalte Kohlenzeichnung); Hans Waldmann im Gefängniß (gemalte Kohlenzeichnung); Wassernixe am Felsen (Aquarell); Karl der Kühne und Jolanda (Kohlenzeichnung gemalt); Napoleons Flucht aus Rußland (Aquarell); Napoleons Rückzug aus Rußland (Oelbild); Wassernixe (Oelbild); Der rothe Schweizer und die Marketenderin (Aquarell); Die rothen Schweizer decken den Rückzug aus Rußland 1812 (Aquarell); Die rothen Schweizer retten ihre Kameraden (1812); Prometheus (Aquarell); Der Rachegeist auf den Trümmern von Karthago ꝛc.

Neben diesen Malereien zeichnete ich verschiedene Umzüge historischen Inhalts: Den großen historischen Umzug der Berner (1882); den Einzug Kaiser Ferdinand I. in Rheinfelden (1885); den Schaffhauser (1885); die Basler Karolinenfrage (1886); das Klein-Basler Jugendfest (1883); das Sechseläuten Zürich (1888); der Murtner Festzug (1876); das Sempacher Album und einige Basler Fasnachtzüge noch dazu gerechnet.

Es entstand die Schweizergeschichte in Bildern, 65 Blatt. Von Lithograph Künzli in Zürich hatte ich den Auftrag, die Wilhelm Tell-Geschichte und Schweizerschlachten nach meiner Wahl zu malen, nebst einem Generalstabsbild, Alles in Aquarell für die Zwecke der Lithographie. Man will damit die schlechten Bilder von den Wänden bringen und das ist recht. Das Bild vom „schweizerischen Landsturm" hilft dazu. Daneben machte ich Zeichnungen für die Leipziger „Illustrirte Zeitung" und für „Ueber Land und Meer", wenn etwas Wichtiges in der Schweiz vorfiel; so kam ich auch zur Gotthardöffnung nach Mailand, wo ich mir die Kunstschätze ansah; ferner zeichnete ich das Winzerfest in Bevey, die Sempacherschlacht und Anderes mehr, namentlich die Illustrationen zur Sempacher-Festschrift, für die Näfelserschrift, für die Waldmannsschrift in Zürich in Holzschnitt und Federzeichnung, und die Bilder zum Aarauer Kadettenfest.

Ich könnte noch Vieles erwähnen, doch ich will schließen.

Das Haus Bally in Schönenwerd.

Von E. M.

Im Eisenbahncoupé, auf der Strecke Aarau-Olten, kann man
häufig, sobald der Zug sich der Station Schönenwerd nähert,
beim Ausblick auf die großartigen Park- und Industrieanlagen
verwunderte und bewundernde Ausrufe hören: Was ist das? Wem
gehört das? Der einzige Name Bally genügt gewöhnlich zur Auf-
klärung, denn den meisten Reisenden verbindet sich mit demselben sofort auch der Gedanke an das große Weltgeschäft, welches in der
Schuhindustrie auf dem Weltmarkte in erstem Range steht und welchem Schönenwerd verdankt, daß es ein so schmucker Ort geworden
ist. Die moderne Entwicklung der Ortschaft hängt nämlich eng zusammen mit derjenigen der Industrie, während Ursprung und historische
Bedeutung mit dem Stifte verknüpft sind.

Auch über dem Ursprung von Schönenwerd liegt das vielberufene
Dunkel des Mittelalters, welches eine aus dem Jahre 778 stammende
Urkunde nur mäßig erhellt. Ein Testament des Remigius, Bischof
von Straßburg, welches in modernisirter Abschrift vorhanden ist, wäh-
rend das Original, wenn es überhaupt noch existirt, sich in Straßburg
befinden muß, — dasselbe ist sehr wahrscheinlich durch den in Folge des
Bombardements verursachten Brand der Stadtbibliothek zu Grunde
gegangen, — setzt die hl. Maria zur Universalerbin ein, und schenkt ihr
unter Anderm auch, „in einem andern Dorf im Aargau gelegen, das
Klösterlein, so „Werth" genannt wird, ob dem Aarfluß zu Ende
(Grezenbach), eine Insel, welches ich von Bischof Rapertus und seinen
Brüdern Erulfus und Cundbertus, vermög Zeugen und Uebergab
zu einem Eigenthum erhalten hab. Dieses Klösterlein schenke ich dir
also, heilige Maria, meiner Erbin, mit all' seiner Solidität und In-
tegrität, mit den Kirchen, Häusern und Zubehörde, mit den Höfen und
dem Erdreich, mit den Leibeigenen, Feldern, Wiesen, Wald, Wein-
gärten, Mühlen, Wasser und Wasserabfällen und alles bewegliche und
unbewegliche, was ich da heut besitzen mag, und will auch, daß unsere
Kleriker und Chorherren daselbst davon einstweilen einen jährlichen

Zins, 20 solidos in Silber, als Almosen erhalten sollen, damit es sie mehr freye, Gott und Maria Tag und Nacht zu dienen und Gott für uns zu bitten."

„Werb" oder „Wörth" bedeutet Insel, auch Halbinsel. Während der felsige, künstlich abgeflachte Hügel, auf dem die heutige Stiftskirche steht, durch ein halbes Dorf von den Wassern der Aare getrennt ist, war er damals jedenfalls von denselben umspült. Die ganze Thal-formation weist darauf, daß einst die Aare ein weit ausgebreitetes Bett besaß, und wenn auch jene Urkunde mit dem Namen Wörth uns nicht darauf aufmerksam machte, so ließen uns darüber die Zeichen keinen Zweifel, welche das Wasser selbst am Fuße des genannten fel-sigen Vorsprunges zurückgelassen hat, dieweil in jenen dunklen Zeiten noch keine solothurnischen Bezirksförster der Aare zu wehren und zu dämmen hatten.

Fast 300 Jahre lang berichtet keine Urkunde mehr vom Klöster-lein Wörth, bis es plötzlich in Schriften des 12. Jahrhunderts als ein Kollegiatstift erscheint, welches im Bunde mit dem auf dem an-dern Ufer der Aare hausenden Grafengeschlechte die ganze Umgegend beherrschte. Zuerst wohnten dort die Grafen von Gösken, dann die Falkensteiner. Einer derselben, Johann, Graf von Falkenstein, liegt in der Schönenwerder Stiftskirche begraben, wovon ein interes-santes Denkmal mit folgender Inschrift Kunde gibt: „Anno dm. MCCCCXXVII (1427) hab ich hans von valkenstein gaugraf im Aargouv dis grab gebouet got ze lob und mir und minen vor-dern ze heil." Trotzdem man in jenen Zeiten allfällige Kulturfehden nicht nur mit papierenen Maigesetzen und tönenden Centrumsreden, sondern gemäß der Rauhheit der Sitten von beiden Seiten oft mit währschaften Lanzen und zweihändigen Schwertern auszufechten pflegte, standen zur Abwechslung, wie heute, Thron und Altar manchmal wieder auf bestem Fuße zu einander. In der Mitte des 14. Jahr-hunderts ging das Stift als Afterlehen (vom Herzog von Oesterreich) auf die Freiherren von Gösken und von diesen auf die Grafen von Falkenstein über. Die Ortschaft war vollständig vom Stifte abhängig, in ihren äußern Lebensbedingungen sowohl, als auch in politischer Be-ziehung. Für das letztere führen wir als Beleg nur die Thatsache an, daß noch im vorigen Jahrhundert der Propst des Stiftes Leodegar zugleich Gemeindeammann war, und die Gemeinde sich im Korridor

der Propstei versammeln mußte. Solch' geistliche Bevormundung mag
einst gut und durch innere und äußere Gründe gerechtfertigt gewesen
sein, und zweifellos hat das Stift St. Leodegar wie alle ähnlichen
geistlichen Institute zu Zeiten sich große Verdienste erworben um Ur-
barmachung des Landes und Kultivirung seiner Bewohner, aber in
eine neue Zeit hinein taugten Feudal- und Stiftsherrlichkeit nicht mehr.
Die Falkensteiner erlagen schon in der Mitte des 15. Jahrhunderts
dem Ansturm des freien Bürgerthums von Solothurn und Bern.
Freilich, indem jene Städte selbst zum Patriziat verknöcherten, herrschten
gnädige Herren und Landvögte über's Niederamt, und der gewöhnliche
Mann mag wohl vom Unterschied zwischen Grafenherrschaft und land-
vögtlicher Regierung nicht viel gemerkt haben. Hüben und drüben
aber, jenseits und diesseits der Aare pflegte man jetzt durchweg gute
Nachbarschaft, denn auf beiden Sitzen, dem weltlichen und dem geistlichen, saßen oft Verwandte und Bekannte aus dem solothurnischen
Patriziat, so daß ein freundschaftlich geselliger Verkehr zwischen Schloß
und Stift, zwischen dem gestrengen Landvogt und Ihrer propstlichen
Gnaden trotz mangelnder Aarenbrücke nicht ausgeschlossen war.

Beim Einbruch der Franzosen brach aber die Landvogteiherrlichkeit
zusammen und trotz versuchter Reaktion konnte sie es zu keinem er-
freulichen Gedeihen mehr bringen: Das Jahr 1830 schenkte dem Solothurnischen Volke für immer sein Selbstbestimmungsrecht. Das Stift
hielt sich noch einige Jahrzehnte, wies aber schon in den Vierziger
Jahren bedenkliche Zeichen von marasmus senilis, von zunehmender
Altersschwäche auf. Ein Kanonikat nach dem andern löste sich ab
und wurde selbständige Pfarrei, d. h. die betreffenden Chorherren und
Kapläne zogen dem Vespern und Horasingen die weltpriesterliche Thätigkeit vor und wirkten zum Teil segensreich als Pfarrer der umliegenden Gemeinden. Diese Reorganisation des Stiftes verfolgte nachdrück-
lich besonders Chorherr Denzler, der selbst der erste Pfarrer der neu-
gegründeten Pfarrei Nieder-Gösgen wurde. Aehnlich entstanden die
Pfarreien Rothacker-Walterswyl, Grezenbach und Schönenwerd. So
löste sich allmälig das Stift selbst auf und als es der Kulturkampf
hinwegfegte, wurden ihm nicht viel Thränen nachgeweint und auch
Wiederherstellungsgelüste sind noch nicht zu Tage getreten, indem die
ecclesia militans selber einzusehen scheint, daß sie ihre Soldaten besser
verwenden kann.

*   *   *

Schönenwerd selbst verdankt seine moderne Entwicklung durchweg seiner Industrie. Der erste Begründer derselben war Jost Brun aus dem Kanton Luzern, welcher Strümpfe fabrizirte, aus welcher Industrie sich die Trikotbranche entwickelte, welche jetzt unter der Firma Siebenmann-Brun u. Komp. in großem Maßstabe in neuen Fabrikgebäuden mit zahlreichen Maschinen betrieben wird. Nach Jost Brun führte Mitte der Zwanziger Jahre Peter Bally die Bandfabrikation ein, welche heute durch die Firma Gebrüder Bally als blühendes Geschäft weiter betrieben wird. Ganz modernen Ursprungs ist eine chemische Fabrik, den Herren Erzinger und Amsler gehörend.

Mit der Schönenwerder Industrie ist der Name Bally unzertrennbar verbunden und die Geschichte dieser Familie und der mit ihrem Namen verbundenen industriellen Thätigkeit ist so interessant, daß sie nicht übergangen werden darf.

Im Jahre 1778 kam eine kleine Schaar Maurer von Feldkirch her nach Aarau, um dort Arbeit zu suchen, welche sie auch bei dem Fabrikanten Rudolf Meyer, der eben eine Bandfabrik baute, erhielten. Unter diesen Arbeitern war ein kräftiger, stämmiger Mann, Namens Franz Ulrich Bally von Oberjaren bei Feldkirch, dessen ehrenhafter und offener Charakter, scharfe Intelligenz und entschiedene Energie ihm sofort die Sympathien Meyer's gewannen. Als nun nach ihrer Gewohnheit diese Arbeiter im Herbste wieder in ihre Heimath zurückzukehren gedachten, bestimmte Meyer, der nicht nur ein großer Industrieller, sondern ein wahrhafter Menschenfreund war, mehrere derselben, unter ihnen natürlich auch den genannten Franz Ulrich Bally, auf ihren mühsamen Beruf zu verzichten und sich dem Verkaufe seiner Artikel, bestehend in Bändern und Merceriewaaren, zu widmen.

Nach einigen Jahren baute sich Franz Ulrich Bally in Schönenwerd ein bescheidenes Häuschen — wir können es die Wiege der Familie Bally nennen — und heirathete eine Tochter des Ortes, welcher Ehe eine Tochter und vier Söhne entsprossen. Durch diese Niederlassung in Schönenwerd wurde Franz Ulrich Bally der Begründer der geschäftlichen, während, wie wir sehen werden, sein ältester Sohn Peter die industrielle Entwicklung anbahnte.

Peter Bally, geb. den 12. Februar 1783, trat früh in die Meyer'sche Fabrik in Aarau ein, wo er sich durch seinen Eifer und seine Intelligenz die Zufriedenheit und das Wohlwollen seines Prinzipales in der Weise erwarb, daß dieser nicht nur für seine geschäftliche Ausbildung sorgte, sondern ihm auch eine gute Erziehung angedeihen ließ. Lange Zeit bekleidete Peter den Posten eines Kommis in der Bandfabrik, bis er durch seinen Vater, der das Alter heran-

Stammhaus.

nahen fühlte, bestimmt wurde, dessen kleines Geschäft zu übernehmen und weiter zu führen. So gründete er im Jahre 1815 mit seinem Bruder Nikolaus ein Merceriegeschäft unter der Firma: Franz Ulrich Bally, Söhne, und im Jahre 1823 die noch heute blühende Bandfabrikation, welche er im Jahre 1835 auch in Säckingen einführte. Damit verband er 1841 die Fabrikation von elastischen Hosenträgern, welche 1847 von seinen jüngeren Söhnen, Karl Franz Bally, dem jetzigen Chef des Hauses Bally, und Friedrich Bally übernommen wurde. Auf einer Geschäftsreise nach Paris (1850) hörte Karl Franz Bally ganz zufällig von der Bedeutung der Pariser Schuhfabrikation, einer Industrie, mit welcher die französische Metropole damals noch allein dastand. Die ungeheure Wichtigkeit dieser Industrie leuchtete ihm sofort ein, so daß er den Entschluß faßte, sie in die Schweiz einzuführen. Als er kurze Zeit nachher in Zürich bei

einem seiner Geschäftsfreunde für Schuhwaaren bestimmte Elastique-
gewebe englischen Ursprungs sah, nahm er sich vor, deren Fabrikation
ebenfalls einzuführen, um sie dann mit der Schuhfabrik, welche vorläufig nur in seinem Geiste existirte, zu verbinden. Im Jahre 1851

Franz Bally.

begründete er nun wirklich die beiden Industrien, die Schuh- und
Elastiquefabrikation in Schönenwerd, obwohl ihm damals alles für die
Schuhindustrie Nöthige noch fehlte. Werkstätten, Werkzeug und Ma-
schinen mußten erst geschaffen, Arbeiter und Arbeiterinnen erst ein-
gelernt, Meister und Aufseher herangebildet werden. Das waren
Schwierigkeiten, wie sie nur eine mit nie ermüdender Willenskraft ge-

paarte Intelligenz überwinden konnte. Zunächst wurden Arbeiter und Meister herangebildet, für das Nähen der Schäfte wurden Nähmaschinen erworben und 1853 die erste Fabrik erbaut, welche nach und nach vergrößert wurde. Im Jahre 1857 begann das allmälig sich ausdehnende Geschäft seine ersten Beziehungen mit Südamerika anzuknüpfen, dann wurde auch an der Aare eine große Fabrik gebaut und ihr durch einen Kanal die nöthige Wasserkraft für den mechanischen Betrieb zugeführt. Um ihren Geschäftskreis besser beherrschen zu können, gründete die Firma Zweigniederlassungen in Monte-Video, Buenos-Ayres, Paris und London, welche sich in ihrer Zweckbestimmung wesentlich unterscheiden. Die beiden Zweigniederlassungen in Monte-Video und Buenos-Ayres beschäftigen sich mit dem Verkaufe der Produkte des Hauptgeschäftes in Schönenwerd und mit Einfuhr vieler anderer Artikel, welche von dort aus nach den verschiedenen Ländern Südamerika's weiter spedirt werden. Das Zweiggeschäft in Paris ist ein Kommissionsgeschäft, welches den Ankauf von Waaren für den Export, besonders nach Südamerika besorgt, und für das Haupthaus in Schönenwerd Aufträge entgegennimmt. Die Sukkursale in London beschäftigt sich einzig mit dem Verkauf der in Schönenwerd fabrizirten Artikel und zwar für England, Australien und die englischen Kolonien. Außer diesen angeführten Zweigniederlassungen hat das Haus C. F. Bally fast überall Vertretungen etablirt, so in Hamburg, Wien, Berlin, Beirut, Lissabon, Barcelona, Marseille, Bukarest, Smyrna, Konstantinopel, Alexandria, Kairo, Madrid, Brüssel ꝛc.

Zur Leitung eines solchen, immer mehr sich ausdehnenden und immer komplizirter werdenden Mechanismus gehört vor allem eine bis in's Kleinste genau durchgeführte Organisation. An der Spitze der Hauptleitung steht Franz Bally; die beiden Industriezweige, Schuh- und Elastiquefabrikation, werden durch die beiden Söhne geleitet und zwar die erstere durch Eduard Bally, die letztere durch Arthur Bally.

* * *

Um uns eine Vorstellung von der planmäßigen Organisation der verschiedenen Magazine, der Fabriklokale u. s. w. machen zu können, versuchen wir einen Rundgang durch das Etablissement C. F. Bally.

Zunächst dem Bahnhofe befindet sich das Lagerhaus, mit der Bahn und den Schuhmagazinen durch besondere Schienengeleise verbunden. Hier finden sich die verschiedenen Lagerräume für die Sohlen-, Futter- und Oberleder, für Baumwolltücher, Leinwand, Woll- und Seiden- stoffe, Bänder, Struppen, Knöpfe, Oesen, Schnallen, Perlen, Faden ꝛc. ꝛc. für Papier- und Kartenbeckel ꝛc. ꝛc. Diese Waarenräume stehen unter einer besondern Direktion, welche gleichzeitig die Aufträge der verschiedenen Artikel besorgt.

Was nun die Fabrikanlagen in Schönenwerd betrifft, sind die- selben in zwei Gruppen vertheilt; die erstere, an der Landstraße oben im Dorfe gelegen, nahm ihren Anfang im Jahre 1854 und vergrößerte

Schäfte-Fabrik.

sich nach und nach systematisch. In derselben befinden sich das Central- Büreau für die Fabrikation, ferner verschiedene Fergereien für Schäfte, Einfassen von Schuhwaaren, für Maschen, Quasten, Bro- derieen und für fertige Schuhwaaren, eine Lederzurichterei, Ateliers für das Zuschneiden von Leder und Stoffen und schließlich die me- chanisch betriebene Schäfte-Näherei mit ca. 300 Nähmaschinen nebst vielen andern Hilfsmaschinen. Die ganze Anlage hat elektrisches Licht und elektrischen Betrieb.

Auf der andern Seite der Bahnhofsstation befindet sich die zweite Gruppe und zwar direkte gegenüber des vorher erwähnten Lagerhauses die hübsch disponirte Elastique-Fabrik, deren Erzeugnisse in Folge ihrer vorzüglichen Qualität einen wohlverdienten Weltruf erlangt haben und neben der eigenen Verwendung nach allen Erdtheilen versandt werden.

In unmittelbarer Nähe der Elastiquefabrik funktionirt in einem Shedbau die mechanische Schuhfabrik und ihre verschiedenen Ateliers für das Ausstanzen des Leders zu Sohlen und für die Herstellung von Absätzen. Hier wird all' das, was als Leder, Stoffwaare, Elastique, Struppe, Oese, Schwille 2c. 2c. ein zweckloses Einzeldasein

Elastiquefabrik.　Mechanische Schuhfabrik.　Schuhmagazine.

führt, zu einem organischen Ganzen vereinigt, seiner Mission als Schuh entgegenharrend, sei es, um von einem eleganten Dandy auf den Pariser Boulevards, am La Plata, oder in Sibuen nachlässig über's geduldige Pflaster geschleppt zu werden, sei es, um in allerelegantester Form das zarte Füßchen einer egyptischen Haremsdame zu zieren. Um solch' gewiß beneidenswerthen Zweck zu erreichen, gehen aber diese Rohmaterialien einen langen Weg, bis sie als fertige Waare in's Lagermagazin gelangen. Da wird daran geschnitten, gestochen, gestanzt, herumgezogen, gezwickt, gerieben, geklopft, geglättet, polirt, fast scheint es, als sollte kein einziges Molekul unverletzt bleiben — und zuletzt geht aus all' diesen Prüfungen der fertige Schuh hervor, gerade wie der feste Charakter aus des Lebens Stürmen. In meiner Jugend-zeit hatte ich oft Gelegenheit, das Entstehen eines Schuhes zu ver-folgen, indem damals in meinem Heimathsstädtchen fast jede Familie, sofern sie auch nur einige Buben zählte, welche sich bestrebten, das Schuhwerk den Weg alles Leders gehen zu lassen, den Schuhmacher in's Haus „auf die Stör" nahm. Da wurde das Leder gewässert, dann auf einem großen Kieselstein geklopft, daß die ganze Nachbar-schaft über den Besuch nicht im Zweifel sein konnte, dann bedächtig beschnitten und wieder geklopft. Das ging so bis zum 3'Näni, bis endlich das eigentliche Werk seinen Anfang nehmen konnte, das dann auch mit entsprechender, bedächtiger Sicherheit zu Ende geführt wurde. Grad so geht es im Etablissement Bally, nur etwas geschwinder, denn damit über 4000 Paar Schuhe per Tag fix und fertig dastehen können, muß es unbedingt geschwinder gehen.

In verschiedenen Sektionen werden die Schuhwaaren verarbeitet; vorerst die einzelnen Bestandtheile wie Sohlen, Brandsohlen, Contre-forts und Absätze vorbereitet, die Schäfte auf die Leisten gebracht, nachher auf Spezialmaschinen die Sohlen aufgenäht, aufgeschraubt oder aufgeschwillt, die Absätze ebenfalls auf Maschinen mit Stiften auf die Sohle befestigt, abgefraist, polirt, hierauf die Sohlen geglättet, abge-glast und schließlich fertig ausgeputzt. Wenn so ein Schuh fühlen könnte!

Da er endlich, nachdem er durch so viele Maschinen hindurchge-quält worden ist, in fertiger Daseinsschöne selbstbewußt auf einem Tische liegt, muß es ihm gar zu Muthe sein, wie einem Bauernburschen, der durch einen Schwarm von eifersüchtigen Nachtbuben sich zu seinem Liebchen durchgeprügelt hat. Denn wie dieser erst im ninnigstillen Kämmerlein zum glücklichen Selbstbewußtsein gelangt, daß er noch nicht ganz todt sei, so entführt auch den gehetzten Schuh ein dunkler, unterirdischer Schienenstrang in die stille Beschaulichkeit des Schuh-waarenlagers, wo wohlgeordnet Pärlein für Pärlein künftigem, pflastertretendem, weltdurchschreitendem Dasein entgegenträumt. Was träumen sie wohl! Wie der Eine sein ganzes kothurniges Dasein in Schmutz und Staub verbringen muß, während der andere seiner Leb-

Atelier der mechanischen Schuhfabrik.

tag sich in weichen Teppichen mollig verstecken kann; wie den Einen
gefühllos ein roher Stiefelzieher anpackt, während der Andere von
zarten Rosenfingern sanft umfaßt wird. . . . . Es lenkt halt verschieden das Schicksal die Welt.

Mit den Hauptfabriken, welche wir durchwandelten, sind zahlreiche
Hilfswerkstätten verbunden. Dieweil der eidgenössische Normalschuh
nicht für die ganze Welt paßt, so gestaltet sich vor allem die Leist-
fabrikation zu einem sehr wichtigen und auch schwierigen Fabrikations-
zweig, welchen das Haus Bally selbst an die Hand genommen hat, um
stets seine eigenen Modelle zu haben. — In der Schreinerei werden
nicht blos einfache Arbeiten für den Fabrikationsbedarf ausgeführt,
sondern alles Mögliche aus diesem Berufszweige, sogar Musterschul-
bänke nach theilweise eigenem System, mit welchen angelegentlich des
Schulhausbaues die Firma C. F. Bally die Gemeinde Schönenwerd beschenkte, wie auch Kirchenstühle, welche die Schönenwerder Stiftskirche
ebenfalls ihrem hochherzigen Renovator verdankt.

Eine großartig angelegte Maschinenfabrik und Reparaturwerkstätte
und eine Werkstätte für Feinmechanik sorgen für die nöthigen Maschinen und Werkzeuge und deren Unterhalt und ein Kartonnagegeschäft
stellt elegante Schachteln und dergleichen her. Das nöthige Licht liefert
die Gasfabrik und in noch hellerer Qualität der Dynamo, welcher die
Kraft des in einem Kanal abgezapften Aarewassers in elektrisches Licht
und jenseits der Aare, in der Fabrikfiliale Gösgen in sausende, dre-
hende, schwingende, stoßende Bewegung verwandelt.

*   *
*

Das Geschäft Bally beschäftigt in Schönenwerd und seinen Fi-
lialen Gösgen, Aarau, Gränichen, Klingnau und Schöftland über
2600 Arbeiter, für deren physisches, moralisches und intellektuelles
Wohl die Arbeitgeber in humanster Weise besorgt sind. Im Jahre
1868 wurden die ersten Arbeiterwohnhäuser, 15 an der Zahl, gebaut,
die mit der Zeit vollständig Eigenthum ihrer Bewohner geworden sind.
Ein Arbeiterkosthaus verschafft den Arbeitern ein billiges und gutes
Mittagessen. Ein durch die Arbeiter und Angestellten gegründeter
Konsumverein weist sehr gute Resultate in jeder Beziehung auf; eine
Ersparnißkasse, in welche einzelne Arbeiter bis und über 5000 Franken
eingelegt haben, beweist, wie ebenso wohlthätig als nöthig das Institut
ist. Eine Krankenunterstützungskasse wird vom Hause mit namhaften

Beiträgen fubventionirt. Eine gut eingerichtete Babeanstalt bietet billige
Gelegenheit, diefem so nothwendigen Zweige der Gesundheitspflege gebührende Aufmerksamkeit zu schenken, und ein Fröbel'scher Kindergarten bient zur Unterbringung der noch nicht schulpflichtigen Kinder
und bereitet diefelben auf den eigentlichen Schulunterricht vor.   Der

Zu den „Drei Tannen".

Verein junger Kaufleute ermöglicht seinen Mitgliedern das Studium
fremder Sprachen und der Handelswissenschaften, eine Lesegesellschaft
bietet Zeitungs- und Bücherlektüre, wie auch durch Vorträge Gelegenheit zur geistigen Fortbildung gegeben ist, und eine Volks- und Jugendbibliothek erweitert den Kreis dieser geistigen Bestrebungen auf die
ganze Umgebung.

Um unsere Darstellung zu vervollständigen, erwähnen wir noch den
großen Aarekanal und den prächtigen Park, der Jedermannn offen
steht, mit seinen mannigfaltigen Wald- und Wasseranlagen, welch' letztere gerade jetzt wieder in großartig interessanter Weise erweitert
werden, so daß sie zweifellos in ihrer Art zum Schönsten gehören werden, was man in dieser Hinsicht in der Schweiz sehen kann. Etwas
unterhalb Grezenbach zweigt der Kanal von der durch einen mächtigen
Steindamm geschwellten Aare ab, um dann ziemlich parallel zum
Strom den Fabrikanlagen zugeleitet zu werden. Zu beiden Seiten
seines Laufes, einerseits vom Eisenbahndamm der Centralbahn, andrerseits von der Aare begrenzt, dehnen sich die prächtigsten Anlagen aus.
Rechts vom Kanal, dem Bahndamm entlang, wandern wir durch lau-
schige Schattengänge an den verschiedenartigsten Wasseranlagen vorbei,
überschreiten dann den Kanal auf einer eisernen Brücke und gelangen
zu den erst in letzter Zeit neu angelegten Partien. Zwischen Kanal
und Aare breitet sich eine weite seeartige Wasseranlage aus, mit Buchten,
Inselchen und Brücken. Unser Interesse nimmt vor Allem eine fast
grauhistorische Reminiscenz in Anspruch, denn eine getreu nach dem
mustergültigen Modell des Herrn Dr. Ferdinand Keller in Zürich angelegte Pfahlbautenanlage zaubert uns die älteste Vergangenheit unseres Landes vor Augen. Welcher Gegensatz! Hier ein Bild jener
Menschheit, welche, auf dem festen Land sich nicht sicher fühlend, in
die einsamen Seen hinausflüchtete, dort eine Ortschaft, wo industrielles
Leben mächtig pulsirt; da draußen die schilfbedeckten, denkbarst einfachen
Hütten der helvetischen Ureinwohner und nicht weit davon die mächtigen Fabrikanlagen eines Weltgeschäftes. Den Uebergang von der
helvetischen Vergangenheit zur Neuzeit scheint eine einfache, auf wasser-
bespültem Vorsprunge angelegte Waldkapelle vermitteln zu wollen, indem sie an jene Zeit erinnert, wo auch in Schönenwerd, „auf einer
Insel, Werd genannt," eine kirchliche Ansiedelung im Kreuze das Feld-
zeichen einer neuen Kultur aufpflanzte.

Das Alles ist umrahmt von reizenden Wasserpartien; hier winkt
uns eine Felsengrotte zu kühlender Ruhe, dort ein Pavillon zum er-
freulichen Ueberblick, der wirklich dem Auge viel Interessantes und
Schönes bietet. Vor uns der glatte Wasserspiegel, die sanft geschwungenen Uferlinien, die prächtigen Parkanlagen, die rauschende Aare,
drüben der romantische Thurm der Falkensteiner Herrenburg und das

ganze schöne Landschaftsbild, abgeschlossen durch die Höhenzüge des
Jura. Wer da hinauswandert und aus dem Lärm des Alltages sich
gleichsam in eine Märchenwelt verzaubert sieht, der weiß so recht Demjenigen Dank, der All' dies geschaffen hat und All' das Herrliche
Jedermann, auch dem Geringsten zugänglich macht, sich selber daran
erfreuend und insbesondere in dem Gedanken Befriedigung findend, auch
Andern einen Genuß zu verschaffen. Das ist auch Humanität!
Schönenwerd ist ja der Stützpunkt für alle gemeinnützigen Bestrebungen
der Umgebung, indem die hiesigen Fabrikanten entweder selbst anregend
wirken oder jede gemeinnützige Anregung energisch unterstützen.

Ansicht von Schönenwerd.

Die rasche Entwicklung einer Industrie, welche vor vierzig Jahren
in der Schweiz noch ganz unbekannt war, und der wohlthätige Einfluß, den die Einführung und Ausdehnung dieser Industrie auf Schönenwerd und dessen Umgebung ausübte, kann besonders gut durch die An-
gabe illustrirt werden, daß die Ortschaft Schönenwerd vor 60 Jahren
63 Häuser zählte, während seither die Firma C. F. Bally allein deren
mehr als 70 baute und die Bevölkerung sich mehr als verdoppelte.
Auch die ganze Umgebung heimst von dem Segen der Schönenwerder

Industrie reichlich ein. Nieder-Gösgen, Erlinsbach, Stüßlingen, Lo-
storf, Wöschnau-Eggenberg, Däniken, Rothacker, Entfelden, Kölliken
zählen gewissermaßen zum „Industriekreis Schönenwerd".

Die Ortschaft selbst hat ein stattliches, theilweise elegantes
Gepräge. Die ganze noch vor fünfzig Jahren fast unbewohnte Thal
sohle ist jetzt mit Fabrik- und Wohngebäuden überdeckt. Auch der
Landstraße entlang gegen Ost und West stehen Fabriken, Wohnhäuser
und prächtige Villen, am Westende des Dorfes zwei lange Reihen
Arbeiterhäuser, dann die prächtige „Villa Jurablick" im italienischen
und eine gegenüber liegende Häusergruppe im englischen Styl.

Villa Jurablick.

Als Perlen der Ortschaft nennen wir die letztes Jahr renovirte
Stiftskirche und das neue Schulhaus. Die Renovation der Stiftskirche, welche Eigenthum der christ-katholischen Kirchgemeinde ist, ließ
deren Präsident, Herr C. F. Bally, auf seine Kosten in kunstsinniger
Weise und mit vollem Verständnisse für das religiöse Bedürfniß ausführen. Die Kirche ist im Renaissancestyl gehalten. Die von hübsch
marmorirten Säulen getragenen Decken, sowie die Seitenwände sind
mit einfachen, in edlen Formen gehaltenen Stukkaturen geziert, welche

burch die zart angehauchte Vergoldung sich jetzt erst so recht lebendig
vom Untergrunde abheben. Meisterwerke der Holzschnitzlerei sind Hochaltar und Kanzel, letztere geradezu eine kirchliche Sehenswürdigkeit
ersten Ranges. Der Hauptaltar im Rococcostyl mit reich vergolbeter
Schnitzerei wirkt großartig, die Kanzel mit ihrer Naturfarbe beruhigend.

Stiftskirche.

Links vom Hochaltar ist die sogenannte Falkensteinkapelle mit dem
Eingangs berührten, sehr interessanten und ebenfalls renovirten Grab-
denkmal des Hans von Falkenstein; auf der andern Seite die Tauf-
kapelle. Eine lange Stiege führt hinauf zur „Muttergotteskapelle“,
wo der Altar mit der hl. Jungfrau ebenfalls renovirt worden ist.

Dieses Bild soll zur Reformationszeit zu Bern in die Aare geworfen worden und dann hier gelandet sein. Bis zur Aufhebung des Stiftes wurde dieses Marienbild von vielen Wallfahrern, besonders aus dem Kanton Luzern und dem Frickthal, besucht. In der Kirche befindet sich auch das Grabmal eines vornehmen französischen Emigranten, des in Aarau verstorbenen und hier beigesetzten Herzogs von Montmorency.

Die andere Perle ist das neue Schönenwerder Schulhaus. Die Entwicklung des hiesigen Schulwesens wurde von der Familie Bally stets in ausgesprochen wohlwollender Weise gefördert. Die Firma zieht sich so viel als möglich ihre Angestellten selbst heran und weiß deshalb schon von diesem praktischen Gesichtspunkte aus den Werth einer guten Schulbildung zu schätzen.

Der Kampf um die politischen Rechte war im Kanton Solothurn zugleich auch der Kampf um die Schule. Die freisinnigen Elemente begannen einzusehen, daß mit den von Nachtwächtern oder ausgedienten Militärs geleiteten Schulen der Volksbildung schlecht gedient sei. Aus dieser Einsicht entstand das Lehrerseminar zu Oberdorf unter der Leitung des um das solothurnische Schulwesen hochverdienten Geistlichen, Oberlehrer Roth. Auf den Dörfern aber hatten die freisinnigen und schulfreundlichen Parteien jahrelang mit zähen Gegnern heiß zu ringen, die nicht nur finanzielle Gründe, sondern auch die „Religionsgefahr" ins Feld führten. Das letztere geschah insbesondere in Schönenwerd, wo ein beliebtes Schlagwort hieß: „ Es isch besser, eifältig in Himmel z'cho, as g'schid und g'studirt in b'Höll." Dieser Partei gegenüber stand an der Spitze der Schulfreunde unerschrocken und zielbewußt der jetzige Chef des Hauses, Herr C. Franz Bally. Als Krone dieser siegreich durchgeführten Kämpfe wollen wir das neue Schulhaus ansehen, welches, allen Anforderungen entsprechend, ein wahres Musterschulhaus, unter freudiger Theilnahme aller Einwohner, ohne Unterschied der politischen und konfessionellen Parteistellung, im letzten Oktober eingeweiht wurde.

So bewahrheitet sich auch im kleinen Mikrokosmus eines Niederämter Dorfes das Wort des sterbenden Attinghausen: „Und neues Leben blüht aus den Ruinen."

Noch ragt jenseits der Aare, weithin sichtbar, der viereckige Thurm des alten Grafenschlosses trotzig in's Land hinaus, ein Denkmal ver-

schwundener Feudal- und Landvogtherrlichkeit, und diesseits ist das
Stift gebröckelt und zuletzt gefallen, und aus all' den Ruinen ist
neues Leben reich emporgeblüht. Die „gute alte Zeit" ist durch eine
bessere ersetzt und in hundert Jahren sind wir selber wieder die gute
alte Zeit, über welche weg die neue bereits zur Tagesordnung übergegangen ist.

Baron von Hugenfeld.
Von F. A. Stocker.

Ich habe ihn noch gekannt den Baron. Es war eine lange,
hagere Gestalt mit gelbem eingefallenem Gesicht, in altmodische
Tracht gekleidet. Wenn er langsam durch die Straßen der
Stadt Rheinfelden wanderte, hatte er immer die Augen auf die Straße
gerichtet, von der er jeden Papierfetzen, jedes Holzstückchen, jeden Lum-
pen, alle Knochen, Glasscherben und Schuhnägel, überhaupt, was für
einen Sammler irgend einen Werth haben konnte, auflas und in
seinen weiten Frachttaschen verschwinden ließ. Zu Hause, er wohnte
gegenüber der Hauptwache am Kirchplatz, da wo jetzt das Knabenschul-
haus steht, hatte er in seiner Remise oder seinem Schopf dann Alles
aufgestapelt, da die Knochen, dort die Glasscherben, hier das Holz
und die Papierfetzen, Alles in schönster Ordnung. Viele Jahre trieb
er diesen Sammeleifer.

Der Baron war ein Sonderling, wenn er Mädchen und Buben
antraf, belästigte er dieselben, wie auch gewisse Häuser und Thürgriffe.
Er war ein großer Esser. Die Magd, die er hatte, konnte ihm nicht
genug Fleisch zubringen, ebenso liebte er den Wein. Man erzählt sich
eine Anekdote von ihm, ob sie wahr ist, muß ich dahingestellt sein
lassen. Er bestellte einmal im Gasthof zum „Schiff" in Basel ein
Mittagessen für sechs Personen, und als diese zur bestimmten Zeit
nicht erschienen, weil sie nicht geladen waren, aß er das ganze Mahl
selbst auf. Jeden Fronfastenmarkt fuhr er mit der Post nach Basel,
angethan mit einem goldbortenverzierten Mantel. Dort war die

School sein liebster Aufenthalt, da gab es immer etwas zu essen und zu trinken; auch im Gasthof zum „Wildenmann" verkehrte er viel und gern. Am possierlichsten war er aber am Fronleichnamstag. Da postirte er sich bei den in der Stadt aufgestellten Altären auf die linke Seite, angethan mit einem zeisiggrünen Frack, gelben Hosen, gelber Weste, rothen Stiefelchen und einem befiederten Grasbogenhute. Wir Kadetten, die dem Allerheiligsten im Zuge voraus marschirten, haben ihn oft in diesem Aufputze gesehen.

Baron von Hugenfeld starb im Jahre 1854, bei 79 Jahre alt. Seine Sonderbarkeiten, die ihm Niemand übel nahm, leben noch lange fort in der Erinnerung seiner Zeitgenossen. Herr Notar und Bezirksverwalter A. Courtin hat sein Bild gemalt und der Lesegesellschaft „Frohsinn" geschenkt.

Unser Beat wuchs in leiblichen Verhältnissen auf. Er widmete sich der militärischen Laufbahn, wurde Fähnrich beim österreichischen Regiment Bender und machte die Belagerung von Mainz mit (1795). Wie lange er beim Regimente stand, ist nicht bekannt; da er sich nicht standesgemäß verheirathen konnte, blieb er Junggeselle sein Leben lang und der Sonderling, wie ich ihn Eingangs gezeichnet habe.

Er stammte aus einer hochachtbaren Familie, die dem Staate Oesterreich viele Militärs und Staatsbeamte gestellt hatte. Aus Urkunden, die ich dem Herrn Kalenbach-Schröter in Rheinfelden verdanke, geht hervor, daß die Familie Hug aus dem Elsaß stammt, wo sie seit dem 16. Jahrhundert in österreichischen Diensten stand. Durch mehrere Generationen bekleidete sie das Amt der Schultheißen von Schlierbach. Hans Ulrich Hug, Amtmann in Landser, verlor im dreißigjährigen Kriege sein Vermögen und mußte mit drei Söhnen die Flucht ergreifen, leistete aber während der Besetzung des Elsaßes der österreichischen Regierung durch das Mittel der Korrespondenz wesentliche Dienste. Er starb noch vor dem Friedensschluß von Münster; zwei seiner Söhne folgten ihm im Tode nach und der dritte Sohn, Dr. jur. Johann Christoph Hug, lebte die neun letzten Kriegsjahre in Basel, indem er sich mit den veränderten Verhältnissen im Elsaß nicht mehr befreunden konnte. Er wurde 1648 Oberamtmann der Herrschaft Rheinfelden, welche Stelle er bis zu seinem 1673 erfolgten Tode mit Auszeichnung bekleidete, während sein Oheim und dessen Sohn wieder Amtmänner von Landser wurden. In Aner-

kennung seiner Verdienste wurde er 1663 von Erzherzog Karl Ferdinand zum vorberösterreichischen Regierungsrathe und auf sein 1669
gestelltes Gesuch um Nobilisirung von Kaiser Leopold I. in den Adel-
stand erhoben; die endgültige Ausfertigung zog sich aber wegen einer
Formalität bei der österreichischen Langsamkeit auf die lange Bank
und unterblieb nach seinem Tode ganz.

Neben seinen Amtsgeschäften scheint er durch glückliche Spekula-
tionen unter Benützung der damaligen Zeitverhältnisse sich ein beträcht-
liches Vermögen erworben zu haben. Vom Kloster St. Blasien und
den Freiherren von Rotberg kaufte er den Fruchtzehnten in Minseln
(im benachbarten badischen Lande) und hinterließ außerdem Güter in
Rheinfelden, im Elsaß und Pruntrut, zwei Eisenhämmer in Wehr,
bedeutende Lager von Eisen, Wein und Korn in Rheinfelden und Basel.
Auch sein Hauswesen scheint nicht schlecht bestellt gewesen zu sein,
wenigstens fanden sich in seinem Nachlaß ungefähr 1100 Loth Silbergeschirr, worunter 30 silberne Becher, vor.

Sein Sohn, Josef Ignaz Hug, Lic. jur., wurde 1686 Oberamtmann und verblieb in dieser Stelle bis 1740. In Ansehung der
von ihm und seinen Vorfahren seit dreihundert Jahren tam belli quam
pacis tempore (in Kriegs- wie in Friedenszeiten) dem Hause Oesterreich geleisteten Dienste wurde er 1690 zum vorberösterreichischen
Kammerrath ernannt. Sein Sohn erster Ehe mit Maria Elisabeth
Oktavia von Wangen, wurde später Landkassier und seine Nachkommen,
die zwar nach wenigen Generationen erloschen, führten den Namen
Hug fort.

Anton, der Sohn zweiter Ehe mit Anna Maria von Gollen
(Gollin) jedoch, dem der Vater den Titel eines bischöflich basel'schen
Hofraths verschafft hatte und der mit der Tochter des Dr. Hennet von
Delsberg verheirathet war, fand es für zweckmäßig, um seinem Sohn
Josef Dominik zu einer standesgemäßen Gemahlin zu verhelfen,
den s. Zt. seinem Großvater verliehenen Adel wieder erneuern zu
lassen, der ihm dann auch nach längern Verhandlungen mit dem Prä-
dikate „von Hugenfeld" 1768 verliehen wurde.

Dem Stammbaum der Familie, den ich Herrn Anton Hugenfeld, Inhaber einer Schreiner- und Bildhauerwerkstätte in Rheinfelden
verdanke, entnehme ich folgende zur Ergänzung des Gesagten noth-
wendige Einzelheiten:

Martin Hug ift der Stammvater, der urkundlich aus dem 16.
Jahrhundert nachweisbar ift, des noch lebenden Geschlechtes. Er hatte
zwei Söhne, Johann und Bartholoman, der letztere ftarb als Junggeselle, der erftere war erftmals verheirathet mit Anna Kleinhenne;
den Namen der zweiten Gattin weiß man nicht. Von der erften Frau
hatte er einen Sohn, Johann Hug, geft. 1608, von der zweiten Gattin
ebenfalls einen Sohn Michael. Jetzt wächst das Geschlecht. Johann
Hug war zwei Mal verheirathet, von Magdalena Baßlein erhielt er
vier Kinder: Georg, Johann, Margaretha und Johann Ulrich, geb.
1580, geft. 1624; mit Eliiabeth de Waldner ein Kind Chriftoph.
Georg hatte zwei Kinder: Magdalena und Anton; dieser letztere
war verheirathet mit einer M. Keßler, welche ihm einen Sohn zubrachte, Jean Georg Keßler. Die Ehe selbft blieb kinderlos. Johann
Hug hatte nur einen Sohn Adam, der unverheirathet ftarb. Johann
Ulrich bekam von zwei Frauen, Anna Maria Blech und Barbara
Mangold vier Kinder: Maria Barbara, Johann Ulrich, Johann Chriftoph, der in den Adelftand erhoben wurde, von Hugenfeld fich nannte
und 1673 ftarb; endlich Johann Jakob Hug, geft. 1690. Chriftoph,
obwohl mit Agnes Hochriet verheirathet, ftarb kinderlos.

Johann Ulrich Hug, geft. 1663, verheirathet mit Maria
Margaretha Biezwifer (geft. 1639) erhielt drei Kinder: Johann
Ulrich, Waldvogt von Hauenftein und Waldshut, Franz Sebaftian,
geft. 1674, und Maria Margaretha Hug, geft. 1669; von seiner
zweiten Frau, Maria Elisabeth Zimer von Angenftein, geft. 26. Februar 1663, hatte er vier Kinder: Hans Hug, geft. 1679, Veronika,
geft. 1713, Katharina, geft. 1704, und Elisabeth, geft. 1721.

Johann Chriftoph Hug von Hugenfeld war ebenfalls zwei
Mal verheirathet, das erfte Mal mit einem Frl. Schlabatzi, das zweite
Mal mit Anna Maria Freudig. Aus dieser zweiten Ehe entftanden
zwölf Kinder: 1) Maria Elisabeth geb. 1652, geftorben 1722; 2) Johann
Ignaz Hug, geb. 16. Mai 1652, geft. ben 3. Mai 1730, vorberöfter-
reichischer Kammerherr und Oberamtmann der Herrschaft Rheinfelden.
3) Maria Magdalena Hug, geb. 1638; 4) Maria Barbara Hug, geb.
1639; 5) Anna Maria Hug; 6) Anna Maria Ursula Hug, geb. 1643,
verheirathet mit Dr. Bentz; 7) Maria Barbara Hug, verheirathet mit
Dr. Brunck; 8) Maria Helena Hug, verheirathet mit Louis Blanchy;
9) Jean Chriftoph Hug, geb. 1648, geft. 1678; 10) Georg Chriftoph

Hug, geb. 1652; 11) Maria Johanna Hug, geb. 1658, verheirathet mit dem Baron de la Pierre und einem gewissen Gottrau; 12) der Name des letzten Kindes ist unleserlich.

Der älteste Sohn dieses Johann Christoph, Josef Ignaz Hug, hatte von seiner zweiten Frau (die erste war eine geborene Gollin) Elisabeth Oktavia v. Wangen, gest. 1724, 16 Kinder: 1) Maria Anna Hug, geb. 1684; 2) Theresia 1685; 3) Johann Christoph 1687; 4) Josef 1688; 5) Franz Fidel 1688; 6) Maria Anna 1690; 7) Johann Christoph, Fähnrich; 8) Maria Elisabeth, gest. 1728; 9) Ludwig, Kapitain; 10) Maria Ursula, gest. 6. Jan. 1797; 11) Anton Gerhard, Kapitain, gest. 1739; 12) Josef Michael 1698; 13) Anton 1798, Kapitain; 14) Marie Jeanne 1703; 15) Eugenie 1704; 16) Innocenz Wolfgang 1705.

Wir rücken nun der Gegenwart näher. Der älteste Sohn von Josef Ignaz Hug mit Namen Johann Anton Hug, dem der Vater den Titel eines bischöflich basel'schen Hofraths und den seinem Großvater verliehenen Adel verschafft hatte, war mit der Tochter Theresia des Dr. Hennet von Delsberg verheirathet und hatte nur zwei Kinder: Dominik Josef Xaver, geb. 1771, gest. 4. März 1812, war verheirathet mit Klara von Mahler (geb. 1747). Eine Tochter, Maria Franziska Theresia, geb. 1728, war verheirathet mit dem Hauptmann von Sichler und hatte nur einen einzigen Sohn, Heinrich Anton (s. unten). Die Nachkommenschaft des Dominik Josef Xaver Hug v. Hugenfeld mit Klara v. Mahler von Delsberg bestand aus 8 Kindern: 1) Anton Josef 1769; 2) Theresia Josepha 1769; 3) Anna Maria Josepha, geb. 10. Dez. 1772; 4) Xaver Josef*, geb 15. Dez. 1773, gest. den 14. Sept. 1857; 5) Beat Josef, geb. den 22. Dez. 1775 (dies ist eben unser „Baron"); 6) Josepha, 10. Juni 1777; 7) Antonia Josepha, 13. Juni 1779; 8) Charlotte Josepha, den 18. April 1781.

Der Stammbaum ist hier nicht vollständig wiedergegeben; es sind noch viele Notizen mit Bleistift eingezeichnet, ich verzichte jedoch darauf, dieselben wiederzugeben, da sie keine positiven Anhaltspunkte bieten.

Auf dem Friedhof der Stadt und in die Kapelle eingemauert, finden sich noch zwei Grabsteine der Hugenfeld'schen Familie:

1) Hier ruhet der wohlgeborene Herr Joh. Anton von Hugenfeld H. f. Prunt. (bischöflich pruntrutischer) Hofrath. Starb den 16. März

---

* Pensionirter Chorherr von Delsberg und Generalvikar; bei der Aufhebung des Kapitals von Arlesheim im Jahre 1793 zog er mit dreizehn andern Chorherren von Arlesheim weg.

1786 in seinem Alter 89 Jahr. R. I. P. 2) Zum frommen An=
denken der wohlgebornen Frau Therese von Sichler, geb. von Hugen=
feld, welche 1790 den 10. Wintermonat 63 Jahre alt selig verstorben,
hat diesen Stein gesetzt ihr einziger Sohn Heinrich Anton. R. I. P.
Die beiden Denksteine überragen drei Wappen: Das des Hofraths
enthält in drei getheilten Feldern einen Adler, einen geflügelten
Löwen und unter denselben das alte Hug'sche Wappen: drei Blätter
auf einem Driberg; der Denkstein der Frau von Sichler enthält zwei
Wappen: das des Mannes, eine Sichel (findet sich auch an der Kirche
in Frick eingemauert) und das Hugenfeld'sche Wappen, wie es eben
beschrieben wurde.

Nachdem der Baron und sein Bruder, der Chorherr, gestorben waren,
wurde das große Wohngebäude, das eigentlich laut Testament der Brüder
an die Gemeinde Rheinfelden schenkweise übergehen sollte, an dieselbe
um 10,000 Fr. verkauft und ist so doch seinem Ziele entgegengeführt
worden. Bei dem Tode des Chorherrn fand man in dem Hause noch
eine Menge Alterthümer und Silbergeschirr, welches Alles der ver=
storbene Basler Antiquar Elie Wolf ankaufte und damit sein Ver=
mögen begründete. Auf dem Estrich befanden sich noch über hundert
Hirschgeweihe, welche noch aus der schönen Zeit stammten, wo rings
um Rheinfelden die Hirsche keine Seltenheit waren.

Von der Familie sind jetzt nur noch wenige Angehörige übrig.
Der Stiefbruder des Xaver und Beat Hugenfeld, Josef, starb den
29. August 1859. Er hatte sieben Kinder, von denen nur noch zwei
leben: Josef, geb. den 5. Juni 1836, der als Schreinermeister in Frick
lebt, und Anton, der Inhaber des Stammbaumes der Hugenfeld, der
den 23. April 1854 geboren wurde.

Zum Geschlecht der Fäsch in Basel.

Geehrtester Herr! Mit Vergnügen habe ich in Ihrer interessanten
Schrift „Vom Jura zum Schwarzwald" Ihre Mittheilungen
über das Geschlecht der Fäsch in Basel gelesen. Zur Richtig=
stellung einiger Punkte erlaube ich mir bloß zwei Bemerkungen:

1) Das Familienbuch, aus dem Sie Ihre Mittheilungen geschöpft
haben, ist nicht eine selbständige Arbeit des Herrn Eduard Fäsch=Kauf=
mann, sondern nur eine Kopie des Originals, welches, zum Fäsch,

schen Legat gehörend, eigenhändig von Joh. Jakob Fäsch, dem gewesenen
Pfarrer zu St. Theobor, geschrieben wurde und von einem Familien-
gliede bis auf den heutigen Tag fortgeführt wird.

2) Der von Ihnen angeführte Joh. Jakob Fäsch, Pfarrer zu
St. Theobor, geb. 1752, starb nicht im Jahre 1802, wie es irrthümlich in Ihrem Buche steht, was vielleicht auch nur ein Druckfehler
ist, sondern erst im Jahre 1832. Er war ein sehr freisinniger Geistlicher, ein Feind des Sektenwesens. Er war aber nicht blos religiös,
sondern auch politisch freisinnig. Als am 22. Januar 1798 in Basel
ein Freiheitsbaum errichtet wurde und die Mitglieder des Kleinen
und Großen Rathes sich in die Münsterkirche begaben, hielt er die
Festpredigt, und als die Kleinbasler am 25. ebenfalls einen Freiheitsbaum aufpflanzten, hielt er wiederum die Festrede. Seine freisinnigen politischen Ansichten behielt er bis zu seinem Lebensende,
was ihm während der politischen Wirren im Anfang der Dreißiger
Jahre viel Haß zuzog, indem er sich nicht enthalten konnte, sogar auf
der Kanzel seiner Freisinnigkeit Ausdruck zu geben.

Basel, den 31. März 1890.   F. F.

Die Strohek zu Wildegg.

Ueber die „Strohet" zu Wildegg schreibt ein Geschichtsforscher der „Wiener Abendpost" unter anderm Folgendes:
„Unter den Denkmalen habsburgischer Familiengeschichte hat
sich ein unscheinbares Gebäude „die Strohet" zu Wildegg in der ehemaligen
Grafschaft Habsburg gefunden, das den germanischen Alterthumskundigen
unbekannt geblieben. Die „Strohet" ist eine ehemalige habsburgische
Domäne, die Bewohner scheinen im Jahr 1415, als die Berner die
Grafschaft eroberten, über den Rhein geflohen zu sein und das Haupt-
gebäude der Besitzung zerstört zu haben, so daß nur ein kleines, aus
Stein bestehendes Gebäude übrig blieb und bis heute noch die Inschrift
„Strohek" trägt.
Urkunden über dasselbe finden sich im Gemeindearchiv zu Wildegg,
wahrscheinlich auch im Kantonarchiv zu Aarau und zu Bern. Für
Alterthumsforscher vom Fach dürfte die Sammlung von Urkunde über
die habsburgische Strohek eine dankbare Aufgabe sein."

Aus Alt-Rauracien.

Von Dr. Otto Schenker in Pruntrut.

II.
Alt-Rauracien in fränkischer Zeit.

Die Abstammung der Franken verliert sich wie diejenige der meisten germanischen Stämme im Dunkel der Zeiten. Ihr Name als ge-sonderter Stamm wird zum ersten Mal in der Geschichte um 241 erwähnt, als Aurelianus, der spätere Kaiser, damals noch Tribun der sechsten gallischen Legion in Mainz unter Kaiser Gordianus, einem der vielen, aber rasch wechselnden Nachfolger des rohen Maximinus, eines Thraciers, die Franken, welche durch Gallien morbend und rau-bend zogen, schlug; der Name Franken war ein Kollektivbegriff für verschiedene einzelne Völkerschaften (tribus), die schon 300 Jahre lang mit dem römischen Reich in Verbindung waren; aber erst in dieser Periode hatten sie sich in der Form einer Eidgenossenschaft als Franken gegen Rom und das römische Gallien vereinigt. Gothen, Sarmaten, Alanen und eine Masse anderer Barbarenstämme hatten sich auf Mösien, Da-cien, Thracien geworfen; der römische Imperator Decius sammt seiner Armee fiel gegen die Gothen an der Donau und sein Nachfolger Gallus konnte nur durch Zahlung eines Tributes die Provinzen von den Bar-baren räumen lassen. Auch die Franken sollen unter den Besiegern des Decius gewesen sein. Die Gothen warfen sich nun auf Kleinasien und Griechenland, die Franken auf die Provinzen Germania superior und inferior, die Allemannen auf Rhätien und Gallien jenseits der Alpen (Gallia cisalpina). Durch den tapfern Posthumus, zuerst als Feldherrn des weichlichen Gallus, dann als Imperator, der Gal-lien während 9 Jahren vor den Einfällen der Germanen bewahrte, unter verschiedenen Malen zurückgeworfen, drangen sie nach seinem

Tode wieder vor, zerstörten die von diesem Kaiser errichteten Befestigungen am Rhein, wurden aber durch die späteren Usurpatoren
(Pollianus), hauptsächlich aber durch Kaiser Aurelianus wieder unter
römische Botmäßigkeit gebracht. Bei einem spätern großartigen Einbruch in Gallien in Verbindung mit den Völkern des baltischen Meeres,
der Oder und Elbe (Vandalen und Burgundionen), bei welcher Gelegenheit etwa 70 Städte eingeäschert wurden, ließen sich die Franken
nebst ihren Verbündeten von Probus schlagen und mußten sich vom
Sieger, der bis zur Elbe vordrang, sehr harte Bedingungen gefallen
lassen, 16,000 Mann Hülfstruppen stellen und Tausende von ihnen
wurden in die römischen Provinzen Germania I und II als Kolonen
verpflanzt.

Zu den spätern Einbrüchen über den Rhein wurden sie oft zurück-
geschlagen, so von Chlorus, Constantin, Julianus, stets in Verbindung
mit andern barbarischen Völkerschaften, besonders den Allemannen,
bis es ihnen im Jahr 440 durch einen furchtbaren Einfall gelang,
nach Einäscherung von Köln, Mainz und Trier sich am Rhein seßhaft
zu machen und sich in der belgischen Provinz um die Rheinmündung
herum niederzulassen. Selbst Aëtius konnte sie wohl etwas zurück-
drängen, wie aber mehr ganz vertreiben.

Wir haben sie beim Einfall der Hunnen (451) als Bundesgenossen
des Aëtius unter ihrem König Merovée kennen gelernt und gesehen,
wie sie mit Römern, Burgundionen und Westgothen zum Entscheide
der großen Völkerschlacht beitrugen. Nach dem Tode des Aëtius fielen
die rechtsrheinischen Franken (Ripuarier) in Germania I ein, die salischen Franken in Belgien II; Childerich I., Sohn und Nachfolger
des Merovée, der wegen Entehrung eines fränkischen Mädchens hatte
fliehen müssen, jedoch bei drohender Gefahr wieder zurückberufen worden, rief die salischen und ripuarischen Franken gegen Aegidius, den
römischen Feldherrn, der selbst den Titel des Augustus angenommen,
in's Feld und nahm Köln nebst der Gegend zwischen Rhein, Meuse
und Mosel.

Nach dem Fall des weströmischen Reiches war jenseits der Alpen
ein Zeitpunkt der Ruhe eingetreten, wie wenn Gallien einen Moment
vor der düstern und unbekannten Zukunft sich selbst sammeln wollte.
Die Westgothen unter ihrem großen König Eurich, der in Toulouse
glänzenden Hof hielt, übten über die Sueven in Spanien und die

Burgundionen in Savoyen eine Art von Suprematie aus, welche
selbst die Franken anerkannten. Letztere hielten sich ruhig auf beiden
Ufern des Rheins in den beiden germanischen Provinzen und in dem
nördlichen Theil beider Belgien; ihr König Childerich besaß Tournai,
ein anderer salischer Fürst Cambrai und ihr Stamm berührte vielleicht
schon die nördlichen Ufer der Somme. In der Nähe dieses Flusses
regierte der Sohn des Aegidius, der Comes Syagrius, über die Gegend
um Soissons, ein Mann von großem persönlichen Verdienst, der die
Errichtung eines gallo-römischen Königreiches plante, allerdings ein
abenteuerlicher Gedanke, wenn man bedenkt, mit welcher Macht einerseits die Westgothen, anderseits die Franken auf die Reste der römischen Besitzungen drückten.

Aber erst unter Childerich's Sohn, Chlodowech (Chlodwig, Clovis),
der mit 15 Jahren die Regierung übernommen, kam es zur Schlacht
zwischen Syagrius und den Franken bei Soissons, in welcher Ersterer
geschlagen und auf der Flucht zu den Westgothen von diesen den
Franken ausgeliefert und dann getödtet wurde. Die Franken, zu
dieser Zeit in der Civilisation noch weit unter den Westgothen stehend,
noch Heiden, aber trotz ihres Heidenthums von den gallo-römischen
katholischen Bischöfen mehr geliebt als die arianischen christlichen Westgothen und Burgundionen, ja mehr, als der römische Feldherr und
Statthalter Syagrius, da sie das Sinken und Vergehen des Römerreiches nur zu wohl sahen, besaßen noch die uralte Einrichtung der
Stammes- und Kriegsbanden unter je einem Oberhaupt. Obwohl sie noch
kein eigentliches Königthum besaßen, wußten doch die ersten dem Namen
nach bekannten Stammesfürsten Chlodio, Merovée und Childerich nach
und nach dem salischen Stamm, dessen Chefs sie waren, eine gewisse
Superiorität über die andern Frankenstämme zu erwerben. Bis jetzt
hatten sie ihre Kraft in einzelnen kühnen Abenteuern vergeudet, aber,
wenn diese ursprüngliche, barbarische und heldenkühne Kraft sich auf
einen größern, gemeinsamen Zweck einen konnte, so war sie unbesieg-
lich, während Gothen und Burgundionen sich schon durch Aufnahme
römischer Elemente und römischer Civilisation entnervt hatten. Childerich zum Beispiel, dessen Grab mit seinem Siegel, Steigbügel,
und vielen Münzen in Tournai im Jahr 1665 aufgefunden worden,
hatte bald als Freund, bald als Feind der Römer zehn Mal das
Land zwischen Somme und Loire durchstreift, und, obwohl Heide,

beweist das Leben der hl. Genovefa, seine Reise nach Paris zu derselben und seine Verehrung für die Heilige, die große Achtung, welche
ihm für das Christenthum inne wohnte.

Während das Reich der Westgothen nach des kühnen, kräftigen
Eurich Tode unter der Herrschaft seines Sohnes Alarich II., der wohl
den Thron, nicht aber das Genie seines Vaters geerbt, sich zertrümmerte,
erhob sich das Frankenreich nach Childerich's Tod (481) unter seinem
Sohne Chlodwig zu ungeahnter Größe. Sein Volk bewohnte beinahe das
ganze moderne Flandern; ein anderer Stamm, dessen Chef Chararius
war, bewohnte das Land am Meer oder Morinie; ein dritter fränkischer Chef Ragnacharius befahl in Cambrai und an den Ufern
der Sambre. Im Osten der salischen Stämme, jenseits der Ardennen
und der Meuse, erstreckten sich die mächtigen ripuarischen Franken,
deren König in der Nähe von Köln residirte; so waren also die Franken
in zwei große Unterabtheilungen geschieden. Dies war die Situation
bei Chlodwig's Regierungsantritt; heimtückisch und barbarisch, wie er
von Natur war, ohne Gefühl für die nächsten Verwandten und
Stammesangehörigen, wußte er sich der andern Fürsten durch Mord
zu entledigen; er besiegte Syagrius, dann die Bayern, Thüringer,
und, wie wir früher gesehen, die Allemannen, die auch ihren Beute-
antheil an Gallien haben wollten, bei Tolbiac (496), schlug die Burgundionen, das Volk, dem seine Gemahlin angehörte, bei Dijon (500),
machte dasselbe dienstbar und ließ sich zum Christenthum bekehren; ein
Schritt, der ihm den Einfluß der gallorömischen Bevölkerung und
besonders der mächtigen Bischöfe zur Disposition stellte. Endlich, um
alle Feinde, die sich ihm entgegen stellen konnten, aus dem Wege
zu räumen, setzte er sich 507, von den Ripuariern und vielen Gallo-
Römern unterstützt, gegen die Westgothen in Marsch und besiegte dieselben in der Ebene von Voulon bei Poitiers, indem er ihren König
Alarich mit eigener Hand fällte. Herr von ganz Gallien, wurde ihm
vom oströmischen Kaiser Anastasius der Titel eines römischen Konsuls
ertheilt, vermuthlich mit dem Hintergedanken, die Franken später als
gefällige Werkzeuge hinter die Ostgothen zu hetzen, wie der oströmische
Hof die Ostgothen selbst gegen Odoaker verwandt hatte, um endlich
Theoderich, den großen Ostgothenkönig, aus Italien zu vertreiben. Als
Konsul und Augustus ward Chlodwig von den Gallo-Römern noch
umsomehr verehrt und gelangte mit ihrer Hülfe und der des katho-

lischen Klerus auf den Gipfel seiner Macht, als Alleinherrscher aller
Franken.

Nach seinem Tode erhielt sein ältester Sohn Theoderich, obwohl
unehelich, aber der Liebling und Kriegsgefährte seines Vaters, das
größere Loos und wurde als König der ripuarischen Franken, der
Allemannen und Bayern (als Vasallen) anerkannt, behielt aber noch
Fuß bei den Saliern, indem er Rheims, Chalons und Troyes nahm
Die drei andern Söhne, die Söhne Chlotildens, zogen wahrscheinlich
folgende Loose: der ältere von ihnen, Chlobimir, wurde König von
Orleans, Childebert von Paris, der jüngere Chlother (Chlotacharius)
von Soissons, Tournai und Cambrai. (Martin, histoire de France.)

Wir können hier das Schicksal des fränkischen Königshauses,
dieser Atriden ihrer Zeit, wie Johannes von Müller die fränkischen
Könige aus dem Hause der Merovinger nennt, nicht im Detail ver-
folgen, nicht den Kampf der beiden Königinnen Fredegonde von Neustrien und Brunhilde (Brunehaut) von Austrasien, deren Ehrgeiz und
Eifersucht durch alle Greuel, Königsmord und Blutschande niemals
befriedigt werden konnten, ein Drama, wie es schrecklicher die Phan-
tasie nicht hervorzaubern würde. Der Bruder mordet den Bruder,
der Onkel den Neffen, die Mutter den Stiefsohn, um die Länder
und Reichthümer der Ermordeten zu theilen; die Wollust entnervt
die Könige, welche mit 14 Jahren schon 3—4 Kinder haben, sich mit
ihren Gattinnen nicht begnügen, sondern einen Harem von schönen
Sklavinnen halten, bis endlich alle männliche Kraft geschwunden ist,
ihre königliche Macht zur Scheinmacht herabsinkt und die austrasischen
Hausmeier, die beiden Pipine und Karl Martel, die Zügel der Regierung in die kräftigen Hände nehmen; nur zum Schein ist der
König noch mit dem Titel versehen, und wird alljährlich aus dem
Kloster oder aus dem königlichen Hofgute auf einem von Stieren gezogenen Wagen zu den Volksversammlungen geholt, um als Mumie,
die Krone auf dem Haupte, das Szepter in der welken Hand, steifen
Nackens zu den Entschlüssen, welche die Hausmeier gefaßt, gezwungen
seine Zustimmung zu geben.

Die Schicksale unseres kleinen Landes theilten das Loos der Haupt-
königreiche Neustrien, Austrasien und Burgund, bald jenem, bald diesem
zugeworfen, und wir wollen uns in Folgendem mit dem Wenigen beschäftigen, das in jener dunklen Zeit über das frühere Rauracien be-

pierre am Doubs als zu Pompierre an der Meuse befindet und die
genaue Grenze zwischen beiden Staaten bildet. Die Grenze würde
eine Wellenlinie formiren bei Lure, Granges, Pompierre, Noël-Cerneux,
hätte unsere Freiberge und den Neuenburgersee durchschnitten, und,
indem sie einerseits den allemannischen Stämmen die Grafschaft Bipp
und das Bargensische ließ, überantwortete sie dem Königreich Burgund
Avenches und die Ufer des Genfersees. Also war das Elsgau wie
ein Grenzland (eine March) zwischen den burgundischen Waraschen
und den austrasischen Franken oder gehörte schon zu letzteren. Jedenfalls war die Gegend, welche früher Raurazien hieß, nicht mehr burgundisch und bildete erst viel später wieder einen Theil des II. Königreichs Burgund (Duvernoy). Nach Daguet bildete die Grenze zwischen
beiden Reichen der Bach von Chandon, Mitte Wegs zwischen Payerne
und Freiburg.

Wie stand es nun mit dem allemanischen Theil Rauraciens?

Nach dem Sieg des Clovis über die Allemannen — wir müssen
stets von der entscheidenden Schlacht bei Tolbiac als Moment der politischen Aenderung ausgehen — kamen Schwaben, das Elsaß und der
ganze Nordwesten Helvetiens unter fränkische Herrschaft und half Austrasien mitbilden. Da Burgund, obwohl den Franken tributär und
später ihnen unterworfen, seine Grenzen meistens behielt, blieben nun
letztere zwischen Burgund und Austrasien dieselben. Der Name der
Gaue kam unter den Allemannen auf, ebenso der Name unserer Gegend = pagus Alsgaudensis, Kanton der Als, Elsgau; die Allemannen scheinen jedoch hier nicht stark gehaust zu haben, da die meisten
Dorfnamen ihren lateinischen Ursprung behielten. Als die Franken
in Gallien eindrangen, scheinen sie, ähnlich den Burgundern und Westgothen, die Städte in ihrer Existenz belassen zu haben und setzten ihnen
nur einen fränkischen Repräsentanten ihrer Macht zum Oberhaupt,
der dann später der Seigneur der betreffenden Stadt wurde. So fand
sich gleichzeitig ein volksthümliches demokratisches Element, von den
Römern entspringend, und ein neues aristokratisch-feudales, von den
Franken eingeführt (Guizot).

Dies germanische Element, durch römisch-municipale Einrichtungen
etwas modifizirt, wurde später vorherrschend. Unter römischer Herrschaft, da unsere Gegend in die Maxima Sequanorum einbegriffen
war, wurde die Provinz von einem militärischen Chef, der den Titel

Herzog (dux) führte, und in Olino resibirte, regiert. Das Unterelsaß hingegen gehörte der Provinz Germania I und war dem Grafen von Argentoratum (Kolmar) unterthan. Die Einwanderung der Burgunbionen in den dem Rhein nahe gelegenen Theil der Maxima Sequanorum hatte diese Verhältnisse zum ersten Male verwendet; die Ankunft der Allemannen und endlich die fränkische Eroberung brachte diese alte römische Einrichtung ganz zum Verschwinden.

Clovis vereinigte nämlich in e i n e r Verwaltung alle von den Allemannen besetzten Landestheile diesseits und jenseits des Rheins, indem er das Herzogthum Allemannien schuf, in welchem sich der größte Theil Rauraciens befand. Das allemannische Herzogthum bestand in seinem Umfang während des ganzen sechsten und einen Theil des siebenten Jahrhunderts, einen kurzen Zeitraum ausgenommen, als bei dem Tode Childeberts II. das Oberelsaß, die Ajoie ꝛc. mit dem Königreich Burgund vereinigt waren. Campanenses wurden vom Chronisten Fredegar die Bewohner des Landes um Montbélard, Pruntrut, des Elsgaues bis zum Doubs genannt. Die austrasischen Könige waren aber mit diesem Tausch unzufrieden; die Allemannen fielen in Burgund ein, verwüsteten bei Avenches und im Jura Alles mit Feuer und Schwert; das Elsaß kam wieder an Austrasien. Die Nachfolger von Dagobert, oder vielmehr die Hausmeier der austrasischen Könige, die immer zunehmende Macht der Herzoge, welche in ihrem Namen über Allemanien herrschten, fürchtend, theilten das ausgedehnte Herzogthum in zwei verschiedene, von denen das eine die ganze Gegend jenseits des Rheins, das andere das Elsaß, das Elsgau und den nördlichen Theil Helvetiens bis zur Reuß umfaßte, also auch ganz Alt-Rauracien.

Der erste Herzog des also vom eigentlichen Allemannien getrennten Elsasses war Gobonius, gegen 660 gestorben, der berühmteste aber sein Nachfolger Atticus (er hat 13 verschiedene Namen), der bis 690 lebte und von ihm nahmen benahe alle spätern Grafen des Elsasses, ferner die spätern berühmten Geschlechter der Grafen von Ferette, Habsburg, Homburg ꝛc. ihren Ursprung. Atticus war auch derjenige, der, wüthend über die Privilegien, welche die austrasischen Könige der neuen Abtei Moutier-Grandval (Münster) ertheilt hatten und die ihn in seinen Herzogsrechten beschränkten, mit einem Heer das zur Abtei gehörende Land überfiel und den ersten Abt, den hl. German, sammt

seinem Prior bei einer Kapelle in der Nähe von Courtetelle ermorden
ließ. Nach ihm kam sein Sohn Adelbert, dann Luitfried, der letzte,
der den Herzogstitel trug.

Dann kamen Grafen an die Reihe bis auf Hug, Sohn Lothars II.,
dem sein Vater den Herzogstitel wieder erneuerte. Pipin, der mächtige austrasische Hausmeier, unterdrückte wieder die Herzoge, da sie zu
mächtig wurden, und die Anordnungen der Hausmeier nicht oder nur
widerstrebend ausführten, und sendete dafür jeweilen zwei Kammerboten,
welche ihr Amt bis auf König Konrad I. ausübten. Unter der Regierung
dieser Fürsten wurde das alte Herzogthum Allemannien zu Gunsten
Burkhardt's, aus altem Fürstengeschlecht des Landes entsprossen wieder
hergestellt, und die beiden Herzogthume Schwaben und Elsaß blieben
bis zum 13. Jahrhundert vereinigt.

Dies ist in kurzen Zügen der Inhalt der politischen Umgestal-
tungen, welche seit Clovis in unserem Lande vor sich gegangen und
wir sind in unserer Darstellung hauptsächlich Duvernoy gefolgt, der
in den mémoires de la société d'émulation de Montbéliard einen
kurzen geschichtlichen Ueberblick über das Elsgau veröffentlicht hat.

Anfangs waren die Grafen, wie die Herzoge, welche die pagi
oder Gaue regierten, einfach bloße Verwaltungsbeamte, welche der
König nach Belieben zurückberufen konnte. Als Stellvertreter hatten
sie Vicomtes, Vizegrafen oder Vikare; als Beisitzer 7—12 Schöffen
und in unterer Ordnung kamen die Centenare (centeniers) als Vor-
steher der Hundertschaften, eine Art baillis, welche in erster Instanz
urtheilten; endlich Zehnmänner (dezainiers). Außerdem durchschweiften
die missi dominici der fränkischen Könige die Provinzen und wachten
darüber, daß Gerechtigkeit auch wirklich ausgeübt wurde.

Als die Macht der Herzoge erlosch, behielt das Elsaß dennoch
den Titel des Herzogthums. Aber an der Seite der neuen Staats-
beamten und dieses neu kreirten Adels blieb noch eine ältere Noblesse,
bestehend aus den Großgrundbesitzern und den fränkischen und gallo-
römischen Seigneurs (Optimaten, seniores, dynastes), Besitzer von
Allodien und freien Patrimonial-Territorien. Sie waren die wahren
Häupter des Adels und stützten sich hauptsächlich auf ihre Prärogative
als Allodialbesitzer; aus ihrer Reihe nahmen die Könige gewöhnlich
die Grafen. So war Atticus, bevor er Herzog des Elsasses wurde,
einer der mächtigsten Großgrundbesitzer des Landes, und als seine

Söhne und Nachfolger seine Domänen erbten, behielten sie doch den Grafen oder Markgrafentitel, obwohl verschiedene von ihnen mit öffentlichen Aemtern nichts zu thun hatten, und diese Titel vereinigten sie mit denen des Großgrundbesitzers (comites fundi), im Gegensatz zu den comites fiscales, Verwaltungsbeamten des Königs, d. h. bloße Regierungsbeamte mit keinem oder geringem Grundbesitz.

Bald ging der Titel auch auf das Land über und der alte pagus Alsgaudiensis wurde so zum comitatus alsgaudiensis, jedoch stets dabei Allodialbesitz verbleibend. Es gab eine Grafschaft Elsgau, wie ohne Zweifel erwiesen werden kann, deren Hauptsitz Mandeure, das alte berühmte Epomanduodurum, war, und zwar unabhängig vom Herzogthum Elsaß.

Nach den Mittheilungen von Herrn Professor Xavier Kohler in Pruntrut, dem verdienten jurassischen Archivisten und Geschichtsforscher, an den Verfasser sind in jüngster Zeit Goldmünzen gefunden worden, welche das comitatus Elsgow oder Elisgow ausdrücklich bezeichnen und wir erwarten von kundiger Hand bald genauere Aufschlüsse über diesen wichtigen Fund.

In dieser Zeit der steten Unruhen, des Werdens und Vergehens, wo alte Königreiche zerfielen, neue sich bildeten, wo Nichts von Dauer war, in diesen Zeiten des beginnenden Feudalwesens, ist es nicht unmöglich, daß, abgesehen von den Centren und größeren Staatenkonglomerationen, weite Strecken in bergig-waldiger Gegend, wie der Jura es war, halbvergessen von den Königen und Herzogen, vom ersten besten hervorragenden Krieger des Landes an sich gerissen und als selbstständige Grafschaft endlich erblich werden konnte, ohne daß der Name des betreffenden Landestheils in den königlichen Kauzleien eingeschrieben oder bekannt gewesen und erst später traten diese Grafen in ein feudales Verhältniß mit größeren Landbesitzern. Wir müssen den Beginn des Feudalwesens, das Jahrhunderte lang als politische Ordnung bestehen sollte, mächtiger als Könige und Kaiser, gerade in diese Zeit versetzen.

Die fränkischen und gallischen Grandseigneurs, welche die Gehülfen der fränkischen Könige bei der Eroberung Galliens gewesen und für ihre Kriegsdienste nach Unterwerfung des Landes ein größeres oder kleineres Stück Land als Besitz und zur Entschädigung erhalten, welche in einer Art Hof oder Burg (manoir) wohnten, einem höchst einfachen, mit Mauern umgebenen Schloß, einer barbarischen Nachahmung der alten römischen Villa,, lebten darin, von ihren Gefolgsleuten und Pächtern umgeben, deren Wohnungen sich bald als Dörfer um die Herrschaftswohnung herumgruppirten. So verschwanden im Elsaß und in Schwaben die Ruinen, welche die Allemannen hinterlassen und an ihre Stelle trat eine Menge kleinerer Burgen und Flecken (bourgades), deren Namen nach und nach in den Charten und Monumenten jener Epoche erscheinen.

In dieser Periode sind die Höhen mit den Schlössern der Ade-ligen geschmückt zur Abwehr der beute- und ländergierigen Nachbarn; die schwächeren Freien, welche in der rohen brutalen Zeit zu schwach sind, sich selbst zu schützen, begeben sich in den Schutz eines mächtigeren Herrn, werden Unfreie und bebauen dem Herrn das Land; die Ko-lonen werden Sklaven und können theils als Einzelwesen, theils nur mit der Scholle, die sie bebauen, verkauft werden. Aber auch die Klöster, die spätern mächtigen Abteien, erscheinen in dieser Epoche, ge-gründet aus Hang zur Einsamkeit und Beschaulichkeit in diesen eisernen Zeiten der politischen Stürme und täglichen Kriege oder als Orte der Ruhe nach wildbewegter Lebenszeit für die Kriegsleute und des Schutzes für die, welche zur Kriegsarbeit nicht tauglich sind.

In den letzten Jahren des 6. Jahrhunderts landete ein junger Mann, schön gewachsen, gelehrt und beredt im fränkischen Gallien, an der Spitze von 12 Gehülfen aus dem großen Kloster Bangor in Ir-land. Es war St. Colomban, der für die Ausbreitung des Christen-thums in Franken so bedeutungsvoll werden sollte. Sie predigten überall auf ihrem Weg von der Meeresküste zum Königshof, gaben selbst das Beispiel eines erleuchteten Lebenswandels und machten der-maßen Eindruck auf die heidnische Bevölkerung, daß man ihnen die Ausübung von Wundern und das Verständniß für die geheimsten Vor-gänge in der Natur zuschrieb. Der alte König Gontram von Bur-gund suchte durch die glänzendsten Versprechungen Colomban und seine Gefährten an seinen Hof zu fesseln, allein der gelehrte Mönch ver-langte nur die Erlaubniß, in dem wildesten Theil der Vogesen sich ein Stück Erde aussuchen zu dürfen, wo er der Ausrottung des Bo-dens und der Predikation des Evangeliums sich widmen könne. Dort ließ er sich nieder; von allen Seiten liefen ihm Hörer und Schüler in großer Zahl zu, der Ruf seines heiligen Lebenswandels breitete

sich immer weiter aus, Gold und Geschenke regneten von den Fürsten
und Edlen des Landes in Fülle, so daß er im Gebirge drei große
Klöster, Auegrai, Fontaines und Luxeuil, bauen konnte, von denen für
uns besonders letzteres, auf den Trümmern einer alten römischen Stadt
erbaut, von großer Bedeutung ist. So sehr St. Colomban's Ruf in
den Augen der Mönche wuchs, so sehr verfolgte ihn der Haß der Bischöfe in den Städten, welche zu jener Zeit ein nichts weniger als
heiliges Leben führten, und derjenige des Königs Theoderich und seiner
Mutter Brunehilde, deren unsittlichen, ja verbrecherischen Lebenswandel
er scharf gegeißelt hatte. Theoderich hätte ihn in den Tod geschickt,
allein er mochte ihm den Ruhm eines Märtyrers nicht gönnen und
ließ ihn deßhalb auf ein Schiff bringen, um ihn nach Irland zurück-
zuführen. Das Schiff wurde aber durch einen Sturm in den Hafen
zurückgeworfen und die St. Columban begleitenden königlichen Offiziere, darin ein bedeutendes Vorzeichen erblickend, setzten den Heiligen
wieder an's Land und ließen ihn ziehen, wohin er wollte. Er rettete
sich an den Hof Chlothers, des Königs von Neustrien, der ihn mit
Freuden aufnahm, und gab dem König zum Dank für den freundlichen
Empfang den Rath, in dem bevorstehenden Krieg zwischen dem König
von Burgund und Austrasien neutral zu bleiben; er ließ sich aber am
königlichen Hof nicht halten, sondern begab sich nach Austrasien, wo
er von König Theodebert mit gleicher Güte aufgenommen wurde, und
von da in's östliche Helvetien (Zug und Zürich), dessen Bewohner
noch dem alten heidnischen Wodankultus huldigten. Ebenso predigte
er in Bregenz den heidnischen Germanen, stürzte die heiligen Säulen,
mußte sich aber über die Alpen in das lombardische Königreich flüchten,
wo er das berühmte Kloster Bobbio, Bobium gründete. In Helvetien
ließ er seinen Schüler Gallus zurück, der später St. Gallen, und in
Rhätien einen andern Schüler Siegbert, der Disentis gründete.

König Theoderich von Burgund oder vielmehr dessen Mutter
Brunehilde hatte Colomban aus den burgundischen Staaten vertrieben,
also auch aus Luxeuil, der so hochberühmten Abtei, welcher viele
anderen Klöster ihre Entstehung verdanken sollten. Ein Abt von Luxeuil, Walbert, gründete 644 das Kloster von Moutier-Grandval im
Münsterthal, das beinahe unzugänglich, von hohen Felsen eingeschlossen,
in der Tiefe die schäumende Birs, wo nur schmale, uralte keltische
Wege den Zugang erlaubten, unbekannt und ungeahnt der Civilisation

erobert wurde. Germanus, auch ein Zögling Luxeuil's, ein Edelmann aus Trier, war der erste Abt, rodete mit seinen Mönchen den Boden aus und erweiterte den Zugang zum Thal, so daß wir ihm und seinen Genossen die Wege in die wildromantischen Schluchten verdanken. Wir haben früher sein tragisches Ende und seine Ermordung durch die rohen Schaaren des elsässischen Herzogs Atticus oder Catricus kennen gelernt. Die Abtei erhielt bedeutende Benefizien von Seite der austrasischen Könige, Landabtretungen der Herzoge und Großen des Landes und bildete den Grundstock des spätern Bisthums Basel. Godoin, erster Herzog des Elsasses nach der Trennung von Allemannien, hatte Walbert, Abt von Luxeuil, das Münsterthal zur Gründung der Abtei geschenkt; sein Nachfolger im Herzogsamte, Bonifazius, hatte die Abtei Münster im St. Gregorthal (Elsaß) gegründet, welche später auch in die Diözese Basel einbegriffen wurde. Auf Bonifazius folgte der berüchtigte, oben genannte Herzog Atticus, dann Adelbert (722 gestorben) und endlich Luitfried, der letzte elsässische Herzog. Auf ihn kommen Grafen an die Reihe, welche ebenso wie ihre Vorgänger, die Abtei Moutier-Granoval in Schutz genommen und dieselbe stets reicher und reicher an Laub und Gütern ausgestattet hatten. Ebenso wohlthätig gegen die berühmte Abtei erwiesen sich Kaiser und Könige: Im Jahre 769 bestätigte Carlomann, König von Austrasien, alle Rechte und Freiheiten, welche sein Vater Pipin und dessen Vorgänger, die fränkischen Könige, der Abtei geschenkt hatten, ebenso wie diejenigen der Klöster St. Ursanne und Schoenenwert, die von der Abtei Münster abhingen. In dieser Charte erwähnt Carlomann mit Namen die Distrikte, Territorien, Dörfer, Höfe, welche der Abtei gehören; er erklärt sie frei von jeder Art von Abgaben und verbietet jedem Grafen und Herrn, ihr solche auferlegen zu wollen.

Im Jahre 849 nahm Kaiser Lothar, damals Herrscher über Austrasien, die Abtei Münster, ebenso wie die zu ihr gehörenden Klöster und anderen Besitzungen in seinen Schutz auf. Er gewährte derselben die nämlichen Freiheiten wie seine Vorgänger. Im Jahre 866 am 29. März überwies Lothar II., König von Austrasien, dann Lothringen genannt, für die Abtei eine Charte, ebenso günstig wie die frühern, und zwar auf Anstiften seines Sohnes Hugo, Schutzvogt des Klosters, und endlich aus dem Jahre 884, vom 20. September datirt, finden wir einen gleichen Freiheitsbrief von Kaiser Karl dem Dicken zu Gunsten der nämlichen Abtei. Diese erwähnten Dokumente sind von größter Wichtigkeit, weil sie keinen Zweifel darüber lassen, daß unser kleines Land zu Austrasien gehörte und zwar zu jenem Theil des großen Ostreiches, der nach Lothars II. Tode Lothringen (Lothari regnum, Lotharringen, Lothringen) genannt wurde, und weil sie uns einerseits den frühern Ursprung unserer Dörfer beweisen, andererseits zeigen, wie groß und ausgedehnt die Besitzungen der Abtei Moutier-Granbval gewesen sind. Denn ihr gehörten größtentheils die Gegenden an, die später „die Prévôté von Moutier-Granbval" (Münsterthal und Dachsfeldenthal), das Erguel (St. Immerthal), die Prévôté von St. Ursanne, Neuveville und das Thal von Orvin genannt wurden; sie dehnten sich sogar in das Delsbergerthal und selbst in die Ajoie bis nach Pruntrut, in welch' letzterer Stadt die große Abtei Hörige unter einem eigenen Beamten des Abtes besaß. (Serrasset, abeille du Jura.)

*　*　*

Ein anderer Schüler Colomban's, der 615 in Bobbio gestorben war, neben dem hl. Gall und Sigbert, war St. Ursicinus. Während Gallus das Werk seines Meisters im östlichen Helvetien, Sigbert in Rhätien fortsetzte, ging Ursicinus nach Norden an den Bielersee, wo er einige Zeit verblieb und hoch verehrt wurde, und dann, seinem Hang zu einsamem, beschaulichem Leben folgend, überschritt er die wilde Jurakette, die eine nach der andern, in Gemeinschaft mit einem andern irischen Mönch „St. Fromont". Die Sage erzählt uns, wie die beiden Mönche, nicht wissend, wohin sie sich wenden sollten, auf dem Mont Repais (Rangiers, Rebetsch) den Himmel um Entscheidung anriefen und ihre Pilgerstäbe weit von sich warfen. Derjenige Fromont's wäre in die Ajoie niedergefallen in der Nähe von Bonfol, wo Jahrhunderte durch diesem Heiligen große Verehrung gezollt wurde; der Stab des Ursicinus aber verschwand im engen, tiefen Thal des Doubs, wo sich später die kleine Stadt erhob, die seinen Namen trägt (St. Ursanne). Dem himmlischen Zeichen gehorchend, folgte Ursicinus dem Laufe des Doubs und vergrub sich in eine Höhle, welche die Natur gebildet und ben wilden Thieren zur Zuflucht gedient hatte. Betend und fastend, umrauscht von den Eichen des Berges, in den Schlaf gesungen von dem Wogen und Brausen des wilden fischreichen Flüßchens, verbrachte er in seiner Höhle verschiedene Jahre in größter Abgeschiedenheit, bis die Hirten der benachbarten Höhen und verirrte

Reisende seinen Zufluchtsort fanden, den hehren Worten des Evangeliums lauschten und die Kunde davon zu ihren Angehörigen trugen. Weit und breit strömte nun die Menge herbei; bald folgten mehrere eifrige Bekehrte dem Beispiel ihres Meisters und bauten sich Hütten am Fuße des Berges, worin sich die Höhle befand. Bald konnte er sich eine Kapelle und ein kleines Haus bauen, worin er gemeinsam mit seinen Schülern nach St. Colomban's Weise lebte; er selbst starb 620. Zehn Jahre später ließ sich ein edler Franke, Wandergisel, der am Hofe König Dagobert's gelebt, und den der Ruf und die Heiligkeit des Ursicinus an sein Grab gerufen, im nämlichen Thale nieder, erweiterte das kleine Kloster und darf als der eigentliche Gründer der Abtei angesehen werden (Xavier Kohler).

Unweit von Pruntrut, im jetzigen Dorfe Lugnez, lebte ein adeliger Mann, Namens Imier, den der nämliche Drang zur Einsamkeit und Beschaulichkeit beseelte. Mit seinem treuen Diener Albert zog er westwärts über die Berge und gelangte in das Thal, welches von der Suze durchströmt wird, dem heutigen St. Immerthal, einer damals wilden, romantischen Gegend. Diese Einöde gehörte dem Bischof von Lausanne, der seinen Bischofssitz von Aventicum in erstere beginnende Stadt verlegt und durch Geschenke oder Kauf bedeutende Wälder im Jura erworben hatte. Imier rodete mit seinem Diener den Urwald aus und machte dem Bischof einen Drittel des Ertrags zum Geschenk. Er unternahm weite Reisen, pilgerte nach Jerusalem, wo er sich den Ruf eines Heiligen und Wunderthäters erwarb und erst nach seiner Rückkehr aus dem gelobten Land ging er mit aller Kraft an die Ausrodung seines Bodens. Das schöne Thal am Fuße des Chasseral bevölkerte sich nach und nach, und es entstand die berühmte Abtei, die bis zur Reformation dauerte, umgeben von blühenden Dörfern, welche dem Wirken des thätigen Heiligen ihren Ursprung verdankten. Es mußte jenes Thal in dieser entlegenen Epoche einen eigenen Anblick bilden, von den jurassischen Höhen umgeben, von Sümpfen und Wäldern bedeckt, mit einem engen Ausgang, den früher Kelten und Römer wegsam gemacht gegen den Bielersee um die Ebene zwischen dem Jura und den Alpen hin. Die römischen Kastelle waren in Trümmer gesunken, seitdem germanische Stämme und die Hunnen darüber weggebraust. Dem Lauf der Suze folgend, gelangte man in die Ebene um Biel, das gegenwärtig zukunftsfreudig seine Thürme in dem Aether

recht und dem Auge von den Jurahöhen herab einen so schmucken
Anblick darbietet. Damals aber waren die Gestade des Bielersees
öde, und nigra vallis hieß die Gegend von Landeron bis Solothurn
der weit ausgedehnten, dunklen Tannenwälder wegen, die sich in der
Ebene der Seen und der Aare zu dem Jura hin erstreckten. Nugerol
hieß deßhalb auch der Hauptort des Kantons unter Karl dem Dicken.
Weiter gegen Murten hin entdeckte der Blick vielleicht da und dort ein
einsames Gehöft, gegen Avenches aber die trauernden Ruinen von
Aventicum, Zeugen vergangener Herrlichkeit. Sonst aber lag über
der ganzen Gegend die melancholische Ruhe des Friedhofs, die Ruhe
nach so vielen Stürmen. Selbst bis in die Gräber der ersten Bischöfe
von Aventicum in der dortigen alten Basilika, 22 an der Zahl, drang
gen die Wasser und legten die Gebeine der Heiligen bloß, und Marius,
Chronist dieser Epoche, burgundischer Edelmann und später Bischof von
Aventicum, der nämliche, der auch Payerne gegründet, verlegte den
Bischofssitz von dieser traurigen Stätte in das aufblühende Lausanne,
das Protais gegründet. Von der Höhe, wo Lausanne sich erhob, der
prachtvolle Anblick auf die Alpen, die in ewiger Majestät thronen,
auf den Spiegel des Sees, der in der Sonne glänzte, aber auch hier
auf eine Grabesruhe, die durch kein Menschengewühl, keine fröhlichen
Stimmen, kein Jagdgebell getrübt wurde! Wie bei Aventicum, so lagen
auch hier die Reste der römischen Villen an den Gestaden des Sees;
die Barbaren hatten in die Häuser die Brandfackel geworfen, die
Säulen gestürzt, die Bewohner ermordet oder in Gefangenschaft geführt und noch war keine neue Generation da, die paradiesische, aber
entvölkerte Gegend wieder zu beleben. Schon ruhte Schutt auf der
römischen Zeit und erst wenige burgundische Ansiedelungen bahnten
den Weg einer neuen Zeit. In der nämlichen Epoche war es auch
(563), daß Marius, der 593 als Bischof von Lausanne starb, erzählt,
wie ein Berg im Wallis, bei Tauretunum, plötzlich niedergestürzt sei,
wie er Burg und Stadt mit den Einwohnern begrub und die Wasser
des Lemansees, noch ausgedehnter als heute, stets und stets steigen
ließ und Alles in die Fluthen versenkte, was an Ansiedelungen der
Römer und Helvetier noch übrig geblieben; bis in die Stadt Genf
stieg die Fluth, wobei viele Einwohner ertranken. (Nach Johannes
von Müller, Schweizergeschichte.)

Die Bedeutung der Klöster in fränkischer Zeit kann nicht über-

ſchätzt werden: Ihre Mönche rodeten den Boden aus, bepflanzten die
Ebene mit Getreide, die Abhänge der Berge mit Weingeländen. Um
die Klöſter herum entſtanden nach und nach die Dörfer und Städte,
wurde die Landſchaft blühend. Durch ſie wurden die Landbewohner
dem Chriſtenthum, dem ein hohes civiliſatoriſches Moment innewohnt,
gewonnen, während die Biſchöfe an den Königshöfen dem Laſter der
Könige Vorſchub leiſteten, den eigenen fröhnten und nachher ſelbſt zu
Heiligen kanoniſirt wurden, ſaubere Heilige! Ihr Chriſtenthum war
wie dasjenige der fränkiſchen Könige, reine Aeußerlichkeit des Cere-
moniells, mit Furcht vor dem göttlichen Zorn gepaart und vermiſcht
mit allen möglichen Grauſamkeiten und entnervender Wolluſt! Biſchöfe unterſtützten die furchtbare Fredegonde in ihren mörderiſchen
Plänen, verfolgten einen Colomban mit ihrem Haß. So bildeten die
Klöſter im Gegenſatz zur hohen Geiſtlichkeit anfänglich die Centren
für die Ausrodung und Bebauung des Bodens, nachher wurden ſie
Pflanzſtätten der Wiſſenſchaft (St. Gallen), ſie beſaßen alſo die größte
Bedeutung für das leibliche und geiſtige Wohl ihrer Zeitgenoſſen.

Auch die berühmten Abteien Murbach, Maßmünſter, Honau, von
den Nachfolgern des elſäſſiſchen Herzogs Atticus gegründet, verfolgten
den nämlichen Zweck; allein von all' dieſen weiten, großartigen Abteien aus merovingiſcher Zeit iſt nichts mehr erhalten geblieben. Sie
hatten ihre kulturhiſtoriſche Miſſion erfüllt und der Pflug ging über
ſie hin, als ob ſie nie exiſtirt hätten; ihr geiſtiges oder immaterielles
Daſein lebt aber fort in der Kultur der nachkommenden Geſchlechter.
Wir haben natürlich von dieſen Abteien, die maſſenhaft in den fränkiſchen Landen emporſchoſſen, nur wenige berühren können und nur
gerade diejenigen, welche unſer Land beſonders intereſſiren; ihre wiſſen-
ſchaftliche Bedeutung und der Höhepunkt ihres Wirkens fällt erſt ſpäter
in nachkarolingiſche Zeit, und in dieſer ſpätern Epoche war es auch,
wo neue, größere Gebäulichkeiten entſtanden, den nämlichen Zwecken
gewidmet, die aber nicht ſo ſpurlos vom Erdboden vertilgt worden ſind
wie diejenigen aus der Zeit der Merovinger.

Die Merovinger, durch vielfachen Mord in der Familie der Könige
dezimirt, durch Wolluſt entnervt und degenerirt, führten nach Dagobert's kräftiger, letzter Regierung, welche Burgund, Auſtraſien und
Neuſtrien in eine Hand vereinigt hatte, nur noch ein Scheindaſein,
während die Hausmeier oder majores domus, die eigentlichen Zügel

in den Händen hielten und die Heerführer in den vielfachen Kriegen waren. Wer kennt nicht die Namen Pipin von Landen, Karl Martell, Pipin von Heristall, die als austrasische Hausmeier ihren allmächtigen Einfluß auf das ganze weite Gebiet der Franken ausdehnten und die Scheinkönige als willenlose Werkzeuge auf die Mälberge, wo die jähr- lichen großen Volksversammlungen der Edlen und Freien abgehalten wurden, auf einem von vier Ochsen gezogenen Wagen mitschleppten, um durch sie zu den von den Hausmeiern und ihrem Anhang gefaßten Beschlüssen über die wichtigsten Fragen des Landes die königliche Sank- tionirung ertheilen zu lassen! Nach Verlauf der Versammlung kehrte die Scheinmajestät wieder in eines der königlichen Landhäuser zurück, um für ein Jahr ganz zu verschwinden und im darauffolgenden wie ein altes Spielzeug aus dem Rumpelkasten wieder hervorgesucht zu werden. Und dennoch war dieser Popanz nöthig, lebte doch noch das Andenken an den mächtigen Chlodwig in den Massen und deckte die Majestät die Verantwortlichkeit der Hausmeier den Großen des Landes gegenüber, welche auf die majores domus nicht wenig eifersüchtig waren, so daß z. B. das Amt eines Hausmeiers, oder eines Patricius in Burgund genannt, in diesem Theil des Reichs schon längst der Eifersucht der Großen zum Opfer gefallen war.

Endlich lenkte Karl des Großen stolze, mächtige Persönlichkeit das Staatsschiff mit machtvoller Hand und bildete die Weltmonarchie aus, wie wir sie aus der Geschichte kennen, um nach dem Tode des Gründers sich bald wieder in ihre Atome aufzulösen.

In der karlovingischen Zeit folgte der Pagus Alsgaudensis, das Elsgau, dem Geschick des Herzogthums Elsaß, und dem des König= reichs Austrasien, dem es angehörte. Unter den Nachfolgern des König Dagobert's waren Austrasien und Burgund bald getrennt, bald in eine Hand vereinigt und unter Pipin und Karl dem Großen ver- schwanden sie in der allgemeinen Größe des Reichs. Die alten Grenzen wurden durch neue ersetzt, welche in enger Beziehung zu der admini- strativen Eintheilung des gewaltigen Reiches standen. Im Jahre 829 war unsere Gegend ein Theil des neu kreirten Königreichs oder Her- zogthums Allemannien, von Louis dem Frommen, Sohn Karl's des Großen, zu Gunsten seines jüngsten Sohnes (aus zweiter Ehe), Karl's des Kahlen, eines sechsjährigen Knaben, geschaffen. Ludwig der Teutsche erhielt es aber nach der Schlacht auf dem Lügenfelde mit dem größten

Theil von Austrasien; der Friede von Verdun (843) übergab es aber
an Kaiser Lothar, Ludwig des Deutschen älterem Bruder, dessen
Staaten vom Rhein begrenzt waren, wenn nicht, wie wahrscheinlich,
jedoch nicht ganz sicher, Mainz, Speyer und Worms, Ludwig dem
Deutschen verblieben.

Unter Lothar II. erscheint Austrasien unter neuem Namen, der
nun fortan in der Geschichte fortdauern sollte, nämlich Lothringen,
mit ganz veränderten Grenzen. Das Elsgau sammt Hochburgund
und dem transjuranischen Burgund scheinen dazu gehört zu haben.
Der nämliche Fürst hatte das Großherzogthum Elsaß zu Gunsten
seines Sohnes Hug wiederhergestellt. Kaiser Karl der Dicke ließ aber
Letzterem seiner Grausamkeit und Widersetzlichkeit wegen die Augen
ausstechen und ihn in's Kloster stecken. Beim Tode Lothar's II. über-
nahm Karl der Kahle die Succession (869), aber ein Vertrag mit
Ludwig dem Deutschen in Meersen (870) übertrug letzterem alle zur
Rechten der Mosel gelegenen Gaue nebst dem Elsaß, ein Stück
Burgund, das Gebiet der obern Saone, den Gau Waraschke, vom
Jura bis zur Saone, und auf der andern Seite bis zum Neuen-
burger- und untern Genfersee, die Theile, die früher Lothar II. gehört
hatten. Von dem westfränkischen Erzbisthum Besançon, das
jetzt Karl dem Kahlen gehörte, wurde das Bisthum Basel getrennt, und zu Ostfranken, also zu Ludwig dem Deutschen geschlagen.
Dazu kamen ferner die Abteien Luxeuil, Murbach, Maasmünster,
Moutier-Grandval, St. Ursus zu Solothurn. (Nach dem ausgezeichneten Werke Ernst Dümmlers, ostfränkisches Reich, Band I.)

Von jetzt an fingen die zwei Weltmächte, Deutsche und Franzosen,
an, sich genauer von einander abzugrenzen; wir gehörten nach obiger
Darstellung zum deutschen Reiche nebst dem Elsaß, als Bestandtheil
des alten Lothringens, obwohl es von Fürsten bald deutscher, bald
französischer Zunge regiert wurde. Im 10. Jahrhundert unter Ludwig dem Kinde und Karl dem Einfältigen zu Frankreich, unter Heinrich
dem Finkler zu Deutschland gehörig, bildete Lothringen den steten
Zankapfel zwischen den zwei mächtigen Reichen; im Jahre 917 war
das Elsaß von Lothringen getrennt und mit dem Herzogthum Allemannien zu Gunsten des Herzogs Burkhard vereinigt worden, und
der Jura bildete wahrscheinlich die Grenze zwischen Burgund und Lothringen. Es herrschte aber eine solche Konfusion im

10. Jahrhundert betreffs der wenigen genauen Daten, die uns überliefert sind, eine solche Dunkelheit in der Geschichte, wozu sich noch die
Einfälle der Hunnen und Sarazenen gesellten, daß eine genaue Unter-
scheidung der Grenzen ein Ding der Unmöglichkeit ist.

Aus einer Urkunde vom Jahre 794, das Kloster Murbach betreffend, erhellt, daß das alte Rauracergebiet, wozu Murbach in frühern
Zeiten gehörte, später, zu allemannischer und karolingischer Zeit, ebenso
wie das übrige Gebiet, in Gaue getheilt war und zwar in einen unabhängigen Augstgau, ferner in einen Elsaßengau, in welch' letzterem die Abtei Murbach lag; von dem Elsgau (Porentruy mit der
Ajoie und das Gebiet um Montbéliard) haben wir früher gesprochen.
Der Salsgau erstreckte sich vom Augstgau bis zum Elsgau und theilte
sich in eine Unterabtheilung, den Sornegau, der das Delsbergerthal
umfaßte. Der Augstgau erstreckte sich wahrscheinlich dem Rhein entlang bis Basel, und Urkunden, welche davon sprechen, waren in dem
Hauptorte Augst ausgestellt, welcher noch als civitas erscheint, was
später nicht mehr der Fall ist. Daß damals der Augstgau unabhängig vom Aargau existirt hat, zeigt sich in den Grenzbestimmungen
der Verträge von Verdun (843) und von Meerssen (870). In dem
ersten Vertrag erhielt Ludwig der Deutsche auf dem linken Rheinufer
nur Mainz, Worms und Speyer, den Churwalden-, Thur- und
Aargau, während das Elsaß mit Basel und dem Augstgau an
Lothar I. fiel. Als nach Lothar II. Tode sich dessen Oheime in sein
Reich in Meerssen theilten, wurden in der Theilungsakte die Länder
Ludwig's des Deutschen mit Namen aufgeführt und zwar zuerst die
Bisthümer Köln, Trier, Utrecht, Straßburg, Basel; dann unter Anderen die Abteien Luxeuil, Lure, Baume les dames, Murbach, Münster
im Elsaß, Moutier-Grandval, St. Ursus in Solothurn, endlich
die Gaue, wo neben den hochburgundischen Gauen, dem Gau der
Waraschen, auch der Baselgau (Basel chowa) und die beiden
elsässischen Gaue sich vorfinden. Der Baselgau ist statt Augstgau
zu setzen. Also hat in karolingischer Zeit ein Augstgau bestanden,
welcher ungefähr mit den Grenzen des alten Bisthums Augst mag
zusammengefallen sein und höchst wahrscheinlich den Frickgau, Sißgau, Augstgau im engeren Sinne und den Buchsgau umfaßt hat.
Ob das Bisthum Basel-Augst zur Zeit der Völkerwanderung und
nachher auch auf das obere Elsaß, den Sundgau, sich erstreckt habe,

wird ebenso verneint wie bejaht. Was den Sornegau anbetrifft, so war er ein elsässischer Theilgau (Montier-Grandval gehörte zum Elsaß), wie eine Urkunde vom Jahre 849 beweist, worin der elsäßische Graf Luitfried den Kaiser Lothar I. ersucht, das Kloster Montier-Grandval in seinen kaiserlichen Schutz zu nehmen. Eine andere spätere Urkunde vom Jahr 994 spricht einfach nur und im Allgemeinen vom Rau - ra ch e n g a u, Pagus Rauragowe, ohne Unterabtheilungen zu nennen. Der Buchsgau scheint aber ein Theil des großen Augstgaues gewesen zu sein und schon in karolingischer Zeit zeigte es sich, daß letzterer als Ganzes in seiner alten Ausdehnung durchbrochen war. Eine Urkunde vom Jahr 835 ist das älteste Zeugniß vom Vorhandensein eines Siß-gaues, und zwar tritt der Sißgau ebenso unabhängig vom Augstgau auf, wie ,früher letzterer vom Aargau. Erst um einige Jahrzehnte später finden sich die andern Ausscheidungen des alten Augstgaues er-wähnt, zunächst der Frickgau bei dem casus St. Galli Ekkehardti IV. Frickgau und Sißgau standen bis zum Aussterben des Hauses Hom-burg unter diesem Grafen.

Dem Vorhergehenden würden zwei Urkunden von dem deutschen König Arnulf aus den Jahren 891 und 894 widersprechen, worin es heißt, daß Augst im A a r g a u liege und zwar in der Grafschaft des Chabaloch us, der aber nicht Graf des gesammten Aargau, sondern wahrscheinlich Gaugraf des u ntern Aargau einschließlich des A u g st-g a u es gewesen sein mag. Da aber Augstgau und Aargau vermuth-lich nie unter e i n em Grafen gestanden, da ferner, was von höchster Wichtigkeit ist, der Augstgau zum Bisthum Basel, der Aargau zum Bisthum Konstanz gehörten, muß eher ein Fehler in der kaiserlichen Kanzlei angenommen werden, welcher vielleicht die entfern-testen allemannischen Gaue nicht so bekannt waren. (Dr. Albert Burkhardt, die Gauverhältnisse im alten Bisthum Basel.)

Diese alte Gauverfassung stürzte erst im 12. und 13. Jahrhundert zusammen, wobei der Name comitatus als Bezeichnung eines mit Grafenrechten ausgestatteten Gebietes an die Stelle der Gaue trat und die Rechte der Grafen wurden erblich, während sie früher nur ein lehubares Amt verwalteten, allerdings mit dem Genuß von ge-wissen Gütern verbunden. So entwickelte sich nach und nach aus dem gaugräflichen Amt eine Territorialgrafschaft.

Aus Solothurn.
Von W. Ratt.

ten des burgundischen Kriegslärms betraute der Rath den Stadtbau-
meister Späti mit dem Umbau des Hauses, „darinnen der Armbruster
geschossen," in ein Rathhaus. Es ist anzunehmen, daß der aus Tuff-
stein erbaute, seit den Zwanziger Jahren dieses Jahrhunderts mit
einer Plattform versehene Mittelthurm der Ostfront damals bereits
bestanden hat. Nach einem größern, wohl längere Zeit dauernden Umbau, dessen Ausführungs-Bestimmungen noch vorhanden sind, ließ der
Rath sich angelegen sein, auch den Innenbau würdig auszustatten
und die Rathsbeschlüsse aus dem 16. Jahrhundert, welche sich damit
befassen, zählen nach Dutzenden. Da die Geschmacklosigkeit und der
Unverstand einer spätern Zeit alles um jene Zeit geschaffene stylvolle
Schöne auf barbarische Weise zerstört hat, so würde es zwecklos sein,
auf jene Anordnungen hierorts näher einzutreten.

Durch Anbau der Staatskanzlei am Schlusse des 16. Jahrhunderts erhielt das Rathhaus eine bedeutende Vergrößerung, welche
auch die Anlage eines neuen Treppenhauses bedingte. So wurde damit
1632 der damalige Bauherr, dem jetzt ausgestorbenen Geschlechte der
Gibelin angehörend, ein Enkel des Erbauers des Basel- oder, richtiger
gesagt, „Eichthors" betraut. Derselbe entledigte sich seiner Aufgabe
in sehr gelungener Weise durch die Erbauung eines Treppenthurms
oder „Schnecken", der damals als ein Wunderwerk galt und heute
noch als ein Meisterwerk damaliger Baukunst betrachtet wird. Mit-
erbauer war ein Klaus Andermatt. Die Baukosten betrugen vier
tausend Pfund.

In den Jahren 1622 bis 1712 gelangte, allerdings mit zeit-
weiligen, vieljährigen Unterbrechungen, die Ostfront, der sehenswertheste
Theil des jetzigen Gebäudes, zur Aufführung. Der Baumeister ist
nicht sicher ermittelt. Es dürfte vielleicht der Erbauer des 1624 errichteten Südpavillons, Gregorius Bienker, sein, ein vielseitig gebildeter Architekt, Steinmetz und Ingenieur.

Mit Ausnahme des modern dekorirten Kantonsrathssaales und
des sogenannten „steinernen Saales", einer vor mehreren Jahren
gründlich restaurirten Vorhalle zu sämmtlichen Verwaltungs-Lokalen,
weist das Rathhaus keine bemerkenswerthen Räumlichkeiten auf.

Der steinerne Saal.

Wir hatten schon mehrfach Gelegenheit, zu sehen, mit welch' regem
Interesse Mitglieder der Behörde die im sogenannten „steinernen Saale"

dem vor einigen Jahren flott renovirten Vestibulum des Rathhauses, aufgestellten Harnische, die Reliefs, die Scheiben und alten Gemälde sich ansahen. Es freut uns dies umsomehr, als wir in dieser Theil= nahme an der Erhaltung und Ausschmückung des alten Rathhauses eine Gewähr dafür erblicken zu dürfen glauben, daß Solothurn nie und nimmer sich der in seinem Jahrhunderte langen Besitze befindlichen Kunststücke und Alterthümer entschlagen werde.

Wir beginnen mit den vier Reliefbildern. Zwei davon, das größere und ein kleineres, stammen von dem solothurnischen Bildhauer Urs Pankraz Eggenschwyler, von Matzendorf, geb. 23. Februar 1756, gest. 11. Okt. 1821. Das erstere stellt Kleobis und Biton dar, wie sie ihre Mutter, die Priesterin Kydippe in Ermangelung von Zugthieren in den Tempel der Hera ziehen (Cic. Tusc. I. 47). Für diese Dar= stellung erhielt Eggenschwyler an einer Ausstellung im Jahre 1802 den ersten Ehrenpreis der Bildhauerei zuerkannt, eine große silberne, vergoldete Medaille mit dem Bild des ersten Konsuls Napoleon, und einen Freiplatz an der Kunstakademie zu Rom, wo er sieben schöne Jahre verlebte. Das kleinere Relief stellt eine hl. Familie dar und zeichnet sich durch seine Ausarbeitung aus. Vom nämlichen Künstler, dem beinebens gesagt ein trüber Lebensabend, aber ein um so feierlicheres Leichenbegängniß beschieden war, stammt auch das Solothurner Wappen mit den zwei Löwen am großen Portal des Rathhauses.

Ein drittes, ganz altes, aber in den ursprünglichen Farben reno= virtes Relief, eine feine Holzskulptur, befindet sich links neben dem Eingang vom Thurme her. Dieselbe stellt denjenigen Moment der St. Ursen-Legende dar, wo die Heiligen und ihre Gefährten aus der Thebauischen Legion von ihren Wächtern über den Marktplatz nach dem Hermesbühl hinausgeschleppt werden, um dort den Göttern zu opfern. Recht drastisch nimmt sich im Hintergrund der Zeitglocken= thurm aus, der, wie dies ehedem der Fall war, aus der Häuserreihe hervortretend, bereits ein — Zifferblatt (!) trägt. Diese alte Holz= skulptur ist jedenfalls das letzte Bruchstück jenes Cyklus von Bildern aus der St. Ursen-Legende, welcher vor zwei Jahrhunderten noch den damaligen Großrathssaal schmückte und demselben auch den Namen „St. Ursensaal" verliehen hat. Dem ausführenden Künstler mögen die damaligen geistlichen Schauspiele als Vorbild gedient haben, viel= leicht gerade jenes „St. Ursen und Mauritzenspiell" des Jahres 1581, von welchem Hauptmann Antoni Haffner (nicht zu verwechseln mit seinem Großneffen Franz, dem Chronisten) berichtet, daß es an 4000 Gulden gekostet und nicht weniger als 10 Wochen zu studiren und auswendig zu lernen gegeben habe, bis Alles im Blei war. Wundersviel Volk sei damals nach der Stadt gekommen, einzig aus Bern hundert „ingesessene Burger". Anthoni Haffner selbst spielte den schlimmen römischen Landvogt Hirtacus, der die Heiligen erst martern, dann hinrichten ließ. Angehörige der besten Geschlechter, die Saler, Aregger, Kallenberg, Schwaller, Staal, Wallier und Andere, hatten Rollen übernommen. Das Fragment wurde von Dr. Fiala sel., da er noch Pfarrer war, vor gänzlicher Zerstörung gerettet; es diente in einem alten Strohhaus zu G. als Deckel auf einem Rauchloch, wenn Regen drohte.

Zwei andere Reliefs, an der Westseite des Saales eingelassen, sind Geschenke der Freiburger Regierung bei Anlaß der 400jährigen Bundesfeier von 1881; sie sind von dem rühmlichst bekannten Bildhauer Agnel gefertigt. Das eine stellt den Tag zu Stanz dar; das andere eine Szene aus dem Siege bei Murten; beide sind wunderbar fein modellirt und verdienen den Namen hoher Kunstwerke.

Auf dem Bogen der Eingangsthür vom Thurme her steht eine kleine Statue des hl. Ursus im vollen Harnisch, mit Fahne und Schwert, ein zierliches Figürchen, das ehemals in der Sakristei der Hauptkirche Wache haltend, nach 1874 ebenfalls in's Rathhaus übersiedelte. Die hübsch geschnitzte Arbeit hat ihre eigene Geschichte. Nicht nur die fromme Legende von St. Urjens und St. Viktors Martyrium und die Geschichte von der Belagerung Solothurns durch den Herzog Leopold im Jahre 1318 wissen von einer Brücke zu berichten, die ungefähr beim heutigen Kirchlein Dreibeinskreuz über die Aare geführt hat, auch unser Gewährsmann Anthoni Haffner, beinebens gesagt eine gewaltige Kriegsgurgel, der lange dem Könige von Frankreich gegen die Hugenotten gedient, weiß davon zu erzählen. Er sagt in seinen Aufzeichnungen, wie er selbst und Daniel Singer, der Metzger, etliche Pfeiler noch im Jahre 1554 gesehen und sie auch auf zweien gestanden seien, als sie bei Simon Brotschi's Matten, die „Mutten" genannt, über die Aare schwammen; die Pfeiler sind noch da; „wer Lust hat, wird sie da, wie gemelt, finden," schrieb A. Haffner 23 Jahre später, da er seine Geschichten und Erlebnisse zu Papier brachte. Sie

waren auch noch um die Mitte des folgenden Jahrhunderts dort; denn
damals (1652?) bei ganz kleinem Wasserstand ließ der Bauherr Tug-
giner etliche Joch-Balken der alten Brücke bei Dreibeinskreuz mit
Pferden herausreißen. Aus dem Stücke eines derselben ließ das Stift
zum Gedächtniß den kleinen St. Urs schnitzen, wie es auch im Kapitels-
protokoll vorgemerkt ist.

Treten wir an die Fenster des Saales. Eine zierliche Säule,
von einem Solothurner Wappen mit zwei Schildhaltern überragt,
bildet das Mittelstück. Sechs prachtvolle, ächte, alte Scheiben, zumeist
aus dem alten St. Ursusmünster stammend, leuchten uns in wunderbarer Farbenpracht entgegen: je in der Mitte zwei Aemterscheiben,
den Solothurner Schild, umgeben von allen Herrschaften, darstellend;
zur Linken und Rechten der beiden: eine Scheibe des bekannten Junkers Hans Jakob von Staal des ältern und seiner ersten Frau, Marg.
Schmid, 1581; eine solche des bekannten Conduttiere Balthasar von
Griffach und seiner Ehefrau Barbara Neukomm, 1585; eine solche des
Obersten Zurmatten, 1585, und jene des Stiftspropstes Urs Häni, 1581.

Aus dem nördlichen Fenster des Saales leuchten uns zwei uralte, angeblich aus dem Ober-Wallis stammende Scheiben entgegen.
Die in reichem, dunkel gehaltenem Täfelwerk prangenden Wände sind
mit Harnischen und alten Waffen behängt, welche gar ernst auf uns
herabblicken, ferner mit zwei uralten Gemälden, das eine die Schlacht
bei Dornach, das andere die Belagerung von Solothurn in ihren verschiedenen Phasen behandelnd. Das erstere Bild gehört zu jener aus
dem Zeughaus herübergenommenen Serie von alten Schlachtenbildern,
die später von dem französischen Verbannten Widart kopirt, von
Chr. v. Mechel in Basel gestochen, noch heute die selten und theuer
gewordene Zierde manches ältern Bürgerhauses bilden.

Zu beiden Seiten der Fenster stehen zwei Geharnischte, der eine
mit Schwert, der andere mit Spieß bewehrt. Der links in der Ecke
trägt ein Eisenkleid, von welchem namentlich die Kopfbedeckung ein
Unikum genannt werden kann. Der Harnisch stammt, wie auch ein
altes über ihm hängendes Täfelchen besagt, aus der Schlacht bei Murten.
Ein Ritter schwamm in demselben und zu Pferde über den See und
gelobte, wenn er mit heiler Haut aus dem Wasser und vom Morden
weg käme, nach Solothurn zu St. Urs und Viktor zu wallfahren und
die Rüstung dort in der Kirche aufzuhängen, welche Kirche übrigens

in früheren Zeiten den Ruf eines besonders guten und heilbringenden Wallfahrtsortes besessen. Der Ritter kam davon und hielt sein Wort. Ueber hundert Jahre hing der Harnisch neben der Orgel; den 17. Februar 1580 lösten sich die morsch gewordenen Lederriemen und er stürzte mit kräftigem Gepolter hinunter in die Menge der erschreckten Gläubigen. Der Rath ließ ihn hierauf „verstaniollen", mit Drähten neuerdings zusammensetzen und wieder am alten Orte aufhängen. Dort blieb er bis zum Neubau der Kirche und wurde dann in's Zeughaus verbracht. Es ist ein sehr seltenes Stück; auch der andere neben der Thür stehende besitzt bedeutenden Werth.

Wenn der helle Sonnenschein durch die bunten Scheiben blitzt und von den Steinfliesen und Harnischstücken zurückfällt, da scheinen die beiden alten Kerle Leben zu bekommen; namentlich der links neben der Thür zur längst geschlossenen „Kiesgrube" rollt die Augen gar mächtig, als müßte ihm der „Stubenknecht" des Rathhauses eine Kanne Avernacher herbeibringen! Hat aber selber keinen, der „Stubenknecht":

> Die Reben futsch, die Fässer leer,
> Im Keller sitzt der gute Herr;
> Wohl pumpt er dort von einem Naß,
> Doch ist's das Aarewasser-Faß:
> Der Quell, der seine — Heizung speist,
> Die „16" Grad und drüber weist! —

Im Vorraum zum Regierungssaale befinden sich noch das bekannte gewaltige Löwenmodell des zur Zeit in Zürich weilenden Bildhauers Eggenschwyler, ebenfalls eines Solothurners, und zwei Bilder aus der Thebaner-Legende, die ehedem die Wände des heute vereinsamten Kirchleins zu Dreibeinskreuz schmückten. Das eine derselben, von einem Künstler G. Aebi im Jahre 1696 gemalt, ist nicht ohne Interesse und verdient auch vom topographischen Standpunkte aus etwelche Beachtung. Das zweite heißt nicht viel; die Gruppe fröhlich dreinschauender „Thebaner" mit dem komischen Anführer an der Spitze nöthigt jedem Beschauer ein Lächeln ab.

Die St. Ursen-Bastion.

Schon im ersten Viertel des 17. Jahrhunderts schienen die alten Mauern der Stadt Solothurn vielen ihrer Burger nicht mehr ansehn-

Die St. Ursen-Bastion.

lich und fest genug und mehrfach wurde die Frage der Erbauung
größerer Anlagen in den Rathsjälen und Zunftstuben besprochen.
Doch blieb es bei Berathungen und Plänen; erst die Ereignisse des
zweiten Viertels ließen den nun einmal vorhandenen Entschluß zur
Reife bringen und zwar zur selben Zeit ungefähr, da auch die Schanzen
von Bern und Zürich, von Aarburg und Baden errichtet worden sind,
aus lauter gegenseitigem „Vertrauen" der reformirten und katholischen
Eidgenossen zu einander, das in der ersten Schlacht bei Villmergen
sein blutiges Andenken erhalten hat. Was sonst über die Erbauung
der solothurnischen Schanzen viele Jahre lang berichtet worden ist, es
sei wegen des unruhigen Landvolkes geschehen u. s. w., ist eitel Dunst.
Gerade der Mann, dem sie jetzt in seinem Heimathdorfe ein Denkmal
errichtet haben, der Untervogt Adam Zeltner aus der Schälismühle,
ist der beste Zeuge hiefür, daß dem nicht so gewesen; erklärte er doch
auf dem großen Bauerntag zu Sumiswald ausdrücklich, daß sie, die
Bauern von Solothurn, gegen ihre Regierung nichts zu klagen hätten.
Die Stadt Solothurn war auch thatsächlich während des ganzen Bauern-
krieges nie bedroht. Wohl aber haben solothurnische Rathsmitglieder
gegen die Brandschatzung von Schönenwerd und wider die Anwendung
der Folter auf die gefangenen Bauern und gegen Zeltner's Enthaup-
tung, wenn auch vergeblich protestirt, selbst auf die Gefahr hin, von
dem mißtrauischen Bern des geheimen Einverständnisses mit den Auf-
ständischen beschuldigt zu werden.

Item anno Domini 1667 im Monat März wurden die Pläne
zu den neuen Schanzen genehmigt und Freitag den 15. Juli unter
großer weltlicher und kirchlicher Feierlichkeit auf der Nordseite der
Stadt der Grundstein gelegt. Das Bild der St. Urjen-Bastion stellt
den zuerst vollendeten Theil dar; in der Ecke links vom Beschauer
wird dieser Grundstein, der, ausgehöhlt, Reliqien des heiligen Urjus
und eine Bleitafel mit den Namen der regierenden Häupter und Räthe
birgt, eingemauert sein. In jede der in der Folge errichteten Ba-
stionen sind ähnliche Reliquien und Dokumente gelegt worden und infolge des Abbruches heute wieder zum Vorschein gekommen. Der Bau
dauerte aber gar lange, wohl an die sechszig Jahre, ohne daß es dem
„bösen Landvolf" eingefallen wäre, den Fortgang der Arbeit zu verhindern, das bereits Errichtete zu zerstören. Man sieht auch hieraus
die Unstichhaltigkeit von dergleichen „gelegenheitlichen Wahrheiten."

Daß dabei aber das Land, so gut wie die Stadt selbst und die Klöster und Stifte, an den Kosten und Lasten theilnehmen mußten mit frohnweisem Fuhrdienste und Baarsteuern unter dem Namen von „Schanzengeld", wird heute kaum mehr ein vernünftiger Mann für so „ungerecht" halten können, heute weniger als früher.

Also an die sechszig Jahre bauten die Solothurner an den Schanzen. Und als sie fertig waren damit und einen Strich machten unter die Rechnung, da sahen sie, daß es sich um eine Million Franken alter Währung drehte, was in's Neue übersetzt und nach den damaligen Lebenspreisen berechnet, es sei wenig gesagt, an die 4 Millionen heutiger Fränklein macht. Viele schüttelten wohl die Köpfe darob und meinten, man hätte mit dem Gelde Anderes thun können; allein schließlich siegte doch der burgerliche Stolz über das tapfere Aussehen der alten St. Ursenstadt, der „Schwester der Stadt Trier", und dieser Stolz ließ sich weder durch die Seitens verschiedener französischer Genieoffiziere (worunter auch der berühmte Festungsbauer Vauban) erhobenen Bedenken über die Mängel der nicht vollendeten Bauten (es fehlten eben die Außenwerke), noch durch das Fernbleiben jeglichen Feindes, der sich an den Kalkquadern den Schädel einrennen mochte, irre machen.

In der Folge änderte es aber gewaltig. Nach der großen Umwälzung des Jahres 1798 kamen die Vereinigungsfragen zwischen Stadt und Staat Solothurn, die in der Ausscheidungs-Urkunde von 1803 ihre vielfach unglückselige Erledigung fanden. Die Schanzen fielen dem Staat zu, ein Verhältniß, das — man möchte meinen — extra geschaffen worden zu sein scheint, um in allen Fragen, welche zwischen dem nunmehrigen Eigenthümer und der Stadt hinsichtlich einer Erweiterung oder einer Straßen- und Quartieranlage zur Behandlung kommen, die denkbar verzwicktesten Situationen zu schaffen, die nicht einmal durch förmliche Verträge gehoben werden können. So fing der Staat, bald nachdem im Kanton Solothurn die „Volkssouveränetät ohne Rückhalt" ausgesprochen worden (1830), an, an seinem neuen Eigenthum zu rupfen. — Wenn Einer, der etwas dazu zu sagen hatte, auf die gute Stadt aus diesem oder jenem Grunde einen Aerger hatte, so ließ er denselben an der Schanze aus und wieder ein Stück niederreißen trotz aller Einsprachen von Alterthums- und Geschichtsfreunden in der Nähe und Ferne, zum Trotze! — So ist's denn gekommen, daß einer der letzten Ueberreste, die Bastion St. Urs, über deren

Fortbestand man heute wieder streitet, in diese Fassung gerathen ist, wie sie sich auf unserm Bilde präsentirt. Früher ein schmuckes Werk, das mit dem ebenfalls so voreilig weggerissenen s. Z. westlich gelegenen Aquädukt einen wunderschönen Prospekt geboten hat, ist sie heute in einer gar üblen Verfassung, an der die Einwohnerschaft von Solothurn keine Schuld trägt.

Der „Krumme Thurm".

Durch die neueren Verkehrsverhältnisse von der Vorstadt, zu deren Schutz er zu Ende der Fünfziger Jahre des fünfzehnten Jahrhunderts erbaut worden (vollendet 1462), vollständig losgetrennt, steht einsam

Der „Krumme Thurm".

auf der nach ihm benannten, dem Zerfalle entgegengehenden Bastion der „krumme Thurm!" Traurig blickt der Alte nach der an seinem Fuße langsam dahinfließenden Aare, seiner ältesten und treuesten Freundin, blickt nach der so gänzlich veränderten Stadt hinüber, und wie ein verhaltener Seufzer dringt das Geräusch der auf durchlöchertem Thurmknopfe ruhenden Wetterfahne zu dem einsamen Beschauer des alten Gebäudes herab. In dem veröneten Wächterstübchen oben hausen die Fledermäuse und andere Freunde der Dunkelheit, aus den Gucklöchern und

Schießscharten „blickt das Gran'n!" Um die altersgrauen Mauern aber hat die Sage ihre phantastischen Ranken gezogen und manch' zaghaft Gemüth, das sich irgendwo auf dem Lande draußen verspätet und des Nachts an dem merkwürdigen und unheimlichen Gesellen vorbei muß, beschleunigt seine Schritte.

Der „krumme Thurm" verdankt seinen Namen nicht etwa einer schiefen, nach einer Seite hin geneigten Haltung, sondern seinem Grund= risse, der ein unregelmäßiges Fünfeck darstellt, worin zwei Seiten, welche die fünfte Ecke bilden, stark verlängert sind, also daß der Thurm mit seinem hohen Spitzdache eben krumm scheint. Waren es Gründe der Befestigungskunst unserer Altvordern, was möglich ist, oder hatte die so verlängerte Ecke zur Zeit, da der Thurm noch den Abschluß der alten einfachen Letzimauer gegen die Aare hin gebildet hat, außer= dem noch die Aufgabe, als Wellenbrecher gegen das in den Wallgraben einströmende Aarewasser zu dienen, lassen wir dahingestellt.

Für die seltsame Form des Thurmes hat die Volkssage jedoch einen andern Grund. Sie erzählt Folgendes:

Die beiden Meister, die den Thurm bauen sollten, lebten mit= einander in bitterer Feindschaft. Sie suchten sich gegenseitig zu necken, zu schaden und ihre Arbeiten zu verkleinern, wie sie es nur konnten, gerade so, wie es noch heutzutage zu geschehen pflegt. Der Maurer nahm sich nun vor, den Thurm in einer so ungewöhnlichen Form zu bauen, daß es dem Zimmermeister nicht gelingen sollte, einen Dachstuhl darauf zu machen. Und siehe, umsonst studirte der Zimmermeister, umsonst quälte er sich ab Tag und Nacht, umsonst machte er Pläne und Versuche — der Dachstuhl wollte ihm nicht gelingen. Da ergriff Scham und Verzweiflung die stolze Seele des Unglücklichen und — stürzte ihn von der Höhe des Thurmes in die Fluthen der Aare hinab, wo er den Tod fand.

Diese Sage vernimmt man noch oft aus älterer Leute Mund, ebenso: es sei in einem dunkeln Gemach ein Bild gestanden, vor dem die zum Tode Verurtheilten ihre letzte Bitte zu thun genöthigt worden seien; wie sie sich aber dem Bilde genähert, seien die Bretter unter ihnen gewichen, sie selbst aber in die grausige Tiefe der Aare gestürzt. In der solothurnischen Stadtgeschichte finden sich aber keine Anhalts= punkte, an die sich eine der beiden Sagen knüpfen könnte. — Mög= lich ist ja, daß der Thurm zu einer Zeit zu heimlichen Exekutionen gedient haben mag, und da auch hier so gut wie anderwärts eine Art heimliches Gericht, die sogenannten „Thurmherren" bestanden, so ist es gut erklärlich, wenn der Volksmund den alten Thurm mit diesen letzteren und deren unheimlicher Thätigkeit in Verbindung gebracht hat.

Trotzig aber und fest und aller üblen Nachreden, wie es sich geziemt, nicht achtend, steht der alte Bursche heute noch da. Er sah, wie Fähnlein um Fähnlein reisigen Volkes der Aare entlang hinauf gen Aarberg und Murten zu in die Burgunderschlachten eilten, in glänzenden Harnischen, voran Querpfeifen und Trommler; er sah sie zurückkehren, beutebeladen, todtmüde, doch siegesbewußten Herzens und freudigen Antlitzes. Er sah aber auch hinüber über die Aare, wie etwas mehr als 300 Jahre später die Kinder der anno 1476 Besiegten hinter den Nachkommen der damaligen Sieger herjagten, wie die letztern vergeblich sich zu sammeln trachteten und schließlich an den Ringmauern vorbei ihr Heil in wilder Flucht suchten, dieweil die wilden Frankenhorden mit Hohnrufen in die kaum erst ein paar Jahre stehenden Schanzen leichten Schrittes zogen. Wenn so ein alter, über alles hinwegragender Thurm sprechen könnte?

Der Forst von Möhlin.
Von Fr. Salathe, Förster in Rheinfelden.

1. Ortslage.

Der Forst von Möhlin ist einer der größern Waldkomplexe der Nordschweiz. Er liegt zwischen den Ortschaften Möhlin und Wallbach und auch in diesen Gemeindebännen, grenzt im Norden unmittelbar an den die Grenze zwischen dem Großherzogthum Baden und der Schweiz bildenden Rhein und nach den andern Himmelsgegenden an offenes Land.

Der Wald ist am besten von den Stationen Möhlin oder Mumpf zu erreichen, von ersterer ist er 2 km., von letzterer 2,5 km. entfernt. Wer die ungefährliche Fahrt auf einem Waidling nicht scheut, fährt mit der badischen Bahn nach Schwörstadt und hat dann das Ver-

gnügen, das durch die Reibung des kleinen Geschiebes im Rhein ver-
ursachte „Singen" zu hören und befindet sich nach Erklimmen der Halde
so ziemlich mitten im Wald.

Die Exkursion in den Wald geschieht am besten von Möhlin nach
Wallbach oder umgekehrt. Von Schwörstadt aus ist man am ehesten
im Wald, sofern gerade ein Schiffersmann zu haben ist. Wer es vorzieht, diesen schönen Wald zu Pferd oder Fuhrwerk zu besichtigen,
hat nicht zu befürchten, daß er auf große Hindernisse stoße. Für
Reiter sind alle Wege und für Fuhrwerke, Chaisen ꝛc. fast alle passir-
bar. Der Wald hat eine unregelmäßige Form; nördlich schmiegt er
sich dem Rheinufer an, nach den andern Richtungen hat er viele ein-
und ausspringende Ecken und Stelzen (vergleiche die topographische Karte
von Möhlin, welche, obschon nicht ganz genau, doch jeder Lokalunkundige
mitnehmen sollte).

Die geologische Unterlage des Bodens ist Muschelkalk, dessen Fels-
bänke bei niederm Wasserstand im Rheinbette sichtbar werden. Im
Gemeindewald Wallbach existirte seiner Zeit ein Steinbruch, in welchem
diese Steine zu Bauzwecken gebrochen wurden.

Auf dem Muschelkalk lagert eine mächtige Schicht quartärer Bildungen aus Kies, kalkhaltigem Lehm, Sand, mit wechselnder, im Ganzen
aber großer Fruchtbarkeit der obersten Bodenschichte, weil diese durch
Nadel- und Laubabfall sehr humusreich geworden ist. Die Boden-
beschaffenheit kann man am besten bei den Abrutschungen im „Unterforst" am steilen Rheinbord studiren, wo man auch Nagelfluhbänke und
in den Rhein gestürzte Blöcke davon findet. Namentlich im östlichen
Theile der Waldung kommen auch hie und da noch ziemlich scharf-
kantige, theilweise große Granit- und Gneißblöcke, wahrscheinlich aus
dem Schwarzwald und Rheinthal stammend, vor. Viele davon sind
aber schon zu Bauzwecken und Wegverbesserungen verwendet worden.

Hinsichtlich der Bodenkonfiguration unterscheidet man zwei Terrassen,
die untere an den Rhein stoßende, „Unterforst" geheißen, fällt mit
meist sehr steilem Bord 6—22 m. tief an den Rhein. Im Ganzen
hat der „Unterforst" dem Rheine zu schwache nördliche und nordöst-
liche Neigung und ist nur an einer Stelle am Rhein auf kurze Di-
stanz und wenig tief von einem Graben durchschnitten. Die Höhe
des Rheinbettes ist 276—282 m. über dem Meer.

In der Nähe des ehemaligen untergegangenen Hofes Rappershäusern befindet sich noch eine kleine Au, das sogenannte Haumättle. Ueber das untere Plateau steigt das obere mit steiler bis sehr steiler Halde 25—40 m. hoch an. Dieses heißt „Oberforst" und liegt durchschnittlich 335 m. über dem Meer. Der Wald steigt allmälig gegen Süden und stößt dann an das große Möhliner Feld, die frühere Kornkammer der Gegend, ein ausgedehntes, sehr fruchtbares Getreidefeld, welches von der Bötzbergbahn durchschnitten ist. Nach Westen wird der „Oberforst" vom reizenden Bärenthal begrenzt. Er ist an drei Stellen durchschnitten von ungleich langen und tiefen Gräben und Schluchten. Dazwischen liegen ziemlich flache Gruppen und Mulden. Im westlichen Theil befindet sich eine 5—8 m. tiefe, flache Mulde der sogenannte Breitsee, in welchem früher Torf gegraben wurde. Diese Fläche ist aber schon vor Jahren mittelst eines tiefen Grabens entsumpft worden, war früher Privatwald und wurde vom Kanton Aargau zur Abrundung des Waldes angekauft. Nach Osten endet der Wald an der steilen, felsigen Brunnhalde und dem Katzenstieg.

2. Eigenthumsverhältnisse.

Der Kanton Aargau besitzt im Forst von Möhlin zwei Parzellen und zwar

im Unterforst . . . . . 70,7 ha.		
„ Oberforst . . . . . 117,4 „		
Summa Staatswald	188,1 ha.	
Möhlin, Ryburg Unterforst . . 173,5 ha.		
Korporationswald Ryburgerhölzli . 44,0 „		
Ditto Möhlin, zwei Parzellen im Oberforst 24,0 „		
Gemeindewald	241,5 ha.	
Wallbach, Gemeindewald .		
Laubwald . 10,3 ha.		
Hochwald . . . 44,5 „	54,8 „	
Rheinfelden vier Parzellen im Ober- und Unterforst,		
Hochwald	41,8 „	
Gemeindewald	338,1 ha.	
Privatwald im Gemeindebann Möhlin ca. 76 ha.		
„ „ „ Wallbach) 10 „	86,0 „	
Total ungefähr	612 ha.	

Davon sind etwa 60 ha. Mittelwald, also vorzüglich aus Laubhölzern bestehend und der Rest Nadelholzwald, der größere Theil fällt
somit letzterem zu, weil schon Boden und Lage ihn zum Handelswald
bestimmen.

3. Betrieb des Waldes.

Die namhaftern Mittelwaldkomplexe sind das an der Westgrenze
gelegene Nyburgerhölzli und die den Wald nach Osten abschließende
Kazenstieg und Brunnhalde. Bei dieser Betriebsart wird der Holz-
bestand aus den ältern starken Samenbäumen, gewöhnlich Eichen,
Buchen, Hagenbuchen, Tannen ꝛc. und dem Unterholz, welches haupt-
sächlich aus Stockausschlägen besteht, gebildet. Die Samenbäume haben
den Zweck, durch den von ihnen abfallenden Samen die Bestockung
zu ergänzen. Dann dienen sie auch zur Erziehung starker Sag-,
Nutz- und Bauhölzer. Das Unterholz liefert fast nur Brennholz.
Bei jedem sich alle 30 Jahre wiederholenden Hieb wird der größte
Theil des Unterholzes und ein Theil der Oberständer geschlagen. Der
Hochwald besteht aus Weiß- und Rothtannen mit wenigen Föhren,
Buchen, Eichen, Eschen, Ahornen ꝛc. in allen Altersabstufungen. Laub-
hölzer sind in alten Beständen nicht stark vertreten.

Das Wachsthum ist meist so üppig, daß man in 80—90 Jahren
schöne Sag- und Bauhölzer erziehen kann. Die Umtriebszeit, in
welcher der ganze Wald abgeschlagen werden soll, zählt gleichviel
Jahre, d. h. der Schlag kommt in diesem Zeitraum, wenn Windfall,
Insektenschaden oder andere Ursachen die Wirthschaft nicht stören, wieder
auf die gleiche Stelle. In diesem Alter sind namentlich im „Oberforst", wo das Holz im Allgemeinen länger als im „Unterforst" wird,
die Tannen 20—36 m. lang. Die höchsten sind aber jetzt 120—130 Jahre
alt. Die stärksten Stämme messen in Brusthöhe 1—1,2 m., sind
aber selten.

Im Hochwald wird meist kahl geschlagen, der Boden gerobet und
1—3 Jahre landwirthschaftlich auf Kartoffeln benutzt. Nach der ersten
Kartoffelernte werden die jungen, 5—6jährigen Holzpflanzen reihenweise eingepflanzt und im zweiten und dritten Jahr geschieht der Kar-
toffelanbau nur zwischen den Pflanzenreihen. Wo sich unter dem alten
Holze schon junge Tannen angesiedelt haben, wird das alte Holz in
2—3 Jahren geschlagen, damit sich die jungen Tannen allmälig an

den freien Stand gewöhnen und von den Spätfrösten weniger leiden. Die auf solchen Stellen immer auftretenden Lücken werden mit jungen Waldpflanzen besetzt.

In diesen Waldungen hat man keine ständigen Pflanzgärten, sondern es befinden sich in den jungen Schlägen sogenannte wandernde Pflanzschulen, auf welchen nur einjährige Kartoffelnutzung stattfindet und im zweiten Jahr Saaten und Verschulungen gemacht werden. Die jungen Holzpflanzen bleiben 2—3 Jahre in den Saatstreifen und werden dann reihenweise zwischen die ältern Pflanzen, welche später den Waldbestand bilden sollen, versetzt und verschult. Hier verbleiben sie 2—4 Jahre, bis sie zum Verpflanzen auf den Schlägen genügend erstarkt sind.

Um das Gedeihen der jungen Holzpflanzen zu fördern, sind besonders auf den ungerodeten Schlagflächen Säuberungen vorzunehmen, wobei die Forstunkräuter beseitigt werden. Nachher werden zur Steigerung des Wachsthums Durchforstungen gemacht, wie in allen rationell bewirthschafteten Waldungen. Dabei werden die im Wuchs zurückgebliebenen Stämmchen und Stämme herausgehauen, damit sich die übrigen bleibenden besser entwickeln können.

Es findet eben auch im Wald wie bei jeder Pflanzenvegetation und auch bei der Thierwelt ein unerbittlicher, steter Kampf um's Dasein statt, und es liegt im Interesse des Waldbesitzers und ist Aufgabe des Försters, diesen Kampf in den Waldbeständen möglichst abzukürzen.

Die Hauptnutzung aus den Tannenschlägen besteht größtentheils aus Säg- und Bauholz, welches meist nach Frankreich exportirt wird. Die Stämme werden im Walde zur Ausfuhr zugerüstet, an den Floßplätzen an den Rhein geschafft, zu Flößen gebaut und meist nach Hüningen gefahren. Der Weitertransport geschieht auf den Kanälen oder auf dem Rhein und den Eisenbahnen.

Der Rest des Bau- und Sägholzes wie auch Stangen, Stecken und Brennholz findet in der Gegend Verwendung. Der jetzt alljährliche Holzzuwachs beträgt in dem ganzen Wald mindestens 4000 Festmeter, welche einen Werth von wenigstens 75,000 Fr. repräsentiren. Dazu kommen noch die Durchforstungserträge mit ungefähr 200 m. im Werthe von über 14,000 Fr.

Daraus erhellt, daß der Möhliner Forst eine der rentabelsten

Waldungen der Schweiz ist, bedingt durch enormen Holzzuwachs und günstige Lage am Rhein für die Ausbeutung des Holzes. Die Produkte aus dem Staatswald werden verkauft und der Erlös fließt in die aargauische Staatskasse. Der Ertrag 'der Gemeindewälder wird in natura oder in Baar an die Ortsbürger abgegeben, oder zu Gunsten der Waldkassen verkauft und der Erlös dient Verwaltungs- oder Gemeindebedürfnissen.

Abgesehen von dem nicht zu unterschätzenden klimatischen Einfluß und der Erhöhung der landschaftlichen Schönheit der Gegend, spielt dieser Wald durch seine großen Erträge im Staats- und Gemeinde- haushalt eine wichtige Rolle. Obschon die Gemeinde Möhlin aus ihrer Waldung „Unterforst" schon geraume Zeit schöne Holzgaben an die Bürger verabfolgte, so war sie doch in den 1870er Jahren im Stande, durch gemachte Einsparungen in den Schlägen einen großen, außerordentlichen Hieb im Werthe von 70—80,000 Fr. zu machen und durch dessen Ertrag die Erstellung einer musterhaften Wasserver- sorgung ohne wesentliche Erhöhung der Gemeindesteuern zu ermög- lichen. Vorher existirten nur eine kleine Zahl von laufenden und Sodbrunnen, so daß Mensch und Vieh größtentheils auf das Bach- wasser angewiesen war.

4. Spaziergänge im Walde.

Wenn man von der Station Möhlin aus den Wald möglichst bald erreichen will, ohne das alte römische Fort am Ausfluß des Möhlinbachs in den Rhein „Bürgle" genannt, zu besichtigen, geht man von Ryburg über den Feldweg an die Südwestecke des Ryburgerhölzli. Hier durchwandert man, den geraden Weg verfolgend, dieses Wald- stück und gelangt durch junge Laubholzbestände an einen alten Tannen- wald, an den Staatswald „Unterforst". Geht man durch diesen ost- wärts und den nach Norden führenden Hauptweg, so trifft man die „Chräbisriese", einen sogenannten Floßplatz. Hier hat der Rhein eine Breite von 330 m., und genießt man von hier aus einen schönen Ausblick auf den Fluß und das gegenüber liegende badische Gelände. Auf schweizerischer Seite breitet sich ein prächtiger Tannenwald aus, auf dessen mit Moos, Sauerklee, Waldmeister ꝛc. bewachsenem Boden sich's wie auf einem Teppich wandeln läßt. Wer es vorzieht, dem Rhein entlang nach Wallbach zu gehen, kommt an die spärlichen Trümmer der römischen Warten, welche weiter unten noch besprochen werden. Wenn man jedoch einen Ueberblick über einen großen Theil des „Unterforsts" und weiter haben will, geht man von der „Chräbisriese" wieder zurück und betritt südlich vom alten Tannenbestand eine schöne Reihenpflanzung von Fichten mit Fohren und Laubhölzern. Gerade vorwärts nach Süden geht dann der Weg die Halde hinauf in den Staatswald „Oberforst"; den von West nach Ost den ganzen „Oberforst" durchschneidenden Hauptweg verfolgend, trifft man bald auf der Nordseite desselben auf den ältesten Tannenbestand im ganzen Wald. Hier erscheinen prachtvolle Weiß- und Rothtannen. Der äußerst fruchtbare Boden ist mit jungen Nadelhölzern, Schild- und Adlerfarren u. s. w. überzogen. Hie und da bilden Stechpalmen eine angenehme Abwechslung. Die größern Lücken und lichten Stellen im alten Holze sind mit Brom- und Himbeersträuchern überwachsen. Wenn man durch diesen Bestand vom Hauptweg nordwärts wandert, genießt man eine imposante Aussicht auf den „Unterforst" und den Schwarzwald. Es finden sich da für Pikniks sehr geeignete Orte. Ungefähr in der Mitte des Waldes wird der Hauptweg im „Oberforst" von dem von der Südgrenze an den Rhein laufenden Schloßweg durchschnitten. Wandert man diesen abwärts, trifft man am Rhein einen Floßplatz, „Schloßplatz" geheißen und hat eine lohnende Aussicht auf den Rhein und das etwas unterhalb auf dem badischen Ufer liegende Schloß Schwörstadt. Von hier ist der dem Rhein entlang führende Weg nach Wallbach oder der unter der Halde zwischen „Unter-" und „Oberforst" hinziehende Weg empfehlenswerth. Will man jedoch die großen Kahlschlagflächen im „Oberforst" besichtigen, so muß man den Schloßweg hinauf, um dann auf dem Sträßchen den nach Wallbach ziehenden Weg zu benutzen. Dieser hat aber bei heißer Witterung das Unangenehme, daß man zu weit über offenes Land zu gehen hat, was bei den Wegen unter der Halde nicht der Fall ist.

Schöne alte Tannenbestände sind, außer dem oben erwähnten ältesten, noch auf dem Balm und Hochbühl.

Sogenannte wandernde Pflanzschulen existiren mehrere; dieselben liegen meist unmittelbar an den Wegen, weshalb ihre Lage hier nicht näher bezeichnet wird. — Eine der stärksten Tannen steht auf Balm im Stadtwald Rheinfelden, die Altermatttanne, nach dem 1796 verstorbenen Stadtrath Anton Altermatt benannt. (Sie wurde jedoch)

Mitte August 18!» durch den Sturm geworfen). Diese Waldung soll früher unter dem genannten Stadtrath vom Stift St. Martin zu Rheinfelden, durch die Stadt Rheinfelden durch Ankauf erworben worden sein. Diese Weißtanne hat in Manneshöhe 1,2 m. Die jungen Waldabtheilungen, auf welche man auf dieser Exkursion oft stößt, sind meist Reihenpflanzungen und bestehen zum größten Theil aus Rothtannen, weil die Weißtannen infolge von Spätfrösten und Wildschaden größtentheils zu Grunde gegangen sind. — Wenn einmal die Reihenpflanzungen das älteste Holz bilden, wird der Wald viel von seiner Schönheit eingebüßt haben, weil die Reihen trotz den Aushieben bei den Durchforstungen doch immer ein zu steifes Gepräge haben und zu wenig Abwechslung in der Gruppirung der Stämme bieten.

Wer ein Bild von der neuern aargauischen Waldwirthschaft erhalten will, muß die Kahlschlagflächen südlich von Balm ansehen, welche 25—30 ha. messen und innert 4—5 Jahren entstunden. Hier stockten im schönsten Wachsthum stehende Tannenbestände. Diese mußten fallen, dafür blieb aber das älteste, dem Windwurf und -Bruch ausgesetzte Holz stehen.

Zu Wagen wählt man für diesen Waldausflug am besten den Weg unterhalb zwischen beiden Terrassen; auch ist der Längsweg im „Oberforst" zu empfehlen wie der Schloßweg. Das Uebrige muß der Findigkeit der Touristen anheimgestellt sein. Der Eine sucht gerne lichte Stellen, mit Waldbeeren bewachsen, auf, ein Anderer liebt den Schatten der alten Tannen und die würzige Waldluft darunter, wieder Einer botanisirt oder treibt Zoologie :c. Der Weg dem Rhein entlang ist nicht überall fahrbar. Das Weitere über die Wege zeigt die topographische Karte.

5. Fischerei und Jagd auf dem Rhein.

Die Fischerei auf dem an den Forst angrenzenden Rhein wird auf zwei sogenannten Fischwagen und einigen Fischwaiden ausgeübt, ist aber lange nicht mehr so ergiebig wie früher.

Von der Zutheilung des Frickthales zum Kanton Aargau bis etwa in die 1830er Jahre wurde die Jagd von Leuten betrieben, welche alle Jahre gegen die Entrichtung eines Geldbetrages an den Staat das Jagdrecht erwarben. Es herrschte also das Patentsystem wie heute noch in vielen schweizerischen Kantonen.

Ende des vorigen Jahrhunderts kamen im Frickthal noch Hirsche in ziemlicher Anzahl vor, was die noch aus jener Zeit stammenden Geweihe und Ueberlieferungen von den bekannten ältesten Mannen belegen. Während der Kriegswirren wurden aber nicht nur einzelne Forste, sondern auch der Wildbestand verheert. Was an Wild noch übrig blieb, fiel größtentheils durch das Blei der Patentjäger. Wie oben schon bemerkt, gelangs es Ende der 1830er oder Anfangs der 1840er Jahre das Patentsystem mit dem Reviersystem zu vertauschen, was den Bestrebungen einsichtiger Männer zu verdanken ist. Der ganze Kanton wurde in Reviere mit möglichst natürlichen Grenzen, wie Flüsse, Bäche, Straßen ꝛc., eingetheilt und in der Regel auf acht Jahre verpachtet. Die Jagd im Forst und den umliegenden Revieren auf dem linken Rheinufer blieb dann lange in gleicher Hand und es gelang den damaligen Jagdbeständern, Joh. Urban und Anton Rym, durch waidmännischen Jagdbetrieb den Wildbestand bald zu heben. Die Rehe waren so zahlreich, daß sie in Wald und Feld bedeutenden Schaden anrichteten. Im Ersten bissen sie bei hohem Schnee die Knospen der jungen Nadelhölzer ab und beschädigten die Holzpflanzen durch das sogenannte Fegen (Schlagen und Reiben mit dem Gehörn). Im Felde hatten die Halm- und Hackfrüchte am meisten zu leiden durch das Aesen und Zertreten. Wegen den vielen Wildschadenersatzklagen wurde vor acht Jahren das Revier „Forst" sammt dem Möhlinfeld in zwei Theile getheilt und von einer Jagdgesellschaft gepachtet. Der damals sehr geringe Wildbestand infolge zu starkem Abschuß hat sich seither wieder gehoben durch Schonung, gute Wildhut, Abschuß des Raubwilds u. s. f. Der Hasenstand ist ein mittelmäßiger und variirt wie überall je durch die Witterung im Frühjahr ꝛc. Füchse und Wildkatzen gibt es immer noch, sind aber numerisch durch Abschuß und Fangen mittelst Fallen sehr zurückgegangen. Auch der griesgrämige Dachs bewohnt immer noch einige Bäue und unternimmt beim Reisen der Trauben oft weite Märsche in die Reben bei Magden, Zeiningen und Wallbach, wobei es jedoch für ihn oft unliebsame Begegnungen mit Jägern und Hunden absetzt. Die Wildkatze, welche hier oft ein Gewicht von über 8 kg. erreicht, steckt gewöhnlich im Tannendickicht oder in Fuchs- und Dachsbauten. Hie und da trifft man auch Wildschweine, welche aber nicht als Standwild zu zählen sind. Die Fährte des Edelmarders trifft man oft; es ist ihm aber in den hohen, dichten Kronen der alten Tannen schwer beizukommen.

Ferner tragen auch Ringel- und andere Wildtaubenarten und Tag-
und Nachtraubvögelarten zur Belebung des Waldes bei. Auf hohen
Stämmen in der Nähe des Rheins horsten Fischreiher, haben aber seit
Verabfolgung von Schußgeld an Zahl abgenommen. Fischadler wurden
schon seit Jahren beobachtet und es brütet fast alljährlich ein Paar
auf hohen Tannenhorsten. Auch Fischotter halten sich immer im
Rhein und Möhlinbach auf. Im Winter sieht man bei niederem
Wasserstand auf einer Insel außerhalb der „Chräbisriese" gewöhnlich
viele Wildenten. Dieselben wählen aber, je nach dem Wasserstaube,
auch andere Orte am Rhein aus. Nachts streichen die Enten dann
auf die Eisweiher oder über den Berg in's Wiesenthal, um am Morgen
gewöhnlich wieder die alten Standorte im Rhein, in Bächen 2c. aufzu-
suchen. In strengen Wintern trifft man auf dem Möhlinerfeld und
Wiesen auch hie und da Wildgänse. Diese werden aber von Jahr zu
Jahr immer seltener. Im Spätsommer sieht man auf den Wiesen
bei Ryburg Störche, manchmal 20 und mehr Stück beisammen. Während der Zugzeit kann der Naturfreund hier interessante Beobachtungen machen. Man trifft da Schwärme von Kibitzen, Staaren,
Krametsvögel 2c.

Wer Wildstudien machen will, muß dazu den frühen Morgen
oder die Abendstunden wählen. Es ist aber durchaus nicht selten,
daß auch unter Tags Rehe und Hasen auf den berasten Waldwegen
oder in den Waldbeständen zu beobachten sind. Die Jagd wird auf
dem Pürschgang und mittelst Treibjagden ausgeübt.

Ueber die früheren Jagdverhältnisse bringt das Sonntagsblatt
der „Volksstimme" von Rheinfelden, Jahrgang 1887, aus der Feder
des Herrn M. Seiler folgende Notiz:

Vom 13. bis 18. Jahrhundert ward die Jagd als Nothwendigkeit
betrieben und konnte der Bauer auf seinem Grund und Boden jagen;
erst später entzog man ihm dieses Recht, nachdem die Allmend verschwunden, das Land sich zerstückelte, die Gärten sich mehrten. Die
Jagd ward zum Regal des Staates, ward z. B. im Jahre 1738,
soweit sie sich auf die Landschaft Möhlin bezog, an den Freiherrn von
Stotzing, den damaligen österreichischen Obervogt über das Frickthal,
um jährliche 50 Gulden verpachtet. Im Jahre 1763 erstand der damalige Homburger Vogt Mösch in Frick im Namen der beiden Landschaften die Pacht um jährliche 500 Gulden. Das Steigern des Pacht-

preises hatte seinen Grund in dem Umstande, weil der genannte Freiherr auf den früheren Treibjagden den Bauern mit Rippenstößen und
Schlägen zugesetzt, dieselben mit Schmach- und Lästerworten gekränkt
hatte, und weil man hoffte, die Beschwerlichkeiten öftern Treibjagens
wie den Wildschaden los zu werden. Aber Wölfe thaten in einzelnen
Jahren der Jagd bedeutenden Eintrag, weshalb der Pächter verarmte,
obgleich die Landschaften ihm jährlich die Hälfte des Pachtzinses zahlten.

* * *

Ueber den obgenannten Herrn Johann Urban Rym wollen wir
noch Folgendes beifügen:

Johann Urban Rym wurde den 9. Juli 1805 als der zweite
Sohn des Löwenwirthes und Müllers Johann Urban Rym-Waldmeyer
in Möhlin geboren, besuchte die Forstschule zu Karlsruhe und die
Universität Berlin, wo er sich das Studium der Forst- und Ingenieur-
wissenschaften angelegen sein ließ. Heimgekehrt, wurde er Forstrath
und Straßeninspektor und machte sich durch viele gemeinnützige Werke
in seiner Gemeinde bemerkbar. Er war Mitglied des Großen Rathes,
Mitglied des Bötzbergbahnkomités, er beaufsichtigte 25 Jahre lang die
Oekonomie der Rettungsanstalt Olsberg und war in vielen staatlichen
Kommissionen thätig. Im Jahre 1843 gründete er mit Basler Finanz-
leuten die Salinengesellschaft Rym & Komp. in Ryburg, welche ihn
zu großem Wohlstande brachte.

Der Lieblingsaufenthalt des Forstmannes war im Walde, den er
hegte und pflegte, soweit es in seinen Kräften lag. Darum pflegte er
er auch bis in seine alten Tage als Jäger das edle Waidwerk, und
darum kamen auch die Jäger von Basel und von andern Orten (von
Mumpf kam selbst der 83jährige Müller Jakob Tschudi) herbei, um
dem ehemaligen Waidgenossen ein letztes Lebewohl zu sagen, als er,
84 Jahre alt, Dienstags den 16. April 1889 auf den weithin sicht-
baren Kirchhof zu Möhlin zu Grabe getragen wurde.

Als er sich Alters halber zurückzog, veranstalteten seine Freunde
ihm im Soolbad zur Sonne in Mumpf ein kleines Fest, wobei ihm
von Herrn Otto Bally in Säckingen ein Becher überreicht wurde mit
einem von F. A. Stocker gedichteten Festtoast, aus dem wir folgende,
auf den Forst und auf die Umgebung derselben bezügliche Stelle
herausnehmen wollen:

Mit schwerem Herzen haben wir vernommen,
Daß Du des Waidwerks müde, Altershalb
Die treue Büchse an die Wand gehängt
Und nimmermehr hinaus zur frohen Jagd,
Zum lustigen Jagen in des Forstes Gründen
Mit uns willst ziehen, sondern still vergnügt
Dem jüngern Volk das Terrain überlassen,
Das kreuz und quer Du tausend Mal begingst.

    Nie warst Du einsam. Stets ein Freundeskreis,
Ein starker Zuzug fröhlicher Gesellen
Umgab Dich, jubelnd, fröhlich, steifbewehrt
Und waidgerecht mit Schießzeug wohlbehangen.
Dem wiesest Du den allerbesten Stand,
Und Jenem den gewohnten sichern Wechsel,
Den Dritten führtest Du auf frische Fährte,
Dem Neuling standst Du bei mit gutem Rath;
Den Sonntagsjäger, den, wie sich's gebührt,
Den stellte man auf den verlornen Posten.
Vielleicht daß ihm im Lauf des Tags gelang,
Das angeschnittne Wild auf's Korn zu nehmen.

    Hei, das war eine Lust! Wenn durch den Wald
Das fröhliche Geläut der raschen Hunde,
Der Lärm der Treiber durch den Forst erschallt;
Das Wild herbeistürzt aus dem grünnen Tann,
Das leichtbeschwingte Reh, der flüchtige Lampe,
Des Waldes Intriguant, der schlaue Fuchs,
Das Borstenthier mit blinkendem Gewäff,
Und dann das Flugwild auffährt aus den Büschen,
Erschreckt sich in des Baum's Geäste flüchtet:
Die Büchse knallt und nieder stürzt das Thier!
Die Hunde rücken keuchend auf den Plan,
Umkreisen kläffend die gefall'ne Beute.
Und hintendrein da watschelt Krummbein an,
Herr Waldmann aus der Dächsler Zwergenstamme.
D'rauf Abends wird auf leichtem Pürschewagen
Des Tages Beute siegreich heimgebracht,
In Möhlin dann an Deinem feinen Tisch,
Bei saft'gem Braten und bei fremden Weinen
Da sammelt sich der heitere Nimrodstroß.
Da wird erzählt in kräftigem Latein
Von Jagdgeschichten, die sich nie begeben,
Doch auch von Szenen auf der eignen Fahrt,
Vom Feu:reifer auf der Wallbach-Kiesjagd,

Vom bösen Omen ab dem Zeinigerberg,
Wo manches Schrot in Menschenwild gerieth,
Von Abenteuern in dem Wasserloch,
Vom Kriesiberge, der wohl nicht umsonst
Den Namen eines Brauntenweines trägt,
Denn dort ist oft von einem Basler Herrn
Dem scharfen Liqueur zugesprochen worden.
Die Rüchi weiß von prächt'ger Hasenjagd,
Das Ryburgholz von Tappfuß zu erzählen,
Den dort ein junger Förster keck erlegt.
Im Steppberg und am steilen Sonnenberg
Da gab es Arbeit, aber auch Vergnügen,
Da mußte Mancher das erlegte Wild
Mit Kraftaufwand sich manchmal schwer erkaufen.
Nun das ist hinter uns!

      Doch der Erinn'rung Kranz
Den winden wir Dir, Freund, um Deine Schläfe,
Du gabst uns manchen schönen Jägertag
Und manch ein Fest, von dem wir heut' noch zehren,
Noch Jahre lang, so lang wir Jäger sind,
Als Jäger denken und als Jäger fühlen!
Drum drückt die Nachricht doppelt schwer,
Daß Du uns willst verlassen, aus dem Kreis
Der Jagdgesellen auszutreten wünschest,
Um Dich zu setzen in des Lehnstuhls Polster,
Und Deines thatenreichen Lebens Herbstestage
In wohlverdienter Ruhe zu genießen.

    So hab' denn Dank, Du alter lieber Freund!
Nimm diesen Becher als Erinnerung
An alte Freundschaft, als des Dankes Zeichen
Für das, was Du im Lauf der Zeit für uns gethan,
Für uns und die vor uns in Deinem Forst
Seit fünfzig Jahren mit zum Waidwerk gingen.

6. Geschichte des Forstes.

Die ältesten Spuren menschlicher Niederlassungen sind auf diesem Terrainabschnitt die spärlichen Trümmer der römischen Warten. Ursprünglich war die ganze Gegend Urwald. Nach dem Sieg der Römer 58 v. Chr. über die Helvetier bei Bibrakte wurde die Rheingrenze zum Schutz gegen die Einfälle der Germanen mit Wartthürmen und Forts befestigt und zwar muthmaßlich noch unter Augustus. Von dem Ausfluß des Möhlinbachs in den Rhein bis Wallbach standen sechs Warten. Die stärkste war die Befestigung an der sogenannten Bachthalen. Westlich und nördlich fällt hier das Terrain steil gegen den Bach und den Rhein ab. Auf den andern Seiten sind ein, stellenweise zwei tiefe Gräben und ein Wall. Bei diesem ist kein Mauerwerk sichtbar, bei Nachgrabungen hat man aber solches aufgefunden. An der Südseite dieses ehemaligen Forts haben sich nun Füchse und Dachse angesiedelt. Die Stelle heißt jetzt Bürgli (Rheinburg, Nyburg?).

Die erste ostwärts davon liegende Warte stand unmittelbar am Rhein, östlich von einem Graben im „Unterforst". Hier befindet sich jetzt eine Fischerhütte und noch ein kleiner Rest Gemäuer vom alten Wartthum. Von da dem Rhein entlang nach Osten wandelnd, erscheint oberhalb dem Schloßplatz eine zweite Warte. Diese repräsentirte sich vor ungefähr zehn Jahren noch als ein großer Steinhaufen. Seither fanden diese Steine zu Wegverbesserungen Verwendung, so daß jetzt das Fundament sichtbar ist. Durch Unterwaschung ist ein Theil desselben in den Rhein gestürzt. Der Grundriß war wahrscheinlich quadratisch. Seitenlänge 8,8 m., Mauerdicke 1,6 m. Das Mauerwerk ist steinhart und wie aus einem Stück. Dann liegt unmittelbar am Rhein ostwärts von letzterm bei einem Floßplatz im Gemeindewald Wallbach der Rest eines ähnlichen Wartthums. Die Dimensionen sind ohne Nachgrabungen nicht bestimmbar, der Punkt soll früher als Steinbruch benutzt worden sein. Zwischen diesem und dem Dorfe Wallbach stand noch eine Warte, es sind aber davon keine Spuren mehr sichtbar, und es ist die Baustelle bei Hochwassern wahrscheinlich weggeschwemmt worden. Von Basel bis an den Bodensee hat man 26 solcher Warten aufgefunden. Sie sind meist rechteckig und sollen eine den oben angegebenen Dimensionen entsprechende Stärke gehabt haben. Der obere Theil bestand aus Holz und es scheint, weil in den Trümmern keine Ziegelstücke vorfindlich waren, daß die Bedachung auch aus Holz, wahrscheinlich starken Schindeln bestand. Auf der Trajanssäule in Rom sind Skulpturen, welche solche Warten vorstellen. Nach diesen waren sie viereckig, oben mit hölzerner Gallerie zum Auslugen. Das Ganze umgab ein hölzernes Pallisadenwerk, und das Erdgeschoß wurde durch eine Scheidewand halbirt. Die Warten stehen gewöhnlich auf den nach Norden ausspringenden Kurven des Rheinufers und zwar so, daß man von jedem Thurm auf die zwei benachbarten einen freien Ausblick genoß. Die Besatzung bestand aus einigen Mann, welche Tag und Nacht Wache hielten. Ihre Aufgabe bestand darin, bei Ueberfällen vom rechten Rheinufer oder anderswo her die nächsten Posten durch Hörner-, Rauch- oder Feuersignale zu benachrichtigen und die Bevölkerung wach zu rufen. Da die Warten keine Belagerung aushalten konnten, zog sich nach abgegebenem und abgenommenem Signal die Besatzung wahrscheinlich auf bessere Punkte in die Wälder oder auf Sammelpunkte größerer Truppenmassen zurück. Die Bedeutung dieser Warten war von geringer Dauer, weil schon 117—138 die Grenze des römischen Reiches nordwärts bis zum Main vorgeschoben wurde und sie damit ihre frühere Bedeutung verloren, wahrscheinlich nicht unterhalten wurden und theilweise zerfielen. Ungefähr 250 n. Chr. allgemeiner Sturm der Barbaren gegen das römische Reich unter Decius. Um's Jahr 304 nach dem Sieg bei Vindonissa wurde die Rheingrenze neu befestigt. Im Jahre 379 erfolgte die Besetzung durch die Allemannen und die Zerstörung der Warten. Vielleicht waren diese früher auch noch zu Zollzwecken benützt worden.

Im Jahre 1041 erscheint in der Geschichte der zwischen Möhlin und Wallbach gelegene Hof Rappershäusern. Derselbe wurde im dreißigjährigen Krieg von den Schweden verbrannt. Mit Rücksicht auf die Abgaben, welche derselbe zu entrichten hatte, muß er großen Flächeninhalt gehabt haben. Viele jetzt noch stehenden Marchsteine tragen auf der einen Seite noch das Zeichen RA dieses Hofes. Die Gebäude blieben in Schutt und Asche, und jetzt wird die Stelle, wo vielleicht früher glückliche Menschen walteten, nur noch durch einen Steinhaufen bezeichnet. Nach der Zerstörung blieb die Fläche unbebaut. Auf diese trug der Wind und die Vögel den Samen von den alten umstehenden Waldbäumen und es entstand wieder Wald und blieb als solcher bis auf den heutigen Tag.

Bis gegen das Ende des 18. Jahrhunderts war der Forst ein prächtiger Tannenwald. Allein mit der französischen Invasion sollte es anders kommen. Im Jahre 1799 weilte in Möhlin der französische Artillerie-Kapitän Aboville mit dem Auftrag, die Staatswaldungen niederzuschlagen, wozu auch die umliegenden Ortschaften täglich zwanzig Zimmerleute zu stellen hatten. Der Transport des Holzes an den Rhein geschah frohnsweise unter militärischer Leitung. Im gleichen Jahre sollten 2000 Stämme nach Hüningen, Landskron und zur Reparatur der Basler Rheinbrücke und große Quantitäten Brenn-

holz für die Feldbäckerei in Hüningen geliefert werden. Die Vorstellungen
dagegen des damaligen Forſtmeiſters Zähringer waren ohne Erfolg,
weil ſich die Truppenführer nur an die Befehle des Konvents hielten
und den Vorſtellungen der Gemeindebehörden, welche Servitutsrechte
auf die Staatswaldungen hatten, kein Gehör ſchenkten. Auch den
Gemeindeforſten erging es nicht beſſer. Der Holzhieb dauerte bis
September. Nach den Aufzeichnungen des genannten Forſtmeiſters
wurden vom 1. März 1799 bis September 1800 geſchlagen und zwar
in den öſterreichiſchen Kameralwaldungen: 1295 Eichen, 147 Buchen,
1168 Tannen, 5897 Stangen und 5200 Klafter Brennholz. Dann
waren an die Franzoſen noch bedeutende Holzmaſſen aus den Gemeinde-
walbungen zu liefern. Der Werth dieſer Hölzer, von 1799—1801
aus den Kameral- und Gemeindewaldungen bezogen, wurde auf
156,112 Gulden berechnet. Der indirekte Schaden durch die rieſigen
Abholzungen in den genannten Waldgebieten, aber durchaus nicht alle
im Forſt liegend, wurde mit Einſchluß des Holzwerthes und der Fuhr-
und Fällungskoſten vom Förſter Zähringer auf 349,300 Gulden =
733,000 Fr. geſchätzt. Nach den jetzigen Preiſen wäre der Betrag
dieſer Plünderung 2½—3mal ſo hoch zu rechnen. Daraus erhellt,
daß die Franzoſen ſich auf's Erheben von Kontributionen verſtanden,
was ſie auch an andern Orten bewieſen.

Als Nachfolger bei der Plünderung der Waldungen folgte dem
Artillerie-Kapitain Aboville der Geniekommandant Bleri. Dieſer er-
klärte dem Forſtmeiſter Zähringer rundweg, daß er ihn, falls er ſich
im Forſte nur ſehen laſſe, um etwas zu verkaufen, nach Hüningen abführen
und dort erſchießen laſſen werde; die Kameralarbeiter, welche für das
Oberamt Holz fällen wollten, ließ er ohne Weiteres fortjagen. Dasſelbe
Raubſyſtem herrſchte auch auf dem rechten Rheinufer. Von ältern
Leuten, welche Augenzeugen waren, hörte man ſeiner Zeit viel über die
Chikanen der Offiziere und Unteroffiziere gegenüber den Leuten, welche
Frohndienſte leiſteten, und über das ſonſtige Verfahren dieſer Soldateska.

Bekanntlich bildete das Frickthal vom Jahr 1801—1803 einen
beſondern Kanton und wurde erſt im letztern Jahr dem Aargau einverleibt. In dieſer ſtürmiſchen Zeit ſollen ſich auch treuloſe Beamte,
wovon ein Förſter in auffallend kurzer Zeit reich wurde, an der Wald-
verwüſtung betheiligt haben. Die Schlagflächen blieben nun bis etwa
1808 ſich ſelbſt überlaſſen. Nach dem Forſtregulativ über den Staatswald vom gleichen Jahr von Heinrich Zſchokke, Forſt- und Bergrath,

war der ganze Staatswald geplündert; nur eine kleine Fläche soll noch mit Stangen bewachsen gewesen sein. Die Schlagflächen waren verwildert. Den Gemeinde= und Privatwaldungen ist es jedenfalls auch nicht besser ergangen als dem Staatswald. Es hatte sich zwar auf den ausgedehnten Schlagflächen Tannenanflug eingestellt. Die jungen Tannen waren aber von schlechten Laubhölzern und Unkräutern überwachsen. Das Regulativ schrieb nun theilweise noch Saaten von Nadelhölzern vor und fleißigen Aushieb des Weichholzes, was auch geschehen ist. Auf diese Weise entstanden die nun ältesten Waldpartien. Selbstredend war der verwüstete Wald auf lange Zeit fast ertraglos. Trotzdem wurde er nach forstwissenschaftlichen Regeln bewirthschaftet und hat nun schon geraume Zeit sehr schöne Erträge abgeworfen. Die ersten Pflanzungen stammen aus den 1836er und 1840er Jahren. Das Wachsthum der Holzbestände steigerte sich inzwischen sogar so, daß große Ersparnisse gemacht werden konnten.

* * *

Für einen Ausflug in den Möhlinforst eignet sich am besten das Frühjahr oder der Herbst. Der Sommer bietet zwar das Angenehme, das man sich an Waldbeeren laben kann; man wird aber mitunter von Schnaken und Bremsen geplagt. Der Besuch dieses Wald= Idylls ließe sich von Basel aus am leichtesten bewerkstelligen durch eine Eisenbahnfahrt auf der Bad. Bahn bis Brennet, von wo man in einer starken Viertelstunde mittelst der Seilfähre über den Rhein nach Schweizer=Wallbach gelangt und in weitern fünf Minuten den Forst erreicht hat. Der Rückweg könnte über Ryburg, Station Möhlin, oder über die beiden Salinen nach Rheinfelden eingeschlagen werden. Jeder, der diese Tour gemacht hat, wird den Wald, obgleich vielleicht mit müden Beinen heimkehrend, in gutem Andenken behalten und ihn gerne wieder besuchen.

Noch näher als der Forst liegt bei Wallbach in südlicher Richtung gegen die Nordostbahn hin, mit anmuthigem Acker= und Wiesenland durchsetzt und von vielen Spazierwegen durchzogen, das sogenannte „Kiesholz", dem Staate Aargau und der Gemeinde Wallbach fast zu gleichen Theilen gehörend. Dieser Wald ist größtentheils mit Buchen und Eichen, auch wahren Prachtexemplaren, besetzt. Darunter wächst das Immergrün so dicht wie der Klee im Acker.

Die Tubeloch-Schlucht bei Biel
und ihre Umgebung.
Von J. G. Cr.

Für manchen Leser dieser Zeitschrift mag es erwünscht sein, über die Umgebung dieser letztes Jahr dem menschlichen Fuße zugänglich gemachten Wildnisse einige Mittheilungen zu vernehmen, sei es, daß er schon Lust hatte, das Tubeloch einmal zu besuchen, sei es, daß ihm die Lust erst jetzt geweckt wird, was in der Absicht des Verfassers liegt. Mögen diese Zeilen nicht nur manchem Freunde der Natur zu einem befriedigenden Genusse dienen, sondern auch den Freunden vaterländischer Geschichtskenntniß willkommen sein. Ist es doch immer interessant, von Gegenden und Ortschaften, die man besucht, auch zu wissen, was da in den früheren Zeiten vor sich gegangen.

Namentlich Stadt-, aber auch Landbewohnern, die eines Sonntags oder auch an einem Werktage mit dem Nöthigen und Nützlichen einer Bewegung im Freien gerne das Angenehme der Besichtigung von Naturmerkwürdigkeiten verbinden, sollen hierseitige Mittheilungen geboten sein. Vorab haben wir die Bewohner des bernischen und solothurnischen Jura und Basels im Auge, glauben aber auch noch solchen in weitern Kreisen vielleicht bezügliche Aufmerksamkeit zu schulden, sei es, daß sie die Bahnverbindungen vom Jura oder anderswoher benutzen. Immerhin setzen wir voraus, daß die Ersteren unsere Notizen in der überwiegenden Zahl lesen werden und Gelegenheit haben, das Tubeloch zum Ziele eines Ausfluges zu machen.

Den von Delsberg Herkommenden, sofern sie Liebhaber des Bergsteigens sind, bemerken wir, daß sie schon in Malleray, Sonvillier, Reconvillier oder Tavannes (Dachsfelden) den Bahnzug verlassen und den aussichtsreichen Montoz übersteigen können, um über Péry (Büderich) wieder die Hauptstraße in Reuchenette zu gewinnen, welche zur Tubeloch-Schlucht führt.

Denjenigen aber, welche erst in Sonceboz aus dem Waggon steigen, gehen wir bis dorthin entgegen und führen sie zu Fuß durch

die Klus zwischen Chasseral- und Montozkette, dem Laufe der Schüß
entlang bis zum sogenannten großen Nidauberge, einer Küherei,
und umgehen den nördlichen und östlichen Fuß des über 1200 Meter
hohen felsigen Waldberges. Wir haben nämlich nichts Geringeres im
Sinne, als unsere Leute, wenn auch nicht zum leidigen Satan selber,
doch einmal in ihrem Leben durch die Höllenpforte oder das Höllen-
thor (porte de l'enfer) hinter den Schilt (so heißt obererwähnter
Berg) zu führen. Durch ein wildes, riesiges Felsenthor mit einer
Riesenmauer, wie von Giganten aufgethürmt, gelangt man in die
Schlucht. Wir führen den Leser bis zum sogenannten (nun abge-
brannten) kleinen Nidauberg, damit er einen Blick auf die südliche Felswand des Schilt und auf die Abhänge des Säßeliberges und des
Tscharners werfen könne. Westwärts höher führt ein Fußpfad nach
der Küherhütte, der Weide zum Steiner, wo letztes Jahr die Ferien-
kolonie von Biel ihr Lager aufgeschlagen, und wo manches arme Kind
Milch trinken gelernt, mit frischem Blut und vollen Wangen auch
wieder frisches Leben gefunden hatte.

Einige Alpenklubisten gelüstet es zum Aufstieg auf den Tscharner
und Abstieg nach Ilfingen (Orvin), wo ein berühmter „Naturarzt"
die Heilsbedürftigen aus weiten Fernen angezogen hatte, bis ihm selber
nicht mehr zu helfen war. Unsereiner gehört zum Thalsohlenklub und
kehrt daher wieder durch die Höllenpforte zurück, wendet sich nach dem
Austritt aus der Schlucht östlich über eine Weide, dem Fuße des
Säßeliberges folgend, auf ordentlichem Wege dem Dorfe La Heutte
zu, über dessen Ostende als Pendant zur Höllenpforte das Paradies
liegt, eine Wiese mit zugehörendem Wohngebäude und Baumgarten.
Es ist kein Unglück, daß in La Heutte eben kein abwärts fahrender
Bahnzug anhält; denn in 20 Minuten gelangen wir auch mit Schu-
sters Rappen nach Reuchenette, der letzten Station vor Biel und
derjenigen, wo man, vom Jura herkommend, den Bahnzug verlassen
muß, wenn man die ganze Klus mit der Tubeloch-Schlucht vollständig
begehen will. Es ist zunächst der Station Möglichkeit, sich zum Weiter-
marsch zu stärken. Den kurzen Aufenthalt benutzen wir, um die Begleiter
mit den geschichtlich und industriell nicht uninteressanten Oertlichkeiten
bekannt zu machen. Ist doch die Station Reuchenette für Güterbetrieb
die zweitstärkste der alten Jura-Bern-Luzern-Linie. Wenige Minuten
hinter, d. h. nordwärts derselben liegt an einem Abhange in Wiesen

das Kirchdorf Pérn, dessen Einwohner viel Holzhandel treiben, wozu
ihnen die Bergwaldungen das Material liefern. Weitern Verdienst
finden sie theilweise in dem von Herrn E. Ritter-Egger ausgebeuteten
großen Steinbruche, ferner in der Cementfabrik der Herren R. Bi-
gier & Cie. in Reuchenette und in derjenigen von Mondchâtel, wiederum
in der Holzstofffabrik zu Mondchâtel, der Gesellschaft von Bibrist angehörend, wie die Papierfabrik zu Fribliswart (Frinvillier), von
genannter Gesellschaft nach dem Brande erworben und neu aufgebaut.

Nicht weniger ist die Gegend von Pérn, Reuchenette und Mondchâtel geschichtlich interessant, und wir glauben, einem von Herrn Apo-
theker Bähler im historischen Vereine zu Biel gehaltenen Vortrage
wohl einige Notizen entnehmen und sie mittheilen zu dürfen. Die
ganze Landschaft soll am Ende des 10. Jahrhunderts Eigenthum der
Fürstbischöfe von Basel geworden sein, welche die Regierung, Verwaltung und auch Ausbeutung durch diverse Vasallen besorgten. Die hier
durchführende Straße ging nordwärts durch den „Pierre pertuis"
(Petra pertusa) bis Augst (Augusta Rauracorum), südwärts führte
sie über Bözingen, Mett, Brügg, wo sich die Zihlbrücke befand,
nach Petenisca, an und auf dem östlichsten Ausläufer des Jens-
berges, welcher strategisch befestigt war und auf dessen Höhe sich noch
jetzt die Reste der sogenannten Römersburg, sowie weiter westwärts
der Knebelburg finden, noch jetzt imposante Wallwerke. Da, wo
jetzt noch am Ostfuße altes römisches Gemäuer zu sehen, ist für
einige Häuser der Name Tribei von Trivia geblieben für die Vereinigung der Jurastraße mit derjenigen nach Solothurn (Solodurum)
und Wiflisburg (Aventicum).

In der Gegend von Pérn sind noch die Grundmauern als
Ueberreste alter Wachtthürme theilweise sichtbar, von Warten (Specula),
welche mit einander in Verbindung standen, und von welchen aus
man sich gegenseitig durch Signale verständigen konnte. Einen
solchen Wachtthurm scheint der kleine Hügel getragen zu haben,
der gleich hinter Reuchenette sich erhebt, ein Felsen, auf welchem
das spätere Schloß gestanden, und von dem noch jetzt erhebliche
Mauerreste als Ruine bestehen, theilweise aber auch von Gesträuch
und Waldbäumen überwachsen sind. Als villa Bederica cum ca-
pella wird Büderich schon im neunten Jahrhundert genannt. Als
Wohnsitz mag es bald ehrlichern, bald räuberischen Rittern gedient

haben. Im Mittelalter hießen sie die Edlen von Pery. Ende des
14. Jahrhunderts hatten sie durch Vergabung des Fürsten von Neuenburg die Eigenschaft als Vasallen desselben abgelegt, sich Ende des
15. Jahrhunderts mit dem Bieler Geschlechte der Goeuffi durch
Heirath verbunden, von denen Einer je und je lange Zeit mit den
Bielern auszog und als Führer in den Kämpfen als Bundesgenossen
Berns große Dienste leistete. Wir nennen hier beispielsweise den
Renner Peter Goeuffi, welcher die Bieler in den Burgunderkriegen
kommandirte. Dem aussterbenden Geschlechte folgten zuerst die Herren
von Orsans als Besitzer bis zum Ende des 17. Jahrhunderts, später zwei
Brüder Chemillerat aus Montbéliard, schlimme Gesellen, die nur zu
lange ihr Unwesen treiben konnten. Das Schloß Pery ist mehr durch
Vernachlässigung als durch Gewalt in Verfall gerathen, und Trümmer
sollen zum Bau des Hochofens verwendet worden sein.

Es waren bei Pieterlen und Lengnau an der Biel-Solothurner-
straße Bohnerzlager gefunden worden. Bischof Schönau, dieselben
für Goldgruben erachtend, beschloß den Bau eines Hochofens, dem ein
Hammerwerk zugefügt werden sollte. Reuchenette wurde als Platz für
die Unternehmung ausgewählt, weil die Bergwaldungen geeignet schienen
zur Beschaffung des für Kohlenbereitung nöthigen Holzes. Schönau's
Nachfolger gab den Betrieb zweien Bielern in Pacht, Grosjean und
Thuvening. Leider war die Bohnerzquelle bald erschöpft. Man mußte
das Eisen weiter rückwärts vom Jura beschaffen, wo bereits mehrere
bischöfliche Eisenwerke mit Hochofen in Betrieb waren. Die Beschaffung war theuer. Nun kamen die Chemillerat und wußten den Bischof Roggenbach zu beschwatzen, daß er ihnen den Hochofen in Reuchenette zum Betrieb überließ und das Schlagrecht in den Staatswaldungen unbedingt zugestand. Nach zehn Jahren schon hatten die
Schwindler in großer Ausdehnung ringsum die Berge abgeholzt; und
nicht genug: sie erhielten trotzdem die Bewilligung zum Holzschlag im
Thal von Tavannes. Nebst dem erhielt der Eine der Chemillerat
noch den Montoz mit Wald und Weide als Geschenk, um dasselbe,
an eine Solothurner Familie verkaufend, sofort zu versilbern.

Vom späteren Bischofe Rink von Baldenstein hatte dagegen Peter
Jesajas Chemillerat die Verwaltung des Erguels zu erschwindeln verstanden. Hätte die Herrschaft Pery vom bischöflichen Kirchengute getrennt werden können, so wäre auch diese verkauft worden; dafür er-

hielt sie dieser für sich und seine männlichen Nachkommen am Ende
des 17. Jahrhunderts als Lehen.

Die noble Industrieritter-Familie als Seigneurs de Péry et
Reuchenette ließ sich 1733 vom Kaiser Karl VI. förmlich abeligen
mit dem Wappen derer von Courtelary. Glücklicherweise starb diese
Familie aus, und Péry-Reuchenette kamen für einstweilen wieder direkt
in bischöfliche Verwaltung. Der Hochofen ward längst nicht mehr benutzt; denn der Holzhandel war das Hauptgeschäft der Chemillerat.
Nur das Hammerwerk war dagegen durch Pächter weiter betrieben
worden. Ein Kapitän Béguelin aus La Heutte hatte es vom letzten
Fürstbischof, Friedrich von Wangen-Geroldseck im Jahre 1782 als
für seine Familie erbliches Lehen empfangen. Er sollte das Lehen
nicht veräußern, hatte aber dafür Rechte, so auf alle Wasser im Erguel,
Jagd, Fischerei, Nutznießung aller Staats- und Gemeindewaldungen
nebst manch' Anderm mehr. Reuchenette wurde dennoch mit bischöflicher
Erlaubniß um Mitte der Neunziger Jahre an das Eisenwerk Under-
schwyler verkauft. Das Hammerwerk war bis 1866 in Betrieb. Die
Gebäulichkeiten waren seither zuerst an Herrn Baumeister Ritter-
Egger übergegangen, welcher aus dem einen Gebäude eine Sägemühle,
mit anderer Holzverarbeitung verbunden, eingerichtet hatte. Im letzten
Jahre, nachdem das Sägegebäude abgebrannt war, ist die gesammte
Besitzung an die Firma Rob. Vigier & Komp. übergegangen, und ist
kürzlich von diesen eine großartige Cementfabrik errichtet worden. Der
Cementkalk findet sich in der Nähe und wird bergmännisch gebrochen aus
einem Stollen in der Tiefe von etwa 100 Meter.

Die Straßenverbindung mit Biel führte bis über die Mitte der
Fünfziger Jahre vollständig auf dem linken Schüßufer in sehr wech-
selndem Gefälle und wieder mit Steigung über die Stüble oberhalb
Bözingen bis zum Ostende dieses Dorfes, namentlich zur Winterszeit
nicht ungefährlich; dennoch fuhren täglich bei einem halben Dutzend
größte Postwagen hin und her, und groß war auch der Verkehr mit
andern Fuhrwerken. In der zweiten Hälfte der Fünfziger Jahre
war die neue Straße vollendet, welche in gleichmäßigem schwächerm
Gefälle sich bis zum Tubeloch großentheils nahe der Schüß-Schlucht
und über derselben hinzieht, auf dem kühnen einzigen Bogen einer
steinernen Brücke die Schlucht überspannt, um durch die Reben direkt
nach Biel zu führen, Bözingen links lassend. Bevor wir den Abstieg

antreten, wollen wir ein Halbstündchen dazu verwenden, um nach Péry hinaufzusteigen und einen Rundgang um den Burghügel zu machen. Sein westlicher Fuß berührt die Landstraße. Wir halten uns links davon, bis dahin die Straße nach La Heutte zurückgehend, wo der Weg rechts abzweigt, um auf diesem weiterzuschreiten. Hart an diesem Wege fließt ein kleiner Bach, der zu Zeiten, wie alle Bergwasser, auch recht wild werden kann. Auf dem Wiesenabhang jenseits des Baches hatte im Winter 1797/98 längere Zeit der Artilleriepark des Generals Nonvion gelagert, bevor dieser nach Biel hinuntermarschierte. Das Dorf bietet nichts Besonderes; wohl aber hat man im Aufsteigen gegen dasselbe einen hübschen Ueberblick auf das Thal, den Steinbruch und den Eingang der Klus, sowie auf den Burghügel, um welchen man beim Abstieg theilweise herumgeht und auf welchem von Südosten noch ein Theil der Ruine sichtbar ist.

Folgt man der Straße, so bieten sich links die schroff abfallenden Felsen der Reuchenette-Fluh als Abschluß des Plentschberges, rechts diejenigen des Sässeliberges dar, beidseitig an den Schichten die einstmalige Zusammengehörigkeit erkennen lassend. Vor zwei Jahren waren auf dem Plentschberge übungsweise Infanterie-Feldschanzen von Sappeurs und Pionniers errichtet und daran wie an den anstehenden Blockhäusern verschiedenes Artilleriefeuer geprüft worden.

Wer die staubige Straße im Sommer nicht liebt, kann links abschwenken und durch den schattigen Wald hin auf der alten Poststraße Rondchâtel erreichen. Er steigt sodann beim Steinbruche neben den Kalkofen hinab. Nahe beim Uebergang der Eisenbahn über die Straße sollen noch Spuren der uralten Römerstraße sichtbar sein.

Sofort dem Auge auffallend, ist ein Rundhügel, auf welchem zur Zeit die Burg Rondchâtel gestanden. Der ganze rechtsufrige Theil von Rondchâtel gehört jetzt der Aktiengesellschaft der Papierfabrik Biberist. Bevor wir die jetzige Oertlichkeit näher besprechen, muß die Geschichte derselben berührt werden.

Auch Rondchâtel war ursprünglich ein Wachtthurm gewesen und war von den Römern als ein wichtiger Posten beachtet worden, was sich aus in der Nähe gefundenen römischen Münzen ergibt. Es stand sicher mit weitern Befestigungen in Verbindung. So sind etwa 800 Meter südlich Ruinen eines andern Thurmes noch vorhanden, auf der steilen Felsgräthe des sog. Geißrückens, da, wo der Fels fast senkrecht

zur Schütz auf die sogenannte Merlinquelle abfällt. Diese Quelle dient
Biel seit etwa zwölf Jahren zu ihrer vortrefflichen Wasserversorgung.
Sie quillt dicht aus dem Felsen, in welchem der Sammler ange-
bracht ist.

Rondchâtel war jedenfalls ein Mittelpunkt der römischen Wacht-
posten und südlich wie östlich über obgenanntem Thurme mit einem
oberhalb Bözingen stehenden, dem Chêtelet, in Verbindung, ebenfalls mit einem solchen über Ilfingen. Es war dieser Paß einerseits der Schlüssel zum Jura und gleichzeitig der Ausgang in die
Ebene für Ausfälle, sowie später während der Völkerwanderung Zu-
fluchtsstätte für die Bevölkerung. Rondchâtel wurde gegen Anfang
des 11. Jahrhunderts mit Péry Eigenthum der Fürstbischöfe von
Basel, welche verschiedenen Rittern jenes wie dieses je zu Lehen gaben,
so den Grafen von Neuenburg, die es wiederum andern übertragen,
auch mehrfach solchen, welche gleichzeitig Meier von Biel waren, wie
im 14. Jahrhundert einem Angehörigen der bekannten Familie der
Senn von Münsingen.

Im Wechsel der Bischöfe trat auch wiederum ein Wechsel der
Lehensleute und ihres Charakters ein. Eine traurige Erinnerung
hinterläßt der berüchtigte Bischof Jean be Vienne. Dieser hatte seinen
Schwiegersohn Johann von Nant mit Rondchâtel belehnt, einen förm-
lichen Straßenräuber, der eigentlich nur vom Raub lebte und die
ganze Gegend bis vor die Thore von Biel abwärts unsicher machte.
Dieser hatte im November 1367 seinem Oheim auch geholfen, Biel
zu überfallen, zu plündern und zu verbrennen. Wahrscheinlich ist,
daß bei dem Rachezug, den folgenden Jahres die Berner und Solothurner im fürstbischöflichen Gebiet unternommen hatten, wobei das
Schloß Erguel im St. Immerthal zerstört wurde, auch Rondchâtel
gelegentlich mitgenommen und unschädlich gemacht wurde. Nach an-
bern Angaben sollte Rondchâtel schon 1365 gefallen und sein damaliger
Inhaber, ein Burkard Senn von Münsingen, unter den einstürzenden
Trümmern umgekommen sein. Jedenfalls war Rondchâtel damals
noch in fürstbischöflichem Besitze und Nant am Leben geblieben; denn
er war um 1378 wieder Inhaber der Abgaben jener Gegend, wenn
er auch Rondchâtel nicht mehr bewohnen konnte, sondern auf dem
Schloßberg zu Neuenstadt residirte. Unter verschiedenem Wechsel der
Besitzer, von denen die Herren von Orsans, Thellung von Courtelary

und im vorigen Jahrhundert noch Heilmann von Biel genannt werden, scheint Rondchâtel reines Privatbesitzthum geworden zu sein. Von sämmtlichen Gebäulichkeiten war zuletzt nichts mehr übrig geblieben als eine wenig ansehnliche Pächterwohnung, welche mit dem Grundbesitz im Volksmunde das „Tschärti" hieß. Sie stand da, wo sich jetzt die Verwalterwohnung befindet.

Als die Jurabahn gebaut wurde, hatte Herr Professor Dr. Lang in Solothurn darauf aufmerksam gemacht, daß sich die Gesteinart zur Cementfabrikation eigne, und dieser Cement für den Tunnelausbau seine Verwendung finden könne. Der Rath scheint befolgt worden zu sein. Gleich darauf hatte ein Franzose, Peck, das Recht zur Ausnützung des Steinbruches erworben und Kalkbrennofen gebaut. Als Wohnung diente auf jetzt abgebrochenem Felsen oben zuerst nur eine einfache Bretter-Baracke, deren Eckpfosten zum Theil lebendige Tannen bildeten. Wie durch Abbruch der bis an die Straße vorstehenden Felsen Raum gewonnen war, wurden daselbst die jetzigen steinernen Wohn- und Wirthschaftsgebäude erstellt, später die Cementfabrikgebäude erbaut und die Cementfabrikation mit derjenigen von hydraulischem und gewöhnlichem Kalke betrieben. Das Gestein wird frei abgebrochen. In demselben finden sich verschiedenartige hübsche Petrefakten, namentlich Ammoniten. Leider sind sie wegen der Härte des Steines meist nur in Fragmenten erhältlich. Zwischen Petrefakt und Schale haben sich bei manchen Stücken Schwefelkieskryställchen eingelagert, vulgo „Katzengold", was natürlich von Nichtkennern anfänglich als ächtes Gold angesehen wurde.

Den bedeutendsten Aufschwung hat Rondchâtel durch den Bau einer Holzpapierstofffabrik erlangt, und ist dazu ein Kapital verwendet worden, das vielleicht einer Million nahe kommt. Die große Wasserkraft, welche sich aus dem einen Wasserfall bildenden Schußflusse ziehen ließ, hat die Papierfabrik-Gesellschaft von Biberist veranlaßt, die Besitzung zu erwerben. Der frühere, vor dem Eisenbahnbau noch schöner gewesene Wasserfall hat zwar dadurch noch mehr gelitten; indessen ist für das alte Bild der auf der Straßenseite am Burghügel niederschäumenden Wassermasse ein Ersatz gebildet worden durch einen zweiten Wasserfall, der sich aus einem durch den Berg getriebenen Tunnel ergießt. Es ist das nicht für die Turbinen nöthige Wasser der Zweigleitung, welches durch jenen Tunnel fließt.

Man kann sowohl von dem linken Abhang zur Fabrik hinunter-
steigen, als den Burghügel auf schöner Straße rechts umgehend, entweder den nähern Fußpfad über eine Zickzack-Treppe oder den ent-
ferntern Fußpfad, der ebenfalls ein Zickzack bildet, wählen. Zwischen
beiden ist eine Drahtseilbahn für den Material-Transport erstellt. Ein
Aufstieg auf den Rundhügel auf die Stelle der frühern Ruine, jetzt
den Mast für eine eidgenössische Fahne tragend, wird kaum Jemanden
gereuen, und die Freundlichkeit des Herrn Direktors gestattet ebenso
bereitwillig die Besichtigung der Fabrik.

Wir befinden uns hier am Eingang der obern Kehle der Schütz-
schlucht. Ein neu angelegter Fahrweg führt zuerst auf dem rechten, über
eine schmale eiserne Brücke auf das linke Ufer des Flusses, wo er zum
Theil aus dem Felsen ausgesprengt, zum Theil von demselben überragt, in zehn Minuten nach Friedliswart. Bald ist die neue Cellulose-
Fabrik und die steinerne Bogenbrücke sichtbar. Höchstens 200 Meter
hieher derselben am jenseitigen Flußufer erblickt man die Stelle, wo
die Merlinquelle, d. h. die Wasserversorgung von Biel, eingefaßt ist
in der steilen Felswandung des sog. Geißrückens, auf dessen Spitze
sich die schon oben erwähnte Ruine eines Wachtthurmes erhalten hat.
Wer sie von Auge sehen will, muß an dem jenseitigen Abhang hinauf-
klettern. Wir führen als Thalsohlenklubist unsre Begleiter nach Ueber-
schreiten der Brücke dem Fluß entlang, anfänglich in etwas sich davon
entfernendem Bogen nach der eigentlichen Tubeloch-Schlucht, schauen
uns bis dort aber noch mehrfach rückwärts um; denn das Bild mit
dem Ausgang der obern Schlucht, der neuen Holzstofffabrik, der Auf-
blick westlich nach dem Dörfchen Ilfingen, überhaupt auf das in
Friedliswart sich abschließende Ilfinger Thälchen, westwärts hinter
Ilfingen den Spitzenberg, ostwärts an Pleutsch- und Bözingerberg,
lohnt die kleine Mühe und den kurzen Zeitverlust. Nach wenigen Minuten verengt sich der Thalkessel wieder. Wir haben die in größerm
Bogen sich etwas ostwärts entfernende Eisenbahn und die darüber sich
gebaute Landstraße immer näher, bald nur noch durch die Schütz getrennt. Unser etwas über einen Meter breite, gute Weg führt eine
Zeit lang direkt über die Wasserleitung, deren eiserne Siphonsdeckel
als sichere Zeichen des unter unsern Füßen fließenden Quellwassers
und dessen Leitung frei liegen. Noch fließt die Schütz ruhig in dunkel-
grüner Farbe und die Felsufer jenseits widerspiegelnd. Bald aber

wird sie wilder, rascher, weißer Schaum wird sichtbar. Wir brechen mit der ersten, auf's linke Ufer führenden. Brücke unsere Beschreibung ab. Eine Abwechslung folgt der andern. Man hat hinüber, herüber, in die Höhe, unter sich und auf den Weg zu schauen. Wir wollen dem Anblick der Bilder nicht vorgreifen; sie lassen sich auch nicht beschreiben. Man solle nicht versäumen, sich auch jederzeit wieder umzuwenden und rückwärts zu schauen; denn wie in einem Kaleidoskop bieten sich auch rückwärts blickend dem Auge bald im Flußbette, bald an den Felswänden, bald hoch in der Höhe neue Anziehungspunkte.

Endlich nach etwas dreiviertel Stunden gelangen wir durch einen kleinen Tunnel gegenüber dem Drahtzuge und den Fabriken für Nägel und Schrauben in's Weite. Wir sind in Bözingen und haben da verschiedene Wege und Mittel zur Fortsetzung der Wanderung. Der Eine wird den Tramway benutzen und Biel zufahren, der Andere zu Fuß sich dorthin begeben, die Pasquart-Allee durcheilend, die Drahtseilstation aufsuchen, um mit nächstem Zuge nach Magglingen zu kommen.

Die Tubeloch-Schlucht verdient von drei verschiedenen Wegen aus besichtigt zu werden. Zunächst dem eben durchlaufenen ist der mittlere der neuen Fahrstraße zu empfehlen. Manches Pittoreske, das man unten auf dem Fußwege nicht sehen kann, überrascht auf der Landstraße, die zunächst nach Reuchenette führt. Man kann direkt nach Bözingen auf dem rechten Schüßufer wieder zum Tubeloch gelangen. Wer die Straße von Magglingen aus wieder erreichen will, kann es auf gutem Fahrwege über Leubringen (Evilard) niedersteigend; dieser Weg führt direkt wieder in den Eingang des Tubeloches.

Ein dritter Besichtigungsweg, der höchste, führt von Bözingen beim Gasthof zum „Rößli" auf der uralten Poststraße oder durch die „Rotschete" in die bis Ende der Fünfziger Jahre benutzte Poststraße über die Stühle nach der Plentsch-Vauffelingerstraße. Fußpfade führen näher der Schlucht hin und kürzen etwas ab. Auf der obenerwähnten Straße steigt man bis zur höchsten Höhe zwischen Bözinger- und Plentschberg. Der Kreuztrichter des Ilfingerthales und der Schüßschlucht mit den schroffen Flühen und bewaldeten Abhängen, das dazwischen liegende Wiesengelände mit dem zu unterst liegenden Dörfchen Friedliswart wäre der Abbildung durch Künstlerhand werth.

Man steigt von da, wo sich Plentsch- und Bauffellingerstraße theilen,
d. h. die eine aufwärts, die andere abwärts gegen Osten führt, durch
den alten Fußsteig direkt hinunter nach Friedliswart, kann, bevor man
nach Friedliswart kommt, der neuen Poststraße folgend, durch die
Tubeloch-Schlucht* bis zu deren Ausgang zurückgehen, und auf der
dort ausmündenden Magglingerstraße nach Magglingen aufsteigen,
oder gerade im Winkel der beiden Straßen, beim Bahnwächterhäuschen,
an einem als Wegweiser dienlichen Findling vorbei auf den Fußweg
kommen, der neuerdings über die Wasserleitung durch das Ried beim
Schützenhause vorbei wieder nach Biel führt. Auch auf der Nordseite
des Leubringer-Magglingerberges können von Friedliswart aus auf
einem hübschen Mahlenwag-Waldwege beide Ortschaften erreicht werden.

⁂

Die Herrenstube von Rheinfelden vor 300 Jahren.**

Von Dr. E. Schröter † und Hemmann Hoffmann.

Kätherle, Stubenmagd. (Allein. Die Humpen reinigend). Na —
heute geht's wieder lang, bis die gestrengen Herren kommen. Auf
der St. Martinskirche hat es bereits 8 geschlagen und noch keiner hier.
Freilich wird es wieder tiefe Nacht werden, bis sie sich von den Sitzen
erheben und nach Hause gehen. Was ist das für ein Leben! O! heilige
Ursula mit allen 11,000 Jungfrauen! Gezecht wie die Heiden, geflucht
wie die Türken, vorgetrunken, nachgetrunken humpenweise, dann ge-
spielt mit Würfel und Brett, unchristliche Lieder gesungen und zuletzt
gerauft. Da ist immer der alte Türke Schönau, der Othmar der erste.

---

* Anmerkung: Die Namen Taubenloch und Scheuß sind etymologisch
unrichtige Verschriftdeutschungen. Der erste hat gar keine Beziehung zu Tauben,
sondern ist altdeutsch Dubelloch oder Tobelloch, entsprechend Abgrund mit Wasser.
Der Fluß heißt auf französisch Suze und verdeutscht einfach Schüß.

** Aufgeführt in der Gesellschaft Frohsinn an ihrem Fastnachtsabend den
14. Februar 1884.

Er hat im letzten Türkenkriege über 50 Heiden die Schädel geſpalten
— das wäre ſchon ein gut chriſtlich Werk geweſen — aber man ſagt,
er habe dort ein Heidenweib gehabt — das wäre ſündhaft. O, heilige
Urſula mit allen 11,000 Jungfrauen! wie wird es dem im Fegfeuer
ergehen! In die Hölle kommt er nicht, denn er geht fleißig in die
Kirche und hat dort ſeinen eigenen Stuhl. — Ja, wenn man die
Herren da in ihrer Stube zechen und übermüthig ſieht, würde man
nicht glauben, daß ſie dann in der Kirche, oder wie letzthin bei der
Prozeſſion zur Mutter Gottes in Todtmoos ſo fromme und andächtige
Geſichter machen könnten. Freilich, wenn der Propſt und die Chor=
herrn hier dabei ſind, führen ſie ſich etwas beſſer auf, aber im Trinken
und Singen iſt der Herr Dechant Ott einer der erſten; ſie heißen
ihn darum den Stuben=Kantor.

Köſtlich war's am letzten Martinstage beim Gansſchmauſe, da
ſaßen ſie alle bis tief in die Nacht beiſammen, feierten den Namens=
tag zweier Stubengeſellen. Dreimal kam der Stadtvogt, um den üb=
lichen Gruß zu vermelden: „Ihr edlen und geſtrengen Herren und
Ritter bedenkt, daß nach obrigkeitlichem Mandat Jedermann um
11 Uhr mit dem Trinken aufhören und nach Hauſe gehen muß!" —
Aber jedesmal, wenn er den Kopf zur Thüre hineinſtreckte und das
Sprüchlein ſagen wollte, ſah er den Schultheißen in der heiterſten
Laune und huſch! war der Kopf des Stadtvogts wieder verſchwunden.
Ha! ha! ha!

Stubenmeiſter (von innen). Kätherle, treibſt Poſſen? Mach, daß
Alles blank und rein iſt, die Herren werden bald erſcheinen.

Kätherle. Alles in beſter Ordnung, Herr Stubenmeiſter! Wahr
iſt es, zu beklagen habe ich mich hier nicht; recht eſſen und trinken;
wenn die Herren Nachts fortgehen, finde ich unter jedem Krug oder
Becher 2 oder 5 Pfennige, bei Feſttagen einen Schilling, zum Gut
Jahr erhalte ich einen blanken Gulden und am letzten h. Katharinen=
tag, an meinem hl. Namenstag haben ſie mir dieſes Gewand verehrt.
— Aber doch wäre ich lieber an Bärbele's Stelle Stubenmagd auf
der Zunftſtube zum Bock, denn dort iſt der Hippe Wilg Zunftgenoſſe,
er iſt zwar nur ein Schneider, aber der Schönſte unter den jungen
Bürgern und dazu herzensgut, und was das Beſte iſt, er hat mich
lieb. Als an letzter Kirchweih Bürgertanz war unter der großen
Linde auf dem Kirchplatz und die jungen Bürgerſöhne an mir vorüber

gingen, mich stehen ließen und spottend sagten: „Nun, Kätherle, wo hast Deine adeligen Herren und Ritter, sitzest Du bei ihnen auf der Stuben, so sollen sie auch mit Dir tanzen!" — da kam Hippe Gilg, tröstete mich, lud mich zum Tanze ein und tanzte die ganze Zeit nur mit mir. O, hl. Ursula mit allen 11,000 Jungfrauen! wie haben sich da die Bürgerstöchter geärgert! Und wie hat sich mein Hippe gezeigt, als am letzten Pfingstmontag die Zünfte auf das Rathhaus zogen, um wie gewohnt, den Eid zu leisten. Als Ehrenwache ist er neben der Zunftfahne einhergeschritten wie ein Ritter (ahmt es nach), hat sich nicht umgesehen; als er aber bei der Herrenstube vorbeikam und mich am Fenster sah, blinzelte er mit den Augen hinauf, als wollte er sagen: Gell, Kätherle, ich mach' es recht! Wenn er 30 Jahre alt ist, kann er Zunftmeister und nachher Schultheiß werden. Sein Vater war auch Zunftmeister und Schultheiß und sein Herr Ohm Chorherr vom St. Martinsstift. Und wenn dann das Kätherle auf der Herrenstube als die ehrsame Hausfrau des Herrn Philipp Gilg, Zunftmeisterin und Schultheißin ist und bei Festen den Ehrensitz hat, dann werden sich die Bürgerstöchter und Frauen erst recht ärgern.

(Lärm draußen). O hl. Ursula mit allen 11,000 Jungfrauen, da kommt Othmar von Schönau, man kennt ihn an der Stimme.

Ritter Othmar v. Schönau und Hemmann Truchseß v. Rh. (treten ein, im Jagdkostüm, eben von der Jagd zurückkehrend).

Othmar. Heida, Käterl, so alleine in der Stuben? Ihr habt nun ausgeruht, doch jetzo fängt bei Euch die Arbeit an. Nach meinem Durst zu schätzen, muß heut noch viel geleistet werden.

Hemmann. Gut'n Abend, Maid, frisch munter auf die Bein', und hüpfe wie ein Reh, bring von dem Herren-Wein, heut ist die Kehle weit.

Kätherle. Ja mit Verlaub, Ihr gnäb'gen Herren, die Humpen stehen längs bereit; es soll Euch köstlich munden.

Othmar. Wie meine Kehle lechzt, wir haben auch gehetzt durch Dick und Dünn, durch Strauch und Stauden schnoben wir im obern Forst, es dröhnte durch die Aeste.

Hemmann. Stoßt an! auf Waidmannsheil. Hubertus Volk soll leben!

Othmar. Auf Waidmannsheil!

Hemmann. Hört, Käterl, kommt herbei, ich hab' Euch einen Braten. Nur nicht so spröde thun (kneift sie).

Kätherle. Herr, laßt mich los, ich bin Euch keine Beute.

Hemmann. Nein Maid, fürwahr, einen Braten sag' ich Euch, ein Zehenender-Hirsch, wie Ihr noch selten einen habt gesehen. Die Burschen werden ihn bald in den Hofraum bringen, dann sollt Ihr ihn für die nächste Sippung zubereiten, ich weiß ja, Ihr spart nicht an der Würze und habt Geschick dazu.

Othmar. Haha! das war 'ne Hatze heut', hei, hab' ich den verfluchten Waidbuben die Hundemeute nachgehetzt, daß Alles schrie und krächzte, als stecke jeder an dem Spieß. Heiv!

Kätherle. Ach Gott, die armen Leute, die Herren treiben es doch manchmal etwas derb.

Othmar. Beim Türkenblut, was kümmert Euch das lump'ge Bauernvolk! Schau sie nur nach, daß ihre Humpen blank und rein, und immer klar der Wein. (Singt)

> Die liebste Buhle, die ich han,
> Sie liegt beim Wirth im Keller,
> Sie hat ein hölzern Röcklein an
> Und heißt der Muskateller.
> Sie hat mich nächten trunken g'macht
> Und fröhlich mir den Tag vollbracht.

(Während des Gesangs treten ein:)

Konrad von Jestetten, Komthur von Beuggen und Hermann Schenk, Komthur zu St. Johann (im Gespräch).

Konrad. Guten Abend; guten Schluck zum guten Wein.

Hermann. Guten Abend, Herren und Ritter.

Hemmann. Willkommen, Würden, laßt Euch bei uns nieder.

Othmar. Guten Abend den Komthuren. (Alle setzen sich.)

Kätherle (mit Humpen). Wohl bekomms, Ihr Würden.

Konrad. Komthur von St. Johann, wir sind noch lang nicht einig, vom zehnten Servitut, vom Banne Möhlin, hält nur die Nase fern, da giebt es nichts zu schnüffeln.

Othmar. Hei, Mädel, hör, die Würfel her, wir wollen das Geweih ausspielen.

Hemmann. Erst rüttelt mir den Becher, das bringt Glück.

Hermann. Kommt lieber gleich mit Büffeln als mit dem groben Schnüffeln. Ich meine, Herr, das lasse sich noch bei Gericht besprechen, wem das Recht gehört.

Hemmann. Juheißa, einen Pasch. Der Anfang wäre recht.

Othmar. Verdammtes Glück, das soll der Henker holen.

Konrad. Besprechen wir mit Euch? Ihr seid ja arme Schlucker.

Hermann. Und Ihr seid Leutverdrucker, habt keine Ehr' im Leib.

Konrad. Laßt diesen Zeitvertreib und denkt an Eure Schulden (trinkt).

Hemmann. Und wieder einen Pasch! tralla, das geht na Wunsch; dank Jungfer Kätherl, Ihr habt gut gerüttelt.

Othmar. Kreuz Teufel Element, will mich der Junge foppen?

Hermann. Drum eben wollen wir den Gulden; der Matten Zins ist unser, denn die Gemarkung Möhlin hat immerdar zu unserm Banne gehört, so ist's verbrieft von Alters her.

Konrad (schlägt auf den Tisch). Strahl Donner Blitz! Beim Tschamberloch! wer wagt das zu behaupten? Nicht einen Finger breit weich ich von meinem Recht.

Hemmann. Triumph! und wieder einen Pasch.

Othmar (schmeißt ihm die Würfel in's Gesicht.) Da freßt die Würfel selber!

Hemmann (zieht den Degen). Das war nicht schön von Schönau. Die Klinge raus, ich laß mich auch nicht foppen.

(Unterdessen sind eingetreten) **Propst Herport** mit **Chorherr** und **Dekan Ott**, hinter diesen der **Schultheiß von Rheinfelden** und der **Stadtschreiber.**

Dekan. Maria! Josef! hilf! da gibt es blut'ge Händel. Gemach, gemach, verschonet Euer Blut.

Propst. Halt! Habt kaltes Blut, Ihr Herren. Hier dürft Ihr waidlich saufen, doch aber laßt das Raufen; enthaltet Euch des leidigen Zanks und Streits.

Schultheiß. Ihr kamt gerade recht, um Frieden hier zu stiften. Besänftigt Euch, von Schönau. Ihr, Truchseß Hemmann, stecket ein. Ein Jeder suche den gewohnten Platz.

Propst. Bedenkt, Ihr edlen Ritter, in unsrer Ehren Stuben-Ordnung heißt's: Streng ist es hier verboten, zu hadern und zu zanken und schwere Buße liegt auf wildem Messerzücken. Drum Friede sei mit Euch! In unsrer Herrenstube da wird kein Streit geduldet, nur Minne waltet hier. Drum lasset Euch versöhnen und trinkt Johannes Minne!

Alle. Wohl bekomms!

Schultheiß. Es wäre wohl am Platz, die Stubenordnung wieder zu verlesen. Es hätt' geschehen sollen am Tag von St. Jörg, dem Schutzpatron der Ritter, doch bei dem großen Trinkgelag gelegentlich der Gäste vergaß man solche Pflichten. Auf Käatherl, geh' und hol' den Stubenmeister.

Käatherl (ab).

Propst (der mit seinem Nachbar gelacht und gesprochen). Also die neueste Geschichte vom Belzebub, die wollt Ihr hören? Nun, so sei's. Da stellt kürzlich Belzebub unter seinen bösen Geistern ein Verhör an, ob sie alle gut ihr Amt verrichten. Der Sauftenfel aber bestand schlecht im Verhör, ward seiner Saumseligkeit wegen noch wacker aus=geschalten, hierauf entschuldigte er sich: Die Prediger, die Aerzte, die Philosophenbande arbeite ihm so sehr zuwider. Nachlässigkeit sei hiebei nicht im Spiel. Wohlan, fragt Belzebub: Trinken die Deutschen noch auf Gesundheit? Ja! Saufteufel sprach; und Belzebub: O, wenn dem so ist, dann laßt uns nicht verzweifeln.

Alle. (Gelächter). Wohl bekomms!

Stubenmeister und Katharine (inzwischen eingetreten).

Stubenmeister. Guten Abend, edle Herren. Ihr habt mich rufen lassen, ich steh' zu Euren Diensten.

Schultheiß. So les't die Stubenordnung vor.

Stubenmeister (liest). Dieses sind die Satzungen und die Ordnung der Obern Herrenstube der Priesterschaft und des Adels in Rheinfelden. Zum Ersten: Soll keiner Stubengenosse werden, oder er sei Priester oder vom Adel. Alle Handwerker, sofern sie nicht Schult=heiß, Zunftmeister oder vom Rath sind, sind ausgeschlossen.

Item. Wer vom Adel in die Stadt zieht, dessen Vorfahren nicht Stubengenossen waren, zahlt 4 Gulden.

Item. Jeder Stubengenosse hat jährlich als Sitzgeld zu zahlen 10 Schilling.

Item. Wer da unchristlich schwört, in der Stuben lästert, so oft es geschieht, 1 Schilling.

Item. Alle Spiel, Würfel, Brett oder wie das Spiel heißt, sind verboten an Festtagen unseres Herrn und seiner Mutter bei Straf von einem halben Pfund Wachs in die Kirch.

Item. Wer da zornig beim Spiel Brett und Würfel wegwirft, bessert ohne Gnad 1 Schilling.

Item. Wer das Messer zückt, zahlt 10 Schilling und hat ein Monat die Stuben zu meiden.

Item. Wer das Sitzgeld nicht zahlt, hat die Stuben zu meiden, bis er zahlt hat.

Item. Der Nüchternheit wegen darf keiner mehr als 20 Humpen Wein trinken, Becher nach der Größe auch bis zu 20 Humpen.

Item. Was weiter bestimmt worden über den Stubenmeister, den Hochzeitsgelagen, den Rechnungen und was seit Jahren von den Zunftgenossen beschlossen, das ist geschrieben im Stubenbuch.

Schultheiß. Ihr edlen Herren, die Ordnung habt ihr nun vernommen und seid gebeten, Euch darnach zu richten.

Othmar. Es wäre auch am Platz, die Stubenrechnung wieder einmal vorzuweisen.

Stadtschreiber. Die Rechnung hat unser Stubenverwalter Herr Michael Pirr, Einnehmer der Herrschaft Rheinfelden, ausgestellt. Da er nicht hier weilt, sondern nach Freiburg gereist ist, um für seinen Sohn das Zunfthaus „zum Kopf" zu kaufen, so will ich einige Notamina, die ich gemacht, Euch kund thun.

(Liest.) Der Stubensitz ist von allen Herren bezahlt worden, ausgenommen Herr Hans von Bobmann und der Pfarrherr von Herten, welche beide die Stuben meiden müssen. Zum guten Jahr haben geschenkt: unser gnädiger Herr Erzherzog 10 Pfund, die Abtissinnen von Säckingen und Olsberg je 5 Pfund und der Abt zur Himmelspforte in Wyhlen 4 Pfund.

Ausgegeben wurden: für Wein, Brod, Fisch, Speck, Wildpret und Gewürz, sowie dem Stubenmeister und der Stubenmagd 347 Pfund. Es sind 8 Saum Wein mehr getrunken worden, als man vorher angenommen, daher Mehrausgabe von 40 Pfund.

Item sind wir noch schuldig: dem Werkmeister Knapp für den neuen Brunnen 27 Pfund, dem Stadtsalzhaus 400 Gulden, dem Schaffner des Stifts St. Martin 250 Gulden und für den alten Elsässer Wein, den wir an letzter Kirchweih gekauft, 60 Pfund.

Hermann. Habt Ihr's gehört? und immer wieder Schulden.

Konrad. Was kümmern uns die Schulden, versoffen sind die Gulden. Vivat! Wer liebt den Wein?

Dekan. Laßt uns Anlehen machen; probiren wir's einmal.

Hermann. Wir müssen uns mit einer Bittschrift an den Erzherzog wenden. Ich hab' die wicht'gen Punkte mir bemerkt.

Othmar. Heraus damit, doch erst die Gurgel netzen. (Trinken.)

Hermann. Nun höret meinen Vorschlag.

(Liest.) „Bitte an Seine hochfürstliche Durchlaucht den Erzherzog Ferdinand."

Da die Stubengenossen zur Herrenstube diese wieder in neuen Stand gebracht, die große Stube dermaßen eingerichtet, daß die Herrschaft sie als Amthaus benützen kann, dieweil sie in unserer Stadt kein eigenes hat, wir aber für diesen Bau und einen neuen Brunnen viel Geld gebraucht, deßhalb auch ein Anlehen mit 400 Gulden beim Stadtsalzhaus machen mußten, aber 4 Zinse rückständig sind und selbe nicht wohl bezahlen können, so richten wir an Euere Durchlaucht die Bitte, diejenigen 320 Gulden, welche Kleinhans Soder zu Möhlin wegen seines als Hexe und Unholdin verbannten Weibes, als eine Konfiskation für den ersten Termin verfallen und zu bezahlen schuldig ist, gnädigst uns, den Stubengenossen, zu bewilligen.

Schultheiß. Das wären so die Punkte, die erdauert werden müssen; nun bildet Eure Meinung, doch das Gespräch darüber wollen wir für heut' verschieben.

Dekan. Laßt uns den heut'gen Abend mit Gesang erheitern.

Propst. Wohlan, so sei's. Reich' mir die Laute, Kind. Befeuchtet Eure Kehle und beginnt den Reigen. Doch immer etwas Neues, wie es der Brauch bei uns.

Dekan. Ein schönes, neues Lied ist mir von meinem Freund, dem Sepp von Emmishofen, Domherr in Konstanz, zugeschickt worden; hab's auch gleich in's Liederbuch geschrieben. Nun höret zu und singet mit im Chor zur rechten Zeit.

Dekan. (Singt das Lied: „Der Comthur von Meinau und der Häuselmann von Konstanz oder das Trinkturnier!")

Alle singen den Refrain; der Propst begleitet mit der Laute.

> „Halloh! halloh!" ruft allzumal
> Von Meinau der Komthur.
> „Mit edlem Wein füllt den Pokal.
> Wer wagt die Traubenkur."

Chor: Pokal ein! Pokal aus!
Vivat! Der Wein ist gut.
Es liegt im Kloster manches Faß,
Das lange dort geruht.

„Kann's Einer besser? sagt mir wer,
In Stadt- und Waldrevier!
Bringt mir den wackern Zecher her,
Daß er sich mess' mit mir!"

Chor: Pokal ein! Pokal aus!

„Ich hab' von einem Solchen g'hört!"
Hub Einer von Konstanz an. —
„Auf Häuselmann!" ein Jeder schwört,
Daß er's am besten kann!

Chor: Pokal ein! Pokal aus! zc.

„Glaubt nicht der dummen alten Sag',
Herr Ritter und Komthur.
Ich trinke, was der Magen mag;
Vertrag' nicht viel, glaubt's nur!"

I. Chor: „Ich trink' eins, trink' noch eins;
Und hab' ich noch nicht g'nug,
Kehr' ich zum vollen Faß zurück,
Füll' wied'rum meinen Krug!"

II. Chor: Pokal ein! Pokal aus! zc.

„Halloh! halloh! da han' wir Ein',
Jetzt haben wir wiedermal Ein'!
Vor Jeden setzt ein Faß voll Wein,
Hei Knappen, schenket ein!"

I. Chor: Pokal ein! Pokal aus! zc.

II. Chor: Ich trink' eins, trink' noch eins! zc.

Vor Jedem stund ein volles Faß;
Zwei Knappen schenken ein.
Der Häuselmann, er maß das Naß,
Schlürft mälig seinen Wein.

I. Chor: Ich trink' eins, trink' noch eins! zc.

II. Chor: Pokal ein! Pokal aus! zc.

Der Ritter hört nicht mehr die Glock',
Schläft ein auf seiner Bank;
Liegt steif da, wie ein alter Bock. —
„Herr Ritter, seid Ihr krank?"

I. Chor: Ich trink' eins, trink' noch eins! zc.

II. Chor: Pokal ein! Pokal aus! zc.

„Auf's Roß, auf's Roß, mit Horn und Sporn,
Auf Knappen und Gesell!
Hab' meinen Trinkkumpan verlor'n,
Wir suchen ihn zur Stell!"

I. Chor: Er hebt eins, hebt noch eins! ꝛc.

II. Chor: Pokal ein! Pokal aus! ꝛc.

„Jagt Konstanz zu und in das Schiff,
Potz Wetterfahn', jetzt guck'!
Beim Abendtrunk das alte Riff,
Mit gut'm Schluck und Druck!"

I. Chor: Er hebt eins, hebt noch eins! ꝛc.

II. Chor: Pokal ein! Pokal aus! ꝛc.

„He, Häuselmann, was ist denn das?
Ist er denn noch nicht müd?" —
Da sitzt er bei der zweiten Maß
Und brummt sein altes Lied!

I. Chor: Ich trink' eins, trink' noch eins!
Und hab' ich nicht genug,
Kehr' ich zum vollen Faß zurück,
Füll' wied'rum den Krug!

II. Chor: Pokal ein! Pokal aus!
Vivat der Wein ist gut.
Es liegt im Kloster manches Faß,
Das lange dort geruht!

Und hat der Ritter einen Spitz,
Dieweils mir Durst gemacht!
Glaubt er, daß ich hier trocken sitz'
Und lausche, wie er schnarcht?"

I. Chor: „Ich trink' eins, trink' noch eins,
Und hab' ich noch nicht g'nug,
Gern kehr' zum alten Faß zurück
Und schenk' mir voll den Krug!"

II. Chor: Pokal ein! Pokal aus! ꝛc.

Hat still sich aus dem Staub gemacht,
Weil er kein' Wein mehr sah. —
Und als der Ritter aufgewacht,
Kein Häuselmann war da.

I. Chor: Er hebt eins, hebt noch eins!
Und hat noch nicht genug!
Er kehrt zum vollen Faß zurück,
Zu füllen seinen Krug.

II. Chor: Pokal ein! Pokal aus! ꝛc.

Stubenmeister (ab).

Während des Gesangs tritt der Rathsbote ein und übergibt
dem Propst ein Schreiben.

Propst (liest nach dem Gesang).

„An die ehrsamen, weisen, frommen und edlen Genossen der obern
Herrenstube der Priesterschaft und des Adels in Rheinfelden.

„Wir Ferdinand von Gottes Gnaden, Erzherzog von Oesterreich,
Herzog zu Burgund, Steier, Kärnten, Krain u. s. w., Graf zu Habsburg und Tyrol u. s. w., entbieten den edlen Stubengenossen der
obern Herrenstube in Rheinfelden unsern Gruß und unsre Liebe zuvor
und melden ihnen, daß wir Montags nach Oculi auf unserer Reise
zum Landtag nach Ensisheim in Eurer Stadt Einkehr nehmen werden.

„Das Nachtlager ist uns vom edlen Ritter Ludwig von Schönau,
unserm erzherzoglichen Rath und dessen Bruder, Hauptmann Othmar
von Schönau, dargeboten worden, und wir haben das Anerbieten angenommen. Dagegen werden wir in Eurer Stube, welche neu eingerichtet worden, den Abendimbis mit allen Stubengenossen theilen
und einer freudigen Lustbarkeit gewärtig sein, womit wir Euch Gott
und seiner Mutter Maria empfehlen.

„Gegeben in Insbrugg Donnerstag vor Herrenfastnacht 1584.

Ferdinandus."

Schultheiß. Vom Obervogt der vier Waldstädte ist auch die Anzeige an den Rath gekommen, und dieser hat beschlossen, den Erzherzog
vor dem Obern Thor mit gesammter Bürgerschaft in Rüstung und
mit dem Stadtfähnlein zu empfangen und in Prozession in die Stadt
zu geleiten, wobei Schüler und Priesterschaft theilnehmen. Das große
und kleine Geschütz wird auf der Ringmauer losgebrannt.

Der Rath wird ihm 6 Saum Wein, 11 Säcke Haber, 30 schöne
Hechte und Karpfen und einen Salmen verehren.

Othmar. Da gibt's wieder einmal einen lust'gen Tag! Trinken
wir darauf! (Stoßt an.)

Alle. Laßt uns ihn schön willkommen! Hurrah, er lebe hoch!

Stubenmeister (eintretend). Ihr edlen Herren, auch ich hab'
eine Meldung hier zu machen und gewärtige Zusage. Zwei Brautpaar sind zur Einladung gekommen. Zwei Herren Eurer Runde,
Zwei Töchter Eurer Sippe und Herr Adelberg Truchseß mit Anna

von Bärenfels und Herr Hannibal von Bärenfels mit Magdalena Truchseß.

Alle. Bravo! Herein, herein! sie sollen kommen! (Die Paare treten ein.)

Adelberg Truchseß. Edle Herren und Ritter! Wir erscheinen als zwei verlobte Paare; meine Schwester als Braut meines Freundes Hannibal von Bärenfels und dessen Schwester als meine Braut. Wir laden Euch geziemend zur festlichen Hochzeit ein, welche am Fastnachts= montag gehalten wird, mit der Bitte, uns gewähren zu wollen, daß das Hochzeitsmahl, wie bisher üblich, auf der Herrenstube gehalten werde.

Propst. Seid Ihr beide junge Brautpaare uns herzlich will= kommen, und die Freundschaft Eurer beiden edlen Familien möge durch diese verdoppelte gegenseitige Verwandtschaft verstärkt werden. Wir werden Alle der Einladung folgen, und wie es auf unserer Stube alter Brauch und schöne Uebung ist, wird jeder Braut ein silberner Becher als Hochzeitsgeschenk gegeben werden.

Schultheiß. Auf! Laßt die Ehrenbecher der Gesellschaft brin= gen, daß wir auf's Wohl der neuen Paare trinken können.

Kätherle (bringt Becher).

Propst (mit dem Becher). Ich kredenze Euch den Becher, daß Ihr Minne hier auf unserer Stube trinket. Wir aber erheben unsere Humpen und wünschen Glück und Segen den beiden Paaren.

Alle. Glück und Segen.

Kätherle (zu Magdalena Truchseß). Viel Glück und Segen.

Magdalena Truchsezin (zu Kätherle). Kätherle, ich wünsche es Dir auch mit Philipp Gilg.

Hannibal von Bärenfels. So Ihr mit Trinken hier erst an= gefangen, ersuchen wir die edlen Herren und Würden gleich, uns zu folgen, den Borimbis zusammen einzunehmen, es ist schon Alles dort bereit.

Alle (aufstehend und anstoßend):

Es leben die Paare
Viel glückliche Jahre;
Es leben die Andern,
Die mit ihnen wandern.
Noch einmal tön' es hell und laut:
[: Hoch Bräutigam und Braut! :]

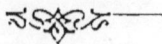

Heinrich Pestalozzi.

(Mit Abbildung.)

Den 6. Juli 1890 feierte die Stadt Yverdon ein Fest besonderer Art: Die Enthüllung eines Denkmals zu Ehren des berühmtesten und einflußreichsten Pädagogen unserer Zeit: Johann Heinrich Pestalozzi. Die ganze Stadt und mit ihr alle Männer der Schule und der Erziehung, alle Verehrer des großen Pädagogen und die ganze civilisirte Welt feierte das Fest mit, das etwas spät zwar erfolgte, aber nicht minder aufrichtig und nicht minder glänzend.

Wir wollen die Einzelheiten des Festes hier nicht aufzählen, sie sind in den Tagesblättern erschienen und noch Jedermann im Gedächtniß; aber sein Leben wollen wir schildern, soweit der noch übrig bleibende Raum dieser Zeitschrift es gestattet.

Für viele Leute ist Pestalozzi ein Unbekannter; für die große Menge des Volkes ist er ein einfacher Lehrer, der sich in seinem Berufe und durch einige Sonderbarkeiten ausgezeichnet hat; er ist wenig als der große Mann bekannt, auf den die Schweiz in der That stolz sein kann. Niemand machte unserm Lande mehr Ehre, denn Niemand hat die Großmüthigkeit und den Edelsinn seines Geistes so weit hinaus getragen in alle Welt wie er; Niemand hat für das menschliche Elend ein fühlenderes Herz gehabt wie er. Die Leidenschaft für die höchste Moral, die Liebe zu den Kindern, zu den Kleinen und Schwächlichen, die Nothwendigkeit, sich der Verlassenen und Unwissenden anzunehmen, hat aus Pestalozzi einen Mann von hoher Moral und einen Erzieher von höchster Bedeutung geschaffen.

Johann Heinrich Pestalozzi wurde den 12. Januar 1746 in Zürich geboren als Sohn des verdienstvollen Arztes Johann Baptist Pestalozzi zum „schwarzen Horn". Als Heinrich fünf Jahre alt war, starb sein Vater und der Knabe wurde ausschließlich von seiner Mutter Susanne Hotz, einer sehr frommen Frau erzogen, die am richtigen Orte zu schwach war, um wohlthätig in die Erziehung des jungen kränklichen und schwachen Pestalozzi einzuwirken. Seine Lehrer

Das Pestalozzi-Denkmal zu Yverdon. (Seite 1

hielten den Knaben für beschränkt; denn er lernte nicht schreiben und haßte die Grammatik. Dagegen liebte ihn Jedermann wegen seiner Herzensgüte, seiner Offenheit, seiner Dienstfertigkeit und seiner Gerechtigkeitsliebe, mit der er jeden ungerecht behandelten Kameraden vertheidigte. Nach und nach wurde er ein guter Schüler und, obwohl etwas träumerisch angelegt, erfaßte er leicht seine Lektionen. Später, als Student, verrieth er ein wahres Talent.

Mehrere Professoren sprachen ihm mit Enthusiasmus von den strengen Lebensanschauungen und dem Patriotismus der alten Römer. Pestalozzi und einige seiner Freunde wurden derart mit Feuereifer für die Tugenden der Alten ergriffen, daß sie ein Leben der Entbeh= rungen begannen und sich entschlossen, alle Mißbräuche abzuschaffen. Als neue Brutusse wollten sie selbst die souveräne Macht des alten Zürichs stürzen; sie wurden verrathen und während einiger Zeit ge= thürmt.

Bei seinem Austritt aus dem Gefängnisse war Pestalozzi immer= fort bereit, zu lehren, zu trösten, zu bessern und zu helfen, entschlossen, sich dem geistlichen Stande zu widmen. Er hatte bald seine Theologie absolvirt, gab aber die Gottesgelehrtheit nach einem fehlgeschlagenen Predigtversuche auf.

Nun wandte er sich, immer gequält durch das Bedürfniß, der Gerechtigkeit und der Wahrheit im Volke zum Siege zu verhelfen, dem Studium der Rechtswissenschaft zu. Er wollte ein politischer Mann, ein Staatsmann werden. Nach verschiedenen gewissenhaften, aber fehl= geschlagenen Anläufen verzichtete er auf die Politik. Er las „Emile" von J. J. Rousseau und nach einer schweren Krankheit entflammte er sich für das Landleben, warf seine Bücher und seine literarischen Arbeiten in's Feuer und dachte nur an die Verbesserung der Volks= erziehung durch das Mittel des Ackerbaus. Er arbeitete zuerst, um sich die nothwendigen Kenntnisse eines Landwirths zu erwerben, als Knecht auf dem Bauernhof von Tschiffeli in Kirchberg (Kts. Bern), kaufte dann im Jahre 1771 in Birr im Aargau ein Grundstück, baute ein Haus darauf, das er „Neuhof" nannte und verwendete den Rest seines väterlichen Vermögens in landwirthschaftlichen Versuchen.

Im Jahr darauf verheirathete er sich mit der Tochter eines reichen Kaufmanns von Zürich, Anna Schultheß, die ganz von der Häßlich= keit des jungen Pestalozzi absah, ihn nur wegen seines guten Herzens zum Gatten nahm. Nur ungern willigten die Eltern in die Heirath des „schwarzen Pestalozzi" mit ihrem Kinde, sie ließen die Tochter ziehen, aber ohne Aussteuer, nur das Klavier, die Kleider und der Sparhafen wurden ihr verabfolgt. Am 30. September 1769 fand die Trauung in Gebenstorf im Aargau statt und der 23jährige Pestalozzi führte nun seine junge Frau nach Mülligen heim.*

Die Mutter Schultheß hatte Anna mit den Worten entlassen: „Du wirst mit Wasser und Brod zufrieden sein müssen!" Noch ehe die junge Haushaltung in den „Neuhof" herüberziehen konnte, begannen diese Worte sich zu erfüllen. In inniger Reinheit entfaltete sich freilich Pestalozzi's Familienleben. Ein Sohn war ihm geboren. Im Verlaufe seiner Erziehung erkannte Pestalozzi an, daß sein Sohn die Bücher haßte und nur Geschmack an Handarbeiten hatte. Er gab dieser Neigung nach und bemerkte bald, daß sein Sohn in dieser Arbeit seine Befriedigung fand. Das war ein Strahl der Erkenntniß in seiner Erziehungsmethode: die häusliche Erziehung in Arbeit und Zufriedenheit ist das einzige Mittel, das Glück der Individuen und der Gesellschaft zu begründen und die tiefer liegenden Schichten derselben dem materiellen und moralischen Elend zu entziehen.

Er versammelte das herumziehende kleine Volk, alle kleinen Bettler der Gegend um sich, bei 50, und füllte damit sein Haus, den „Neuhof", nährte sie, kleidete sie und beschäftigte sie auf dem Lande, lernte sie Baumwolle spinnen, gab ihnen Unterricht in den elementarsten Fächern und bildete sie, indem er seine ganze Intelligenz, seine Güte und Liebe dem Werke zum Opfer brachte. Aber er war ein schlechter Verwalter, er konnte mit dem Geld nicht umgehen, er verstand nicht, wie man im gewöhnlichen Leben sagt, zu rechnen, er war für den Handel und Verkehr viel zu gut. Dadurch kam seine Erziehungsanstalt in Abgang, die Haushaltung in Verlust und er selbst in Gefahr, sein Vermögen und seinen guten Namen zu verlieren. Er war in der dringendsten Noth, und hatte in seinem anmuthigen Landhause weder Geld noch Brod, noch Holz sich vor Hunger und Kälte zu schützen. Dazu kam noch die Krankheit seiner Frau, Druck und Unterdrückung, Zertretung von Innen und Außen.

---

* Geschichte der Volksschule von Dr. O. Hunziker, II. Band, Zürich, Friedrich Schultheß.

Obschon Rathschreiber Iselin, Jakob Sarasin und andere reiche
Basler und Züricher Freunde halfen, mußte doch die Erziehungsanstalt
1780 aufgehoben werden. Was sollte nun Pestalozzi anfangen, mittel-
los und kreditlos wie er war? Seine Freunde, vor Allem Iselin,
wiesen ihn auf die Schriftstellerei. Nach einigen kleinern Arbeiten
erschien 1781 das Volksbuch „Lienhard und Gertrud", in das er seine
psychologischen Beobachtungen niederlegte und das ihn mit einem Schlag
zu europäischem Ruhme emporhob. Die Fortsetzungen erschienen bis 1787.

„Die Geschichte floß mir," so erzählte der Verfasser, „ich weiß nicht
wie aus der Feder und entfaltete sich von selbst, ohne daß ich den
geringsten Plan davon im Kopfe hatte, oder auch nur über einen solchen
nachdachte. Das Buch stand in einigen Wochen da, ohne daß ich selbst
wußte, wie ich dazu gekommen." In diesem Buche legte er seine Erfahrungen über die Quellen des Elends in den niedern Ständen und
fruchtbare Ideen und Vorschläge zur Hebung derselben mit Kraft und
Innigkeit dar. Zur Erläuterung desselben schrieb er „Christoph und
Else" (Zürich 1782), außerdem die „Abendstunden eines Einsiedlers",
„das Schweizerblatt für das Volk" (1782 bis 1783), eine Abhandlung
über „Gesetzgebung und Kindermord" (1783), und die gedankenreichen
„Nachforschungen über den Gang der Natur in der Entwicklung des
Menschengeschlechtes" (Zürich 1797).

Unterdessen war die französische Revolution, der Einmarsch der
Franzosen in die Schweiz, der Widerstand der Urkantone und die
Metzelei in Unterwalden in's Land gekommen. Da sprach Pestalozzi:
„Ich will Schulmeister werden!" Und so betrat er den mühsamen,
aber für ihn allein richtigen Weg, die Erfüllung seiner Menschheits-
pläne von unten herauf als Erzieher zu versuchen.

Am 5. Dezember 1798 ward Pestalozzi vom helvetischen Direk-
torium mit der Leitung des Waisenhauses in Stanz beauftragt. Die
Aufgabe war, den Kindern von Unterwalden, die durch den Einfall der
Franzosen um Eltern und Heimath gekommen waren, von Seite der
Regierung Obdach und Erziehung zu verschaffen. Beinahe 80 Kindern aus der Hefe des Volkes wurde er hier Lehrer und Vater. Doch
noch vor Ablauf des Jahres zerstörten der Krieg und die Ränke einer
ihm als Protestant feindlichen katholischen Partei auch diese Anstalt und
Pestalozzi wurde mit Undank belohnt und verabschiedet. Er ging
nach Burgdorf und wurde Schulmeister. Begeisterte Männer schlossen

sich ihm hier an und seine methodischen Schriften „Wie Gertrud ihre Kinder lehrt" (1801), das „Buch der Mütter" (1803), „Anschauungs-lehre der Zahlenverhältnisse" (1804) fanden an vielen Orten empfängliche Leser. Durch seine Theilnahme an den politischen Händeln und seine demokratischen Gesinnungen verdarb er es indessen mit den Vornehmen, während das Volk ihn 1802 als seinen Anwalt zum Ersten Konsul nach Paris entsendete. Bonaparte schnitt rasch den Faden von Pestalozzi's Rede über die Volkserziehung ab, indem er erklärte, er könne sich nicht mit dem ABC befassen. Pestalozzi kam entmuthigt in die Schweiz zurück. Seine sich immer mehr entwickelnde Erziehungsanstalt verlegte er 1804 nach Wyhlhof ("Hofwyl") bei München-buchsee, um mit Emanuel von Fellenberg in Verbindung zu treten, aber noch im gleichen Jahre zog er mit acht Zöglingen nach Yverdon, wo er das ihm von der Regierung eingeräumte Schloß bezog.

Die zwanzig Jahre, die Pestalozzi hier zubrachte, gehören zu den glänzendsten seiner pädagogischen Laufbahn. Von allen Seiten her eilte man in's Schloß von Yverdon. Könige, Prinzen, Generale und Diplomaten besuchten die Anstalt, die bis 250 Zöglinge und 50 Lehrer zählte. Bald war die Pestalozzi'sche Methode in ganz Europa bekannt. Bald aber auch traten innere Zwistigkeiten unter den Lehrern auf, die die Anstalt in ihren Grundlagen untergruben. Nach den deutschen Befreiungskriegen hatte das Institut äußerlich seine höchste Blüthe erreicht. Von da an sank es rasch. Geldverlegenheiten traten ein. Da starb im Dezember 1815 Pestalozzi's treue Gattin; seine Stütze und sein Leitstern während vierzig Jahren war dahin. Pestalozzi löste 1825 seine Erziehungsanstalt auf und zog sich zu seinem Enkel auf den Neuhof zurück.

Lebensvoll wie immer, rastlos thätig in schriftstellerischen Leistungen und mit großen Projekten betreffend die Verwerthung seiner Methode für das Studium der alten Sprachen beschäftigt, trat Pestalozzi das neunte Jahrzehnt seines Lebens an, als er plötzlich in Brugg, wo er ärztliche Hilfe gesucht, am 17. Februar 1827 verschied. Schon am 19. Februar wurde er in Birr zur Erde bestattet, das Leichengeleite war der Kürze der Zeit wegen klein. Lehrer und Schüler der Umgebung sangen ihm in's Grab.

Sein Lebensziel war die Verbesserung der häuslichen Erziehung, Hebung der ärmeren Volksklassen durch Erziehung und Unterricht,

Begründung einer einfachen, der Entwicklung des jugendlichen Geistes angemessenen Unterrichtsmethode. Von Sachkenntnissen hielt er wenig. Das Prinzip seiner Erziehung war die Liebe. Sein größtes Verdienst bestand in seinen anregenden Ideen und in der Macht seiner persön= lichen Einwirkung, wodurch er zahlreiche Schüler begeisterte, die später fast in allen Ländern Europas für die Verbesserung der Schulen, namentlich des Elementarunterrichts, ausgezeichnet thätig waren. Durch Pestalozzi und seine Schule hat besonders das Volksschulwesen große Fortschritte gemacht.

In Anerkennung dieser Verdienste wurde auch der hundertjährige Geburtstag Pestalozzi's, der 12. Januar 1846 an viele Orten der Schweiz und Deutschland festlich begangen und zu seiner Erinnerung vielfach nach Pestalozzi benannte wohlthätige Erziehungsanstalten (Pestalozzi-Stiftungen) gegründet.

* * *

Das Denkmal, das Pestalozzi von dem berühmten Bildhauer Alfred Lanz von Biel errichtet wurde, stellt Vater Pestalozzi dar, umgeben von zwei Kindern, einem Knaben und einem Mädchen, denen er väterliche Rathschläge ertheilt. Die Gruppe voll Leben und von einem ergreifenden Liebreiz, ist in etwas mehr als Lebensgröße ausgeführt und ruht auf einem Sockel, der folgende Inschrift trägt:

A
PESTALOZZI
1746—1827.
Monument érigé par souscription populaire.
MDCCCXC

Links gegen das Stadthaus:

J'AI VÉCU MOI-MÊME COMME UN MENDIANT POUR APPRENDRE A DES MENDIANTS
A VIVRE COMME DES HOMMES.

Rechte Seite:

Sauveur des pauvres à Neuhof.
Père des orphelins à Stanz.
Fondateur de l'école populaire à Burgdorf.
Educateur de l'humanité à Yverdon.
Tout pour les autres..., pour lui,... rien.

Doktor Otto Schenker.

Noch ehe das 2. Heft der Zeitschrift „Vom Jura zum Schwarz= wald" mit dem Schlusse der historischen Monographie „Aus Alt= Rauracien" beendigt und erschienen war, erlag deren Verfasser, Herr Dr. med. Otto Schenker in Pruntrut, am 17. Juli Abends einem Herzschlage. Die Influenza hatte ihm die Lungenentzündung gebracht, die er glücklich überstand; er suchte Stärkung und völlige Genesung in Champel (Genf) und Magglingen; Anfangs Juli war er von seiner Kur zurückgekehrt und bald machte der Tod seinem thatenreichen Leben ein Ende.

Im Jahre 1847 in Dornach geboren, wo sein Vater Gerichts= präsident war, erhielt er seine Bildung an den Stadtschulen und der Kantonsschule von Solothurn, die er, als einer der ersten in einer zahlreichen Klasse, mit bestem Erfolge absolvirte. An den Universi= täten Bern, Würzburg, Tübingen und Wien widmete er sich dann dem Studium der Medizin und vervollständigte das theoretische Studium im Kriegsjahr 1870/71 durch praktische Erfahrungen in deutschen Laza= rethen im Elsaß. So allseitig wohl ausgerüstet, begann er, nachdem er das Staatsexamen wohl bestanden, seine ärztliche Praxis in Mal= leray im Berner Jura, von wo er später (1877) nach Pruntrut über= siedelte, das nun die Stätte seines Wirkens wurde. Bald hatte er sich hier auch einer ausgedehnten Praxis zu erfreuen. Mit einer Tochter des weithin rühmlichst bekannten Arztes Löliger von Arlesheim glück= lich verheirathet, lebte er ganz nur seinem Berufe und seiner Familie. Seine Mußestunden verwerthete er im Dienste der Wissenschaft, theils der Medizin, durch verschiedene Abhandlungen in ärztlichen Zeitschriften, — z. B. eine „Geschichte der Pest in Pruntrut" — theils der Geschichte und verwandter Fächer.

Unsere Leser werden die Monographie „Aus Alt=Rauracien", die mit großer Liebe und Sachkenntniß geschrieben ist, wohl zu wür= digen wissen. Der Verfasser konnte den letzten Bogen seiner Arbeit nicht mehr korrigiren, da der Tod die nimmermüde Feder seinen Hän= den entriß.

Der im 43. Altersjahr Verstorbene hat es verstanden, sich von Anfang seines Aufenthaltes in Pruntrut an die Sympathien der ganzen Bevölkerung zu erwerben; seine Kranken pflegte er mit väterlicher Hingabe.

Die Armen, denen er die Wohlthaten seiner Kunst in ausgiebigsten Maße spendete, haben viel an ihm verloren. In politischen und religiösen Dingen blieb er neutral, obschon er den Freimuth seiner Gesinnung überall, wo es anging, zu Tage treten ließ.

So hat er seine Zeit wohl genützt und viel zu früh ist er nun von hinnen gegangen, zu früh insbesondere für seine Gattin und seine beiden unmündigen Knaben. Ein edelgesinnter, braver und tüchtiger Mann ist von uns geschieden, dem Alle, die ihn kannten, ein treues Andenken bewahren werden.

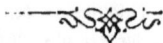

Wagner von Laufenburg.

Ludwig Uhland war bekanntlich von 1830 bis 1833 Professor der deutschen Sprache und Literatur in Tübingen und hat als solcher Vorlesungen über die Poesie im Mittelalter, im 15. und 16. Jahrhundert, über das Nibelungenlied und über die Sagengeschichte der germanischen und romanischen Völker gehalten. Noch heute ist die Lektüre dieser Vorträge ein wahrer Hochgenuß! Außer seinen Vorlesungen hatte der Dichter aber auch Uebungen im schriftlichen und mündlichen Vortrag mit seinen Studenten, zu welchen diese ihm Dichtungen oder in Prosa verfaßte Ausarbeitungen über die verschiedensten Gegenstände einreichten. Die besten Köpfe jener akademischen Generation nahmen an diesen Uebungen Theil. Nur ganz Wenige sind aus diesem Kreise glücklich noch am Leben, sagt die „Schw. Fr. Pr." Alle aber rechneten, was sie da gefunden hatten, unter ihre schönsten Jugenderinnerungen und kostbarsten Förderungen ihrer Bildung. Untereinander übten die Jünglinge selbst wechselweise die schulende Kritik an ihren Arbeiten, jedenfalls aber ergriff der Meister zum Schluß das Wort, um sein Urtheil abzugeben, „stets treffend, aber auch, wenn Tadel nothwendig war, mild, schonend und ermuthigend."

Was es hieß, einen Dichter zum Lehrer zu haben, beweist eine Rezension Uhlands vom 21. April 1831 über einige von einem Studenten zurückge-
lassenen Lieder. Der Student war der „lange Wagner" von Laufenburg, der nachherige aargauische Rathschreiber, der als solcher mit Uhland
und dessen Freund, dem alten Mayer — auch später noch treue Freundschaft
pflegte. In der erwähnten Rezension ruft Uhland dem Scheidenden nach:
„Wünschen auch wir dem Sänger eine heitere, liederreiche Wanderung!
Er hat uns sonst manchmal hübsche Legenden gegeben, senden auch wir ihm
eine solche nach! — Die Legende vom heiligen Gangolf, dem Patron aller
Fußgänger, erzählt Folgendes:
Dieser fromme Mann kam einst auf der Wanderschaft zu einer klaren
Quelle und trank daraus. Der Eigenthümer des Platzes, wo die Quelle floß,
kam hinzu, sah, wie dem Wanderer das Wasser mundete, und bot ihm die
Quelle feil. Der heilige Gangolf nahm keinen Anstand, sie zu kaufen. Als
er aber nach Hause gekommen war und den Seinigen den Kauf erzählte,
lachten sie ihn aus. Da stieß er seinen Stab in die Erde und als er ihn
wieder hervorzog, brach sogleich die Quelle hervor, die er gekauft hatte. So
läßt der Wanderstab des Dichters alle die frischen Lebensquellen daheim auf-
springen, die er auf dem Wege eingesogen hat."

*   *

     *

Franz Xaver Wagner wurde den 28. Februar 1806 zu Laufenburg geboren
als Sohn des Zieglermeisters Franz Xaver Wagner; er machte seine vorbereitenden
Studien an der Sekundarschule seiner Vaterstadt, besuchte dann die Gymnasien in
Solothurn, Aarau und Genf und studirte darauf in Freiburg im Breisgau und in
Tübingen Theologie und Philologie. In die Heimath zurückgekehrt, wurde er nach
wohlbestandenem Staatsexamen im Jahre 1832 zum Regierungssekretär gewählt,
im Januar zum Rathschreiber des Regierungsrathes, im Dezember 1850 zum Re-
gierungsrath, sowie ein Jahre später zum Landammann ernannt. Im Mai 1852
trat er jedoch freiwillig aus der Regierung, um die ihm mehr zusagende Stelle
eines Rathschreibers wieder einzunehmen, die er bis zu seinem Tode bekleidete. Er
starb den 10. Januar 1879 in einem Alter von 73 Jahren.
Vergebens haben seine Freunde von ihm stets die Herausgabe einer Sammlung
seiner Dichtungen erwartet, von denen er früher so manche ansprechende Probe in
den literarischen Zeitschriften des In- und Auslandes erscheinen ließ. Doch, wo ist
der Sterbliche zu finden, der Alles, was er angefangen, auch beendigt hat?

Aus Alt-Rauracien.

Von Dr. Otto Schenker in Pruntrut.

III. Schluß.

Alt-Rauracien als Theil des zweiten Königreichs Burgund.

Wie vor Jahrhunderten das römische Reich unter den Schlägen der germanischen Völker zusammengebrochen war und die ohnmächtigen Imperatoren diesem Zerfall keinen Halt zu gebieten vermochten, so neigte sich im 9. und 10. Jahrhundert das fränkische Reich, die gewaltige Weltmonarchie Karl's des Großen, unter den Einbrüchen der Normannen, der Ungarn (Hunnen) und Sarazenen, ferner unter energielosen, schwachen Königen, den letzten Karlovingern, ihrem Ende zu, während die Großen des ungeheuren Reiches, statt mit ihren Kriegsgenossen den bedrängten Fürsten und Völkern zu Hilfe zu eilen, deren Macht zu schwächen und aus dem allgemeinen Wirrwarr für sich selbst kleinere, von der Centralgewalt unabhängige Königreiche zu bilden trachteten. Im Norden kamen aus Skandinavien die Normannen, welche dort durch Mangel an Raum und Vermehrung der Bevölkerung zum Auswandern gezwungen waren, auf ihren kleinen raschen Schiffen (Wikinger) unter ihren berühmtesten Heerkönigen Hasting, Rorik, Roll, Weeland an die Küsten Frankreichs, Deutschlands, Spaniens, brandschatzten die Städte und Länder an den Meeresküsten, drangen auf den langen, schmalen Booten die Mündungen der Flüsse hinauf — die Seine hinauf gegen Paris, durch die Garonne gegen Périgueux und Bordeaux, durch die Loire gegen Nantes und Tours — indem sie Städte, Flecken, Klöster, Abteien, kurz Alles verwüsteten, was ihrem starken Arm, ihrem verschlagenen Muth erreichbar war; die Ufer des Rheins, die blühenden deutschen Städte waren gleichfalls von ihnen in Trümmer gelegt worden. Karl der Kahle, der König Neustriens, hatte Nichts gegen die Räuber ausrichten können und mußte durch Geld ihren Rückzug erkaufen; hohnlachend nahmen sie das Gold und dirigirten den Kiel ihrer raschen schlanken Schiffe in ein anderes Meerwasser, in eine andere Flußmündung, in deren von Inseln und Gebüsch bedecktem Ausgang sie sich festsetzten. Als Karl

der Dicke, Sohn Ludwig's des Deutschen, der Mann mit dem steten
Kopfweh, den mönchischen Gewohnheiten und dem schlaffen Herzen,
Kaiser geworden (844) und auf diesem so wenig zum Herrschen geborenen Haupte sich noch einmal alle Kronen Karl's des Großen vereinigten, als die Normannen, nun auch das bis jetzt verschonte Austrasien heimsuchend, unter den Seekönigen Godefried und Sigebert sich in
schrecklicher Weise auf Lothringen stürzten, die Städte und Abteien verwüsteten, in Aachen, in der Kapelle Karl's des Großen, dem National-
heiligthum, ihre Pferde tränkten, und die Mosel hinauffahrend, Koblenz,
Trier und Metz verwüsteten, als auf einer andern Seite Paris in
heldenhafter Vertheidigung unter drei edlen neustrischen Grafen, Otto,
Abt Hugo und Abt Gozelin, gegen die Normannen sich fast zu Tode
blutete und der zu Hilfe gerufene Kaiser nichts als schnödes Gold zu
bieten wagte, da endlich war das Maß voll: auf dem Reichstag zu
Tibur am Rhein (887) wurde Karl von den Großen des Reichs abgesetzt, Arnulf, Herzog von Kärnthen, unehelicher Sohn Karlmann's,
zum König erwählt; Karl der Dicke starb schon das Jahr darauf und
wurde im Kloster Reichenau, auf der grünen Rheininsel beigesetzt.

Arnulf schickte 891 ein Heer gegen die Normannen, das aber am
Geulenbache (Juni 891) geschlagen wurde — unter den Gefallenen
befand sich auch der Bischof von Basel, Rudolf I. — trug aber im
November des nämlichen Jahres unter persönlicher Anführung an der
Dyle einen glänzenden Sieg davon.

Mit der Absetzung Karl's des Dicken regten sich die Sonder-
gelüste der Großen des Reichs und sieben Könige gingen aus diesem
Zersetzungsprozeß hervor; unter Anderen: Arnulf erhielt Deutschland
und einen Theil Lothringens, Berengar, Herzog von Friaul, Sohn
einer Tochter Ludwig's des Frommen, bekam in Pavia aus den Händen
des Erzbischofs von Mailand die Krone Italiens, Ludwig, Sohn Bosos,
wurde König der Provence, Odvo, der heldenhafte Vertheidiger von
Paris gegen die Normannen, ward König vom westlichen Frankreich
und verglich sich mit Arnulf, König der Deutschen, bei einer Zusammen-
kunft in Worms, und endlich gelang es Graf Rudolf, dem Sohne
Konrad's, des Grafen von Paris und Neffen des Abtes Hugo, des
andern heldenmüthigen Vertheidigers jener Stadt, in St. Maurice
unter großer Begeisterung des Landes, unter Mithilfe des Bischofs
Didier von Sitten, die Krone des nun neu entstandenen Königreichs

Burgund sich auf's Haupt zu setzen. Der Vater dieses Rudolf, Graf Konrad, Bruder des oben genannten Abtes Hugo, hatte sich in die Dienste König Lothars II. begeben; in ihrem Auftrage entriß er dem Abt Hucberth 864 Hochburgund, wurde also Graf dieser Gegend und „nach ihm waltete dort sein Sohn Rudolf, zugleich als Abt von St. Maurice und als Graf." Das neu gegründete Königreich Burgund umfaßte die Länder, welche Rudolf und sein Vater als Markgrafen regiert hatten, d. h. die beiden Abhänge des St. Bernhard, das Aostathal, Wallis, die Waadt, Neuenburg, die nordwestlichen Thäler des Jura mit Basel, Gex, Genf und Chablais.

Der König in Deutschland, Arnulf, war jedoch mit dieser Zerstückelung des ehemals so mächtigen und ausgedehnten fränkischen Reiches nicht einverstanden; er marschirte gegen Rudolf, verwüstete das Waadtland, besetzte Lausanne, konnte aber aus Mangel an Lebensmitteln und da sich Rudolf hoch in den Walliseralpen verschanzt hatte, nichts ausrichten und traf mit dem Burgunder ein Abkommen, daß letzterer die burgundische Krone behielt, jedoch die Suzeränität Arnulf's anerkennen und sie persönlich und ausdrücklich vor dem deutschen König in Ratisbonne aussprechen sollte.

Erst nach Arnulf's Anerkennung der Thatsachen war das zweite Königreich Burgund mit Sicherheit gegründet und umfaßte nun einen Theil von Gundobald's Staaten (dem Repräsentanten des ersten Königreichs Burgund), nämlich: Vom Jura nach Westen zur obern Aare, mit dem Berneroberland, Wallis, Savoyen, Genf, ein großer Theil der Franche comté, später Nordsavoyen, und die Ostschweiz) (Daguet), alt Rauracien und ein Theil des Sundgaues, kurz, das Land zwischen Jura, den Alpen, Rhone und Reuß. (Serrasset.)

Aus dem Leben des ersten Königs Rudolf kennen wir sonst wenig als sein Interesse für die Wissenschaften, so daß er der Abtei Moutier-Grandval den berühmten Gelehrten des St. Gallischer Klosters, Jso, den Lehrer Salomons, Bischofs von Konstanz, des Notker, Raspert und Tutilo, dieser berühmten gelehrten St. Gallischen Mönche, verschaffte. Rudolf I. starb 912. Sein Sohn und Nachfolger Rudolf II. hatte vorerst kriegerische Verwicklungen mit Burkhard, Herzog von Schwaben, zu dessen Gunsten das Herzogthum Allemannien wiederhergestellt worden; es handelte sich wahrscheinlich um den Aargau, den beide Fürsten als Eigenthum ansprachen. (Johannes von Müller.)

Bei Kyburg kam es zur Schlacht, in welcher die Burgunder geschlagen
wurden; allein Burkhard zeigte so große Achtung vor Rudolf's Tapferkeit, daß er, auf Vermittlung des Bischofs von Basel, Wilhelm I. hin,
der in diesem Streit als Friedensstifter auftrat, schnellen Frieden
schloß und dem Burgunderkönig selbst seine Tochter Bertha, die berühmte Königin, welche auf dem Pferd spann, die gütige Fee unsrer
Lande, zur Frau gab. Rudolf wurde von den Großen Italiens über
die Alpen gerufen, um ihn an Stelle Berengars zum König zu er-
wählen.

Leider folgte er 923 dem trügerischen Rufe, besiegte Berengar
und wurde vom Erzbischof von Mailand als Italiens König gekrönt
— während die Ungarn oder Hunnen, von Berengar gerufen, in
seine Heimathlande eingedrungen waren, und Rhätien, Schwaben,
Burgund, bis weit in den Jura hinein verwüstet hatten. Vom schwarzen
Meer her waren diese wilden, unmenschlichen Horden, Abkömmlinge
der Hunnen der Völkerwanderung, ihnen ähnlich an Gestalt und Wildheit, nur noch häßlicher, auf ihren Pferden festgesessen wie Centauren,
schnell wie der Wind im Angriff und auf der Flucht — siehe Scheffel's
Roman Ekkehard — über den Don gekommen, brachen über Ungarn,
Mähren, Bayern hinein, hatten schon 917 Augsburg und Ulm zerstört und sich dem Bodensee genähert. Die Abteien von St. Gallen
und der Mererau, die Städte Konstanz und das ganze linke Rheinufer waren von den räuberischen Banden, welche das rohe Fleisch
unter ihren Sitzen auf den Pferden gar machten, zerstört worden
und Basel erlitt das nämliche Schicksal 917. (Trouillat, monumenta.)
Die Einwohner flüchteten in feste Orte, Burgen und Schlösser, allein
Nichts hemmte den Lauf der Hunnen im Elsaß und Lothringen, in
der Champagne und Burgund. In den Jahren 926 und 937 wurden
Elsaß, Lothringen und Burgund zum zweiten und dritten Mal
heimgesucht, Basel theilweise zerstört, ebenso Luxeuil, Avenches, Mandeure, Besançon geplündert. Sie schlugen 938 Luitfried V., den
Grafen von Breisgau und Sundgau, der ihnen entgegengezogen, obwohl sie am Oberrhein vom Grafen Irmiger (Graf oder ein ange-
sehener, begüterter Freier des Frickgaues) bei Säckingen eine Niederlage erlitten (Scheffel, Ekkehard). Erst 955 wurden sie von Otto
dem Großen auf dem Lechfelde bei Augsburg total auf's Haupt geschlagen und der deutsche Boden von diesen gefährlichen, unsaubern

Gästen gesäubert. In dieser Hunnennoth war König Rudolf nach Burgund zurückgekehrt und statt ihm Hugo, Graf zu Arles und der Provence zum König Italiens ausgerufen worden. Rudolf überstieg wieder die Alpen, rief seinen Schwiegervater, Herzog Burkhard, zu Hilfe, der aber bei Mailand ermordet wurde, und kehrte, nachdem er sich mit dem neuen König Italiens, welcher ihm statt der eisernen mailändischen Krone die Provence überließ, verglichen hatte, nach Burgund zurück, das durch Hugo's Abtretung der Provence vergrößert worden (das cisjuranische Burgund), so daß das transjuranische und cisjuranische ein einziges Königreich mit Arles als Hauptstadt bildeten. Rauracien, ein Theil des Sundgau, das Land zwischen Jura, Rhone und Reuß, dann der cisjuranische Theil zwischen Saone und Jura, der obern Loire und den Alpen, bis fast an's Meer machten, auf diese Weise (930) vereinigt, das mächtige zweite burgundische Königreich aus, welches noch andrerseits durch den deutschen Kaiser Heinrich I. durch Abtretung eines Theils Helvetiens, des Frickthales und der Herrschaft Rheinfelden vergrößert wurde. Die Grenzen dieser Schenkung sind nicht genau bekannt, sicher ist nur, daß Muri und Eglisau burgundisch, Zürich allemannisch war.

„Rudolf herrschte bis an seinen Tod friedsam von den Ufern des Rheins unweit Schaffhausen bis nach Basel, von da im Jura bis gegen die Saone, am Rhonestrom bis fast an's Meer, in den höchsten Alpen, den wichtigsten Pässen bis an den Vierwaldstättersee und tief in's Thurgau." (Johannes von Müller.) In Lausanne auf einem Reichstage wurde 937 Rudolf's ältester Sohn Konrad, noch minorenn, zum burgundischen König erwählt; Otto I., der deutsche Kaiser, warf sich zu seinem Vormund auf und erzog ihn an seinem Hofe, während seine Mutter, die Königin Bertha, deren Grabmahl 1817 in Payerne in einer Kapelle des alten Klosters St. Michel aufgefunden worden, während dessen Minorität das Land regierte und zwar in einer Weise, wie sie selten in der Weltgeschichte getroffen wird. Sie durchzog das Land, um Gutes zu wirken, Frieden zu stiften, Arbeitsamkeit zu lehren, gründete zu Payerne, welches mit Solothurn und andern Städten die Residenz der burgundischen Könige bildete, das Kloster St. Michel, zu Solothurn das St. Ursusstift, soll in St. Ursanne die Kollegiatskirche, noch jetzt eines der ältesten kirchlichen Baudenkmäler, gebaut haben; kurz, sie wirkte alles Gute, das in jener wilden Zeit von

Frauenhand ausgehen konnte, und jetzt noch ist in unserer Gegend ihr Andenken so geehrt, daß man sprichwörtlich und mit Dankbarkeit von den Zeiten spricht, „wo Königin Bertha spann". Sie ist das Bild ächter, tüchtiger Weiblichkeit in rauher, kriegerischer Zeit, wo die Hunnen durch Rhätien und über den Rhein bei Säckingen in's Land brachen, wo die Sarazenen von den südlichen Küsten Frankreichs her gegen den Jura, zum St. Bernhard, zum Lemansee zogen, so daß sich Königin Bertha mit ihrem Onkel, dem hl. Ulrich, Bischof von Augsburg, in einem Thurm, wo gegenwärtig die Stadt Neuenburg steht, verbergen mußte.

Die Sarazenen waren das dritte Volk, das neben den Normannen und Hunnen unsern Erdtheil mit Feuer und Schwert verwüsteten. Schon Anfangs des achten Jahrhunderts, von Afrika nach Spanien übergesetzt, hatten sie sich dieses schönen Königreichs bemächtigt, waren 782 unter Abbheram in Frankreich eingedrungen und hatten dasselbe verwüstet, bis sie Karl Martell bei Poitiers schlug. Während des neunten und zehnten Jahrhunderts wurden Frankreich und Italien an der ganzen Küste des mittelländischen Meeres von den Muselmännern Afrika's und Spaniens gebrandschatzt. Gegen 906 war die Alpenkette von Fréjus bis St. Maurice im Wallis von Sarazenenposten, welche Wanderer und Saumthiere plünderten, besetzt und 940 überschritten sie die Alpen ganz, verbrannten das Kloster St. Maurice, plünderten Helvetien und drängten dem Jura zu. Noch jetzt tragen viele Wege, Grotten ꝛc. im Jura und der Franche comté ihren Namen (Sarazenenweg, Sarazenenhügel, Sarazenenloch), was jedoch nicht stets ihre Anwesenheit an den betreffenden Orten beweist, da der Name Sarasin in früheren Zeiten für Vagabund, fremd, heidnisch gebraucht wurde und diese Sarazenenwege gewöhnlich neben alten römischen Straßen herlaufen, so daß wahrscheinlich im frühern Mittelalter sarazenisch statt römisch oder heidnisch überhaupt angewandt wurde. Bei Develier wollte Serrasset sogar eine arabische Zahl auf einem Felsen gefunden haben, er ließ die Sarazenen ihre Pferde in der Sorne tränken, während Quiquerez die Inschrift als Markzeichen für den Wald aus dem 16. Jahrhundert bezeichnet. Unmöglich ist es übrigens nicht, daß die Sarazenen auch in unsere Gegend gelangten, wenn auch nur in vorübergehender Weise oder als verlorene Posten.

Es gelang nun König Konrad von Burgund, als er majorenn

geworden und zur Herrschaft gelangt war, die Saragenen und Hunnen
auf einander zu hetzen, um sie dann, als sie handgemein geworden,
Beide zusammen zu schlagen. Ferner erwies sich dieser burgundische
Herrscher als Wohlthäter der Klöster in seinen Landen, obwohl die
burgundischen Klöster von Payerne, Stift Neuchâtel, Romain motier,
St. Maurice, sich im Gegensatz zu den allemannischen, z. B. St. Gallen,
durchaus nicht durch Gelehrsamkeit auszeichneten. Es ging dem burgundischen Volk aus der Menge seiner Klöster so wenig Licht auf,
daß Berengar von Tours kaum glauben wollte, „daß der Geist auch
bisweilen in Burgund wehe." Moutier-Grandval machte eine rühm-
liche Ausnahme, da, wie früher bemerkt, der hochgelehrte Jso aus
St. Gallen dorthin auf Betreiben Rudolfs I. seine Wirksamkeit verlegt hatte.

König Rudolf II. hatte diese Abtei mit fast ganz Erguel dem Grafen
des Elsasses, Luitfried geschenkt, dem Sohne des reichen Grafen Guntram,
dem Herrn des Elsasses. Letzterer verlor aber unter Kaiser Otto sein
Lehen, und als Luitfried Miene machte, die ausgedehnten Güter der
Abtei Münster an sich zu reißen und unter seine Söhne zu theilen,
einigte sich Kaiser Otto mit König Konrad von Burgund dahin, „daß
königlich freye Münster nicht an einen weltlichen Mann gegeben
werde," so daß nach des Volkes Urtheil Moutier-Grandval seinen Besitzern abgenommen und in unmittelbaren Schirm des burgundischen
Königs gegeben wurde (962).

Konrad's Nachfolger, Rudolf III., ein Mönch auf dem Thron,
der sein Reich verschleuderte, indem er da und dort davon Fetzen ab-
riß, schenkte 999 dem Bischof von Basel die Abtei Münster
mit allen Dependenzen, d. h. das Erguel, St. Ursanne, Schönenwerd ꝛc., während schon 894 das Bisthum zu ihren Gütern im Rau-
rachengau (Pagus Rauragowe, Urkunde vom Jahr 894) von den
Grafen von Neuenburg viele Güter im Jura, von dem deutschen
Kaiser aber jenseits des Rheins Silbergruben und Jagdrechte erhalten
hatte. Durch diese bedeutende Schenkung der Abtei Moutier mit
Allem, was drum und dran hing, wurde der Bischof von Basel, Adelbert III., dessen Souveränitätsrechte sich früher nur auf die Stadt
Basel (durch Karl den Großen dem Bischof Hatto ertheilt) und vielleicht auf einige kleinere Besitzthümer in der Nähe der Stadt erstreckt
hatten, Souverän über die ganzen Dependenzen des Abtes, über das

Erguel, St. Urjanne und dessen Ländereien in der Ajoie (die meisten
schon damals wie jetzt bestehenden Dörfer derselben), das Münster- und
Dachsfeldenthal, das St. Immerthal, Neuveville, Orvin, ja auf den
Theil der Stadt Pruntrut, den Mitalbu (Mittelbau) genannt, in
welchem das Kloster Münster Hörige und Zinspflichtige besaß. Der
Bischof bestellte als Erbe dieser städtischen Colonen einen Vertreter
in Pruntrut, während die Stadt selbst dem Grafen von Montbéliard
gehörte und durch dessen Amtleute regiert wurde. Schon früh mußten
also bischöfliche und landesherrliche Interessen sich kreuzen, gegenseitig
in Konflikt treten, und eine genaue Abwägung der gegenseitigen Pflichten
und Rechte gehörte beinahe in das Gebiet der Unmöglichkeit. Die
großartige Schenkung Rudolf's III. hart an der Wende des ersten
Jahrtausends bildete also den Grundstock des spätern Bisthums Basel,
wie es bis zur Zeit der französischen Revolution fortbestand. Dazu
kamen noch durch Geschenk von Kaiser Heinrich II., dem Neffen Rudolfs III. (Sohn seiner Schwester Gisela), dem letzterer sein Königreich
aus Ohnmacht seinen Baronen gegenüber übergeben, anno 1004 die
Dörfer Zwingen und Grellingen, das Schloß Pfeffingen mit seinen
Dependenzen, ferner die Dörfer Haslach und Zinken nebst großen,
ausgedehnten Forsten in Baden. Als Schlußstein der kaiserlichen
Großmuth baute er das von den Hunnen zerstörte Basler Münster 1010
wieder auf und die Konsekration des Gebäudes wurde 1019 unter
großem Zudrang des Volkes und unter Anwesenheit der Bischöfe von
Trier, Straßburg, Konstanz, Genf, Lausanne und vielen Grafen und
Fürsten mit größter Feierlichkeit in Szene gesetzt. Heinrich II. starb
1024 und König Rudolf III., der ihn überlebte, nahm das Königreich
wieder an sich und behielt es bis zu seinem Tode 1032, hatte aber
nach Heinrich's Tode den Herzog von Franken, Konrad II., den salischen, der auch deutscher Kaiser wurde, entgegen den Ansprüchen vieler
anderer näherer Prätendenten, die dem Kaiser gegenüber ohnmächtig
waren, zum Erben eingesetzt. So fiel das Königreich Burgund 144
Jahre nach seiner Gründung durch Rudolf I. an das deutsche Reich
und mit ihm als Lehen Rauracien und die Colonie, welche das Bisthum Basel sich nach und nach erworben, und so wurde der Bischof
von Basel deutscher Reichsfürst. Pruntrut und Umgegend, den Grafen
von Montbéliard, dann den Grafen von Pfirt und wieder denen
von Montbéliard gehörend, kam erst an das Bisthum, als Kaiser

Rudolf von Habsburg den Grafen Renaud von Montbéliard gezwungen, die Stadt an Henry d'Jsny, Bischof von Basel, seinen Freund
und Kanzler, abzutreten, laut einem frühern Vergleich, der zwischen
dem Grafen von Montbéliard und dem baslerischen Bischof gemacht,
von Renaud aber nicht anerkannt worden.

Die Landgrafschaft Sißgau wurde 1041 von Kaiser Heinrich III.
dem Bischof von Basel, Theodoricus, verliehen und rundete so sein
Gebiet nach einer andern Seite ab.

Damit ist der Name Mauracien aus der Geschichte verschwunden,
um erst viele Jahrhunderte später (1792) zur Zeit der französischen
Revolution vorübergehend als Mauracische Republik aufzutauchen und
ein sehr kurzes ephemeres Dasein zu führen. Dem großen französischen Reiche einverleibt, kam es nach Napoleons I. Sturz durch Beschluß des Wiener Kongresses größtentheils an den Kanton Bern (1815)
und ist gegenwärtig theils an letzteren, theils an die Kantone Baselland, Baselstadt, Aargau, Solothurn und das Großherzogthum Baden
zerstückelt.

Wenn wir gesucht haben, uns aus dunkeln, historisch wenig ge-
lüfteten Zeiten ein kleines Bild des Ländchens vor Augen zu führen,
das die Römer Mauracien nannten, so kannten wir von vornherein
bei Abwesenheit beinahe jeglicher Dokumente die Schwierigkeit der Aufgabe, und die Darstellung jenes kleinen Stückes Erde mußte noth-
gedrungen mit derjenigen der größern Staatenkomplexe zusammen-
fallen, ein Spielball der benachbarten größern Reiche. Wir wissen
auch, daß wir nicht bis zu den ersten Quellen herabgestiegen sind und
mußten uns damit begnügen, aus ältern und neuern Historikern dasjenige, was Mauracien betrifft, was über dessen Umgestaltung betont
ist — und es ist wenig genug — im Zusammenhang mit den größern
Reichen in ein Bild zusammenzufassen. Ob dabei ein kleines Verdienst
auf den Autor fällt oder nicht, möge der Leser beurtheilen; wir selbst
vindiziren uns nur dasjenige der Biene, welche mit Fleiß sammelt,
was in ihren Bereich tritt und dazu dient, ihr kleines Gebäude auf-
zurichten. Die Liebe zur Sache mußte größtentheils die schöpferische
Kraft ersetzen.

Pruntrut, Oktober 1884.

Die aargauischen Gemeindewappen.

Von H.-L.

Schon im alten Testament ist von Siegeln die Rede. Wir sehen also, daß das Siegeln eine uralte Uebung ist. Das Siegel ist die Bewahrheitung der Schrift, sowie der Unterschrift. Brief und Siegel sind sprichwörtlich geworden.

In früheren Jahrhunderten kam das Siegelrecht nur höhern weltlichen und kirchlichen Beamten zu. In unserm Land siegelte der Landvogt alle und jede Aktenstücke, welche von ihm und den Unter-gerichten ausgingen. Die Untervögte, welche die Untergerichte zu prä-sidiren hatten, waren nicht im Besitz von Amtssiegeln.

Zur Zeit der Helvetik hatten die Kommissäre und Gerichte eigene Siegel. Die heraldische Figur in demselben war unser Tell mit dem Knaben. Seit dem Bestehen des Kantons ist das Siegelrecht an die Bezirksämter und Bezirksgerichte, Friedensrichter und Gemeinderäthe übergegangen, ja auch die Notare haben ihre Amtssiegel, ebenso die Pfarrämter und Civilstandsbeamten. Die heraldischen Figuren im Kantonswappen waren vom aargauischen Großen Rathe bestimmt wor-den. Die Bezirks- und Kreisbehörden erhielten ebenfalls das Kantons-wappen.

Ueber das aargauische Kantonswappen entlehnen wir einer im „Aarg. Schulblatte" 1883 erschienenen Abhandlung von Hrn. Seminar-direktor J. Keller Folgendes:

Unter dem 20. April 1803 beschloß die provisorische Regierung (Regierungskommission) des Kantons Aargau, „in Betrachtung der Nothwendigkeit eines Unterscheidungszeichen von den übrigen Kantonen" Farbe und Bildniß zu bestimmen, welche der neugegründete Staat ins-künftig im Schilde führen solle. Es war ausgemacht, als Farben hell-blau und schwarz zu wählen. Das Aargauer Wappenschild theilte man im Weitern zum ewigen Angedenken an den ursprünglichen Be-stand des neuen Gemeinwesens von Vorneherein durch eine vertikale Linie in zwei Hälften: zur Linken ein weißer Fluß im schwarzen

Feld, rechts auf blauem Grund drei weiße Sterne. Als Dekoration
rankten ursprünglich ein Lorbeer- und ein Palmzweig zu beiden Seiten
des Schildes sich empor; später sind daraus mit Beziehung auf die
vornehmsten Kulturgewächse des Landes Aehren und eine mit Trauben
behangene Rebe getreten. Ueber dem Ganzen prangte ursprünglich
als Symbol der Landeshoheit die Krone; in der Folge wurde dieselbe
etwa durch das eidgenössische Strahlenkreuz ersetzt.

Das Feld links mag zuerst an die Reihe kommen. Der Fluß,
welcher hier sich darstellt, hat ja dem Kanton den Namen gegeben:
diese Hälfte der Zeichnung erinnert an den alten untern Berner-
Aargau. Jedermann weiß, daß zur Zeit des Konzils von Konstanz
der deutsche Kaiser Sigismund die Eidgenossenschaft mehrfach auffor-
derte, gegen den mit der Reichsacht belegten Friedrich von Oesterreich,
den damaligen Besitzer des Aargaus, die Waffen zu ergreifen, und
daß die Berner zuerst es über das Gewissen brachten, den Frieden
von 1412 zu brechen, und „dem heiligen concilio und dem römischen
riche dienen wollten und gehorsam sin." Am 13. April 1415 kapi-
tulirte Zofingen, am 29. Brugg. Ueber die Aare hinaus kamen die
Berner diesmal nicht. Von Süden her waren die Luzerner erobernd
vorgedrungen und hatten Sursee, hierauf das Land nördlich davon zu
ihren Handen genommen; was in jener Gegend heute noch zu Luzern
gehört, wurde damals gewonnen; nördlicher Grenznachbar war Bern.
Für Letzteres bildeten in der nächsten Folgezeit gegen Osten hin die Reuß
von ihrer Mündung in die Aare und von Birrhard weg die Freienämter, von denen weiter unten geredet werden soll, die Grenze. Die
Berner gaben sich nun freilich mit den damals gemachten Eroberungen
nicht zufrieden; ihr Blick schweifte, da doch gegen Luzern und den Osten
hin Halt geboten war, über die Aare hinaus nach Norden. Diese
Juralandschaften konnten zwar, was die Ertragsfähigkeit des Bodens
und die Dichtigkeit der Bevölkerung anbetraf, mit denen am rechten
Aarufer in keiner Weise sich messen; aber die österreichische Nachbar-
schaft erschien gefährlich, schon wegen der militärisch wichtigen Berg-
pässe. Zuerst setzte denn der Bär seinen Fuß in das Schinznacher-
thal und auf die Höhen des Bözbergs. Der Hauptbestand jener Gegend hatte 1415 lehenweise einem Erben von Schönau gehört und
war sechs Jahre später in den Eigenbesitz Thürings von Aarburg übergegangen. Von diesem kam das Territorium an dessen Eidam Hans

von Baldegg, welcher seiner feindseligen Gesinnung gegen das mit ihm
verburgrechtete Bern im Vereine mit dem Mordbrenner Thomas von
Falkenstein bei dem Ueberfall von Brugg Ausdruck verschaffte. Als
er aber (oder sein Bruder) 1460 bei der Belagerung Winterthurs
neuerdings auf österreichischer Seite kämpfte, überzogen die Berner
Kraft des Fehderechtes seine aargauische Herrschaft und ließen sich
von den Bewohnern derselben huldigen. Zweiundvierzig Jahre darauf
that Bern den ersten Schritt über den Jura, indem es von Heinrich
von Hasenfurt die beiden Ortschaften Densbüren und Asp mit dem
Schloß Urgiz käuflich an sich brachte (1502). Die Densbürer besaßen
damals noch keine eigene Kirche, sondern waren nach dem althabs-
burgischen Elfingen hinüber pfarrgenössig, welche Kirchgemeinde damals
einem Edlen von Rothberg als Eigenthum zustand. Freilich nicht mehr
lange: bereits 1514 gehorchten die drei Dörfer „unter dem Berg" wie
Densbüren und Asp dem bernischen Landvogt von Schenkenberg. Jenseits der Staffelegg besaßen die Johanniter zu Biberstein alles Land
zwischen den Jurahöhen und der Aare von der Solothurnergrenze bis
nach Auenstein hinunter. Vier Jahre nach dem zweiten Landfrieden
von Kappel trat der Biberstein Komthur Johannes von Hattstein,
so ungern die katholischen Orte dies auch sehen mochten, das Ordens-
gebiet um 3380 Goldgulden an Bern ab (1535); es war schon einige
Jahre früher zum Protestantismus Berns übergetreten. So strömte
die Aare denn zwischen Veuggern und Aarburg bereits an zwei Stellen
durch das unmittelbare Gebiet der Stadt Bern, zwischen Aarau und
Rupperswyl das erste, in der Gegend von Brugg das andere Mal.

Auenstein nämlich gehörte weder zu Biberstein noch zu Schenkenberg, sondern zu der am Ausgang des Schinznacherthales gelegenen
Herrschaft Kasteln, welche seit dem Anfang des 17. Jahrhunderts im
Besitz einer Linie des Hauses Erlach stand. Der berühmte General
Johann Ludwig von Erlach, welcher aus derselben stammte, ist also
nicht zufällig in Schinznach begraben. Im Jahre 1732 erwarb Bern
den unbedeutenden Landstrich um 90,000 Thaler. Zwölf Jahre vorher
war auch Wildenstein, ob durch Kauf oder durch Eroberung, ist un-
gewiß, bernerisch geworden.

Auf dem rechten Ufer der Aare gab es seit 1415 weniger zu ergänzen. Wir wollen die Eroberungen, welche Bern in diesen Gegenden
an Grund und Gerechtsamen im Weiteren gemacht, jeweilen betreffenden
Ortes kurz anführen.

Um die Mitte des vorigen Jahrhunderts zerfiel also Berns Grundbesitz auf dem Territorium des heutigen Kantons Aargau, die vier
„Munizipalstädte" Zofingen, Aarau, Lenzburg und Brugg, welche fast
selbständige Administration hatten, abgerechnet, in sieben Theile:
Die Obervogtei Biberstein (die beiden Kirchgemeinden Kirchberg und
Erlinsbach); 2) die Landvogtei Schenkenberg, deren Verwalter bis 1720
auf der gleichnamigen Burg, später auf Wildegg residirte (die Pfarreien Thalheim, Veltheim, Densbüren, Bötzen, Bötzberg, Mönthal,
Maudach, Rein und Uniken); 3) die Landvogtei Kasteln (Schinznach,
Auenstein, Oberflachs und Villnachern); 4) das Hofmeisteramt Königsfelden (neben dem Hofmeistersitz Königsfelden die heutigen Kirchgemeinden Windisch und Birr oder das „Eigenamt";* die landesherrlichen
Rechte über das letztere kamen, wenn wir recht berichtet sind, erst
hundert Jahre nach der Eroberung des Aargaus von einem Nellen-
burger an Bern, 1528 ward es zu der eben errichteten Hofmeisterei
Königsfelden geschlagen); die Landvogtei Lenzburg, welche die heutigen
Bezirke Lenzburg, Kulm und Zofingen ohne die sub 6) namhaft
gemachten Dorfschaften umspannte. Auf diesem Gebiete lagen übrigens die sechs „Gerichtsherrlichkeiten" Wildegg, Schafisheim, Hallwyl,
Liebegg, Schöftland und Rued; 6) die Landvogtei Aarburg (Aarburg,
Brittnau, von 1516 an Eigenthum der Berner), Oftringen, Ryken,
Strengelbach und Niederwyl; 7) die Stiftsschaffnerei Zofingen (seit
1528), welche Safenwyl, das heutige Zofinger Mühlethal und Ried-
thal umfaßte.

Bern theilte seine sämmtlichen deutschen und welschen Landvogteien
je nach den Einkünften, welche sie abwarfen, in fünf Klassen ein. Als
allereinträglichste galt Lenzburg; aber auch noch Königsfelden kom-
parirte in der ersten Klasse. Zur zweiten wurden Aarburg, Stiftsschaffnerei Zofingen und Schenkenberg gerechnet, zur vierten Biberstein und Kasteln. Bei der offiziellen Volkszählung im Jahre 1803
betrug die Summe aller Einwohner der nunmehrigen fünf „Distrikte"
Zofingen, Aarau, Kulm, Lenzburg und Brugg 66,888; die Munizipalstädte, welche jetzt Hauptorte geworden, weisen folgende Zahlen auf:

---

* „Das Eigenamt bezeichnet mit seinem Namen ein außer dem grundherrlichen
Verbande stehendes, von Vogtei- und Lehenspflichten freies Sondergut oder Allob"
(E. L. Rochholz in der Argovia, Band IX, S. 6 f).

Zofingen 1678, Aarau 2271, Lenzburg 1932, Brugg 694. Alle elf „Diftrifte" hatten eine Gesammtbevölkerung von 132,763 Seelen: es war also nur billig, daß der alte Berner-Aargau bei dem neuen Wappenschild die Hälfte bekam. So haben wir bisher gesehen, was von den vier Elementen „Himmel, Erde, Luft und Meer", welche die aargauische Regierungskommission bildlich zu vergesellschaften für gut fand, der durch die schwarze Ackerfläche sich bewegende Fluß besagen sollte.

Nun aber die drei brüderlich vereinten Sterne* im blauen Felde zur Rechten? Sie stellen die Freiämter, die Grafschaft Baden und das Frickthal vor. Der alte Josias Simler warnt bereits vor unrichtiger Bezeichnung des ersteren Territoriums: „Es ist ein under- scheid zwüschend dem Fryenampt und den Fryenämptern. Das Fry- ampt nennt man die glegenheit zwüschend dem Albiß, der Rüß, und der Lorez, so von denen von Zürich bevogtet sint, und hebt an ob Bremgarten, gadt für das Dorff Mettmannstetten und für das Kloster Cappel hinauß, biß an die Sylbrugg zu Babenwag." Das ist das- jenige Gebiet, welches Zürich neben dem Kelleramt (Zonen, Lunkhofen, Arni, Oberwyl, Berikon und Zufikon), wie Luzern und Bern ihrer- seits, bei der Eroberung des österreichischen Aargaus für sich behändigte.

Um zu erfahren, wie der unterste Stern des rechten Wappen- feldes sich gebildet, müssen wir in der Kürze auf das Jahr 1415 zurückgreifen. Schon Ende März hatte Zürich für die kriegerische Ex- pedition einen Führer gewählt. Als die Stadt Aarau an Bern kapi- tulirte, zogen die Züricher und die Kriegsleute aus den kleinen Kan- tonen, Uri inbegriffen, vor Mellingen sich zusammen; auch die Lu- zerner erschienen: sie hatten von St. Urban weg die ganze südliche Hälfte des gesammten österreichischen Aargaus, mitgerechnet die Aemter Meyenberg, Richensee und Villmergen, in Eid und Pflicht aufgenom- men. Mellingen hielt sich kurze Frist, Bremgarten trotzte länger, doch ebenfalls umsonst. Badens alter Stein erschloß die Pforte erst, als Bern hilfreich mit seinen zwei Büchsen zu den übrigen Eidgenossen in's Feld rückte (17. Mai). Somit war der aargauische Länderbesitz Friedrichs rechts von der Aare in der Gewalt der Schweizer.

---

* Nicht immer erscheint auf dem rechten Wappenfelde die gleiche Konfiguration der Sterne, so z. B. bilden dieselben auf einer obrigkeitlichen Verordnung von 1805 ein stark stumpfwinkliges Dreieck, bessen Basis mit dem vertikalen Scheidungsstrich in der Mitte des Wappens parallel läuft.

Luzern hätte nun gar zu gern das Gebiet, welches es erobert, für sich behalten. Allein soweit das Reuß- oder Bünzthal, d. h. eben die Freienämter dabei in Betracht fielen, waren Zürich, Glarus, Schwyz, Unterwalden und Zug der Ansicht, diese wolle man gemeinsam beherrschen. Es kam zu mehrmaligen bitteren Auseinandersetzungen, bis endlich Bern 1425 den Streit beilegte und zwar so, daß die Wünsche der fünf genannten Orte maßgebend erklärt wurden. Uri weigerte sich anfänglich, an dem unrechtmäßig behaltenen Land Antheil zu haben: „sie hettind," sagten sie, „krieget von des hailigen richs wegen und uß gebott des römischen richs und künigs, der möcht mit schaffen nach sinem gefallen; sie hettind ainen frid mit dem herzogen, darumb wöllint si sin guot jez zemal nit haben".* Im Jahre 1443 konnte es seine Bedenken, Angesichts der österreichischen Ränke, verwinden und nahm fortan auch Theil und Nutznießung an und aus der Verwaltung. In jener Zeit hieß die Landschaft, welche also von den sieben Orten verwaltet wurde, schlechtweg „die Freiämter". Der Aarauer Frieden von 1712 schuf die Bezeichnungen „oberes" und „unteres Freiamt". Damals nämlich schrieben die Sieger von Villmergen im Verein mit Zürich den Besiegten vor: es solle fortan eine von Lunkhofen nach Fahrwangen gezogene Marchlinie gelten; in die Rechte, welche die Orte Uri, Schwyz, Unterwalden, Zug und Luzern über den nördlich von derselben gelegenen Theil der Freiämter besessen, treten nunmehr Zürich und Bern ein; der südwärts davon gelegene Landstrich soll bei den bisherigen sieben Herrn verbleiben und als achten Bern erhalten.

Von da bis 1798 waren denn die Freiämter nicht mehr unter der bisherigen Administration. Die Landvogtei des obern Freiamtes stand unter den acht alten Orten in der Weise, daß jedes derselben abwechselnd während zwei Jahren im Frühling und im Herbst einen Landvogt schickte zur Bereinigung der laufenden Geschäfte, oder wie man damals sagte: zur „Abrichtung". Während dieser Amtszeit hielten sie sich in Hitzkirch oder Muri auf. Die Vogtei umfaßte die vier Aemter Meyenberg (Dietwyl, Rüti, Sins, Meyenberg, Abtwyl, Auw, Reußegg, Rüstenschwyl, Wollenschwyl, Winterschwyl, Brunnschwyl u. A.),

---

* Vergl. Frider, B., Geschichte der Stadt und Bäder zu Baden, Aarau, 1880, H. R. Sauerländer. Wir haben das tüchtige Werk hier mehrfach benutzt.

Hitzkirch (Hitzkirch, Ermensee, Richensee, Heidegg, Tannegg, Mosen, Müswangen u. A.), Muri (Muri, Jsenbergschwyl u. A.) und Bettwyl (B. und einige Höfe). Von Merenschwand und Umgebung soll
weiter unten geredet werden. — Das untere Freienamt wurde so regiert, daß Zürich und Bern, wenn die Reihe an sie kam, ihren Vogt
jeweilen sechs, Glarus den seinen nur zwei Jahre lang in das Land
schickte. Auch diese hatten keinen bestimmten Wohnsitz; sie trafen zur
nämlichen Zeit ein, wie die des oberen Freienamtes und logirten während ihrer Geschäftsperiode in irgend einem Gasthofe Bremgartens.
Die Landvogtei zerfiel in die neun Aemter Boswyl (B., Büelisacker,
Kallern, Waldhäusern, Besenbüren u. A.), Sarmenstorf, das Krumm-
amt (Waltenschwyl, Bünzen, Rottenschwyl, Hermetschwyl, Eggenwyl,
Gösliken, Fischbach u. A.), Villmergen (B., Hilfikon, Anglikon, Büttikon u. A.), Wohlen, Niederwyl (N., Gnadenthal, Nesselbach und Tä-
gerig), Dottiken, Hägglingen und Büblikon (B., Wohlenschwyl, Eckwyl
und Mägenwyl). Die beiden Städte Bremgarten und Mellingen genossen von den acht alten Orten ungefähr die nämlichen Vergünsti-
gungen, wie die vier „freien“ Munizipalstädte des alten Aargaus von
ihren „Gnädigen Herren“ zu Bern. Bremgarten besaß übrigens den
besten Theil der Herrscherrechte an dem Kelleramt; Zürich behielt sich
lediglich die Landesherrlichkeit, das Malefizgericht und in Händeln des
niederen Gerichtes die oberste Appellationsinstanz vor. Um die Wende
des 18. Jahrhunderts mag es auch auf diese verzichtet haben.

Der untere Stern und derjenige, welcher oben rechts steht, könnten
als Zwillingsgestirn gefaßt werden: berühren sich doch ihre Schicksale
bis in unser Jahrhundert hinein fast Schritt für Schritt. Stadt
und Grafschaft Baden kamen 1415 im Dezember an die sieben
alten Orte; das achte, Uri, hielt an sich bis zu dem oben angegebenen
Zeitpunkt. Seither war Baden eine Art Bundeshauptstadt für die
ganze Eidgenossenschaft: 1424 beschlossen die acht Orte, dort alljährlich
zur Tagsatzung zusammenzukommen. Das Ende des Toggenburger-
krieges brachte wie für diese, so auch für Baden neue Verhältnisse. Der
Aarauer Frieden bestimmte der Stadt und Grafschaft dieselben Herren,
wie dem unteren Freienamt. Berns Vogt regierte sieben Jahre, ebenso-
lang der auf ihn folgende Zürcher; der von Glarus mußte schon nach
zweijähriger Funktion wieder abtreten. Sitz des Landvogtes war seit
dem letzten Jahrzehnt des 15. Jahrhunderts die „niedere“ Veste am

rechten Ufer der Limmat. Die Stadt selber nahm dem Landesherrn
gegenüber ungefähr dieselbe Stellung ein wie Bremgarten und Mellingen. Die Landvogtei selber zerfiel in die acht innern Aemter Wettingen (mit Neuenhof, Würenlos, Oetlikon und Killwangen), Dietikon
(mit Spreitenbach, Kindhausen, Rudolfstetten und Schlieren), Ehren-
bingen (mit Schneisingen, Siglistorf, Rümikon, Lengnau und Deger-
moos), Siggenthal (mit Kirchdorf, Degerfelden, Endingen und Würenlingen), Gebenstorf (mit Vogelsang), Birmenstorf (mit Dättwyl und
Fislisbach), Rohrdorf (mit Staretschwyl, Stetten, Bußlingen, Künten,
Sulz, Bellikon, halb Eggenwyl und Wyden) und Leuggern (mit Döt-
tingen, Böttstein u. A.), sodann die drei äußeren Aemter Klingnau
(mit Koblenz u. A.), Zurzach (mit Rietheim, Reckingen und Mellikon)
und Kaiserstuhl (mit den überrheinischen Dörfern Herdern, Lienheim
und Thengen). In dieser Ecke des Aargaus wirbeln übrigens die
verschiedensten Grund- und Jubikaturrechte, welche mittelalterliche In-
stitutionen in die neuere Zeit hinübergeführt haben, bunt durcheinander.
Der Bischof von Konstanz, der Abt von St. Blasien auf dem Schwarzwald, Privatleute, Städte und Stände theilen sich in dieselben, und
aus dem Grunde soll hier über Melstorf, Wislikofen, Balbingen, Fisi-
bach u. A. gar nichts gesagt werden.

Zur Zeit der einen und untheilbaren helvetischen Republik, wo die
neuen Machthaber sich auch beifallen ließen, die Gegend zwischen Wigger
und Roth vom unteren Aargau loszureißen und dem Kanton Bern
beizugesellen, wurden die Landvogtei Baden und die beiden Freienämter
zum Kanton Baden vereinigt, und die alte Thermenstadt genoß für
etliche Jährlein die Ehre, Hauptort dieses Staatskörpers zu heißen.
Napoleon's Mediation machte demselben unbarmherzig ein Ende. Auf
Grund der Vermittlungsurkunde erließ die aargauische „Regierungskommission" am 14. März 1803 an die Bürger des Kantons Aargau
eine Proklamation, welche u. A. folgende Sätze enthält:

1) Die bisher mit dem Kanton Bern vereinigten Gemeinden des
ehemaligen Amts Aarburg werden von nun an mit dem Kanton Aargau vereinigt und dem Bezirk Zofingen einverleibt. 2) Das ehemalige Hitzkircher Amt geht an den Kanton Luzern über. 3) Das
ehemalige Merischwander Amt geht von den Kanton Luzern an den
Kanton Aargau über und wird von nun an dem Bezirk Muri ein-

verleibt. 4) Die Dorfschaften Dietikon, Schlieren, Oetwyl und Hüttikon, bisher im Bezirk Baden gelegen, gehen an den Kanton Zürich über.

Die Volkszählung in den vier neuen „Distrikten" ergab folgendes Resultat: Zurzach 11,769, Baden 12,541, Bremgarten 11,068, Wey, b. h. Muri 11,003 Seelen. Gesammtzahl: 46,381. Die Stadt Baden hatte damals 1517, Bremgarten 757 Einwohner.

Es bleibt uns nun noch übrig, zu sagen, wie der dritte Stern in's Kantonswappen kam.

Man bezeichnete im vorigen Jahrhundert mit dem Namen „Vorder-österreich" drei besondere Landkomplexe: a) Vorarlberg, b) Schwäbisch-Oesterreich und c) Breisgau. Letzterer erstreckte sich rechts am Rhein von der Elzmündung bis nach Heiterheim; von da ging die Grenzlinie in einem weiten Bogen, welcher das obere Markgrafenland einschloß, gegen Osten, um nach mannigfachen Windungen über Kaiseraugst hinaus den Jura zu erklimmen; oberhalb Waldshut zog die March nach Norden bis über Triberg hinaus, wo sie dann wieder westwärts abschwenkte. Die ganze Landschaft zerfiel in den eigentlichen Breisgau und das obere Rheinviertel, zu welchem das Frickthal von Olsberg bis an die Landvogtei Baden, die rechtsrheinischen Dörfer am Fuße des Schwarzwaldes zwischen Waldshut und dem Gebiete Basels und die vier „Waldstädte" Rheinfelden, Säckingen, Laufenburg und Waldshut gehörten.* Von der Eroberung des Aargaues an waren die Eidgenossen und Oesterreich im aargauischen Jura Grenznachbarn geworden. Reibungen blieben in widrigen Zeitläufen zwischen dem stolzen Bern und den habsburgischen Amtleuten nicht aus, wie denn umgekehrt bei friedlichen Verhältnissen dieses Stück der österreichischen Vorlande etwa für die Schweizer „offenes Haus" wurde: sie hatten hier auf neutralem Boden den Kaiser und sich selber vor dem fränkischen Volke zu schützen. Das war doch weder immer möglich noch thunlich, und mehr als einmal gerieth der Landstrich in französische Hände. In weiterer Ausführung einer Verfügung des Friedeninstrumentes von Campo Formio (1797) bestimmte der zweite Artikel des Friedens von Luneville (9. Febr. 1801): „Das Frickthal und Alles, was dem Hause Oesterreich auf dem linken Rheinufer zwischen Zurzach

---

* Auf die ziemlich verwickelten ehemaligen Rechtsverhältnisse des „Frickthals" gehen wir aus Mangel aus benöthigtem Raum hier nicht näher ein. Die Hauptsache gibt Zschokke, E., Geschichte der Entstehung des Kantons Aargau, 1853.

und Basel gehört, werden seine k. k. Majestät der fränkischen Republik abtreten". Auch die Cession dieses Territoriums an die Schweiz
war in Aussicht genommen. Freilich wurde der letzteren in der Folge
zugemuthet, für die neue Acquisition in aller Form das obere Rhonethal an den großmüthigen ersten Konsul abzutreten, während man den
Frickthalern Hoffnung machte, als besonderer Kanton sich anschließen
zu können. Weder das eine noch das andere traf ein. Im August
1802 kam die südlich vom Rhein gelegene Partie des österreichischen
oberen Rheinviertels definitiv an die helvetische Republik. Die damals
noch schwankenden Zustände sowohl des Frickthales als der ganzen
Eidgenossenschaft gelangten dann durch die Mediationsakte zur Ruhe.
Das erstere figurirte nunmehr zwar nicht als Kanton — als Hauptort war Laufenburg in Aussicht genommen gewesen — sondern vorerst
als ein Bezirk des Kantons Aargau. Es wurden ihrer bald zwei:
Rheinfelden und Laufenburg. Die Volkszählung von 1803 ergab für
ersteren 8,476 (Stadt Rheinfelden 1440), für letzteren 11,018 (Stadt
Laufenburg 809), zusammen 19,494 Einwohner. Somit war die „Kon-
stellation" vollzogen.

* * *

In den Protokollen finden wir keine Regierungsbeschlüsse oder
Weisung an die Gemeinden zur Führung von Gemeindesiegeln. Es
scheint also hier volle Freiheit über Form und Inhalt der Gemeindesiegel gewaltet zu haben.

Als der Aargau von Bern losgetrennt wurde, fanden sich in
den Stadt- und größern Dorfgemeinden bereits Siegel vor, die
ihren Ursprung in ihrer Stadt- oder Dorfgeschichte hatten. Im reformirten Landestheil fing man zuerst an, Gemeindesiegel einzuführen,
ohne daß von den Behörden aus dazu je Befehl gegeben worden wäre.
Soweit wir in den Protokollen Nachsuche gehalten, haben wir nicht
einen einzigen Fall gefunden, wo der Gemeinde von Regierungs wegen
irgend eine Weisung ertheilt worden wäre. Auch die in der Neuzeit
entstandenen Siegel neuer Gemeinden, wie z. B. Ober- und Nieder-
Rohrdorf, Retterswyl, Rued, Leibstatt, Ober- und Unter-Bötzberg,
Turgi u. s. w. entstanden aus freien Stücken, wenn nicht Gemeinde-
beschlüsse solche vorschrieben. Doch hat man hie und da von oben
herab gerathen, nicht befohlen, diese oder jene Figur in das Gemeindewappen zu wählen. So hat Herr Landammann Aug. Keller den

Unter-Bötzbergern ein geschirrtes Pferd mit Hinweis auf die große Frequenz der alten Römerstraße und den Ober-Bötzbergern eine Tanne und ein Reh mit Hinweis auf den dortigen ehemaligen Wildstand angerathen. Turgi hat die HH. Bebié wählen lassen, darum die Zürcher Farben.

Die meisten Gemeinden des Frickthales und des Freiamtes, welche früher theils den vorderösterreichischen Landen und theils den drei Land-vogteien Uri, Schwyz und Unterwalden angehört hatten, nahmen ein-fach das Kantonssiegel als Gemeindewappen an. Die meisten katho-lischen Gemeinden, als sie 1803 zum Kanton Aargau kamen, wußten nichts Besseres zu thun, als sofort das aargauische Kantonswappen zu ihrem Gemeindesiegel zu machen. Dies der Grund, warum so wenige katholische Gemeinden eigene Wappen im Gemeindesiegel führen. Hie-mit ist nicht gesagt, daß nicht einzelne Gemeinden eigene Wappen be-saßen, aber sie ließen dieselben fallen (vergl. Lieli), um dem Kantons-wappen die Ehre zu erweisen, oder damit ihre Freude zu bezeugen, daß sie jetzt nicht mehr unter der Tyrannei der Landvögte (Freiamt) oder der österreichischen Landgerichte (Frickthal) stehen. Andere Ge-meinden hingegen, namentlich der vom Kanton Bern abgetrennte refor-mirte Landestheil, wählten in ihre Wappen solche heraldische Figuren, welche Bezug hatten entweder auf ihre frühere Herrschaft, wie Seengen zu Hallwyl, Klingnau zur Propstei Klingnau u. s. w. oder auf die Fruchtbarkeit des Bodens z. B. Wald: eine Tanne; Ackerfeld: eine Garbe oder Pflugschar; Wein: eine Rebe mit Trauben u. s. w.

Die Siegel in den Stadtgemeinden zeichnen sich allerdings vor andern aus durch schöne Figuren, überhaupt durch sorgfältige Gra-vure. Viele andere Gemeindesiegel sind hingegen in jeder Beziehung mangelhaft, ja es sind solche vorhanden, die unter der Hand eines un-geschickten Gravers, dem die Heraldik fremd war, völlig mißlangen. Es gibt auch Gemeinden, die nur einen Timbre, also einen sogenannten nassen Stempel führen. Die Siegel neuer Gemeinden wie Rued, Retterswyl, Buchs, Rohr, Burg, Leimbach, Rohrdorf, Leibstatt, Bötz-berg und Turgi zeichnen sich durch schöne Figuren und feine Ar-beit aus.

Die Siegelsammlung, welche man in den Siebziger Jahren ver-anstaltet hatte, sollte nothwendig wissenschaftlich bearbeitet und einem Heraldiker übergeben werden.

Von den vorhandenen Siegeln haben im Wappen folgende At-
tribute:

Löwe   8
Adler, Adlerschwinge   5
Pferd   15
Hund, Hirsch, Bär, Bock, Schaf, Reh, Dachs, Biber   .   .   13
Hase, Ente, Gans, Reiher, Schwan, Schnepfe, Fisch   .   .   11
Linde, Tanne, Weide, Buche, Holder, Eiche   .   .   .   23
Laub, Kleeblatt, Rose, Zweige   14
Früchte, Garben, Obst, Aehren, Trauben   .   .   .   14
Berg, Wasser, Fluß, Bach, Schiff und Ruder   .   .   .   13
Burg, Haus, Thurm, Brücke, Vorwerke   .   .   .   14
Kirche, Glocken, Schlüssel, Kreuz   15
Sonne, Mond, Stern   12
Herz, Hand, Rad, Kessel, Kugel, Becher   .   .   .   13
Mannsbild, Mohrenkopf, Knäbli   5
Heraldische Felder, Balken, Schwert, Degen, Schlüssel   .   .   15
Bloßes Kantonswappen   60
                                                         ⎯⎯⎯
                                                         250

Die Kunst und die Gewohnheit, sein Geschlechtswappen in einer
Glasscheibe oder im Petschaft zu besitzen, wurde in frühern Zeiten hoch-
gehalten. Jeder wollte seine Scheibe haben, ja die Obrigkeit hatte
selbst angeordnet, daß auf jedem Hof, der Dragoner zu stellen hatte,
auf einer Fensterscheibe das Wappen mit einem Pferd angegeben war
mit der Notiz: „dieser Hof stellt zwei Pferd." Einer früheren Obrigkeit haben wir ferner zu verdanken, daß in den landvögtlichen Gerichts-
stuben je oben rings um die Decke eine Vorrichtung zum Hineinschieben
der Wappenschilder der regierenden Landvögte oder Gerichtsherren angebracht war. Diese sogenannten Brettliwappen waren größtentheils
von geübter Künstlerhand gemacht.

Eine wahre Zierde sind die Glasgemälde in den Kirchenfenstern,
welche wir frühern Zeiten zu verdanken haben, wo es noch Sitte war,
neue Kirchen mit Wappen zu beschenken. In einer kleinen Sammlung,
deren Beschreibung Schreiber dies besitzt, befinden sich mehrere fürstliche Wappen. Von neuern Kirchen mit Glasgemälden versehen, zeichnet
sich diejenige von Aarburg aus. Jeder Bürger wollte darin seinen
Wappenschild haben.

Es ist wahrhaft zu beklagen, daß die leidige Bequemlichkeit der Briefsäcke der edlen Sitte, Familienwappen und Amtssiegel zu gebrauchen, einen so argen Stoß versetzt hat, daß ein Wiederaufleben kaum mehr zu erhoffen sein wird.

Wir theilen hier die Beschreibung der Gemeindewappen, nach Bezirken geordnet, mit:

Bezirk Aarau.

Aarau. Schwarzer Adler im weißen Feld, oben mit einem rothen Balken. (Blutbann.)

Biberstein. Ein Biber, auf einem Steinblock sitzend, auf den Hinterfüßen. In den Vordertatzen einen Stab über die Achseln haltend.

Buchs. Ein Buchsbaum, auf drei Hügeln stehend. Diese drei Hügel (Driberg genannt) deuten sonst das Hochland an.

Densbüren. Eine Tanne auf einem Driberg.

Erlinsbach. Drei Sterne im Feld, nebst einem Bach schräg im Feld.

Gränichen. Ueber das Wappen von Gränichen schreibt Herr Sekretär Wasser von dort: Urkundliche Anhaltspunkte über das Wappen existiren keine. Daß Gränichen früher kein eigenes Siegel geführt hat, erhellt aus einem Spruchbrief des alt Untervogts und Statthalter Lux Widmer und des Gerichtes von Gränichen vom 22. Januar 1545, wonach der Landvogt Brenzikofer von Lenzburg gebeten wird, sein Siegel zur Bekräftigung an gemeldeten Spruchbrief anzuhängen, da das Gericht von Gränichen eigen Insiegel nicht gebrauche. Auch tragen die Grenzsteine des Bannes kein Wappen, auch das Beinhaus (jetziger Pfarrspeicher) nicht, schon 1560 im Besitz der Gemeinde; ebensowenig das alte Kaufhaus und das sogenannte „Kitzenhaus" (früheres Gerichtshaus).

Vor 80 Jahren kam die Gemeindsbehörde in den Fall, ein eigenes Siegel zu führen; da entstand ein Wappenstreit, welcher durch die gleichzeitige Existenz zweier, von einander sehr verschiedener Wappen Ausdruck gefunden hat, indem heimlicher Weise damals zwei grüne und zwei blaue Schrägbalken, von links nach rechts stehend, in's Wappen aufgenommen wurden, wogegen lebhafter Widerspruch sich erhub. Schon damals wurde behauptet, das (heutige) Wappen, das gegenwärtig im Gemeindesiegel existirt, drei gelbe Hügel mit Sonne und Mond im obern blauen Feld, während im untern Feld im blauen Wasser zwei Fische schwimmen, sei das ältere Wappen. Dieses neuere Wappen fand auf Feuerspritzen, Rondellen und Kirchenuhren seine Anwendung, wurde aber erst vor zwei Jahren in's Gemeindesiegel aufgenommen. Dieses Wappen repräsentirt drei Hügel, die man in jeder Ortslage der Gemeinde erblickt; im untern Felde die Wyna.

Hirschthal. Ein Hirsch, zum Sprunge bereit. Das Dorf liegt an einem Waldsaum in einem Tobel. Nach der Sage habe man früher am Waldsaum eine Krippe gehabt für die Hirsche, denen man Futter in die Krippe gebracht. Aus dieser Sage mag das Wappen mit dem Hirsch entstanden sein.

Küttigen. Eine Quitte.

Muhen. Eine auf drei Bogen gesprengte Brücke über die Suhre.

Ober-Entfelden. Eine Ente mit zwei Sternen.

Unter-Entfelden. Eine Ente mit drei Sternen oben.

Rohr. Eine Pflanze mit Aehren (Schilfrohr).

Suhr. Ein weißes Kreuz im roth und blau getheilten Feld mit drei Sternen oben und Driberg. Das Kreuz soll ein Johanniter-kreuz sein und wurde schon 1676 in einem Glasgemälde entdeckt. Bis 1810 gehörten Buchs und Rohr noch zur Gemeinde Suhr.

Durch den Suhrhard führte einst eine römische Heerstraße. Anno 1408 vergabte Herzog Leopold die Kirche dem Stift Münster, das Kollator war bis 1846.

Bezirk Baden.

Baden. Kopfstück roth (Blutbann). Im weißen Feld mitten durch von oben bis unten ein schwarzer Pfahl.

Bellikon. Ein Schlößchen auf grauem Grund im weißen Feld. War ehemals eine Twingherrschaft, der Familie von Schmid von Alt-dorf gehörend; zu dieser Herrschaft gehörte noch Hausen. Das Schloß wurde von den Zürchern verbrannt und nachher von der Familie von Schmid wieder aufgebaut, die es bis zu Anfang des vorigen Jahr-hundert bewohnte.

Bergdietikon. Gehörte früher zu Dietikon (Kanton Zürich). Im Wappenschild steht eine Eiche, hindeutend auf den Hof Eichholz, der nach und nach zum Dorf herangewachsen ist, wo sich die ersten Gemeindsvorsteher aufhielten.

Birmenstorf. Eine Garbe, hindeutend auf das fruchtbare große Feld.

Büblikon. Im Wappen steht ein Knabe (Bübli).

Ober-Ehrendingen. Ein Stier.

Unter-Ehrendingen. Eine Tanne.

Ennetbaden, gleich wie Baden, doch ohne Blutbann.

Gebenstorf. Eine Sichel und eine Pflugschar (Wegisen), andere meinen, die Sichel sei ein Rebmesser, hindeutend auf den dortigen Weinbau.

Kempfhof. Getheilt in Roth und Blau. Im rothen Feld steht ein Ziegenbock und im blauen Feld ein gehörnter Widder.

Killwangen. Feld getheilt, oben roth, unten schwarz. Im Feld steht ein blauer Schild mit dem Stern (maris stella). Ein Kloster-mönch von Wettingen soll das Wappen entworfen und der Gemeinde geschenkt haben.

Künten-Sulz. Ist in zwei Felder getheilt. Im einen, S, schräg hinauf einen Fluß, anzeigend, daß Sulz längs von der Reuß bespült wird, die dort gegen das Freiamt die Banngrenze bildet. Im andern, K, steht ein Kreuz nebst einer Rebe. Ersteres zum Andenken an ein wunderthätiges Kreuz, an dessen Stelle jetzt die Kapelle steht. Die Rebe deutet auf den dortigen Weinbau.

Mägenwyl. Ist ein schlecht gerathener Mägiskolben. Das Wappen komme von den vielen Mägispflanzen in dortiger Gegend her, weßhalb die Mägenwyler schlechtweg Mägibuben genannt werden.

Mellingen. Weiße Kugel im rothen Feld. Das im Zeughaus in Luzern befindliche, in der Schlacht bei Sempach eroberte Panner zeigt eine rothe Kugel im weißen Feld. Auf dem Wappen steht eine Krone.

Neuenhof. Getheilt in zwei Felder, oben weiß, unten grün. Im obern steht der Vordertheil eines Löwen, die Tatze an eine Pflug-schar gelegt.

Remetschwyl. Getheilt in oben Weiß, unten Roth. Im rothen Feld steht auf einer Weltkugel ein Kreuz; im obern ein Reh zwischen zwei Waldbäumen zum Andenken an ein Reh, das man in frühern Zeiten dort eingefangen.

Ober-Rohrdorf. Seit der Trennung von Nieder-Rohrdorf 1854 eine Rebe und eine Garbe.

Nieder-Rohrdorf. Eine Tanne hinter einem Lamm, als das Wappen der vorigen Gesammtgemeinde Rohrdorf.

Ober-Siggenthal. Drei Schlüssel, zu Ehren der Kirchenpatrone Peter und Paul mit den Himmelsschlüsseln.

Nieder-Siggenthal. Getheilt, Feld rechts zwei Schlüssel. Feld links das Kantonswappen, aber verkehrt.

Spreitenbach. Die Dorflinde, nebst Tanne, letztere auf den schönen Nadelwald hindeutend.

Turgi. Seit 1883. Kopfstück blau und weiß mit einem T, linkes Feld grün mit einer Weizenähre, rechtes Feld roth und schwarz mit einer Bobine.

Wettingen. Ein Stern über dem Wasser schwebend (maris stella). Im Hintergrund eine hochgestengelte Pflanze, die näher nicht zu entziffern ist.

Wohlenschwyl. Das Bild des Schützen Tell mit dem Knaben; die Armbrust an einen Baum gelehnt. Dergleichen Wappen waren zur Zeit der Helvetik üblich.

Würenlingen. Kantonswappen, jedoch statt der drei Sterne ein Eichenzweig. Die drei Sterne sind in's rechte Feld versetzt, ob dem Fluß zwei und unter demselben ein Stern.

Würenlos. Getheilt, oberes Feld blau, das untere roth. Vor beiden Feldern ein Schlüssel. Soll das Wappen des Barons von Steinbrunnen und Würenlos, 1300, sein.

Anglikon. Ein doppelter Dreiangel, gleich einem Bierschild. Historische Notizen bestehen hierüber keine. Anglikon ist eine uralte Gemeinde und hatte laut Stumpf und Schilling einen uralten Adel (Mechtild von Anglikon).

Berikon. Ein dreiblätteriges Kleeblatt (trifolium) im weißen Feld. Vor Zeiten sollen in Berikon auf dem Berge drei Bauernhöfe gestanden haben, Berghöfe genannt, von denen nach und nach die Benennung Berikon abgeleitet worden ist. Nun haben die Besitzer dieser Höfe sich in ein Gemeindewesen vereinigt und so entstund die Gemeinde. So ist auch das Wappen entstanden, das in der neuen Kirche 1857 in einem Rondell von Glasmalereien durch Glasmaler Röttinger von Zürich gemalt zu sehen ist.

Bezirk Bremgarten.

Bremgarten. Ein aufrechtstehender Löwe. Das jetzige Wappen läßt sich nur als Ausfluß aus der Zeit der österreichischen Herrschaft, der diese Stadt angehörte, erklären. Damals galt der Reichsadler, welcher an beiden Seiten von zwei Löwen getragen wurde, als Wappen. Als die österreichische Herrschaft in unserem Lande ihr Ende erreichte, fiel der Adler als Abzeichen der Reichsunterthänigkeit weg und ohne weitere Abänderung wurden die Schildhalter des Wappens, d. h. der Löwe, als Gemeindewappen gewählt, muthmaßlich als dankbares Erinnerungszeichen an die frühere Herrschaft, welche bekanntlich den aargauischen Städten urkundlich viele Rechte und Freiheiten gewährte, worauf sie damals ihre städtischen Gemeindewesen aufbauten.

Büttikon. Ein Kochhafen, auf drei Hügeln stehend im blauen Feld, deutet auf das zahlreiche Geschlecht der Koch in dieser Gemeinde. Das Wappen der Herren von Büttikon ist in sechs Querfelder getheilt, wovon drei roth und drei von Silber sind, fünf blaue Knäufe.

Dottikon. Der Vordertheil eines Pferdes aufrecht stehend, auf einem Driberg. Führt auf eine Sage zurück, nach welcher im 13. Jahrhundert ein adeliger Schloßherr, bei einem Ritt todt in den Steigbügeln am Pferde hängend, nach Hause kam.

Eggenwyl. Angeschafft 1815, am Platze des früheren Munizipalitätssiegels.

Hermetschwyl. Bis 1798 eine Linde. Anno 1805 siegelte der Friedensrichter von Bremgarten.

Hägglingen. Anno 1460 sind die Herren von Hächlingen ausgestorben. Ihr Wappen war eine Hanfhechel. Als das Gemeindesiegel entstand, ließ man die Hechel weg.

Hilfikon. Gehörte früher zur Herrschaft gleichen Namens. Siegler war der jeweilige Gerichtsherr von dort. Seit 1803 führt Hilfikon ein eigenes Gemeindewappen mit dem Kantonsschild. Im Wappen der Herren von Hilfikon steht ein Elephant.

Jonen. Getheilt in ein blaues und ein rothes Feld. Im ersten sind drei Sterne, im letzeren ein Schlüssel. Erstere deuten das ehemalige Kelleramt an. Zwischen Beiden hindurch führt der Jonenbach.

Oberwyl. Früher ein Birnbaum, mit Hindeutung auf den Holzbirliberg.

Lieli hat ein Beil im Wappen; auf Feuereimern und Windlicht ist solches jetzt noch zu sehen, merkwürdigerweise ist aber im Gemeindesiegel nur der Kantonsschild.

Lunkhofen. Im rothen Feld zwei gekreuzte Schlüssel, welche auf den ehemaligen Hauptort des zürcherischen Kelleramtes deuten. Das Wappen der Edelknechte von Lunkhofen bestund in drei schwarzen und drei weißen Querbalken, gesperrt durch einen weißen, senkrechten Balken.

Rudolfstetten, genannt Rueberstetten. Ein aufrechtstehender Löwe und über'm Wappen zwei Ruder, deutet auf den Grafen Rudolf von Habsburg hin, welcher in dortiger Gegend die Jagd und einige Lehen hatte.

Sarmenstorf. Getheilt, das obere Feld gold, das untere blau, durch beide Felder steht eine Säule, umschlungen von einer Schlange. An der Säule hängt ein kleiner Schild mit zwei kreuzweis verhängten Schwertern.

Villmergen. Eine gefüllte Rose im weißen Feld.

Widen. Ein Weidenbaum (Widen) deutet auf das mosige Land, auf dem den Bächen nach viele Weiden wachsen.

Wohlen. Getheilte Felder, das obere roth, das untere weiß mit einer schwarzen nach oben ausgespitzten Raute.

Die Heimathkunde von Wohlen besagt Folgendes: Wohlen hatte bald nach Guntram ein adeliges Geschlecht: „die Edlen von Wohlen". Ihr Wappen sei dasjenige der Gemeinde geworden. Diese Edlen besaßen in und um Wohlen viele Güter. Sie erscheinen in der Geschichte vom 12. Jahrhundert an und verlieren sich im 15. Jahrhundert. Der letzte Sprosse soll Heinrich gewesen sein; er vertheidigte im Jahre 1415 bei der Eroberung des Aargaus die Habsburg. Die Edlen von Greifensee beerbten die Besitzungen der Edlen von Wohlen.

Bezirk Brugg.

Altenburg. Eine Ruine an einem Fluß.

Auenstein. Eine Fluh (Gisulafluh), am Fuß derselben eine Tanne.

Birr. Eine Birne.

Birrenlauf. Auf blauem Grund ein Kahn mit einem Fährmann. Drüben zwei Birnen.

Birrhard. An einem Fluß ein Fruchtbaum, eine Rebe und Kornähren.

Ober-Bözberg (seit 1872). Ein Reh bei einer Tanne.

Unter-Bötzberg (seit 1872). Ein geschirrtes Pferd, auf die frühere Frequenz der Römerstraße deutend.

Brugg. Ueber einen Fluß eine mit Wachtthürmen bewehrte Brücke.

Effingen. Getheilt in ein rothes und ein weißes Feld, ersteres mit einer Adlerschwinge, letzteres mit einem Stern ob drei Hügeln (Driberg). Soll das Wappen der Herren von Effingen sein.

Hausen. Ein Haus.

Hottwyl. Ein weidender Hirsch.

Lauffohr. Drei Einläufe in einen goldenen Fluß, Aare, Limmat, Reuß.

Linn. Die weithin sichtbare Linde von Linn.

Lupfig. Zwei Garben, inzwischen Kornähren.

Mandach. Getheilt in ein weißes und ein rothes Feld. Im obern weißen ist der Oberkörper eines Mannes (das Wappen der ehemaligen Herrschaft von Mandach bei Regensberg).

Mönthal. Im blauen Feld drei Sterne. Darunter drei Flühen, zwischen hindurch rinnt der Bach.

Mülligen. Ein Mühlrad auf drei Hügeln.

Oberflachs. Drei kreuzweis gestellte Flachsbozen.

Rein. Die auf einem Hügel hochgestellte Kirche mit Thurm.

Remigen. Im blauen Feld ein Steinbock, auf drei großen Hügeln stehend.

Rüfenach. Eine Korngarbe.

Ryniken. Eine Tanne auf drei Hügeln.

Scherz. Ein Herz, mit einem Dreiblatt geziert. Die Waldbruderhütte Scherenz oder Scheritz sei vor 40 Jahren noch sichtbar gewesen. Die Matte daselbst wird jetzt noch Brudermatte genannt. Das Gemeindesiegel ist wahrscheinlich von 1812—1815 entstanden.

Schinznach. Im blauen Feld die Mondsichel und drei Sterne. Nach der Sage habe ein Hof existirt, den man Schinzenhof auf der Aach nannte.

Stilli. Im blauen Feld Anker, Stachel und Ruder.

Thalheim. Eine Rebe mit vier Trauben.

Umikon. Viergetheilt, mitten durch ein weißer Pfahl mit drei rothen Bünden. Das obere weiße, rechte Feld mit drei schräglaufenden grünen Balken. Das obere linke, goldene Feld enthält einen auf die Hinterfüße gestellten Bock. Im untern rechten goldnen Feld ist ein dreiblättriges Kleeblatt. Im untern linken grünen Feld die Mondssichel. Umikon war in früherer Zeit eine Kollatur von Leuggern und die Kommende besaß in Umikon Kirchensatz und die niedern Gerichte. Der Schutzpatron der Kirche war der heil. Mauritius.

Veltheim. Ein Hahn im blauen Feld, mit einem Stern oben.

Villigen. Im blauen Feld ein Dachsfuß, umgeben von drei Sternen.

Villnachern. Eine Pflugschar zwischen zwei Sternen.

Windisch. Eine Ruine auf vier Hügeln mit einem aufrechtstehenden Löwen.

Bezirk Kulm.

Beinwyl. Ein Kahn auf dem See, nebst Fährmann.

Birrwyl. Im blauen Feld eine Birne. Driberg.

Burg. Eine Ruine nebst Tanne.

Ein Glasgemälde vom Jahre 1700, auf welchem ein ehrsames Fertiggericht tagt, trägt einen Löwen mit blauem Knopf, gezeichnet im goldnen Feld als Gemeindewappen. Mit Sicherheit darf angenommen werden, daß dasselbe das Wappen der Herren von Reinach war.

Neben der Burgruine stand bis in jüngster Zeit eine Tanne, welche auf dem Wappen ebenfalls angebracht ist und nicht fehlen durfte. Der Hut mit den drei Federn weiß, roth und blau, welcher auf dem Schilde ruht, ist als Sinnbild Desjenigen zur Verzierung angebracht, vor dem sich Wilhelm Tell nicht beugen wollte.

Nachdem am 9. Juli 1386 nach der Schlacht bei Sempach der Rittersitz der Herren von Reinach zerstört worden, hat bis zum Jahre 1608, also 222 Jahre lang Niemand mehr dahier gewohnt, in welcher langen Zeit die Gegend zur Wildniß sich gestaltet hatte. Erst um diese Zeit siedelten sich drei Brüder Burger von Bözberg, später einige Eichberger und Weber von Beinwyl, zwischenhinein ein Sommerhalder von Gontenschwyl, im Jahre 1669 ein Jakob Aeschbach, Schmied von Leutwyl und später die Geschlechter Merz und Wirz von Mentziken hier an. Die Wirz verzichteten im Jahre 1831 auf das Bürgerrecht und

das Geschlecht Merz ist am 8. Januar 1866 ausgestorben. Diese
Emigranten ohne Verband mit irgend einer andern Gemeinde lebten
und vermehrten sich hier, bis diese Genossenschaft im Jahre 1751 von
der hohen Obrigkeit des Kantons Bern unter dem Namen Burg
zu einer selbständigen politischen Gemeinde erhoben wurde. Das
Gemeindssiegel ist wahrscheinlich erst im ersten oder zweiten Jahrzehnt
des gegenwärtigen Jahrhunderts angefertigt worden. Das Wappen ist
ein verziertes Bild des hier gestandenen, nun im Jahre 1872 gänzlich
abgetragenen Schloßthurms, welcher sowohl in Material und Glanz
dem neu zu erbauenden Schulhaus im Gegensatz zu seiner Vergangenheit der Zukunft zum Segen und zur neuen Zierde dienen soll.

Dürrenäsch. Ein aufrechtstehender Löwe mit einem dürren Ast
in der Tatze.

Gontenschwyl. Eine Tanne zwischen zwei Herzen.

Gontenschwyl wird urkundlich zum ersten Mal erwähnt in einer
Schenkung, welche Graf Ulrich der Reiche von Lenzburg im Februar
1086 dem Stift Beromünster gemacht und worin er dasselbe dotirt
hat. Das Dorf war ein uraltes Allodialgut der Grafen von Lenzburg, welche hier ein Jagdschloß (noch jetzt wird die betreffende Stelle
„die Burg" genannt) besessen. Auch die hiesige Mühle trägt noch
ihren Namen und führte bis zu dem anno 1819 erfolgten Neubau
ihr Wappen. Es ist konstatirt, daß Gontenschwyl schon unter der
Herrschaft der Regierung von Bern als Wappen eine Tanne führte.
Eine solche fand sich in der im Jahre 1826 umgebauten Kirche schon
aus uralter Zeit als Gemeindewappen Gontenschwyls gemalt vor,
eine solche figurirt auch auf der im Jahre 1777 neuerstellten Feuer-
spritze, sowie auf verschiedenen noch viel ältern der Gemeinde gehörenden Geräthschaften.

Der Grund, weßhalb die hiesige Gemeinde eine Tanne im Wappen
führt, ist unbekannt. Als im Jahre 1826 das Gemeindesiegel angefertigt wurde, ward beschlossen, um die Dreitheiligkeit der Gemeinde
in Ober-, Kirch- und Unterdorf anzudeuten, links und rechts neben
der Tanne ein Herz dem Wappen beizufügen. Die ältern Siegel enthalten also dieses Herz nicht. Seit 1826 ist die Tanne mit den zwei
Herzen fortwährend als Gemeindewappen betrachtet und auch auf der
Schützenfahne angebracht worden.

Holziken. Ein Waldbaum.

Kulm, Ober= und Unter=. Getheilt in ein weißes und rothes Feld, mitten durch ein schwarzer Balken.

Leimbach. Im rothen Feld ein Bach schräg, oben im Feld ein Stern. Dieser Bach hieß früher Leibach. Bis 1750 war Leimbach ein Steckhof.

Leutwyl. Eine Glocke im blauen Feld.

Menziken. Im blauen Feld steht ein freier Mann mit einem Spieß bewaffnet und in der linken Hand einen Stern. Die Figur trägt einen Freiheitshut.

Reinach. Im weißen Feld geht ein Löwe auf einem schräg an= steigenden goldenen Balken. In der vordern Tatze hält der Löwe einen Speer oder ein Schwert. Das Wappen der Herren von Rei= nach ist in goldenem Feld ein aufrechtstehender rother Löwe mit blauem Kopf und blauer Mähne.

Rued, bis 1816. Das Wappen der Herren von Ruda, bestehend in einem Ruder.

Schloßrued. Getheilt. Die eine Seite zeigt drei Sterne mit Ruder und Stachel, die andere das Schloß.   .   .

Schmiedrued. Gleich wie oben, bloß statt des Schlosses ein Schmiedehammer im blauen Feld.

Nach einer alten Sage soll in der Thalschaft ein See gewesen sein, dafür zeugen die Straßen, die vor Zeiten über Anhöhen und nicht der Thalsohle nach führten. Der Name Ruda stammt von den Herren dieses Namens her, davon einer vor der Kanzel in der Kirche zu Rued begraben ist. Die Stammburg der Herren von Ruda be= fand sich der jetzigen gegenüber. Fundamente sind noch vorhanden im sogenannten Burgrain.

In dem Kirchthurmknopf fand sich eine alte Urkunde, wonach der Kirche nicht die Lichtlöcher, wohl aber die Fenster fehlten und welche Kirche die nächste von Solothurn gewesen sein soll.

Schöftland (Schöfflan). Zwei kreuzweis gestellte Balken oder Blanken. Kann auch ein Andreaskreuz sein.

Alte Männer sagen, es sei einmal ein Bürger von Schöftland aus einem Feldzug heimgekommen und habe als Zeichen seiner Tapfer= keit und des bewiesenen Heldenmuths ein goldenes Kreuz erhalten. Als Andenken an diesen Bürger habe Schöftland als Gemeindesiegel ein Kreuz angenommen. Dieses Wappen hat Aehnlichkeit mit dem Wappen der Herren von Hattstatt von Schöfflan. („Seerose" 1890.)

Teufenthal. Ein Stern mit Halbmond in einem Hügelthal.

Zezwyl. Im blauen Feld eine Pflugschar, geziert mit drei Sternen. Triberg.

Bezirk Laufenburg.

Frick. Ein Lindenblatt im gelben und rothen Feld, das Wappen der Homburger Vögte.

Gansingen. Kantonswappen und darauf eine Gans stehend.

Im Frickthal war der Name der Gemeinde nicht bekannt. Dafür hatte man, wie in ganz Oesterreich Innungen, ganze, halbe und Viertels-; Gansingen mag also eine ganze Innung oder Innig gewesen sein, daher der Name Ganzinnungen.

Kaisten. Ein Reblaub.

Laufenburg. Im goldenen Feld ein aufrechtstehender Löwe, das Wappen der Habsburg-Laufenburg.

Die übrigen Gemeinden des Bezirks Laufenburg haben das Kantonswappen im Gemeindesiegel.

Bezirk Lenzburg.

Alliswyl. Ein bewehrter Mann mit einer Blume in der Rechten.

Nach Aussage alter Männer sei zur Zeit der Herrschaft von Hallwyl in Alliswyl Joh. Gelberr Gemeindevorsteher gewesen. Als es sich darum handelte, ein Gemeindewappen anzunehmen, sei das Wappen Gelberts zum Gemeindewappen erhoben worden, das jetzt noch besteht wie angegeben.

Ammerswyl. Der Obertheil eines Hirsches, hinter drei Hügeln stehend. In frühern Zeiten war in den Dorfwäldern der Hirsch heimisch.

Boniswyl. Eine Ente oder eine Schnepfe. Boniswyl besitzt ein großes Streuemoos. In diesem halten sich gerne Schnepfen auf, daher das Wappen.

Brunegg. Eine Quelle mit zwei Ausläufern. Römische Wasserleitung nach Vindonissa.

Dintikon. Im blauen Feld ein Schrägbalken, mit drei Sternen.

Egliswyl. Im blauen Feld drei Egli, quer über einander gelegt, mit drei Sternen. Das Heimathdorffeld liegt zwischen dem

höher liegenden Dorf und dem sog. Entenfeld', dort fließt der Remi-
bach und mündet weiter unten in den Aabach. Dieses Büntenfeld
soll vor Zeiten ein See gewesen sein, d. h. noch zum Hallwylersee
gehört haben. Der See sei reich an Fischen (Egli, Flußbarschen)
gewesen, die ben nächsten Hofbesitzern zukamen. Von diejen Fischen
und dem Hof (Weiler) wird der Namen der Gemeinde und deren
Wappen herzuleiten sein.

Fahrwangen. Im goldenen Feld ein schreitender Löwe. Spitze
des Feldes roth.

Hendschiken. Ein Handschuh.

Holderbank. Eine Bank unter einem Hollunderbaum. Vor 1798
siegelte der Freiherr von Effingen. Anno 1424 finden wir Halderwank
geschrieben.

Hunzenschwyl. Im blauen Feld ein aufrechtstehender Hund
mit goldenem Halsband. Nach einer andern Notiz soll Hunzenschwyl
früher Hundsweiler geheißen haben.

Lenzburg. Eine blaue Kugel auf weißem Grund. Geschicht-
liche Notizen fehlen. Die Grafen von Lenzburg hatten eine Burg
in ihrem Wappen.

Meisterschwanden. Im weißen Grund zwei blaue Pfähle und
ein Querbalken ebenfalls blau, das Wappen der ehemaligen Herren
von Meisterschwanden, deren Schloß nur noch in wenig Gemäuer
dasteht.

Möriken. Im blauen Grund ein Mohrenkopf. Der Gemeinde-
rath meint, dies zeige auf Möhren, die dort gepflanzt werden, denn
Möriken sei ein Rübliland.

Niederhallwyl. Ein Lindenbaum.

Niederlenz. Im blauen Grund auf drei Hügeln ein Lindenblatt.

Othmarsingen. Im weißen Grund eine Brücke über die Bünz.
Auf der Brücke steht die Kirche, ehemalige Kapelle S. Otmarus.
Brücke und Kirche seien im 17. Jahrhundert entstanden.

Retterswyl. Gehörte vor 1813 zur Gemeinde Seon und war
früher ein Steckhof. Das Wappen ist ein sogenanntes Alliance-Wappen,
es ist gespalten und getheilt, in der Mitte im rothen Schild ein Stern,
darunter die Mondssichel. Im obern Stück rechts und im untern
Theil links ein blauer Würfel mit je fünf Augen. Im untern Stück
rechts und im obern Stück links je eine gekrönte Schlange. Vielleicht

das Wappen eines Kastvogts von Königsfelden, dem Rettersroyl einst zinsbar war.

Ruppersroyl. Im rothen Feld ein weißes Pferd. Früher sei im Wirthshaus zum weißen Rößli Fertiggericht gehalten worden, wahrscheinlich rühre von dorther die Figur im Gemeindesiegel.

Schafisheim. Ein gehörntes Schaf. Das Dorf habe früher Schafhusen geheißen.

Seeugen. Ein aufrechtstehender Adler mit ausgebreiteten Schwingen. Dieser Adler im Silberfeld ist das Wappen der Edlen von Seengen.

Seon. Drei Eichenzweige mit Eicheln. Da, wo das Dorf steht, sei früher ein Eichwald gewesen. Ist vielleicht das Wappen der Edelknechte von Seon.

Staufen. Drei Staufe (Becher).

Nach alter Sage soll ein gewisser Friedrich bei einem der letzten Herren von Hohenstaufen als Mundschenk gedient haben. Nach längerer Dienstzeit verließ Friedrich seinen Herren, wobei letzterer seinem treuen Diener einen Becher schenkte. Dieser Friedrich siedelte sich dann am Fuße des Staufberges an und wurde damit der Gründer des Dorfes. Friedrich nannte die Ortschaft Staufen. Das Geschlecht der Friedrich trägt in seinem Wappen einen Becher.

Tennwyl. Eine Tanne am See und auf diesem ein Fisch. Im Luftraum ob dem Fisch ein Stern. Die Tanne deutet auf den nahen Tannenwald und der Fisch auf die Leute im Dorf, welche alle Fischer und Fischer ihr Geschlechtsname gewesen sei. Tennwyl hatte von jeher ein Fischereirecht im See.

Bezirk Muri.

Abtwyl. Das Kantonswappen, jedoch irrthümlich statt dem schwarzen ein rothes Feld, in dem der Fluß gezogen ist.

Aristau. Im blauen Grund eine Säule mit einem Band, drei Mal umwunden.

Besenbüren. Das Kantonswappen mit einem aufgesteckten Besen.

Beinwyl. Im blauen Grunde eine Linde, auf dortigen Lindenberg hindeutend.

Bettwyl. Drei Tannen.

Boswyl. Im blauen Grund die Mondssichel, das Wappen der Edelknechte von Boswyl.

Bünzen. Das Kantonswappen mit aufgestecktem Lindenbaum, übel angebracht. Hier hat der Graveur wie bei Besenbüren ein rothes Feld aus dem schwarzen gemacht.

Buttwyl. Die gleiche Säule wie bei Muri.

Geltwyl. Wie bei Muri.

Kallern. Zwei gekreuzte Schlüssel mit einem Nagel (Passions-nägel).

Meyenberg. Drei gestielte Blumen auf dem Driberg.

Merenschwand. Ein Schwan mit Schilfkolben.

Mühlau. Ein halbes Mühlerad.

Muri. Im blauen Grund die Martersäule mit dem Kasteiriemen.

Rottenschwyl. Im blauen Grund ein Stern über Wasser, auf dem ein Fisch schwimmt.

Waldhäusern. Im blauen Feld eine Tanne.

Waltenschwyl. Zwischen vier Sternen die Mondssichel.

Werd. Das Kantonswappen mit daraufstehendem Lamm.

Bezirk Rheinfelden.

Kaiseraugst. Ein bewehrter Thurm mit Thor.

Magden. Zwei Reben, dazwischen ein hoher Baum.

Möhlin. Eine Garbe.

Mumpf. Ein Bienenkorb.

Rheinfelden. Drei Felder in Roth, in jedem drei Sterne. Die andern drei Felder sind golden. Schon die Grafen von Rhein-felden hatten die sechs Felder im Wappen, aber ohne Sterne. Kaiser Leopold gab die Sterne der Stadt als Anerkennung für ihre Treue und Anhänglichkeit an's Reich. „Behaltet Euer gut Lob wie zuvor," sagte er den Bürgern.

Schupfart. Ein Lindenblatt.

Stein. Ein Steinblock, darüber hinweg der Rheinstrom fließt.

Wallbach. Ein Doppelkreuz, darüber ein Stern.

Zeiningen. Ein mit Trauben behangener Rebstock auf einem Driberg.

Zuzgen. Fünf geflügelte Tannen, darüber ein Stern.

Bezirk Zofingen.

Aarburg. Eine Burg, darauf ein Adler, das Wappen der ehemaligen Herrschaft von Aarburg.

Attelwyl. Ein Adler. Soll früher das Dorf ein Hof, genannt Abelhof, gewesen sein.

Balzenwyl. Getheilt in ein schwarzes und blaues Feld.

Bottenwyl. Eine Tanne. Ehemals gehörte das Dorf den Herren von Bottenstein.

Brittnau. Ein Fluß, Altachen? schräg durch das rothe Feld mit Driberg. Soll früher Brigittenau geheißen haben.

Kirchleerau. Eine Kirche, darüber eine Lerche schwebend.

Kölliken. Eine Tanne mit angesperrter Bärentatze. Anspielend auf das große Köllikertann, wo Bären hausten.

Mühlethal. Von einer dort gewesenen Mühle rührt der Name und selbstredend das Mühlenrad her, halb im rothen, halb im weißen Feld getheilt.

Niederwyl, jetzt Gemeinde Rothrist. Eine Pflugschar auf drei Hügeln, geziert mit zwei Sternen.

Oftringen. Im blauen Feld drei aufgehende Mondsicheln (Driberg), das Wappen des Bruders in Königsfelden.

Reitnau. Im blauen Feld ein Hahn, auf einem Driberg stehend. Andere meinen, es sei ein Reiher, Reitnau habe früher Reithof (Reiherhof) geheißen.

Riken. Im blauen Feld ein Kreuz, sodann auf drei Hügeln drei Kleeblätter.

Safenwyl. Ein Eberkopf im blauen Feld, oben der Stern, das Wappen der ehemaligen Herrschaft von Sauenwyl.

Staffelbach. Eine Brücke über die Suhre. Im blauen Feld der Stern.

Die Sage erzählt, es sei früher hier ein See gewesen, der bis zur Mühle, wo das Thal am engsten ist, gereicht habe. Um dem See Abfluß zu verschaffen, habe man Staffeln an Staffeln gegraben. Dort, wo die Staffeln waren, baute man die Brücke zur Verbindung des östlichen und westlichen Theils.

Strengelbach. Im goldenen Feld schräg hinauf ein schlängelnder Bach (Wigger).

Uerkheim. Getheilt durch einen rothen Balken, zwischen zwei Sternen. Das Dorf soll früher aus zwei Theilen (Hinterwyl und Uerkheim) bestanden haben, was durch die beiden Sterne angedeutet wird.

Vordemwald. Eine Tanne zwischen den Buchstaben G und W.

Wittwyl. Im blauen Feld ein großer Stern.

Wiliberg. Getheilt in ein blaues und ein weißes Feld. In jenem steht das halbe Mühlenrad (Geschlecht Müller), im letztern auf drei Hügeln eine Pflanze mit drei Blättern. Man sagt, als im Jahre 1781 aus dem sog. Steckhof Bonhausen die Gemeinde Wiliberg geschaffen worden, seien 111 Einwohner gewesen, lauter Müller und Läser.

Zofingen. Getheilt in vier Felder, das oberste roth (Blutbann), das zweite weiß, das dritte roth und das vierte weiß. Früher hatte Zofingen den Schutzpatron Mauritius in kriegerischer Rüstung im Wappen. Das jetzige Wappen besteht seit der Sempacher Schlacht und ist das gräfliche Wappen des Hauses von Spitzenberg (Marktplatz, Spitzenbergplatz).

Bezirk Zurzach.

Klingnau. Zur Zeit, bevor Klingnau stand, hatte die Aare in der Gegend einen andern Lauf als jetzt. Es bildete der Landstrich, auf dem genannte Ortschaft sich erhebt, rechts und links von der Aare umflossen, eine Tafel, die Au; auf dieser Insel gründeten und bauten die Freiherren von Klingnau, welche auf der Anhöhe, jetzt Ebene genannt, eine Burg bewohnten, die Stadt Klingnau. Das Gründungsjahr ist unbekannt, denn die Archive verbrannten 1585 mit der Stadt. Im Jahr 1269 verkaufte Walther von Klingnau die Stadt mit aller Rechtsame an den Bischof Eberhard II. von Konstanz, welcher hier seine Rechte durch Obervögte verwalten ließ. Wappenbilder aus den Zeiten der Herren von Klingnau besitzen wir keine mehr. Dagegen sollen, auf Schlußsteinen an Pforten und Thoren, zwei Löwen (Schwerter, Klingen haltend) das Wappen dieser Freiherren getragen.

Lengnau. Ein weißes Pferd. Der einstmalige Ammann, zugleich Inhaber der ehehaften Wirthschaft zum Rößli, habe das Rößli in's Wappen gewählt.

Leibstatt. Nach einer vorhandenen Chronik soll vor vielen 100 Jahren durch die Thalschaft des jetzigen Dorfes ein großer Bach geflossen sein und in den Rhein eingemündet haben. Dieses Gewässer habe den Namen Leib gehabt, später sei dann dieser Bach infolge Wassergröße und Ueberschwemmungen verloren gegangen, indem er sich unterirdisch vertheilt habe. Diesem Bache entlang habe sich eine Stadt erhoben, die durch die Schweden zerstört worden sein soll. (Sehr unwahrscheinlich.)

Israelitisch Lengnau. Eine hebräische Inschrift, welche heißen soll: „die Vorgesetzten." Umschrift: die Lengnauer Judengemeinde.

Israelitisch Endingen. Der Kantonsschild, aber merkwürdig ist in Folge ungeschickter Gravüre aus dem schwarzen Feld ein goldenes geworden.

Mellikon. Eine Pflugschar. Die Gemeinde bestand früher aus vier bis sechs Bauernhöfen.

Rietheim. Eine Pflugschar (seit 1839). Früher bestand bloß das Kantonswappen.

Reckingen. Das alte Wappen enthielt ein großes R auf dem halben Mühlenrad. Seit 1851.

Rümikon. Ein großer Fisch zwischen drei Sternen, anspielend auf das Fischereirecht, das der Gemeinde von jeher zustand und auf das Geschlecht der Fischer. Das Wappen hat Aehnlichkeit mit Tennwyl.

Schneisingen. Die drei Hügel im blauen Grund. In diesem zwei Sterne.

Tegerfelden. Ein mit einem Schwert bewehrter Arm. Soll mit dortiger Burg zusammenhängen laut einer Chronik, die im Gemeindearchiv sein soll.

Zurzach. Gespalten. Ein grünes und ein weißes Feld. Zwischen durch ein großes Z.

Schloss Bogenheim.

Dorf und Schloß Hegenheim im Elsaß.
Von F. A. Stocker.
(Mit einer Abbildung.)

Geht man vom Spalenthor in Basel in westlicher Richtung vorwärts, so gelangt man nach Verfolgung mehrerer Straßen endlich auf ein weites fruchtbares Feld, auf dessen rechter Seite sich das Dorf Burgfelden mit seiner neuen schönen Kirche ausbreitet und links die Höhen der schweizerischen Dörfer Allschwyl und Schönenbuch. Man überschreitet die schweizerisch-deutsche Grenze und gelangt endlich nach einer Stunde Weges auf gutem Fahrsträßchen nach dem

1. Dorf Hegenheim.

Das Dorf grenzt an die Gemeinden Häsingen, Buschwiler, Hagenthal, Schönenbuch, Allschwyl, Burgfelden und Wenzwiler. Hinter demselben breitet sich ein sanfter Hügel aus, der Hängelsberg genannt; durch das Dorf fließt von Schönenbuch her der Lötzbach. Eine Wasserleitung von Hegenheim nach Hüningen, 1814 von den Alliirten zerstört, deren Quelle am Hängelsberg sich befindet, mündet auf dem Platze in Hüningen. Die alte Römerstraße, die sich von Hegenheim nach Burgfelden zog, ging durch's „lange Holz" und wird jetzt noch „Heidenstraße" genannt. Sie macht sich schon dadurch bemerkbar, daß auf Hundert von Metern das Getreide geringeres Wachsthum hat als auf dem übrigen Land. Eine Hauptstraße zieht sich durch das Dorf und gabelt sich dann in der Mitte desselben aus in zwei Zweige, der eine führt nach Hagenthal, der andere nach Schönenbuch.

Hegenheim gehört zum Kanton und Amtsbezirksgericht Hüningen, Kreis Mülhausen. Die Gemeindemarkung beträgt 668,85 Hektaren, wovon 43 Hektaren Wald. Das Dorf zählt 273 bewohnte Häuser. eine Bevölkerung von 1926 ortsanwesenden Seelen, 1555 Römisch-Katholischen, 76 Protestanten, 20 sonstigen Christen und 258 Israeliten.* Der Bürgermeister heißt Georg Greber, der israelitische Vor-

---

* Baquol zählt in seinem Dictionnaire de l'Alsace 1865 eine Bevölkerung auf von 2172 Einwohnern: 1487 Katholiken, Lutheraner 23, Reformirte 15, Israeliten 646. Die israelitische Bevölkerung hat sich also seit 1865 bedeutend vermindert.

steher Markus Dreifuß, der katholische Pfarrer Simon, die Stelle des Rabbiners ist unbesetzt. Die Postagentur besorgt Justin Zäck, Mitglied des Kreistages.

Die Gemeinde besitzt ein großes Gemeinde- und Schulhaus neben der 1783 erbauten St. Remigius-Kirche. Die Synagoge wurde in den Kriegsjahren von 1813 bis 1815 verbrannt, die israelitische Gemeinde hält eine Privatschule, die in nicht allzu ferner Zeit verstaatlicht werden wird, ferner ein Asyl für Alterskranke.

Gewerbe hat die Gemeinde wenig: vier Mühlen und eine Säge- mühle; Fabrikation gar keine, obschon die Bevölkerung fast ausschließ- lich Fabrikbevölkerung ist, die aber die Fabriken von Basel und Sankt Ludwig besucht, um dort ihr Brod zu verdienen. Auch arbeiten einige Handwerker für die Stadt Basel. Die Israeliten treiben meist Handel mit Vieh und andern Waaren. Wirthshäuser zählt das Dorf nicht weniger als acht: Die Post, zugleich Bierbrauerei von Justin Zäck, Krone, weißes Rößli ꝛc. Nordmann (israelitisch).

Eigenthümlichkeiten des Dorfes sind wenig zu verzeichnen. Ein altes Haus an der Straße trägt die Jahreszahl 1522. Man sagt, daß auf dem eingegangenen Friedhof beim Schloß hinter dem Hause der Herren von Bärenfels ein kleines Kloster gestanden habe, doch ist diese Annahme durch keine Urkunde erhärtet. Der christliche Kirchhof liegt vor dem Dorf beim Eingange von Basel, weit links seitwärts.

Interessant ist der israelitische Friedhof. Er stammt aus dem Jahre 1673. In diesem Jahre den 9. Januar verkaufte Hannibal von Bärenfels den um diese Zeit in Hägenheim wohn- und säßhaften Juden, deren Erben und nachkommenden Judengenossen einen Strich Ackers sammt dem dazu gehörigen Graben gegen die äußere Mühle einerseits den Bärenfelsischen Gütern, andrerseits dem Häglein am Bach bei Blutwursters Matten gelegen, zu einem Todtenacker, um ihre Todten allhier zu begraben um 67 Pfund und 10 Schilling Gelds. Und wird ihnen folgende Gebühr zu beziehen vorgeschrieben: von einer Manns- oder Weibsperson 1 fl., von einer „mittelmäßigen Person" ½ fl., von einem Kinde ¼ fl. „ohnverweigerlich und ohne einiges Disputiren zu entrichten und zu bezahlen". Davon soll dem Bann- wart für das Grabmachen und Zuwerfen die Hälfte der spezifizirten Kosten zukommen.

Im Juli 1728 erſchien vor dem Unterſchreiber der Herrſchaft Hegenheim Laurent Amable be Barbier, Kapitain der Artillerie, und beſtätigt, daß die Judenſchaft den Kaufſchilling an die Herren von Bärenfels bezahlt und entrichtet habe. Zeugen ſind Großmichel Levy, Wolf Levy, Iſak Braunſchweig, Kaſpar Bloch, Johannes Göck, Hans Ulrich Lützler und Peter Bocher, Amtsſchreiber (Urkunde von Günzburger, alt Lehrer).

Der Friedhof liegt noch am alten Orte und ſtößt unten an den Lötzbach und oben an die Straße nach Hagenthal; es ſind noch einige der älteſten Grabſteine vom Beginn der Beerdigungen her ſichtbar. Wahrſcheinlich müſſen vorher daſelbſt ſchon Israeliten begraben worden ſein, denn nach dem daſelbſt geführten Todtenbuch figurirt ſchon 1662 eine Sara, Frau des Jakob. (Die Israeliten führten zu jener Zeit noch keine Geſchlechtsnamen.) 1690 kommt ein Abraham, Sohn des Juda, im Regiſter vor. Damals und noch vor kurzer Zeit wurden Leichen israelitiſcher Verſtorbener nach Hegenheim geführt und beerdigt, die aus Altkirch, Belfort, Beſançon, Dijon, Nizza, Pruntrut, Neuenburg, Avenches, Genf und dem benachbarten Baſel kamen. So ruhen drei Dreifuß-Roſenblatt-Hirſch aus Baſel in einem Familiegrabe hier. Der Friedhof iſt ſehr groß und hält noch für lange Zeit aus; er iſt mit einer Mauer umgeben, an der eine Abdankkapelle und ein Wärterhaus angebaut ſind.

Die Sage geht, daß zur Zeit der Reformation die Juden von Allſchwyl, Dornach und Zwingen vertrieben worden ſeien und ſich in Hegenheim, Hagenthal, Häſingen, Lörrach (wo jetzt noch das Geſchlecht Dornacher exiſtirt) niedergelaſſen hätten. In Zwingen ſieht man jetzt noch den Gottesacker der Israeliten (Scheidt, Histoire des Juifs de l'Alsace. Paris, Durlacher).

Lutz in ſeiner „Geſchichte der vormaligen Herrſchaften Birseck und Pfeffingen" (Baſel 1816) ſagt, daß die Bauern von Allſchwyl 1568 die Juden aus der Gemeinde ausſchaffen wollten, weil ſie durch Müſſiggang, Unreinlichkeit und Betrug die Ueberzeugung von der Schädlichkeit ihrer Duldung und ihres Aufenthaltes in der Gemeinde beigebracht hätten. Der Biſchof von Baſel, an den die Juden ſich gewendet, ſchützte ſie namentlich gegen eine Einmiſchung der Stadt Baſel. Inzwiſchen ging die Verdrängung der Juden auch ohne Gewalt aus dem Dorfe von ſelbſt durch und zwei Jahrhunderte lang hat ſich kein Jude in der Gemeinde einhausen können. Wahrscheinlich sind damals auch Israeliten nach Hegenheim gezogen.

Die Gegend von Hegenheim hat mehrfach fremdes Kriegsvolk gesehen. Das erste Mal in den Tagen des August 1444, als der Dauphin von Frankreich (späterer König Ludwig XI.) von Mömpelgard mit seinem Gefolge nach Waltighofen ritt (5 Stunden von Basel), um des folgenden Morgens die Stadt Basel in der Nähe zu betrachten und in unscheinbarem Gewande vom Spalenthor durch Schüsse zurückgetrieben wurde. Vorläufig kehrte er nicht nach Waltighofen zurück, sondern verlegte für einige Tage sein Quartier in das Schloß Hegenheim. Hier berieth er sich mit seinen Hauptleuten über das, was jetzt gegen Basel und die Eidgenossenschaft zu unternehmen sei.

In der Nacht vom 16. auf den 17. März 1634 sah man von Basel aus die zahlreichen Wachtfeuer des auf dem Hegenheimer und Allschwyler Felde lagernden schwedischen Heeres. Die Bürgerschaft wurde vom Rathsausrufer gemahnt, sich vor Tag auf den Wachen einzufinden. Der Rath war in Permanenz versammelt. Alle Thore waren geschlossen und wurde strenge Wache gehalten.

Den 17. Mai 1674 hob Marschall Turenne sein Lager bei Hegenheim auf und verließ die Gegend.

Die älteste Urkunde von Hegenheim steht bei Trouillat I. 519, wonach 1230 bei einer Vergabung, die Graf Ulrich von Pfirt dem Kloster Lützel macht, Tetnicus von Hegenheim Zeuge ist.

Aus dem Urkundenbuch von Basel (Bd. 1) entnehmen wir, daß das Frauenkloster Häusern dem Ritter Peter von Hegensheyn (Hegenheim), genannt Meliot, seine Hörigen bei Sulz übergibt, wogegen der Ritter die dem Kloster widerrechtlich entzogenen Besitzungen zurückstellt. Die Urkunde datirt von Häusern den 11. Dezember 1248. Das Siegel, das derselben aufgedrückt ist, zeigt einen aufrechtstehenden, nach links schauenden Löwen.

Den 23. November 1246 leiht das Domstift Basel ein Haus in der Gerbergasse, welches Heinrich von Bottmingen von Werner, dem Leutpriester in Rollingen, gekauft hat, jenem zu Erbrecht. Zeuge ist nebst etwa 20 andern weltlichen und geistlichen Herren Vollmarus de Heginhein.

Im Jahre 1260 den 10. September wird das Dorf und der Bann Hegenheim zum ersten Male urkundlich genannt in einem Dokument, wonach Bischof Berthold von Basel genehmigt, daß die Kirche von

Binningen aus dem Besitze des Domkapitels in den der Propstei über-
gehe. (Boos, Urkundenbuch von Baselland 51, 52.)

Den 30. Juni 1356 schenkt Hemmann von Ramstein, Ritter von
Basel, dem Kloster Olsberg zum Leibgedinge seiner Tochter die Einkünfte in Ettingen und Hegenheim (Boos 320).

Die Pfarrei Hegenheim wird schon am 6. September 1352 in
einem Beschluß des Kapitels Basel genannt, daß die Kapelle von
Buschwyler nicht als selbständige Pfarrei, sondern als Anhang der
Kirche zu Michelbach-le Mont zu betrachten sei. (Trouillat IV. 32.)

Gegen 1360 gaben die Mönche von Landskron an die Kirche zu
Basel zu Lehen: Das Dorf Kembs, den niedern Hof zu Sierentz, den
Hof und die Mühle zu Oberwiler, den vierten Theil des Gerichts zu
Hegenheim u. s. w. (Trouillat IV. 149.)

Hemmann Brateller, Schultheiß zu Basel, beurkundet den 15. April
1424, daß Heinzmann Thusin, der Gerber, den armen Kinden an der
Birs zu Sankt Jakob vier Viernzel Gelds ꝛc. geschenkt habe. Zeuge
ist Hans von Hegenheim (vom Basler Geschlecht). (Boos, 736.)

Als Zeuge figurirt den 2. Mai 1435 bei einer Kundschaft über
Zwing und Bann der Stadt Basel gegen Münchenstein der obige
Hans von Hegenheim.

Ludwig de Palude, Bischof von Lausanne, belehnt den 9. Oktober
1432 den Heinrich von Eptingen, Edelknecht, mit dem Hofe Hölstein.
Zeuge: Petrus de Hegenheim, Bürger von Basel.

Ludwig von Eptingen, Ritter Hartmann von Eptingen, Domherr,
und Bernhard von Eptingen, Gebrüder, theilen den 2. Mai 1456 ihr
Erbe untereinander. In diesem Erbe kommt auch vor eine Gült von
drh Gulbin uff Peter von Hegenheim. (Boos 945.)

Johannes, Bischof von Basel, als Inhaber des Dorfes Alenswilr,
und Johannes von Bärenfels, Ritter, Werulin und Lütold von Bärenfels, Gebrüder, als Inhaber des Dorfes Hegenheim, vergleichen sich
den 27. Juli 1465 dahin, daß Johannes von Grefften in Hegenheim
von 2 Jucharten Acker, in Alenswilr gelegen, dem Bischof einen jährlichen Zins von vier Sester Haber bezahlen solle. (Boos, 1007.)

2. Die Herren von Hegenheim.

Wir unterscheiden in dem ältesten Besitzstande des Dorfes Hegenheim zwei adelige Geschlechter; die Herren von Hegenheim sind das

ältere, die von Bärenfels das jüngere Geschlecht. Vom ersteren sagt
Andreas Heusler in seiner „Verfassungsgeschichte der Stadt Basel":
„Eine Menge Häuser der alten Burgergeschlechter liegen an der freien
Straße: ich nenne hier die Häuser des Schaltenbrand, Stebeli, zur
Sonnen, das Haus zum Ehrenfels, zu Hegenheim*, zum Sternen,
das dem Geschlechte Iselin gehörige Haus zum Falken, das Haus zum
Angen, zum Hasen, das Haus der Pauler. Unwillkürlich kommt man
dabei auf den Gedanken, ob es sich nicht bei der Freistraße dem vicus
liber, der libera strata, bloß um eine offene, freie Königstraße handle,
und nicht vielmehr um das Quartier freier Leute, wie bei der Krämer-
gasse um die Ansiedlung der Kleinhändler, bei der Suterstraße um die
der Schuster u. s. w. Daß die freie Straße früher entstanden ist als
die Quartiere der Handwerker jenseits des Birsigs, ist klar. Alles
dieses deutet auf eine sehr alte Ansiedlung zahlreicher Freier hin. Dazu
ändert nichts, daß einzelne dieser Häuser, wie z. B. das Haus zu
Hegenheim, später im Eigenthum von geistlichen Stiftungen erscheinen.

Das Wappen der Herren von Hegenheim ist in sechs Felder getheilt, wovon die beiden obern links und rechts weiß, das mittlere roth,
die beiden untern links und rechts roth, das mittlere weiß ist. Die
Helmzier stellt zwei nach links schauende Schwanenhälse vor.

Wurstisen verzeichnet folgende Mitglieder dieses Geschlechtes:

1340. Johannes von Hegenheim.

1396. Peter, der Räthen.

1414. Hans von Hegenheim am Gericht, Agnes von Leymen.

1451 starb Peter, der letzte dieses Namens.

In der That erscheinen die Hegenheimer nirgends mehr in den
Urkunden und es tritt das Geschlecht der

3. Herren von Bärenfels

auf den Plan: Wernli, Lütold und Abelberg. Der Letztere erhielt
den Ritterschlag erst vor der Schlacht von Sempach (1386). Ihre
Besitzungen lagen in Hegenheim, in Grenzach (Baden) und am Blauen.
Sie waren Dienstleute des Bischofs Johann von Basel, der mit Herzog Leopold von Oesterreich in einem Schutz- und Trutzbündniß stand.

---

* Anno 1316 das Hus oben an der freien Straße; da Werner von Hegenheim
inne gesessen ist. Anno 1353: Hus zu Hegenheim an den Schwellen.

Unterhalb des Dorfes Grellingen, lesen wir bei Wurstisen, hat die Birs einen gefährlichen Strudel, welchen die Bewohner in der Rüttenen heißen, den Holzflößern sorglich; davon liegt nicht fern auf einer Fluh das alte Burgstell Bärenfels, vor Zeiten eine Behausung der Edelleute dieses Namens, welche nun an andern Orten Wohnung gesucht. Von diesem Haus sind sechs Mitglieder Bürgermeister von Basel gewesen:

Konrad von Bärenfels, Ritter, 1342 und 1368, hat auch das Schultheißenamt im mindern Basel gehabt.

Wernher, Ritter, 1376 und 1382, hat das Schultheißenamt in der mehrern Stadt gehabt, ist hernach mit Lütold, seinem Bruder, Arnold und Adelberg, seinen Vettern, zu Sempach im Streit erlegen.

Arnold (Erny), Ritter, 1394 und 1402.

Arnold, Ritter (ein anderer dieses Namens), 1435 und 1441.

Arnold, Ritter und Burgermeister 1438.

Hans von Bärenfels, Ritter, 1459 und 1489.

Wurstisen führt auch noch außer den obigen, die der Edelleuten Stuben angehörten, solche an, die zwei und dreitausend Gulden Vermögen hatten und Pferd und Knecht besaßen. Unter diesen befanden sich auch die Wittwe Amalia von Bärenfels. Die Edeln von Bärenfels hatten auch zu Allschwyl bedeutende Besitzungen und Einkünfte.

Das Wappen der Bärenfels war ein aufrechtstehender, nach rechts schauender Bär auf einem Driberg im goldenen Feld. Als Helmzier ein Busch Pfauenfedern.

Aus den wenigen Urkunden, die wir von der Gemeinderathskanzlei Hegenheim erhalten haben (eine große Zahl wurde leider von den preußischen Soldaten im Kriege von 1870/71 als Brennmaterial verwendet), geht hervor, daß 1506 die Hegenheimer ihre Schweine in den Stockhet-Wald (in der Gemeinde Buschwiler gelegen), schicken dürfen.

Eine Urkunde des Lux Ziegler, Oberstzunftmeister der Stadt Basel, gegeben am Tage S. Johann Evangelist 1518, besagt, daß zwischen Adelberg von Bärenfels, dem Meyer und den Geschwornen von Hegenheim wegen eines Holzes (Wald) Zwistigkeit entstand. Bis anhin durften die Einwohner das Holz „aus den drei obersten Häg" nutzen. Es wurde erkannt, daß es auch in Zukunft so sein solle, wenn die Einwohner den Gutsherrn darum bitten, Nutzholz zu verwenden. Das Holz, genannt die „alte Hirzbach", soll ihnen auch nicht versagt werden, wenn sie Eine E. Gemeinde darum begrüßen.

Den 8. August 1580 wurde dieses Waldes wegen ein Streit be-
glichen zwischen den Gemeinden Buschwiler und Hegenheim. Parteien
waren Junker Jakob Rich von Richenstein und Hannibal von Bärenfels. Unterzeichnet wurde der Akt von Hans Rudolf von Hallwyl,
Dompropst von Basel. Anwesend waren die Junker Hans Georg Da-
gellen zu Wangen, Obervogt der Herrschaft Landser, und Ulrich
Diebold von Schauenburg beide österreichische Räthe.

Folgende Bestimmungen wurden vereinbart und festgesetzt:

Erstens soll bemeldetes Holz oder Wald, soviel deren von Hegenheim ausgemarchet Stuck belangt, von heute an von beiden Gemeinden
des Viehs oder Weidgangs halber zwölf Jahre lang nach einander müßig
sein, damit das Holz wieder in Aufwachs komme. Nach den zwölf
Jahren mögen beide Gemeinden sechs Jahre lang den Weidgang nutzen.
Nach Verfluß der 18 Jahre sollen die von Hegenheim das Holz oder
Hürst abhauen, darauf soll wieder neun Jahre das Holz des Weidgangs verbannt sein. Zum andern sollen die von Hegenheim schuldig
und verbunden sein, denen von Buschwiler, so sie sich des Weidgangs
enthalten und müßigen, zu ihrem Holz im Stockhet Weg und Steg
darzugeben.

Schon vorher, Freitag den 5. November 1474, standen im Streit
Junker Hannibal von Bärenfels zu Grenzach, sodann Hansen Wernher,
derzeit Meyer, Christen Schmidt, Franz Greder und Marx Schmidt,
alle vier Geschworne der Gemeinde Hegenheim, wegen eines Guts von
16 Jucharten, genannt des Müllers Acker. Der Junker von Bärenfels gibt für, daß der Acker in das Meyerthum von Hegenheim ge-
höre und ein Lehen des Bischofs von Basel sei. Dagegen wird vom
Meyer, den Geschwornen und der ganzen Gemeinde erwidert, daß der
Acker vor etlich viel Jahren durch ihre Vorfahren erkauft worden sei.
Der Streit wurde so geschlichtet, daß die Gemeinde dem Junker einen
gewissen Zehnten bezahlte oder in natura ablieferte. Des war der
Junker wohl zufrieden. Zeuge war Ulrich Wasserhuhn, Schaffner zu
St. Leonhard in Basel.

Anfangs des 17. Jahrhunderts entstanden Mißhelligkeiten zwischen
Bärenfels und der Gemeinde des Frohndienstes wegen. Den 23. Mai
1608 wurde zu Ensisheim folgendes Erkanntniß erlassen: 1. Daß
die Einwohner von Hegenheim willig und ohne Rebellion ihre Frohndienste dem Herrn Hans Christoph von Bärenfels leisten und daß
Bärenfels mit guter Affektion die Leistung entgegennehme. 2. Daß

die Bewohner von Hegenheim, so lange sie des Stiftes Unterthanen und Lehen des Herren von Bärenfels sind, fünf halbe Tage Frohndienste leisten, den halben Tag zu fünf Stunden gerechnet.

Ein Junker von Bärenfels in Hegenheim, so erzählt die Geschichte, welcher ist nicht gesagt, führte sich feindselig gegen die Stadt Basel auf und wurde ein „unguter Nachbar" im Rathhaus genannt. Den 23. Juli 1642 erging sogar der Befehl, sich seiner Person zu bemächtigen.

In das zweite Dezennium des 17. Jahrhunderts fällt die Bereinigung der Zinse von Hegenheim, nachdem schon Christen Schmidt, der Meyer von Hegenheim, auf Anordnung des Freiherrn Hannibals von Bärenfels den 20. Februar 1584 einen Verein verfaßt hatte.

Kaspar Schmidt, der Meyer und Richter im Namen des Herrn Christoph von Bärenfels, bekennt, daß er den 11. April 1628 auf der gemeinen Stube oder dem Rathhaus zu Hegenheim öffentlich zu Bereingericht gesessen mit den Ehrenhaft- und achtbaren Jakob Diener, Leonhard Frey, Fridlin Jäger, Peter Rümelin, Lenz Bröder, Leonhard Jäger, Klaus Beyermann, Simon Bröder, Christen Bröder, Heinrich Böglin, Hans Sutter und Klaus Bröder, Alle Gerichtsmänner, und vor ihm erschienen ist der ehrenfeste und fürnehme Herr Hans Micheal Kaufmann, von Rotberg's Oberamtmann zu Rheinweiler, und Herr Ambros Wysser, von Rotberg's Schaffner in Basel, welche eröffnet hatten:

Nachdem dem mehrgenannten Junker von Rotberg allhin im Flecken und Bann Hegenheim zwei Viernzel Dinkel oder Korn und ein Viernzel Haber wohlbereiteter sauberer Frucht Kaufmanns Gut und der Stadt Basel Mäß schuldig sind zu liefern, welche bis dahin auf Martini Tag fleißiglich bezahlt und verzinset worden sind, da aber die alten Zinsrichter und der Träger, Inhaber oder Lehensleute selber fast alle Todes verblichen, daher auf ihre Erben übergegangen, welche die Güter zu öftermalen vertheilt, verkauft und verändert haben und also ohnehin in Vergeßlichkeit der Inhaber und Anstößer kommen, sintemalen in langer Zeit nicht renovirt und bereinigt worden, dadurch die von Rotberg nicht wenig Verlust, Schmälerung und Abgang widerfahren; damit solches verhindert werde, wäre das Begehren das: es möchte der Meyer nach des Dorfes Brauch und Gewohnheit, dergleichen Beschreibung und Bereinigung erstatten und vollziehen.

Deßhalb hat der Meyer und Richter von Hegenheim alle Zins=
leute bei den Eiden auf die Obervogt-Gemeine Stube oder Rathhaus
bescheiden lassen und ihnen geboten, daß sie und insonderheit die Zinsen
und Güter ihres Wissens anzeigen wollen, was dann auch geschehen ist.
Dieser Verein wurde nach gehaltener Umfrage durch den Gerichts=
schreiber Balthasar Hafner, Notar in Basel, protokollirt. Im Jahre
1662 wurden nach einer Bescheinigung von Hannibal von Bärenfels
die meisten dieser Bodenzinse abgelöst.

Den 29. März 1642 wurde zwischen der Wittwe des Hans Christoph von Bärenfels, geb. Klementia Walbner von Freundstein, mit
Beistand des fürstl. sigmaringischen, württembergischen Raths und
Statthalters zu Mömpelgard Wilhelm Golberich, und deren Erben:
1) Junker Adelbert, Rittmeister, 2) Christoph (landesabwesend), 3) Hannibal mit Beistand des Hans Werner, Rentner von Weil, bischöfl. baselischer hoher Rath und Landeshofmeister, 4) Frau Klementia von Rot=
berg, geb. von Bärenfels, 5) Hans Leopold von Ostein, fürstbischöfl.
baselscher Haushofmeister und erbetener Vormünder, 6) Jungfrau Lucia,
7) Jungfrau Maria Elisabeth, 8) Jungfrau Julia Barbara, 9) Jungfrau Anna Katharina, folgende gütliche Theilung vorgenommen:

Die Frau Wittwe Mutter fordet 4058 fl., worunter 400 fl. die
bei der Heirath versprochene Morgengabe. An Silbergeschirr hat die
Frau Mutter in die Ehe gebracht, das ihr wieder ersetzt werden soll,
361 Loth Silber, ein hoher ganz versilberter, getriebener Becher sammt
Deckel mit dem Waldner und Pfirter-Wappen, ein Dutzend Tischbecher,
eilf Silberlöffel mit dem Waldner-Wappen. Vorhanden waren 747
Loth Silbergeschirr, das getheilt wurde.

Forderungen der fünf Schwestern 3605 fl. Schulden auf dem
Erbe 4166 fl. 4 ß 4 Pf.

Theilung der Liegenschaften: Junker Christophel ꝛc.: Hausrath und
Mobilien, Rindvieh (3 Kühe und 1 Kalb), 32 Schafe, 4 Schweine,
Schiff und Geschirr.

An Lehen: 1) Der Burgstall Bärenfels, 2) das Dorf Hegenheim
mit allen dazu gehörigen obrigkeitlichen Gerechtigkeiten', 3) zu Aesch,
Reinach, Grellingen, Zwingen und Nenzlingen, Deitlingen fallende
Zinsfrüchte, ein Wald im Brislacher Bann, der Zehnten zu Michel-
bach), der Kirchensatz auf St. Gallerberg sammt dem Zoll, Umgeld,
Gericht und andern Gerechtigkeiten. Der Weinzehnten zu Steinbach,

jährlich zwei Fuder Wein, die Stadt Mülhausen muß jährlich einen Wagen mit Helstangen auf den St. Gallerberg führen. Zu Aristorf sind die Bauern schuldig, jährlich drei Schiffe mit Arvenholz an den Rhein zu liefern. Item, wenn ein Abt oder Abtissin zu Mornach von einem Bischof konfirmirt wird, soll eine Mark Silber gegeben werden.

Der Bärenfelser Hof sammt Nebengebäude zu Basel sollen bei den Lehenstücken verbleiben, da er aber vor kurzem vergantet und alimirt worden ist, beßwegen soll der Junker Ernst Friedrich v. B., den beiden Gebrüder Junker Adelbert und Hannibal eine benannte Summe Geldes erstatten und für ihre dritten Theile des vermeldeten Hofguts schadlos halten. Wird an Gülten gewiesen 1000 Gulden auf den Mülhauser Brief.

Da nun obige Sachen und Stammgüter gewisser Ursachen wegen nicht vertheilt werden können unter die Brüder v. B., sollen sie vier Jahre lang von beiden Brüdern gemeinsam genutzt und das Einkommen gemeinsam vertheilt werden.

An Kleinodien ist vertheilt worden: An Abelbert: Ein Petschaft mit dem Bärenfelser Wappen; ein goldener Ring mit zwei Türkisen und einem Rubin; ein goldener Ring mit einem Türkis; ein silberner Kasten mit einem Chrisolith; ein gar alt silbern Pfeislein; eine silberne Hutschnur, ein groß Messer mit silberbeschlagener Scheide. An Hannibal: Ein in Gold gefaßter Diamant, geschätzt zu 20 Reichsthaler; goldene Ringe, wovon einer mit Diamant und einem Rubin; ein großes silbernes Balsambüchslein.

Aus der Erbschaft der verst. Jungfrau Veronika sind noch Gülten vorhanden im Betrag von 1890 fl. 23 ₰. Von dieser Summe gebührt beiden Söhnen, A. und H., 427 fl.

Die Familie Bärenfels besaß lange Zeit auch das 60 Jucharten haltende Areal der Rheininsel Wörth gegenüber Basel- und Aargau-Augst, das aus Wald, Acker- und Mattland bestand.

Den 24. Mai 1660 gab Hannibal von Bärenfels dem Bürger Lienhard Wirz von Basel die ihm eigenthümliche Mahlmühle, die äußere, auch kleine Mühle geheißen, sammt Behausung, Stallung, Reibe, Oeltrotte und übrige Gebäulichkeiten, sammt dem Wasserfall, allen Rechten und Gerechtigkeiten, eine große Matte sammt dem neuen Baumgarten, alles 10—12 Mannwerk haltend, item 12 Jucharten

Acker, Matten und Reben zu einem Erblehen gegen jährlichen Zins
von 160 fl. Gelds, zu 15 Batzen gerechnet.

Hannibal starb den 12./22 November 1679. Seine Erben waren
Fräulein Elisabeth Maria von Bärenfels und Anna Katharina zu
Leipzig, verbeiständet durch Jakob Dietrich von Bärenfels, hochfürstl.
Durlach'schen Rath und Oberamtmann zu Badenweiler, Klementine von
Rotberg, geb. von Bärenfels, und ihren sieben Kinder.

Elisabeth Maria von Bärenfels erhält: 1) das Schloß, Scheune,
Stallung und Behausung, Schäferhäuschen und Baumgarten, 71 Jucharten Acker, 37 Mannwerk Matten und 17 Jucharten Holz. Außer
diesen Häusern ein Kapital von 1000 fl. Basler Währung. Das Schloß
erkauft sie zu 7000 fl. 2) Das Wirthshaus zu Burgfelden und noch
ein anderes Haus und alles, was sich an liegenden Gütern zu Burgfelden befindet: 60 Jucharten Acker, 21 Mannwerk Matten; ist Herrn
Ruffinger käuflich überlassen worden um 3750 ₶. 3) Die Behausung
mit aller Gerechtsame, auf dem Heuberg zu Basel gelegen, um 1350 ₶.
Summe dieser Güter 12,600 ₶.

Unvertheilt ließ man: Die kleine Mühle, die jährlich 104 ₶ ertrug,
da sie ein Erblehen auf Lienhard Wirzen's Kinder und Kindeskinder
war; ferner ein Stück Land, wegen welchem man mit Ernst Friedrich
von Bärenfels im Prozeß lag. Auf den Einwohnern von Burgfelden
lastende Kapitalien von 700 ₶.

Von dem Vermögen, welches vorstehenden Erben vertheilt worden
war, erhielt Fräulein Maria Elisabeth, wie vorher verzeichnet, 12,600 ₶.
Gülten 14,501 ₶. Davon gehören jedem der drei Haupterben
4833 ₶ 16 ß 6 Pf.

Der Fräulein Elisabeth Maria gehören ⅔ oder der Haupttheil,
9607 ₶ 13 ß, wofür sie an sich selbst angewiesen ist. Sie bleibt der
Klementine von Rotberg schuldig 2932 ₶ 7 ß, welche Summe sie bezahlt mit baarem Geld, 200 ₶ Silbergeschirr und Kapital 1042 ₶ 14 ß.

Nach einem Verzeichniß der Allodialgüter von Hannibal, Elisabeth und Anna Katharina vom 1680 und 1684 gingen 1692 an den
Herrn Laurent de Barbier über:

1) Das Schloß in Hegenheim mit zwei Wassergräben, Hühnerhof,
   Scheune und Stallung, Obst- und Küchengarten;

2) in Burgfelden zwei Häuser mit Garten;

3) Land in Hegenheim und Burgfelden, 158 Jucharten;

4) Holz und Hag nicht inbegriffen, die drei Hecken, die als Eigenthum des Herrn Bärenfels zu betrachten sind, 17 Zucharten;

5) Reben, 4 Zucharten 2 Quart;

6) Wiesen in Hegenheim und Burgfelden mit Inbegriff des Weihers
in letzterem Orte, 36 Zucharten.

Den 12. Februar 1699 bezeugen Anna Elisabeth be Carvel,
Judith be Carvel, geb. Rotberg, Regina Henrica von Bärenfels, geb.
Rotberg, Friedrich von Bärenfels, Christina Katharina Scherheyl von
Hartenfels, daß nach dem Ableben Gregor's von Rotberg und Wenzwiler, Vaters und Schwiegervaters, die von ihm hinterlassenen Güter
und Häuser unter die drei Töchter und Tochtermänner folgendermaßen
vertheilt worden sind:

1) Das Haus zu Wenzwiler mit Scheune, Stallung und Trotte,
Garten, Matten und Güter, 5 1/2 Zucharten groß, der Anna Elisabeth
Carvel zu 1550 ℔ Stäbler gerechnet, dann das Haus zu Basel 50 ℔.

2) Die Mühle zu Wenzwiler, zwei Schafställe nebst Schäferhäuschen mit Garten und drei Zucharten Matten, angeschlagen zu
1500 ℔ Stäbler, den Schwestern Regina Henrica und Christina Katharina.

3) Weil das Haus zu Basel nicht 1500 ℔ erbringt, soll es feil
geboten und dem Meistbietenden überlassen werden.

4) Soll der Wenzwiler Berrin, 18 Säcke Getreide tragend, un-
verkauft bleiben und diese 18 Säcke eingezogen werden.

5) Sind die übrigen Aecker, Matten, Reben und Hanffelder zu
gleichen Theilen getheilt und den Schwestern überantwortet worden.

Den 17. Mai 1717 hatte der königliche Rath in Kolmar eine
Entscheidung zu treffen zwischen Friedrich und Charles Friedrich von
Bärenfels, den Besitzern von Hegenheim und Burgfelden, und den Be-
wohnern und der Bürgerschaft von Hegenheim. Die Letztern und in
deren Namen Christian Greder, Jean Ulrich Lutzler, Jean Ulrich
Müncher, Jacques Lutzler, Markus, Niklaus Michael und Simon
Niklaus Greder, Andreas Brändlin, Markus Bequelin, Joh. Georg
Schmidt, Jean Jacques Bracher, Jean Jäger, Michel Dineker und
Martin Mucklin von Hegenheim und Heinrich Dietiquer, Bürger von
Basel, verlangten Befreiung von der Bezahlung des Ganzkreuzers,
den sie von Alters her im Betrage von 4 Deniers vom Preise des
Verkaufs und der Handänderung zu bezahlen hatten.   •

Der Rath wies die Petenten aber ab und verurtheilte sie zu den Kosten.

Die Herren von Bärenfels waren schon Ende des 17. Jahrhunderts nach Burgfelden gezogen und nur ein altes Fräulein mit ihrer Dienerschaft bewohnte noch das Schloß Hegenheim. Die Folge des großen Allianzkrieges, 1688—1697, der am Rhein sich durch gegenseitige Raubzüge kundgab, hatte das Fräulein Anna Katharina von Bärenfels zur Flucht nach Deutschland bewogen, worauf der Staat Frankreich Schloß und Gut an sich zog und die

4. Herren von Barbier

damit belehnte. Die Belehnung fand statt durch eine schöne Pergamenturkunde, welche zu Versailles den 31. Oktober 1692 ausgestellt ist, um, wie es in der Urkunde heißt, „de gratifier et traiter favorablement le sieur Laurent de Barbier", Kommandant im Fort St. Peter in Freiburg, in Betracht seiner Leistungen, die er im Dienste Seiner Majestät gethan.

Barbier wollte seine neue Besitzung antreten, aber ein Emanuel Russinger von Basel in Hegenheim hatte sich nach der Flucht des Fräuleins in den Besitz der Liegenschaften gesetzt und schaltete und waltete darin, wie wenn es sein eigen wäre. Laurent de Barbier und Fräulein von Bärenfels stellten am 19. April 1700 beim Rathe in Kolmar das Verlangen, Russinger müsse 12,200 Livres bezahlen oder die Liegenschaften zu Hegenheim und Burgfelden im gleichen Stand wie bei der Besitznahme erstatten, ebenso die Summe von 1552 Livres bezahlen, welche das Fräulein ihm geliehen hatte, sodann 2400 Livres, welche er 1695 für ein in Basel gelegenes, an Herrn Socin verkauftes und dem Fräulein von Bärenfels gehörendes Haus erhalten hat, ferner 5000 Livres für Gold- und Silbergeschirr, welches er von einem Müller in Kaisersberg Namens des Fräuleins erhalten; endlich 3600 Livres als Preis des Erbschaftsauskaufs von Maria Nacker und Fridolin Greder von Hegenheim, die vom Gute abhängig waren; zudem sollte Russinger alle Titel, Urkunden, Obligationen, Promessen ꝛc., auf welche Weise sich derselbe sie je zu verschaffen gewußt, herausgeben.

Der souveraine Rath von Elsaß beschloß den 20. März 1703, daß Barbier in den Besitz seiner Liegenschaften und Güter komme. Den 26. März sodann verfügte sich Wilhelm Empringer, k. Sergeant und Rath von Landser, Namens des Prokurators des souverainen

Raths von Kolmar zu Emanuel Russinger in's Schloß zu Hegenheim und notifizirte ihm, daß er innert zwei Monaten alle Ansprüche auf Fräulein von Bärenfels, sowie gegen deren Schwester geltend zu machen habe, wo nicht, dieselben als nicht bestehend betrachtet werden würden.

Der weitere Verlauf der Geschichte ist heute nicht mehr bekannt, doch soviel ist sicher, daß Laurent de Barbier in sein Besitzthum ungestört eintreten konnte. Erst die Nachkommen Laurent's, die Herren Laurent Aimable und Pierre de Barbier, Ritter des Ludwigsordens und Kapitaine in einem k. Artillerieregiment, wurden den 9. März 1741 vor dem souverainen Rath des Elsasses von den Gebrüdern Hannibal Friedrich, Jakob Christoph und Friedrich von Bärenfels von der Grenzacher Linie und im Schloß Grenzach wohnhaft (Erben der Fräulein Anna Katharina von Bärenfels), verklagt auf Auszahlung eines Legates von 3000 fl. Basler Währung, welches an Maria Elisabetha von Bärenfels zu ihren Gunsten gemacht wurde. Die Kläger wurden aber vom souverainen Rath den 17. November abgewiesen und zu den Kosten verurtheilt.

Beschäftigen wir uns einstweilen mit Laurent de Barbier. Das Geschlecht stammt aus Cruhamey in der Picardie. Es wurde seiner Verdienste wegen im Jahre 1600 in den Adelsstand erhoben und 1678 in seinen Rechten bestätigt. Der Adelsbrief ist ausgestellt von König Ludwig XIV. in Anerkennung für die vielen und verschiedenen Dienste, welche Laurent de Barbier während langen Jahren im Kriege und Frieden geleistet hat als Lieutenant (Statthalter) im Gouvernement Oleron und für die verschiedenen Wunden, die er davon getragen. Er tritt mit dem gleichen Rang und mit den gleichen Würden wie die andern Ritter in den Orden ein. Er erhält zugleich die Erlaubniß, ein goldenes Kreuz auf der Brust zu tragen mit dem Bildnisse des heiligen Ludwig an einem Bande von eisengrauer Farbe.

Im Jahre 1695 stiftete Ludwig XIV. den Orden des heiligen Ludwig und schon den 30. Mai 1704 erhielt Barbier den Orden zum Beweis der Zufriedenheit des Königs mit seinen Leistungen.

Laurent de Barbier hat bei 60 Jahren dem König von Frankreich gedient und verließ den Militärdienst nach dem Frieden von Ryßwick. Er war Kommandant des Forts St. Peter zu Freiburg im Breisgau 1701, dann kam er durch k. Dekret vom 27. Juli 1701 auf das Fort der Insel d'Oleron, wo er 1706 als Oberst-Brigadier gestorben ist.

Er leitete den Bau der Festung Hüningen. Seine Dienstwohnung war in Hüningen im Generalstabsgebäude im ersten Hause rechts am Waffenplatz von der Rheinbrücke her.

Noch liegen die Zeugnisse über sein Wohlverhalten im Kriege vor, so vom 20. Dezember 1675, ausgestellt vom Kommandanten der Citadelle d'Ath, Generallieutenant de Rancré, daß Barbier bei der Vertheidigung der Cidatelle tapfer mitgewirkt und mehrere Beispiele von Muth und guter Haltung abgelegt hat. Ebenso von Marquis de la Bretesche, Oberst im Dragonerregiment, Gouverneur der Cita-belle von Leune vom 4. Januar 1679, wo er während acht Monaten als Major sich ausgezeichnet hat.

Verheirathet mit der Baronin de Maréchal de Rochemont († 1708), die in der Kirche von Wenzwiler beerdigt liegt, hinterließ er drei Söhne, wovon zwei in der k. Artillerie dienten.

Dem Einen, Pierre, wurde in der Belagerung von Turin (1706) der rechte Arm weggeschossen, trotzdem diente er in der Armee noch fort bis 1726, wo er sich mit einer Pension nach Hegenheim zurück-zog. Der zweite Sohn wurde 1713 bei der Belagerung von Freiburg getödtet. Der dritte ist Laurent Amabilis Barbier von Burg-felden, seit 1706 im Regiment der Bombardiere, später in der Artillerie thätig; er hat drei Verwundungen vom Geschützfeuer bei den Belage-rungen von Turin, Freiburg und San Sebastian erhalten. Nach der Belagerung des Schlosses Cosat Montferat wurde er gefangen genom-men und erst im März des folgenden Jahres ausgetauscht. Im Monat Mai kehrte er zu seinem Regimente nach dem belagerten Toulon zurück, machte den Krieg in der Dauphiné bis 1713 mit, wo er nach der Belagerung von Landau verreiste, dann zur Belagerung von Frei-burg, wo er am Kopfe verwundet wurde. Im Dezember 1719 rückte er zum Kapitain vor, machte die Belagerung von San Sebastian mit, wo er die Bombardiere kommandirte. Im Jahre 1720 wurde Barbier in die k. Artillerie als Capitaine en second eingetheilt; 1739 vom Marschall de Bellisle für die Belagerung von Havesbeck (?) gewonnen, wo er die Mörserbatterien kommandirte und in Folge seiner Leistungen zum Ritter des St. Ludwigsordens ernannt wurde. Dann machte er die Belagerung von Philippsburg (Unterfranken) mit, den Feldzug von 1735 und war bei der Belagerung der Stadt und Citadelle von Tournay und bei der Schlacht von Fontenay.

Das Schloß zu Hegenheim, das aber nicht auf der gleichen Stelle stand, wo das heutige, sondern weiter hinten im Baumgarten, war nach der Schlacht bei Friedlingen (1702) zu einem Spital einge-richtet und ganz verwüstet worden.

Die beiden Brüder Pierre und Laurent Amabilis verlangten am 13. November 1706 bei 150 Frohndienstwagen während zwei Tagen, welche durch die Vogteien Pfirt, Ober- und Unter-Landser und Altkirch zu liefern waren und welches Baubegehren von Straßburg aus be-willigt wurde.

Vom bürgerlichen Leben der beiden Kinder ist nicht viel bekannt geworden. Laurent Amabilis war eine Zeit lang in Hüningen, wo er die heutige Moirie bewohnt, er war seit 1728 verheirathet mit Christine Antoinette (Colette) de Carvel, die auf dem Kirchhofe von Hegenheim ruht und starb 1765. Den 1. März 1704 verleiht ihm der König wie seinem Vater den Militairorden des heiligen Ludwig.

Eine Anzahl Pachtverträge sind noch von ihm zu verzeichnen:

Den 17. April 1708 gibt Laurent Amabilis mit Genehmigung seiner Mutter dem Friedrich von Bärenfels das Schloß und die Güter auf drei Jahre um 550 ℔ Tournois zu leihen und den 31. Januar 1711 dem Durs Alter, Bürger zu Biren (Büren) im Solothurner Biet die Güter zu Burgfelden um 300 Livres Tournois zu leihen. Am 1. Januar 1721 geschieht ein Pacht auf sechs Jahre gegen 550 Livres mit dem Stabhalter Fridolin Greder von Hegenheim.

Den 6. März 1713 giebt Pierre de Barbier im Einverständniß mit seiner Schwester und Mutter dem Martin Ammann, Mathias Gottenkieny und Balthasar Storck von Hegenheim das Schloß, den Weiher, die Scheune, die Häuser in Hegenheim und Burgfelden, die Reben, Matten, Garten u. s. w. sammt dem Schloß-Verein auf sechs Jahre zu leihen gegen die Summe von 700 Livres Tournois jährlich. Auf das protestirte Laurent Amabilis und machte die Zuwiderhandeln-den für allen Schaden, der daraus erwachsen würde, verantwort-lich (1. Juli 1715). Ebenso protestirte er, damals in Spanien im Dienste stehend, gegen jede Verpachtung, sei es an Hegenheimer Bürger, sei es an Karl Friedrich von Bärenfels in Basel (15. Juli 1719), während er das Jahr vorher den drei Hegenheimer Bürgern das Schloßgut um 700 Fr. jährlich verliehen hatte. Karl Friedrich von Bärenfels protestirte gegen diesen Vertrag, als in seine Rechte ein-

greifend, nach welchen er 350 Livres Tournois für den Pacht zu be
zahlen hatte, der erst mit Ende des Jahres 1718 abgelaufen sei. Die
beiden Verpächter müssen etwas wankelmüthige Leute gewesen sein oder
die Pächter schlechte Zahler, denn wir finden bald wieder einen neuen
Pächter. Den 1. Januar 1721 einigten sich die beiden Brüder wieder
und gaben dem Hans Adam Spatz die Güter zu Burgfelden zu Lehen
um jährlich 300 Livres Tournois. Zwei Jahre darauf schlug Laurent
mit dem Pachtzinse auf und Spatz mußte 460 Livres Tournois bezahlen.

Im Dezember 1723 findet ein Pachtvertrag zwischen Laurent
Amable mit Vollmacht von seinem Bruder Pierre statt mit dem Herrn
Desaunet im Schloß Häfingen auf neun Jahre um 580 Livres Tournois. Wie man sieht, wurden diese Pachtverhältnisse bald wieder aufgelöst und neue geschlossen.

In diese Zeit fällt die Abfassung eines neuen Bereins des Schlosses:
Franz Lorenz Neef, Amtmann der Herrschaft Hegenheim und
von der Kommission des k. Raths zu Kolmar den 17. Juni 1730
abgeordnet, urkundet hiemit, daß vor ihm erschienen Lorenz Amable
de Barbier, Ritter des St. Ludwigsordens und Hauptmann des
Regiment Royal d'Artillerie — und ihn ersucht, seine im Dorf Hegenheim eigenthümlichen ewigen Zinsgüter zu erneuern und zu reno-
viren, indem solche wegen unterschiedlicher Aenderungen und Ab-
sterbens des Besitzers in Unrichtigkeit gerathen seien.

Zu diesem Ende legte er seinen alten authentischen Originalberein
sub dato 1670 vor. Darauf hat der Amtmann die Ehrjamen und
die bescheidenen Hans Ulrich Greber, der ältere bei der Brücke, Andreas Brendlin, Hans Ulrich Lützler, Marx Greber, Kiefer, Klaus
zum Stein und Jakob Gottenkhüeny, alles Bürger von Hegenheim,
zu sich kommen lassen, welche nach abgelegtem Eid getreulich und ihrem
Gewissen gemäß den Berein in 28 Item angaben, worunter

ein Haus im Dorf, einerseits neben den Erben Ruß, anderseits
Johann Beglin, stoßt oben auf die Allmend des Dorfes, unten auf
Herrn de Barbiers Besitz. Baron von Bärenfels gibt jährlich 6 Sester
Haber davon.

Dieser Berein (Pied terrier) ist an offenbar versammelter Gemeinde verlesen und von allen Besitzern als recht anerkannt und unter-
schrieben worden den 1. Juli 1733.

Zwei Urtheile des Rathes von Kolmar beweisen, daß zwischen den Bärenfels und den Barbier nicht immer die beste Freundschaft geherrscht hat. Im Jahre 1753 fällt der Rath ein Urtheil gegen Friedrich Christoph von Bärenfels wegen einer Waldparzelle, genannt Gemsberg, im Bann Wenzwiler, wodurch Bärenfels mit seiner Klage abgewiesen wird. Ebenso gewinnt Barbier das Jahr darauf seine Klage wegen 444 Ruthen Boden im vordern und hintern Klingelberg gegen den gleichen Bärenfels und seine Mutter, eine geborene von Hallwyl.

Laurent Amable war alt geworden und sehnte sich nach Ruhe. Er schrieb daher an den Marschall Herzog von Bellisle, er möchte ihn vom Militärdienst entlassen. Doch dieser antwortete ihm in einem sehr schmeichelhaften Schreiben den 29. Dezember 1754:

„Vous avez trop de talents et de trop de mérite pour jetter ainsi le manche après la cognée, la guerre peut venir plutôt que l'on ne pense et l'on peut reparer en un jour les desagréments dont vous vous plaignez. Il y a peu do gens qui n'ayent été dans le même cas, et je pourrais me citer pour exemple. Je vous prie donc, instamment mon cher Bourgfelden, de point suivre des mouvements que l'humeur a dictées. Je vais attendre sur cela votre reponse avec une impatience proportionnée à toute l'amitié que j'ay pour vous

le Maréchal duc de Bellisle.

Diesem Laurent wird am 26. September 1733 ein Sohn getauft, Louis Laurent. Pathen sind Ludwig Wiser von Landenberg und Josepha von Eptingen. Der junge Barbier ist 1746 schon Cornette im Kavallerieregiment von Rosen.

Ueber die persönlichen Verhältnisse des Louis Laurent finden wir folgende Notizen:

Louis Laurent war Kapitain der Artillerie und später Offizier in der Kavallerie, Ritter des St. Ludwigsordens, Mitglied des souverainen Rathes in Kolmar, und verheirathet mit Maria, Baronin von Schroffenberg, Schwester des Fürstbischofs von Regensburg, Freising und Berchtesgaden, und liegt auf dem Kirchhof von Gegenheim begraben. Im Jahre 1786 war er noch am Leben.

Unter Louis Laurent kam folgender Prozeß zur Ausgleichung:

Den 18. Mai 1725 hatte Johann Rudolf Burckhardt, Bürger von Baſel, dem Herrn Pierre Jobart, k. Kriegs-Schatzmeiſter der Stadt Hüningen, eine Mühle mit zwei Gängen abgetreten, welche in der Gemeinde Hegenheim lag, genannt obere Mühle, für die Summe von 3600 Livres Tournois.

Im Jahre 1749 reichte Jobart eine Beſchwerde an M. de Banolles, Intendant im Elſaß ein über die Abgaben, welche auf der Mühle hafteten und welche die Gemeinde Hegenheim erhöht hatte. Erſt im Jahre 1750 näherten ſich die Parteien und regelten ihre Anſprüche. Jobart verpflichtete ſich, der Gemeinde für die Mühle eine Summe von 50 K Livres jährlich zu bezahlen für alle Auflagen, wie ſie heißen mögen.

Im Jahre 1773 wurde die Mühle, dem Louis Pierre Jobart de Bouchamp angehörig, verkauft und daraus mit Garten und Baumgarten gelöst 12,600 Livres.

Die Barbier waren alles Militairs. So finden wir aus den Urkunden, die im Beſitze des Herrn Baron von Leoprechting ſind, den 13. September 1712 einen Silvain de Barbier von Hegenheim und Burgfelden, Kapitain in einem k. Artillerieregiment. Er gibt dem Eliſée Scherb, vormals Schaffner zu Sierenz, das Schloß, den Weiher, die Häuſer, Stallung, Gärten, Baumgärten, ſodann das Schloßgut-Berein von ſechs Säcken Dinkel und Hafer zu Hegenheim, auf Martini zinsbar, ſowie ſämmtliche Güter zu Burgfelden auf ſechs Jahre lang zu nutzen und nießen, ſchalten und walten, und zwar vom 1. Januar 1713 an gegen den Zins von 1050 Livres Elſäſſer Währung.

Ein Prozeß, der in Paris zur Entſcheidung kam, mit welchem Erfolge wiſſen wir nicht, mag noch hier eingeſchaltet werden:

Den 17. April 1765 erſcheinen vor den Notabeln der Stadt Paris Frau Marie Anna Barbier, Wittwe in erſter Ehe von Joſef François de Roquebrun, Infanteriehauptmann, und in zweiter von Pierre Lemercier Des Fontaines, wohnhaft rue de Bambourg, Gattin des Nicolas du Champs, Erbin zur Hälfte des Vermögens von Pierre Barbier von Bourgfelden (Burqnefeld), Oberſt-Brigadier der Artillerie und Generaldirektor der Artillerie von Hüningen. Oberſt-Brigadier Pierre de Barbier bezog vom Januar bis April 1752 den Sold von

733 Livres. Seine Kompagnie garnisonirte damals in Grenoble und Besançon. Er war ebenfalls mit dem Militairorden des heil. Ludwig dekorirt.

5. Die Schroffenberg

sind ein altes Konstanzer Geschlecht mit dem bürgerlichen Namen Weeh. Schon 1633 hat Johann Weeh hat bei der Belagerung von Konstanz durch die Schweden als Hauptmann der Bürgerschaft durch seine tapfere Aufführung dem Feinde namhaften Abbruch zugefügt und die ihm anvertrauten Magazine mit allem Vorrath getreulich versehen. Sein Sohn Johann Georg hat im kleinen Rathe zu des gemeinen Wesens gedeihlichem Besten rühmlich gewaltet, auch die damaligen Seestreitigkeiten beizulegen sich angelegen sein lassen und den Salzhandel emporgebracht, so daß er zum Bürgermeister erkoren wurde. Auch hat er die Tagsatzungen zu Baden und Zürich eifrig besucht, so daß er vom Kaiser in den Reichsadelstand erhoben wurde mit dem Rathstitel und dem Ehrenworte Weeh von Schroffen (1690). Den Namen von Schroffen erhielt er von seinem Landgute „Schroffen".

Johann Konrad Weeh von Schroffen ist dann rühmlich in die Fußtapfen seiner Vorväter eingetreten. Er hatte sich in Justiz-, Kameral- und Landsachen zu Kriegs- und Friedenszeiten bei dreißig Jahren so ausgezeichnet, daß er vom Kaiser Karl den 17. Dezember 1735 in den Adelsstand erhoben wurde mit dem Prädikat „von Schroffenberg". Namentlich bewies er 1704 bei der in französische Gewalt gekommenen Festung Breisach als Hauptmann seine Tapferkeit dadurch, daß er ein inneres Ravelin erstiegen und den daselbst gefaßten Posten aufs Aeußerste beschützt hat. Auch in bürgerlichen Aemtern hat er sich hervorgethan, namentlich die Bürgermeisterstelle seit mehr denn 20 Jahren mit so gutem Lob bekleidet, daß der Kaiser demselben schon den 30. Juli 1731 den Titel Rath verliehen hat.

Sein ältester Sohn Josef Anton war zehn Jahre lang Hauptmann in spanischen Kriegsdiensten, weßhalb ihm den 12. Dezember 1735 der erbliche Reichsadel mit dem Prädikat von Schroffenberg ertheilt wurde. Dieser Josef Anton war mit einem Fräulein Maria Anna von Dießbach verheirathet; als diese starb, stiftete er eine Jahrzeit von acht Messen, in der Stiftskirche zu Rheinau zu lesen, und vergabte dafür 160 fl. baar, was mit ihren Siegeln bestätigen der Abt Ja-

nuarius und P. Mauritius Hohenbaum van der Meer, Verfasser einer
Geschichte des Klosters Säckingen, und Josef Anton von Schroffenberg
den 29. Januar 1774.

Die Verbindung der Schroffenberg mit den Barbier kam durch
folgenden Akt zu Stande:

Den 20. Mai 1755 übergeben in Kaiserstuhl Josef Antoni, Freiherr von Schroffenberg, Herr zu Gött, Hof und Moos,* und seine
Ehefrau Anna Alexia geb. von Diesbach, dem Laurent de Barbier
(geb. 1728) und der Maria Anna Klara Josepha, Freiin von Schroffenberg, Brautpaar (Vater Laurent Amable de Barbier und Christina
Antoniette (Colette) de Carvel) Hab, Gut und Einkommen. Sollte
der Vater vor der Mutter mit Tod abgehen, so soll der Sohn ihr
fünfzig Säcke Korn und 50 Thaler jährlich zu bezahlen schuldig sein.
Der Sohn soll die Haushaltung übernehmen und führen, Vater
und Mutter mit Speis und Trank erhalten, und so selbe Bediente für
sich haben wollen, gleichfalls den Jahrlohn geben. Die Eltern sollen
kein Stück Gut Niemand anderm übergeben als ihrem Sohn. Der
Hochzeiter verspricht der Hochzeiterin als Morgengabe und „Geschmuck"
1000 Reichsgulden, zahlbar in französischem courentem Geld. Der
Onkel Pierre von Barbier, Oberstlieutenant der Royal Artillerie, verspricht den Eheleuten von seiner Pension 500 Livres, Vater und Mutter
versprechen ihrer Tochter 2000 Reichsthaler zu geben.

Die Barbier nannten sich von nun an „de Schroffenberg".
Laurent de Barbier starb 1801.

Den 8. März 1773 wurde in der Remigiuskirche in Hegenheim
von Johann Jakob Bacher, Pfarrer, dem Louis Laurent de Barbier
und der Klara Maria Josepha von Schroffenberg eine Tochter getauft
mit Namen Klara Maria Ludovika. Pathen waren Alexander Gallus
de Pecherin und Fräulein Maria Anna de Barbier.

Nach einer uns vorliegenden Urkunde wurde Josef Konrad Blasius Kajetan, Freiherr von Schroffenberg, Herr zu Moos, Hövenhofen
und Auenhofen den 11. September 1764 von der Universität Freiburg
zum Doktor promovirt.

Die Einzelheiten dieser vier Urkunden der Schroffenberg sind in
Prachteinbänden von Sammt mit Pergament, Goldschnüren und kupfer-
vergoldeten Siegelkapseln in schöner Kalligraphie ausgestattet.

------

* Die Güter Höffenhofen und Moos lagen im Thurgau.

Unterdessen waren die Barbier, in den Grafenstand erhoben, bereits auf den Aussterbeetat gesetzt. Anno 1817 war Graf Antoine Leo Major, Ritter des Ordens des heil. Ludwig und Kammerherr des Königs von Bayern. Er war verheirathet mit Françoise d'Albertini-Ichtersheim und liegt im Hegenheimer Kirchhof begraben (wurde geboren 1776, starb 1841). Ihr einziges Kind Karolina war an den Baron Josef de Gohr, dessen Tochter Adolphine, verheirathet an Franz Max, Freiherr von Leoprechting, Malteser-Ritter, der noch heute im Besitze des Schlosses Hegenheim ist.

Zum Schlusse dieses Kapitels noch einige Episoden aus der Geschichte dieser Familie.

Vorerst ist es ein Geleitsbrief der französischen Republik zu Gunsten der Bürgerin Therese Ichtersheim geb. Billieux,* geboren zu Pruntrut im Departement du Mont Terrible, die mit ihrer fünfjährigen Tochter in die Schweiz reiste (Paris, 3 Germinal An 3).

Die gleiche Frau wurde den 24. Fruktidor An 9. von der Liste der Emigrirten gestrichen, weil sie auf die Verfassung geschworen hatte.

Ebenfalls wurde am 14. Messidor An 9 auf die Petition der Frau Ichtratzheim ihr Gatte François Charles Albertini Ichtratzheim von Hochfelden, seit dem November 1785 in Pruntrut etablirt, wo er ein Geschäft gegründet, sich 1789 verheirathet und bis zum 28. April 1792 gewohnt hat, in welchem Jahre er dann nach Surzac (Zurzach) zog und sich daselbst nach dem Zeugniß vom Statthalter (Stadhoudre) und Räthen von Zurzach gut aufgeführt und an keinem Komplott gegen die französische Republik Theil genommen, als Emigrant gestrichen.

Zwei Mal wurde das Schloßgut Hegenheim unter den Schutz mächtiger Persönlichkeiten gestellt. Einmal den 17. Juni 1798, wo Graf Wallis, Feldmarschalllieutenant aus Freiburg, dem Fürstbischof von Regensburg, dessen Schwester mit Louis Laurent de Barbier verheirathet war, die Zusicherung gibt, daß, wenn auch Truppen in's Elsaß einrücken würden, „das von Barbier'sche Haus dießfalls gänz-

* Fräulein Billieux stammte aus einem angesehenen Adelsgeschlechte von Pruntrut, welches dem Hofstift Basel eine nicht kleine Anzahl würdiger Diener gegeben hat. Herr Ursen Josef Konrad von Billieux war Lieutenant in einem Schweizerregiment in französischen Diensten, Kleinrath und Oberamtmann von Pruntrut, † 1825.

lich beruhigt sein könne," und daß es ihm zu besonderm Vergnügen gereichen werde, diesen hohen Anverwandten angenehme Dienste leisten zu können. Auch der Baron von Suwarow läßt der Frau von Barbier den 12. Juni 1792 vermelden, daß auf den Fall, die königlichen und erzherzoglichen Truppen ins Elsaß herüberrückten würden, das Gut mit aller Schonung und Rücksicht würde behandelt werden.

Der Generallieutenant und Chef des russischen Generalstabes, Fürst Wolkonsky, befiehlt den 15./27. Dezember 1813, das Gut des Grafen Barbier in Hegenheim vor allerlei Beschädigungen und Beleidigungen zu beschützen und ihm in jedem Falle Hilfe und Schutz angedeihen zu lassen.

Ein Lehrbrief, nach welchem Franz von Barbier bei seinem Oheim, dem Fürstbischof von Freising-Berchtesgaden, das Waidwerk erlernt hat, mag hier noch Platz finden. Die Urkunde ist mit großer kalligraphischer Meisterschaft ausgeführt und lautet:

„Des hochwürdigsten Fürsten und Herrn Herrn Josef Konrad, gefürsteten Probsten zu Berchtesgaden, des Heiligen Römischen Reichs Fürst ꝛc. aus dem hochfreyherrlichen Hause von Schroffenberg, gnädigst angestellter Wild- und Forstmeister.

Blasius Saagmeister, Wild- und Forstmeister zu Berchtesgaden, Urkunde hiemit in Kraft dieses gegenwärtigen Briefes daß Franz Freiherr von Barbier bei mir das große Waidwerk nach Waidmanns-Gebrauch, die Behängzeiten durch Bearbeitung und Abführung des Laithundes auf Rot- und Wildpret, und mit Richtung der Zeugen dergestalten die edle Kunst der Hirsch- und fertengerechten Jägerey erlehrnet, daß Hochderselbe in meiner und mehrendern Gegenwart gemachten Probjagen, für einen hirschgerechten Jäger billig zu erkennen sei; sohin Hochdenselben, da er sich während der Lehrzeit fleißig, ämsig und willig verhalten, in Maaßen wehrhaft gemacht, und Hochdenselben diesen Lehrbrief Seiner erlehrnten frey edlen Jägerey-Kunst halben ertheilet habe.

Deßen zu mehrerer Bekräftigung ist dieser Lehrbrief mit meiner eigenhändigen Unterschrift, und hievor gedruckt — Hochfürstlich-Berchtesgadenischen großen Insiegel gefertiget worden. So geschehen zu Berchtesgaden den zweyten im Herbstmonde Im Eintausend sieben Hundert neun- und achtigsten Jahre.

Franz Blasi Saagmeister.

Das Wappen der Barbier-Schroffenberg zeigt in der Mitte den Reichsadler, im rothen Felde rechts einen Schloßthurm mit Zinnen und Fahnen, daneben einen Wurzelstock, links in drei getheiltem blauem Feld zwei goldene Sterne oben, unten eine Lilie, im untern linken rothen Felde durch drei von links nach rechts gehende goldene Quer- balken, im untern rechten blauen Feld zwei gekreuzte Schwerter.

Von 1817 bis 1840 lebte in Burgfelden der Zolleinnehmer Mar- mier und zwar in dem Hause, das der Familie Barbier gehörte und das heutzutage als Pfarrhaus dient. Marmier und seine Frau gaben ihren vier Kindern eine ausnahmsweise sorgfältige Erziehung, jeden Morgen schickte man sie nach Basel in die Schule und nach dem Tode der Mutter trat die älteste Tochter in die Fußstapfen derselben.

Diese älteste Tochter, Maria, lebt heute noch unverheirathet und 88 Jahre alt bei ihrer jüngsten Schwester, der Frau Guichard, oder vielmehr bei dem Sohne dieser letztern, der Pfarrer und Chorherr bei Salins (Frankreich) ist.

Die Söhne des Zolleinnehmers sind Xavier Marmier, Akademiker in Paris, geb. den 24. Juni 1809 in Pontarlier, bekannt durch seine zahlreichen Schriften, und der verstorbene General Marmier, geboren 1804, gestorben 1874, der seine ehrenvolle Kriegerlaufbahn in Afrika zubrachte, wo er eine reiche Araberin heirathete, die ihm mehrere Kinder schenkte. Nach dem Tode des Generals wurde sie katholisch. Im Kriege von 1870/71 zeichnete er sich durch die Vertheidigung von Verdun aus.

Die Marmiers und die Barbiers hatten sehr intime Beziehungen zu einander, alle Sonntage vereinigte dieselben ein frugales Mittags- mahl im Schlosse zu Hegenheim. Obschon dasselbe zwei Mal seine Be- sitzer gewechselt hat, blieb doch die Freundschaft zwischen den beiden Familien durch ein halbes Jahrhundert fortbestehen.

6. Der Baron von Leoprechting.

Franz Max, geb. 1821 zu Mannheim, Malteser-Ritter, 20 Jahre Kavallerieoffizier, dann am Hofe von Mannheim, vermählt mit der verstorbenen Baronin Adolphine von Gohr, ist gegenwärtig und seit Langem Besitzer des Schlosses Hegenheim. Er ist ein großer Freund von Blumen, Obstbäumen und seltenen Pflanzen. Botanische Pas- sionen haben ihn in den Jahren 1880—1884 zuerst nach Spanien,

Marokko, Algier, Tunis, Tripolis und Sizilien, dann zu einer Reise um die Welt, mit einem längeren Aufenthalte in Ostindien, Birma, Japan und Amerika, endlich nach Ost-Afrika mit Küstenfahrten am indischen Ocean geführt und so ist es begreiflich, daß seine Pflanzungen im Park und Garten von diesen Liebhabereien reichlich Zeugniß ablegen.

Die Parkanlagen sind ein förmliches Arboretum, in welchem die Sammlungen bemerkenswerther Eichen, Eschen, Nußbäume 2c. aus Europa und Amerika zu sehen sind, und wo die seltenen Pterocarpa, Virgilia lutea, Gymnocladus, Zuckerahorn, sämmtliche laciniata, Pyramiden- und Trauerbäume, Blutbuchen, Blutahorne und Tulpenbäume gefunden werden. Gleich am Eingange des Parkes steht eine prachtvolle farrenblättrige Buche, eine alte Sophora japonica und eine haushohe Trauerbuche. Was an neuern und bemerkenswerthen Coniferen existirt, ist in diesem Park vorhanden. Besondere Beachtung verdient eine abies Engelmannii, die himmelblaue abies commutata, abies concolor, nobilis, Douglasii glauca, sehr hoch entwickelt die abies nordmanniana, die Cupressus Lobii, nutkaiensis und Lawsoniana, alles regelrecht gezogene Exemplare mit kraftvollem, üppigem Wuchs.

Die Obstpflanzungen sind vertreten mit 116 Hochstämmen, 200 Pyramiden und 100 Palmetten. Diese beiden Letztern sind strang gezogene Formbäume französischer Schule.

Der Boden ist vortrefflich und bei der nie fehlenden Pflege ist der Ertrag und die Qualität des Obstes ausgezeichnet. Pfirsiche, Aprikosen, Mandeln, Feigen, Maulbeeren, weiße Wintercalville werden neben den feinsten Birnen, Zwetschgen, Mispeln und Tafeläpfeln in Massen geerntet.

Die Passion des Besitzers für Pflanzen und Obstbäume hat sich auch auf die Dienerschaft übergetragen. Die Köchin und die Kammerjungfer arbeiten in freien Stunden gerade wie der Herr, der Kutscher und der Diener im Park und Obstgarten. Im Herbst wird nach amerikanischem Vorbilde zuerst Alles nach der Güte sortirt, das Schönste verkauft, der Hausbedarf sorgsam eingekellert, der ungeheure Rest zu Obstwein, Branntwein und Dörrobst verwerthet. Die Dienerschaft, fast sämmtlich bereits zwanzig Jahre im Schloß, ist so auf alle nach und nach sich folgenden Arbeiten eingeübt, daß Alles mit der größten Ruhe ohne ein Wort des Besitzers sich wie von selbst ausführt.

In Hegenheim haben diese Bestrebungen, edle Obstsorten zu pflanzen, insbesondere der nicht ausbleibende Erfolg, manche Nachfolger gefunden, so daß daselbst jetzt verschiedene Obstbaumanlagen mit 50 bis 80 schönen Exemplaren in den edelsten Sorten gar keine Seltenheit mehr sind und bereits von den Nachbargemeinden nachgeahmt werden.

Herr von Leoprechting hat außer den interessanten Pflanzengattungen von dem längern und wiederholten Aufenthalte in Vorder- und Hinterindien, China und Japan eine interessante Sammlung kunstgewerblicher Gegenstände und Kuriositäten mit nach Hause gebracht. Jede Kunst, jedes Gewerbe, jede Spezialität der genannten Länder ist in dieser Sammlung vertreten. Es sind hauptsächlich eingelegte Holz-, Perlmutter-, Tauschir-, Email- und Gravirarbeiten darunter, ferner Schnitzereien in Elfenbein und Ebenholz, Elfenbein-Mosaiken aus Surat, Cloissonets, seidene Gewebe und Stickereien, sowie zwei prachtvolle Säbel aus Birma und Kaschgar. Ein fast meterhoher allabasterner Buddah aus Birma, umgeben von Tempelgefäßen und Weihrauch (Zostick), sitzt in der Mitte aller dieser Kuriositäten, umhüllt von gelben seidenen Katki aus Mandalen, ganz wie in den Tempeln seiner Heimath. Daß Herr von Leoprechting als Botaniker schöne Sammlungen aller merkwürdigen asiatischen Hölzer mitgebracht hat, ist begreiflich.

Viel kleiner als die Sammlung von Heinrich Moser aus Schaffhausen, ist die Hegenheimer Sammlung dennoch berechtigt, mit derselben verglichen zu werden, wenn auch nichts mehr in der Welt unter sich verschieden ist wie die beiden Sammlungen. Schon vom geographischen Standpunkt aus. Moser und Leoprechting haben in Asien ganz andere Länder bereist und demgemäß verschiedene Sammlungsbezirke; gerade wo Moser zu sammeln aufhört, fängt Leoprechting an. Beide Sammlungen vereinigt, würden ein ziemlich vollständiges Bild asiatischer Kunstgewerbe liefern, wenn nicht Moser zu viel Rücksicht auf die Vergangenheit und Leoprechting nicht zu viel auf die Gegenwart, die Schönheit des Gegenstandes und seinen Werth als Salonstück genommen hätte.

Je nach dem Liebhaber wird deßhalb der einen oder der andern Sammlung der Vorzug gegeben werden. Die Moser'sche ist ethnographisch unvergleichlich interessanter und für die Aufstellung in einem

staatlichen Muſeum geeignet, in Betreff der Schönheit einzelner Artikel, wovon jeder ein Kabinetſtück iſt, dürfte die Hegenheimer Sammlung wahrſcheinlich mehr Beifall finden.

Perſönlich iſt der Baron ein ſehr jovialer, liebenswüdriger, gaſt-
freundlicher und wohlthätiger Herr, den die Bewohner von Hegenheim als ihren Wohlthäter verehren und ihm ein langes Leben wünſchen.

7. Das Schloß.

Wenn man von Baſel her in's Dorf Hegenheim tritt, ſo erblickt man
hinter einer hohen Umfaſſungsmauer das Schloß, umgeben von ſeinen
prachtvollen Parkanlagen. Es iſt eigentlich mehr ein Herrenhaus alten
einfachen Styls mit einem Erdgeſchoß und einem Stockwerk mit ſieben
Fenſtern in der Breite der Façade; eine Freitreppe führt zum Erdgeſchoß. Oben an der Thüre des Portals ſteht in Stein gehauen:
„Batis l'an de grâce MDCCXXXVII" (1737). Der Leſer erinnert
ſich, daß auf Seite 215 von dem alten Schloſſe die Rede iſt, das nach
der Schlacht von Frieblingen (1702) zu einem Lazareth eingerichtet
und daburch verwüſtet wurde. Im Jahre 1706 verlangten die Brüder
Pierre und Laurent Amabilis de Barbier Frohndienſte zum Wieder-
aufbau des Schloſſes, welches Begehren ihnen auch obrigkeitlich be-
willigt wurde. Wie es nun kam, daß das Schloß erſt 21 Jahre
ſpäter erſtellt wurde, darüber geben die Urkunden keine Auskunft, wir
müſſen aber der in Stein gehauenen Inſchrift Glauben ſchenken.

Das Schloß enthält zwei große Säle, 12 Zimmer und eine
Küche; es iſt einfach eingerichtet und der eine Saal mit den Samm-
lungen des Barons und den Ahnenbildern der hier wohnhaft geweſenen
Familien geſchmückt. Auch die Gänge, außerdem von Geweihen aller
Art geziert, ſind mit Familienbildern vollbehängt, theilweiſe von künſt-
leriſchem Werthe, theilweiſe von Malern auf den Taglohn gearbeitet.

Von künſtleriſchem Werth iſt das lebensgroße Porträt des Großvaters des Beſitzers, des Regierungspräſidenten der Churpfalz, Leoprechting in Heidelberg und ſeiner Gemahlin, einer geborenen Gräfin
von Oberndorf; ferner dasjenige des Grafen von Diesbach, Prince
de Ste. Agathe, öſterreichiſchem General, und das der Gräfin Diesbach, Superiorin des adeligen Damenſtiftes in Othmarsheim, ſämmtliche aus der Mitte des vorigen Jahrhunderts, nur das Porträt des
Generals Diesbach ſtammt aus dem Jahre 1712. Des Weitern iſt

ein sehr wohlgetroffenes Portrait, das des Schwagers des vorletzten
Barbier, des auf Seite 221 und 222 genannten Herrn von Schroffen
berg, Fürstbischof von Regensburg, Freising und Berchtesgaden.

Unter den Portraits, die noch mit Namen versehen sind, finden wir
vier, die uns namentlich interessiren: eine Frau Oberstlieutenant von
Hartung, geb. von Bärenfels, vom Jahre 1737; Laurent de Barbier-
Schroffenberg, Kapitain im Regiment Rosen, geb. 1735, gest. im Alter
von 77 Jahren 1808; Josef Anton von Schroffenberg, Conseiller
judiciaire du Prince des Erémites, starb 1763 im Alter von sechzig
Jahren, und Maria Anna Alexis, Baronin von Diesbach, starb,
61 Jahre alt, 1763. Ueberhaupt sind an Familienportraits im Ganzen
etwa 30 vorhanden, meist Barbiers mit ihren Frauen und Kindern,
ferner Schroffenberg, Diesbach und Andlau.

Auch Stammbäume finden sich in den Gängen aufgehängt: der
Stammbaum der Familie Leuprechting zu Oberesselbach und Dörtfeld.
Die oberste Linie des Stammbaumes Gohr-Barbier trägt die Namen
der bekannten adeligen Geschlechter Reinach, Bulach, Ferrette, Andlau,
Schönau, Landenberg, Rageneck und Jchtersheim.

Die neben dem Schloß neuerbaute Dependenz enthält in ihrem
Erdgeschoß eine Pächterswohnung mit sieben Zimmern und im ersten
Stockwerk sieben Herrschaftszimmer und Dienerwohnung. Unabhängig
davon sind Scheune, Stallung und Remise erbaut. Um das ganze
Areal zieht sich theils eine hohe Umfassungsmauer mit zwei Eingängen,
theils ein Staketenhag. Des Sommers ist es anmuthig zu wandeln
im Schatten der Eichen, Buchen und Nußbäume und sich zu erlaben an
dem Duft der exotischen Gewächse, im Herbst erfreut sich das Auge
an den wohlschmeckenden Obstsorten und im Frühjahr an der herrlichen Blüthenpracht, die einem von links und rechts entgegenwinkt.
Da ist es zu begreifen, wenn sich der Besitzer nicht hinaussehnt in das
Gewirre der Menschen und ihres Treibens, bietet ihm doch sein Park
und Garten der Unterhaltung und Zerstreuung genug, und wo findet
man reineren und schöneren Genuß als am Busen der Natur?

Angebaut an die Umfassungsmauer des Schlosses steht ein altes
Gebäude, im Volksmund „das alte Schloß" geheißen, richtiger der
Bärenfelser Hof. Es besteht eigentlich aus zwei Bauten, einem kleinen
Bau mit einer breiten Einfahrt und zwei Zimmern zu jeder Seite
und einem ersten Stockwerk von wenig Fenstern. Das Hauptgebäude

ist ein Bauernhaus, wie man etwas häufig in der Gegend trifft, kein
äußeres noch inneres Merkmal deutet darauf, daß es einst im Besitze
einer adeligen Familie war.

Von diesem Bärenfelser Hof ist auf Seite 216 die Rede, wonach
es bezeichnet ist, daß es auf die Almend des Dorfes stoße, also auf die
Straße, anderseits auf das Besitzthum des Herrn von Barbier und
wovon der Baron von Bärenfels jährlich sechs Sester Haber giebt.

Beide Gebäude sind bewohnt, gehören aber nicht mehr zum Schlosse,
dessen Eigenthum sie Jahrhunderte hindurch waren. "

Aus einer Reisebeschreibung vom Jahre 1729.

Ein Urtheil über Land und Leute von Anno Dazumal hat für
uns immer ein doppeltes Interesse. Vorerst ist es die subjek-
tive Auffassung des Beurtheilers, worin sich immer mehr oder
weniger der herrschende Zeitgeist abspiegelt. Sodann bietet es dem
rastlos vorwärts strebenden Menschengeschlechte einen eigenartigen Genuß, gemischt aus Freude über den Fortschritt und Wehmuth über
vergangene Einfachheit, wenn es einen Vergleich zwischen Einst und
Jetzt anstellen kann.

Im Jahre 1740 erschien in Hannover ein Buch unter dem lang-
athmigen Titel: „Joh. Georg Keißlers, Mitglieds der Königl. Groß-
Brittann. Sozietät, Neueste Reise durch Teutschland, Böhmen, Ungarn, die Schweiz, Italien und Lothringen, worin
der Zustand und das merkwürdigste dieser Länder beschrieben und vermittelst der Natürlichen, Gelehrten und Politischen Geschichte, der Me-
chanik, Mahler-, Bau- und Bildhauer-Kunst, Münzen und Alterthümer
erläutert wird."

Das Werk, welches zwei starke Bände bildet, ist in Briefen geschrieben, datirt aus den Jahren 1729—31. Ob dieselben an eine
wirkliche oder fingirte Persönlichkeit gerichtet sind, erhellt daraus nicht.
Das Hauptinteresse für uns bietet, was der gelehrte Verfasser über
unser Vaterland schreibt, welches er im Sommer 1729 bereiste.

Im Monat Mai kommt er nach Schaffhausen, einer artigen und sehr wohl gelegenen Stadt, welcher es weder an breiten Straßen, noch schönen Häusern mangelt." Gleich im Anfang findet er Anlaß, seine Leser zu belehren, daß unser wildes Land besser als sein Ruf sei, denn er sagt: „Ueberhaupt muß ich Ihnen beim Eintritt in die Schweiz gestehen, daß man sich von derselben einen falschen Begriff machet, wenn man sich in diesen Gegenden fast nichts als unfruchtbare Klippen, rauhe Gebirge, beständigen Schnee und finstere Thäler vorstellt, worin die armseligen Einwohner kaum dasjenige, was zum Unterhalt ihres kümmerlichen Lebens unentbehrlich ist, hervorbringen und genießen können. Die Schweizer finden in ihrem Lande nicht nur gute Weine, Fische, Holz, Flachs, Pferde, Schafe, Wolle, Wildpret, Rindvieh und alles, was zum Leben nöthig ist, sondern sie haben auch an verschiedenen Dingen einen solchen Ueberfluß, daß sie davon einen guten Theil den Nachbarn und Ausländern überlassen können. Der Flachs und die Leinwand ziehet vieles Geld in's Land, und haben insonderheit Bern und St. Gallen großen Vortheil davon. Die Schweizerkäse sind durch ganz Europa berühmt, und wird die Butter weit und breit verführet." Es wird dann noch vom großen Viehreichthum der Schweiz Erwähnung gethan; aber sogleich kommt der Verfasser auf die Schattenseite dieses Wohlstandes zu sprechen. „Die Wohllust, Pracht, Liebe zu aller Bequemlichkeit, nebst der Begierde, andern nachzuahmen und mit fremden Federn sich zu schmücken, hat auch hier den Handel vermehrt, jedoch nur mit solchen Waaren, welche das Geld aus dem Lande ziehen und wenig Vortheil bringen. Ich rede von den Kostbarkeiten der beiden Indien, von Porzellan, Juwelen, häufigem Gebrauch der Spezereien, von silbernen und goldenen Stoffen, seidenen Zeugen, Tressen, feinen Tüchern, Spitzen, silbernen Geschirren und vielen andern Dingen, durch welche das baare Geld in andere Länder geschleppt wird. Man hat zwar, um der fernern Einreißung dieses Uebels zu steuern, an guten Polizei-Ordnungen nicht ermangeln lassen und sich bemühet, den allzuvielen Gebrauch der ausländischen Waaren einzuschränken; allein es geschieht auch hier wie in andern Orten, daß gute Gesetze vielfältig gemacht und selten oder schlecht beobachtet werden. Ist es in der Stadt Genf auch den reichsten Einwohnern untersagt, sich eines silbernen Service zu bedienen, so findet man diesen kostbaren Hausrath desto häufiger auf den herumliegenden Landgütern solcher Leute, die in Ansehung ihres Vermögens gar vielen andern den Vorzug lassen müssen. Hat etwa an einigen Orten der Schweiz das Frauenzimmer nicht die unumschränkte Gewalt, in kostbaren Kleidern und neuen Trachten sich hervorzuthun, so reisen sie mit desto größerer Begierde des Sommers in das Zeller Bad oder nach Teinach, Selze, Embs und zu andern in Teutschland gelegenen Gesundbrunnen, um daselbst dem Zwang der Landsgesetze in aller Freiheit zu entgehen, und dingen sich ihrer Viele solche jährliche Erlaubniß in ihren Ehepakten aus."

Die Einwohnerzahl von Schaffhausen wird auf 2000 angegeben. In der ganzen Schweiz herrscht, bei Bürger und Bauer, die Sitte, mit dem Schwert, als Zeichen der Zierde und Freiheit, in die Kirche zu gehen und damit vor der Obrigkeit zu erscheinen. Im Schaffhauser Münster entdeckt unser Reisender auch die uns aus Schiller's Glocke bekannte Inschrift: Vivos voco, mortuos plango, fulgura frango. Er macht einen Abstecher nach der Festung Hohentwiel, bedauert, daß dieselbe nicht in einer andern Gegend liege, „woselbst sie dem schwäbischen Kreise mehr Vortheil schaffen könnte, als in diesem Striche Landes, wo von der Nachbarschaft der Schweizer nichts Feindseliges zu vermuthen ist". Für landschaftliche Schönheit scheint er empfänglich zu sein, wenn er sagt: „Hohentwiel liegt in einer schönen und fruchtbaren Gegend, ringsherum mit Flecken und alten verfallenen Schlössern auf hohen Bergen umgeben. Die Aussicht ist von allen Seiten vortrefflich, sonderlich, da der Bodensee nur zwei Meilen davon entfernt ist. Wenn die Luft nicht heiter und klar ist, sieht man von Hohentwiel die angrenzenden Gegenden mit Nebel und Wolken bedeckt, gleich einer See, aus welcher nach und nach, wenn sich das Wetter aufkläret, die höchsten Berge und Schlösser mit ihren Felsen als Inseln hervorragen." Naturwissenschaftliche Kenntnisse müssen damals noch nicht Gemeingut gewesen sein, denn während der Fahrt von Konstanz nach Lindau, wo unser Reisender todte Maikäfer im See sieht, findet er Anlaß, über Lebensweise und Schaden dieser sonderbaren Thiere zu sprechen.

Auch dem Kloster Reichenau stattet er einen Besuch ab, wo ihm die Mönche einen von den Wasserkrügen zeigen, so auf der Hochzeit zu Kanaan gebraucht worden sind. Allein er gehört zur Klasse der Ungläubigen, vergleicht sie mit den Krügen, die man an andern Orten als von Kanaan stammend zeigt und findet, daß sie sich in Größe, Farbe und Gestalt gar nicht gleichen. Ueberhaupt ist er als Prote-

ftaut gegen Reliquien mißtrauisch, besonders in Rom, wohin ihn später
die Reise führt. Zu Konstanz behauptet ihm sein Führer, ein ehrbarer
Bürger aus der Stadt, „der Ort, wo Huß verbrannt worden, sei so
verflucht, daß daselbst niemals Gras wachse," obschon derselbe zu dieser
Jahreszeit (Juni) schön grün war. Die Stadt zählt 550 Bürger,
Lindau 600—700.

Nachdem Keißler Württemberg und Bayern bereist hat, kommt er
nach Basel. Hören wir ihn selber. „Die von den Franzosen im
vorigen Jahrhundert angelegte neue Festung Hüningen ist so nahe
an Basel, daß sie einander mit Kanonenschüssen abreichen können. Es
haben auch einsmals gleich nach Vollendung des Werkes die Franzosen
die Probe davon gemacht und in das Basler Thor geschossen, welchen
man wieder aus der Stadt dergestalt geantwortet, daß ein kleines
Thürmchen von Hüningen herunter geworfen wurde, und fanden die
Franzosen für rathsam, die von ihnen zuerst geschehenen Schüsse damit
zu entschuldigen, daß solches nicht mit Fleiß und um der Stadt Schaden
zu thun, geschehen sei, welches Vorwandes man sich auch Baselischer
Seits bediente.

„Basel ist zwar kleiner als Straßburg, allein doch größer als
Frankfurt und die größte von allen schweizerischen Städten, als in
welcher man 220 Straßen, 6 Märkte und 99 Springbrunnen zählt.
Ihre Lage ist uneben, die Straßen meist krumm und das Pflaster sehr
unbequem wegen der spitzigen Steine, welche dazu dienen sollen, daß
die Pferde desto eher fußen und besser anhalten können. Die hiesigen
Uhren gehen eine Stunde früher als an andern Orten, welches etliche
von einer entdeckten Verrätherei, deren Anstalt man dadurch in Unordnung gebracht und zunichte gemacht hat, herleiten, andere von den
Zeiten des Konziliums, weil man durch dieses Mittel die heiligen
Väter entweder des Morgens desto früher aus den Betten, oder des
Mittags, da sie um zwei Uhr sich versammeln sollten, desto eher von
der Tafel zu bringen hoffte.

„Der Handel ist hier noch in gutem Stande und wird sonderlich
viel seidenes Band verfertigt, wie denn sechs bis acht Häuser sind,
deren jedes auf einer Frankfurter Messe für 30 bis 40,000 fl. Seiden-
band absetzt. Die Polizei ist wohl eingerichtet. Niemand aus der
Stadt darf Spitzen oder Silber und Gold auf seinen Kleidern tragen
bei drei Gulden Strafe. Allen Mägden ist das seidene Zeug unter

jaget. Zu Hochzeitsmahlen dürfen die nächsten Verwandten geladen werden, welche bei einer großen Familie höchstens fünfzehn bis zwanzig Personen ausmachen. — Die Rheinbrücke ist 250 Schritte lang und hat eine gute Aussicht. An dem Thurm, so auf der Seite gegen der Schweiz stehet, ist ein gekrönter schwarzer Kopf, der alle Minuten seine rothe lange Zunge heraus und hinein beweget. Ich lasse dieses Wahrzeichen der Stadt noch eher zu, als das garstige Gemälde in dem mitten auf der Brücke stehenden Häuschen, vor welches die öffentlichen liederlichen Weibspersonen, die man aus der Stadt jagt, geführt und also beschimpft werden."

Der Reisende kommt dann auf den Petersplatz, den besten Spaziergang in der Stadt, zu sprechen; er erwähnt die große Steineiche, die sich da befindet, ferner die ehemals beim Münster gestandenen großen Linden, deren Diameter wenigstens sechs Fuß und deren ausgebreitete Aeste einen Umfang von 112 Schritt hatten. Dem Münster widmet er nur wenige Worte. „Es ist ein altes Gebäude mit zwei gleichen Thürmen. Man sieht darin das Grab der Kaiserin Anna, einer Gemahlin Rudolfs von Habsburg, seines Sohnes Karl und Erasmus von Rotterdam, welch letzterm zu Ehren eine weitläufige, wiewohl nicht zum besten gerathene Inschrift auf einer röthlichen mit weißen Adern gemischten Marmortafel aufgerichtet ist." Etwas ausführlicher sind sodann der Todtentanz und die Gemälde auf dem Rathhaus behandelt. Der „medizinische Garten" sei nicht sonderlich, jedoch bemerke man darin einen Kirschbaum, der drei Mal des Jahres ebendieselbe Art von Kirschen hervorbringe. Lobend wird die Stadtbibliothek mit ihren Originalgemälden von Holbein, den Handschriften und alten Münzen erwähnt.

Die Reise geht nun gen Solothurn. Das Städtchen „Liechstall" liegt in einem angenehmen Thal, das mit Weinstöcken und Obstbäumen besetzt ist. Der Weg über den Hauenstein ist lang und sehr beschwerlich. D. Scheuchzer's Karte von der Schweiz, die beste von diesem Lande, ist in dieser Gegend nicht allzu richtig. Man beachte noch folgende geographische Weisheit. „Für die erhabensten Berge in der Schweiz werden gehalten der Schreckhorn, der Grimsel und der Wetterhorn im Kanton Bern; St. Gotthard in Uri; Gemmi beim Leukbade und St. Bernhard auf der Walliser Grenze. Am Berge Grindelwald ist der Gletscher oder das Eisgebirge auch deswegen berühmt, weil sein Eis niemals schmilzt, sondern jährlich sowol in der Höhe als Weite zunimmt und um sich greifet".

Aus der „Höhe des Landes und der subtilen Luft der Schweiz" erklärt sich der Verfasser das Schweizerheimweh, dessen Symptome er anführt: Mattigkeit, Bangigkeit des Herzens, schlaflose Nächte, Ekel vor Speisen, auszehrende und hitzige Fieber.

Die Stadt Solothurn wird kurz abgethan. Doch werden die neuen und kostbaren Befestigungswerke von großen Quadersteinen hervorgehoben. Dieselben geben der Stadt eine schöne Zierde, doch sind die Gräben zu schmal.

Auf einer Anhöhe bei Fraubrunnen steht beim Denkmal an die Guglerschlacht eine Schildwache. Die Inschrift auf der Tafel lautet:

„Tausend dreihundert zehlt siebenzig und fünf Jahr,
Uf S. Johannis Tag der um die Weinacht war,
Zu Fraubrunnen war durch die von Bern vertrieben
Das Englisch Heer davon achthundert todt geblieben
Die man in diesem Land die Gügler hat genennt,
Auch darin noch vielmehr geschlagen und zertrennt.
Der Herr so diesen Sieg aus Gnaden hat bescheeret,
Sei darum ewiglich hoch priesen und geehret.
Erneuret 1648."

Die Walnußbäume müssen damals in jener Gegend noch sehr zahlreich gewesen sein. Die Oelbereitung aus ihren Kernen wird beschrieben: „Das Oel, so aus frischen Nüssen bereitet wird," heißt es dann weiter, „ist sehr angenehm zu trinken und dabei so stark, daß man leicht einen Rausch davon bekommen kann." Schön klingt das Lob auf die Berner Bauern: „Im Bernischen Gebiete stehen die Bauern am besten und soll in den meisten Dörfern wenigstens einer sein, der 20 bis 30,000 Fl. ja wohl bis 60,000 Fl. in Vermögen hat. Der Schultheiß von Huttwyl wird 400,000 Fl. reich geschätzt. In der ganzen Schweiz auf diesem Wege habe ich gute Wirthshäuser angetroffen. Forellen, Karpfen, Rindfleisch, Kalbfleisch, Hühner, Tauben, Butter, Käse, Aepfel, Pfirschen und guter Wein waren fast überall zu finden und zwar noch um billigen Preis."

In Bern kommen zuerst die aristokratische Regierungsform, die alten adeligen Geschlechter, der Schultheiß von Erlach, die Landvogteien und die Wahl der Landvögte zur Sprache. Die Sitten haben sich seit fünfzig Jahren vielfach verändert, Pracht und Ueppigkeit

nehmen überhand, die Geistlichkeit eifere gegen die Laster. „In der
Stadt Bern wird die französische Sprache viel geredet, sie haben aber
sowohl hier als zu Basel die Art, daß sie die Töne fast mehr im
Halse als Munde formiren, welches ihre Aussprache unangenehm macht."
Dem Münster widmet unser Reisender die gebührende Aufmerksamkeit.
Die fünf klugen und fünf thörichten Jungfrauen beim Portal drücken
Freude und Verzweiflung aus, das jüngste Gericht darüber zeigt der
Papst in der Hölle. Von der Münsterterrasse aus, welche man zur Befestigung der Fundamente des Thurmes und der Kirche anlegte, hat
man „eine lustige Aussicht über den kostbaren und zum Vortheil den
Stadtmühlen mit Kunst verfertigten Wasserfall der Aare." Einer genauen Inspektion wird das Zeughaus unterzogen; dasselbe soll
100,000 Gewehre enthalten; Trophäen aus den Burgunder und Vil-
merger Kriegen, eine hölzerne Statue Wilhelm Tell's, der Blutrichter-
stab werden beschrieben. Natürlich bekommt der Autor einen gewaltigen Respekt von der Macht der alten Berner, und er fügt noch bei:
„Auch alle Unterthanen sind mit den nöthigen Waffen versehen und
wird kein junger Bursch ehelich getraut, er besitze denn vorher eigen-
thümlich einen Degen und Büchse, wovon er ein gehöriges Zeugniß
an den Geistlichen, der das Ehepaar in der Kirche einsegnen soll,
bringen muß. In jeder Landvogtei wird auf dem höchsten Berge be-
ständige Wache von einem Korporal und sechs Gemeinen gehalten
und zwar bei zwei großen Haufen, deren der eine aus trockenem
Holze und der andere aus Stroh bestehet. Bei dem geringsten feindlichen Lärm wird damit ein Zeichen gegeben, der Rauch des Strohes
dienet hiezu des Tages und die helle Flamme vom Holze des Nachts.
Der Kanton Bern hatte im Vilmergerkrieg allein 40,000 Mann auf
den Beinen."

Von Bern geht die Reise nach Freiburg, wo es nicht viel zu bemerken gibt. Das Schlachtfeld von Murten wird besucht und die
Inschrift von der Kapelle citirt.

> „Diß Gebein ist der Burgundschen Schaar
> Im vierzehnhundert siebenzig und sechsten Jahr,
> Vor Murten durch eine Eidgenoßschafft
> Erlegt mit Beistand Gottes Krafft;
> Auf der zehntausend Ritter Tag
> Geschah die große Niederlag."

Dann fährt unser Gewährsmann fort: „In dieser Gegend bis Lausanne findet man öfters auf den öffentlichen Galgen Wetterfahnen und an selbigen die Wappen des Kantons, der die hohen Gerichte an solchem Orte hat."

Das Waadtland schildert er als eine Freistätte. „Obrigkeitliche Personen von Genf und Bern, vernünftige und wohlgezogene Gelehrte in allerlei Wissenschaften, in der Fremde versuchte Kavaliers, erfahrene Kaufleute und andere Personen von verschiedenem Range, die zu dieser Gegend als zu einer Freistätte von geistlicher und weltlicher Sklaverei ihre Zuflucht genommen haben, geben täglich die beste Gelegenheit, in angenehmen Gesellschaften die Zeit aufs nützlichste zuzubringen." Dann wird dem Wein dieser Gegend Lob gespendet. Der Lavaux hat eine angenehme Süße und viel Stärke, aber läßt sich nicht so wohl verführen, wie der zwischen Lausanne und Genf wachsende Lacôte, welcher nicht so stark und daher für gesünder gehalten wird; der beste wächst zwischen Aubonne und Nyon. Interessant ist noch folgende Darstellung vom Ursprung des Weinbaues in der Waadt: „Ehemals hatte der Wein, so auf der savoyischen Seite des Genfersees wuchs, einen großen Abgang, dergestalt, daß auch die Genfer und benachbarte Schweizer von den Savoyarden ihre Weine kauften. Allein ein allzubegieriger Kameralist schlug dem Herzoge vor, durch eine Auflage auf diese Weine, deren die Schweizer nicht entbehren konnten, des Herzogs Einkünfte um ein Großes zu vermehren. Die Weine stiegen dadurch im Preise, die Schweizer thaten Gegenvorstellungen, aber umsonst; weil nichts helfen wollte, kamen etliche auf den Gedanken, obgleich ihre Vorfahren auf den Weinwachs nicht gedacht hätten, so sei es doch nicht unmöglich, daß ihr Land, sonderlich die Gegend zwischen Genf und Lausanne, ebenso gute Weine hervorbrächte, als Savoyen. Man unternahm die Sache, der Erfolg ging noch weiter als die anfänglich geschöpfte Hoffnung; die savoyischen Weine blieben liegen, und anstatt des ungewissen Vortheils, welchen die herzogliche Kammer gesucht hatte, verlor sie die sichern Einkünfte, zu welchen sie hernach nie wieder hat gelangen können."

Die Freude am Rudersport muß damals bei uns noch wenig bekannt gewesen sein; denn nach einer kurzen Beschreibung des Genfersee's heißt es: „Ich habe mich verwundert, daß man gar keine artige Gondeln oder schöne Fahrzeuge hier findet, mit welchen man sich auf dem Waſſer beluſtigen könnte, und mag die wohleingerichtete Polizei oder Vorſorge, alle unnütze Ausgaben zu beſchneiden, vielleicht die Urſache davon ſein."

Auch mit andern Verkehrsmitteln muß es in Genf noch ſpärlich ausgeſehen haben, wenn geſagt wird: „In der untern Stadt haben etliche Straßen eine Art von gewölbten Gängen oder Arkaden, wodurch man vom Regen geſichert iſt. Dergleichen Anſtalten ſind ſehr nöthig in einer Stadt wie hier, wo man keine Kutſchen findet." Die Uhrmacherei in Genf beſchäftigt ſchon über 300 Arbeiter. Die Erzeugniſſe werden als ſchön, den engliſchen ebenbürtig geprieſen; eine ſilberne Uhr kann man für 30 rheiniſche Gulden, eine goldene mit etwas eingegrabener Arbeit für 50 Reichsthaler haben. Wie ſchade für unſere heutigen Uhrmacher, daß dieſe Preiſe nicht mehr beſtehen! Die Geiſtlichkeit Genfs wird wegen ihres „friedfertigen Gemüthes" gerühmt; ferner wird lobend erwähnt, daß die Republik ſchon ſeit 1652 keine Hexenprozeſſe mehr gehabt habe. Endlich wurden die guten Sitten Genfs geprieſen, jungen Leuten wird der Aufenthalt in dieſer Stadt empfohlen. „Aus dem Umgang mit vielen hieſigen vornehmen und geſchickten Leuten, ſowohl geiſtlichen als weltlichen Standes, kann man Gutes und Nützliches lernen. Verſchiedene derſelben halten wöchentlich etliche Male Zuſammenkünfte, worin von Wiſſenſchaften geſprochen wird, und hält es nicht ſchwer, in ſolche Geſellſchaften zu kommen. Alle Gelegenheiten zu einer liederlichen Lebensart ſind, ſo viel möglich, durch die Polizeigeſetze eingeſchränkt, alſo daß auch nicht einmal Schauſpiele verſtattet werden." In den moraliſchen Ton verfällt unſer Cicerone oft und gern, beſonders wenn er Italien bereist, wo z. B. die Marmorſtatuen in den Kirchen zu Rom ſeine ſittliche Entrüſtung hervorrufen. Wir dürfen ihn aber nicht bis dorthin begleiten.

Joſ. Sch. in P.

Aeusseres Portal des Grossenrathhauses in Schaffhausen.

Das Rathhaus in Schaffhausen.

Mit einem Holzschnitt von J. Ludwig Jehler.

Zu den Hauptsehenswürdigkeiten der Stadt Schaffhausen gehört der seit Jahren renovirte Großrathssaal, erbaut in den Jahren 1624 und 1625. Wohl auf jeden Beschauer macht er durch die schöne Harmonie der beiden Portale und der Wände einen nicht leicht zu vergessenden Eindruck. Bei jenen stehen vor Allem die korin-thischen und jonischen Säulen mit ihren abwechslungsvollen Fournieren aus ungarischem Eschenholz heror ebenso bei den Wänden. Ueber dieselben ziehen sich durch den ganzen Saal vergoldete und gemalte sog. Eierstäbe hin. Wappen — an einstige regierende Häupter erin-nernd — in den lebhaftesten Farben ausgeführt, ebenso Consolen, mit Blätterwerk geschmückt, verleihen dem Ganzen einen besonderen Reiz, hauptsächlich an den die Fensterbogen tragenden Pilastern. Diese zeichnen sich durch eine äußerst gediegene Arbeit aus. An den Fen-stern prangen drei der Stadt Stein angehörende gemalte Scheiben. Rechts vom Präsidentenpult stehen auf einem Schild, der von kräftig gehaltenen farbigen Verzierungen eingefaßt ist, die Worte: das Haupt der Obrigkeit — links: die Pflichten der Unterthanen. Jeweils an den beiden Seitenwänden sind vier Gesetzestafeln mit Sprüchen aus der Bibel in alter Schrift und Sprache angebracht. Auch diese ent-behren nicht ihres Schmuckes. Vielleicht spricht es an, wenn beider-seitig eine Inschrift erwähnt wird.

Rechts, in moderner Schreibart ausgedrückt: Gott steht in der großen Versammlung. Er richtet mitten unter den Göttern und spricht, Schaffet Recht den Armen und den Waisen Errettet die Ge-ringen und Dürftigen aus der Hand der Gottlosen.

Links: Jedermann sei unterthan der Obrigkeit; denn sie ist von Gott verordnet. Wer sich wider die Obrigkeit setzt, der widerstrebt Gottesordnung. Sie ist Gottesdienerin und trägt das Schwert nicht umsonst, Sondern sie ist eine Rächerin zur Straf über den, der Böses thut.

Im Hintergrund des Saales sind die Göttinnen Justitia, Konkor=
bia und Pax gemalt. Ornamentale Zeichnungen, einzelne Figuren
und wiederum Gesetzestafeln füllen dort die übrigen Räume aus. Auch
an diesen ergötzt sich das Auge.

Die neu erstellte Decke, die Sitze und Pulte der Richter, die
Gerichtsschranken, ebenso die Säulen der Gallerie sind nach dem Ent=
wurfe des Kantonsbaumeisters Bahnmeier von hiesigen Meistern voll=
endet worden. Eine Ausnahme machen die vorkommenden Bildhauer=
arbeiten und die Kronleuchter. Beides lieferte das Ausland. Käme
man jetzt in den Fall, ähnliche Arbeiten ausführen zu lassen, so fänden
sich nun auch diese Kräfte am hiesigen Platze.

Auch das Neue schließt sich dem Alten würdig an. Es würde
zu weit führen, auch da in die Einzelheiten einzugehen. Ohne Ueber=
hebung kann man den Ausspruch thun: daß die alte Rheinstadt
einen Großen=Rathssaal besitzt, um die ihn manche Schweizerstadt be=
neiden kann. Jenen Männern aber, die hiezu die Anregung gemacht,
gebühret unbedingtes Lob. Wer nur irgendwie empfänglicher Natur
ist, findet an derartigen Schöpfungen jene Befriedigung, die ihn weit
über das alltägliche Leben erhebt.

Die Decke der Rathslaube verdient eine nähere Beachtung. Es
ist nur zu bedauern, daß durch Anbauung verschiedener Lokalitäten
an letztere die Hälfte derselben nicht mehr sichtbar ist. Der Total=
eindruck des herrlichen Portals erleidet daher hiedurch manche Beein=
trächtigung.

Die beigegebene Abbildung des Portals, die mit gewissenhafter
Treue ausgeführt ist, vermag nur ein schwaches Bild zu geben von
der Schönheit, wie es sich in Wirklichkeit dem Beschauer repräsentirt.

In dem „Neujahrsblatt des Kunstvereins" über die Glasmaler
des 16. und 17. Jahrhunderts von J. G. Bäschlin lesen wir den
Rathssaal betreffend:

In den Jahren 1624 und 1625 wurde der Saal auf dem Rath=
hause neu eingerichtet. Felix Buggen, der Schreiner, und sein treff=
licher Geselle Hans Schärtler aus Bregenz verfertigten das schöne Ge=
täfer des Saales. Hans Kaspar Lang aber zierte denselben mit hüb=
schen Malereien, die zum guten Theile noch erhalten sind, rechts von
dem kunstreich gefügten Portal ist noch sein von späterer Hand wieder
aufgefrischtes Monogramm zu sehen.

Wie ein über einer Thüre des Rathhauses verkehrt eingesetzter Schlußstein andeutet, fällt die Erbauung dieses Gebäudes in das Jahr 1501.

Zeichnungen von Hans Kaspar Lang, Flach- und Glasmaler, geb. 1571, gest. 1645, finden sich sowohl in Schaffhausen, als an an anderen Orten in ziemlich großer Zahl. Eine sehr interessante Sammlung von Zeichnungen Lang's ist im Besitze der antiquarischen Gesellschaft in Zürich, einige Blätter in demjenigen des Herrn Land-ammann Schindler. Die Sammlung des verstorbenen Bürki in Bern dürfte vielleicht das Schönste aufzuweisen haben, nebst zahlreichen Zeich-nungen auch zwei ausgeführte Scheiben. Ueber solche spricht sich Herr Dr. Lübke sehr rühmend aus, manche Blätter nennt er geistreiche Kom-positionen.

Als Mitglied des Großen Rathes betrat Hans Kaspar Lang im Jahre 1613 die politische Laufbahn, auf der er langsam vorrückte, bis er im November 1642 die höchste Stufe, das Amt eines Bürgermeisters erreichte. Sein in Oel gemaltes Bild wird noch jetzt in der Stadt-bibliothek aufbewahrt. Er und seine treue Gattin ruhen im Kreuz-gang. Auf ihrem Grabstein sind nebst einigen einfachen und schlichten Versen unter dem Namen das Symbol des Todes angebracht und die vielleicht einem Todestanze entnommenen Worte:

Niemand's zu schonen ist mein Sinn;
Wen ich antriff, reiß' ich hin.

In dem gedeckten Vorhofe der Münsterkirche finden sich zehn der schönsten Grabdenkmäler. Eine seiner Zeit ausgeführte Renovation derselben läßt kaum mehr ihr hohes Alter erkennen.

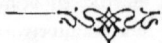

„Der Drachen" zu Straßburg

ist ein altes Haus in der Drachengasse und wird auch „Zum Drachen-fels" genannt. Im 15. Jahrhundert gehörte es dem edlen Geschlechte der Ritter von Endingen an, welche daselbst wohnten. Im Jahre 1418 soll einer alten Ueberlieferung nach Kaiser Sigismund dort einen

Monat gewohnt und auch Kaiser Karl V. bei einem flüchtigen Besuche
von Straßburg im Hofe „Zum Drachen" für einige Stunden Quartier
genommen haben.

Im 17. Jahrhundert diente es den Markgrafen von Baden-
Durlach als Residenz und der Markgraf Georg Friedrich starb darin
(14. Sept. 1638). Derselbe hatte nämlich wie viele Fürsten jener
Zeit in den Wirren des dreißigjährigen Krieges eine Zuflucht hinter
den festen Mauern der alten Reichsstadt gesucht und gefunden. Als
nach der Kapitulation Straßburgs im September 1681 König Ludwig XIV. zum ersten Male im Oktober desselben Jahres Straßburg
besuchte, genoß er die Gastfreundschaft des Markgrafen von Baden-
Durlach, in dessen Hofe „zum Drachen" er abstieg. Im Jahre 1683
kaufte E. E. Rath der Stadt das historisch gewordene Gebäude und
bestimmte es zum Hotel des Militair-Gouverneurs des Elsasses, des
Marquis von Chamilly; man nannte von da ab den frühern mark-
gräflichen Hof „Gouvernements-Hotel". Im Jahre 1725 am 14. August wurde im Hause zum „Drachen" die Verlobung des jungen Königs
Ludwig XV. von Frankreich, vertreten durch den Herzog Louis von
Orleans, mit Maria Leczinska, der Tochter des entthronten Polen-
königs Stanislaus, gefeiert. Die religiöse Ceremonie, die kirchliche
Einsegnung der Ehe fand am folgenden Tage, am Feste Mariä Himmel-
fahrt, im Münster mit großem Pomp statt. Im Jahre 1772 gelangte
die Stadt wieder in den vollen und ausschließlichen Besitz des Hauses,
das bald nachher durch die Verwaltung der Militärbetten in Beschlag
genommen und als Magazin benutzt wurde. Anno 1791 wurde das
Gebäude als nationales Eigenthum erklärt. Im Laufe dieses Jahrhunderts bis in die neueste Zeit wird es von der Militär-Verwaltung
zur Unterbringung des Bettwerks der Garnison verwendet.

Das Haus „Zum Drachen" ist im Style des 15. Jahrhunderts
und der Renaissance erbaut. Die frühere Kapelle geht auf den Jll-
Staden hinaus, wo sie durch ihre hohen Fenster noch deutlich bemerkbar
ist. Die schöne Wendeltreppe, welche in das Thürmchen führt, gehört
der Epoche der Renaissance an.

Aus der Zeit des dreißigjährigen Krieges.

Von Landammann Augustin Keller.

Wir theilen im Nachstehenden aus hinterlassenen Papieren des verstorbenen Landammanns Dr. Aug. Keller, die uns freundlichst zur Benutzung überlassen worden sind, den wesentlichen Inhalt zweier Vorträge mit, welche der genannte Verfasser im März des Jahres 1878 zu Aarau vor einem auserlesenen Publikum gehalten hat. Wir sind uns zwar wohlbewußt, daß die Publikation von historisch-kritischen Gesichtspunkten aus angesehen, mancherorts anfechtbar ist; wir haben aus eben diesem Grunde aus dem zweiten Theile der Arbeit diejenige Partie ausgeschieden, deren Gegenstand inzwischen, zumal durch die durchgreifenden Forschungen Dr. Aug. v. Gonzenbach's in ein wesentlich verändertes Licht gerückt worden. Was uns veranlaßt, die Arbeit unsern Lesern dennoch vorzulegen, ist die Zuversicht, daß die Darstellung das Andenken des geehrten Verfassers umsomehr auffrischen wird, als sich in ihr die Eigenart des gewandten Darstellers zum Theil trefflich erkennen läßt.

I.

Auf meiner Heimreise von der Universität im Jahr 1830 kam ich am 20. September in Prag, der alten Hauptstadt Böhmens, an.

Ich sah die lange Moldaubrücke, von welcher der blutige Tyrann Wenzeslaus den Beichtvater der Königin, Johannes von Nepomuk, als Opfer seines Priestereides in den Strom werfen ließ.

Ich sah bei den Väter Kapuzinern die Monstranz mit den 6666 Diamanten, welche in Form einer strahlenden Sonne gefaßt sind; es ist die einzige Sonne, welche die Kapuziner in Böhmen leuchten lassen. Ich sah aber damals in Prag noch andere, merkwürdigere Sachen.

Beim Besuch der Bildergallerie wurde ich auf ein Gemälde aufmerksam gemacht, dessen Kunstwerth bei mir weniger, als der Gedanke des Künstlers in's Gewicht fiel. Im dunkeln Hintergrunde des Gemäldes sitzt Johannes Wiklef, der mit Stahl und Stein Feuer schlägt. Zu ihm tritt im Mittelgrunde Johannes Huß heran und zündet an dem Funken Wiklef's einen Holzspan an. Im Vordergrund sodann erscheint der kühne Martin Luther, und zündet an Huffens Span eine Fackel an, mit der er die ganze Welt in roth erglühenden Brand versetzt.

Darnach frug ich dem alten Rathhaus nach, und ward in einen kleinen, düstern Saal geführt, an dessen Fenstern jener furchtbare Krieg seinen Anfang nahm, der allmälig fast ganz Europa, wenn auch nicht in sein Blutbad, so doch in die Feuergluth seiner hohen geistigen Interessen hineinzog. Hiemit bin ich an den engen Fenstern der alten Rathsstube in Prag zugleich beim Anfange meines Thema's angelangt.

Der Eingang des Jahres 1618 war durch das Erscheinen eines mächtigen, furchtbaren Kometen erschreckt worden. Sein langer breiter Schweif sah einer großen, feurigen, bereits geschwungenen Ruthe gleich, darin die Leute mit Entsetzen blitzende Gewehre, sprengende Reiter, Todtenköpfe und Särge erblickten. Der Komet kündigte einen erschrecklichen Krieg an.

Die armen Kometen sind aber selbst am hohen Himmel nicht sicher und müssen auch dort viel unschuldig leiden. Ich habe in meinem langen Leben viele Kometen erlebt. Aber von allen hat eigentlich nur der große Komet im berühmten Weinjahr 1811 einen Krieg prophezeit.

Warum? Weil der Krieg bereits überall in der Luft lag. Der Kriegsgott Napoleon hatte bereits der europäischen Menschheit wieder einen neuen Krieg in alle Köpfe und in alle Glieder gejagt. Darum sah man damals auch schießende Gewehre, Todtenköpfe, Todtenbäume und Kanonenwägen in jenen Kometen. Und ich sah als sechsjähriges Knäblein alle die Schreckenszeichen selber, weil unser Hans und die Marianne sie mir gezeigt hatten.

Auch im Jahr 1618 lag ein naher Krieg für ganz Deutschland und am tiefsten für Böhmen in der Luft. Der finstere, bigotte Kaiser Matthias hatte das Vorgefühl eines nahen Krieges in die Luft und

in die Köpfe gebracht, durch den Riß, den er in den Majestätsbrief
Kaiser Rudolfs II. gemacht hatte. Darum hat auch damals der Komet
allerdings einen nahen Krieg verkündet. Denn der Krieg fing wirklich
schon im Maien an.

Ueberdieß aber wurde die Prophezeiung noch dadurch erhärtet,
daß im Brachmonat darauf ein furchtbarer Schnee fiel, der großen
Schaden anrichtete, Bäume, Felder, Rebberge und alles Gewächs verwüstete; und das mußte ebenfalls Krieg bedeuten.

Der westphälische Frieden, dessen Besprechung ich mir hier vorgenommen habe, ist die Folge des damals angezeigten Krieges; er
bildet den Abschluß des dreißigjährigen Krieges. Um nun das sog.
„Instrument" jenes Friedens zu verstehen, muß man den Verlauf
des Krieges selbst sich wieder in Gedächtniß zurückrufen.

Der Rahmen eines Vortrages gestattet jedoch nicht, daß wir das
lange, furchtbare Trauerspiel in allen seinen entsetzlichen Auftritten
vor unsern Augen entrollen. Wir müssen uns darauf beschränken,
das Trauerspiel blos in seinen Hauptakten ¡oder Hauptperioden zu
markiren.

Die Regisseure und Souffleure der Tragödie waren die Jesuiten,
und mit Recht. Denn der Krieg galt der Ausrottung des Protestantismus in Deutschland; und der Jesuitenorden ist ja, kraft seiner verschiedenen päpstlichen Genehmigungsbullen, mit der Ausrottung des
Protestantismus und aller damit verwandten Ketzerei auf dem ganzen
Erdboden beauftragt.

Rekapituliren wir den dreißigjährigen Krieg kurz in seinen
Konturen:

Die erste Periode des Krieges umfaßt dem Böhmischen
Krieg von 1618—1620.

Der unerwartete Gewaltakt, womit der Kaiser Matthias den
von Rudolf II. den Böhmen ertheilten sog. Majestätsbrief, der dem
Königreich Böhmen die Glaubens- und Gewissensfreiheit, sowie eine
gewisse nationale Selbständigkeit in seinen politischen Einrichtungen
gewährleistete, widerrufen und annullirt hatte, forderte das Land
Böhmen zur Empörung und zum Aufstande gegen das österreichische
Kaiserhaus heraus.

Die Losung zur allgemeinen Erhebung des Landes ward in Prag
vom Grafen Matthias von Thurn dadurch gegeben, daß er am 23. Mai

1618 mit einer Schaar Bewaffneter das Rathhaus erstürmte, die beiden verhaßten kaiserlichen Statthalter Slawata und Martiniß mit ihrem Schreiber Fabrizius in der Rathsstube ergreifen und durch die Fenster in den Hof hinunter werfen ließ. Das österreichische Kaiserhaus wurde der Landesregierung verlustig erklärt und der protestantische Kurfürst Friedrich V. von der Pfalz auf den böhmischen Königsthron erhoben.

Von den drei in den Hof Hinuntergeworfenen hatte, obwohl sie 28 Ellen tief gefallen waren, keiner ernstlich Schaden genommen. Nur waren ihre Allongeperrücken natürlich etwas in Unordnung gerathen, und ebenso glaubte sich auch der Schreiber bei den beiden Prinzipalen entschuldigen zu sollen, daß er ihnen, bei der unliebsamen Sache, wider Willen so sehr habe lästig fallen müssen.

Damit aber hatte der dreißigjährige Krieg seinen Anfang genommen. Kaiser Matthias konnte den Aufstand in Böhmen nicht mehr bekämpfen. Ihm folgte in der Regierung der ebenso finstere und bigotte, ja selbst noch fanatischere Ferdinand II. Mit dem Kurfürsten Maximilian von Bayern und der sog. katholischen Liga in Deutschland verbündet, fiel dieser mit einer überlegenen Armee und zugleich mit einem Heere Jesuiten in Böhmen ein.

Ob das Kriegsvolk oder die Jesuiten, nach dem Siege der Kaiserlichen am Weißen Berg bei Prag vom 8. November 1620, in dem unglücklichen Lande entsetzlicher gehaust haben? — Die Geschichte hat die Frage unentschieden gelassen! Kurz, der Protestantismus wurde in Böhmen mit allen erdenklichen Grausamkeiten eines thierischen, ja teuflischen Fanatismus gänzlich ausgerottet. Der König Friedrich verlor nicht nur Thron und Land, sondern der Kaiser erklärte ihn auch der Kurwürde verlustig. Der Entthronte kehrte flüchtig in die Pfalz seiner Väter zurück, um von dort den Krieg fortzusetzen.

Die Geschichte hat die Unterwerfung der Böhmen und die unsagbaren Schandthaten, welche der fanatische Ferdinand II. in der Verfolgung seiner Siege daselbst durch seine Jesuiten und bestialen Armeen an Land und Leuten, besonders an Frauen, Töchtern und Kindern verüben ließ, einerseits den Protestanten überhaupt und anderseits namentlich den beiden mächtigsten lutherischen Fürsten von Kursachsen und Kurbrandenburg ins Schuldbuch geschrieben.

Sie hat es gethan gegenüber den Protestanten überhaupt, weil die Lutheraner und die Reformirten sich nicht zur Gegenwehr einigen konnten, während beiden gleich von Anfang an die ganze katholische Partei in einer geschlossenen „Liga" gegenüber stand. Damit der Calvinismus nicht dem Lutherthum und das Lutherthum nicht dem Calvinismus „in den Rachen fahren", sind durch ihre Zwietracht und Unthätigkeit beide den Jesuiten und dem Papste in den Rachen gefahren.

Die Geschichte hat das Unglück der Böhmen und der Protestanten den beiden lutherischen Fürsten ins Schuldbuch geschrieben, weil der Kurfürst Hans Georg von Sachsen aus Dummheit, Kurzsichtigkeit, und religiöser Unduldsamkeit, und der Kurfürst Georg Wilhelm von Brandenburg aus Schwachheit, Trägheit, Bequemlichkeit und Unentschlossenheit Verräther an der Sache der Reformation in Böhmen wurden.

Als die vermeinte Parteilosigkeit im Verlauf der Ereignisse dem Kurbrandenburger Georg Wilhelm gleichwohl von allen Seiten Schläge zuzog, wußte er keinen anderen Rath, als davon zu gehen. Er siedelte nach Preußen über, wo er fand, was er am meisten liebte: ungestörte Ruhe, gute Leibespflege in Speis und Trank und reiches Jagdvergnügen. Dort fand sich dann auch damals ein wahrhaft urwaldlicher Wildstand vor. Hatte doch des Kurfürsten Vorgänger im Jahre 1612 bei einer großen Jagd einzig im Amt Neuhausen:

8 Auerochsen, 45 Elennthiere, 10 Bären, 79 Wölfe, 11 Wildeber, 32 Wildsäue, 77 Frischlinge oder Wildferkel, 76 Hirsche und darunter einen Sechsundzwanzigender erlegt.

In dieses Eldorado zog sich Georg Wilhelm vor dem ausbrechenden Religionskriege zurück, um dem Kultus der Tafel und des edeln Waidwerkes zu leben! — Es hat also auch damals schon große Herren gegeben, welche durch religiös-kirchliche Angelegenheiten sich nicht beim schwarzen Kaffee stören ließen.

Die zweite Periode umfaßt den Pfälzischen Krieg von 1621—1624. Der tapfere Ernst von Mannsfeld tritt mit seiner protestantischen Kriegsmacht für die pfälzisch-böhmische Sache in die Schranken und siegt über den kaiserlichen Feldherren Tilly am 27. April 1622 bei Wiesloch. Der Sieger blieb nicht auf dem Schlachtfelde stehen, sondern unterwarf sämmtliche Klöster und Stifter in Franken, im Elsaß und am Rhein einer empfindlichen Brandschatzung. Mit ihm verbündete sich der Markgraf Friedrich von Baden, wurde aber schon am 6. Mai 1622 bei Wimpfen von Tilly geschlagen. An seine Stelle tritt der Herzog Christian von Braunschweig. Aber auch dieser vermag dem kriegsgewaltigen Tilly gegenüber nicht das Feld zu behaupten und verliert am 19. Juni 1622 gegen denselben die Schlacht bei Höchst. Hierauf wandte sich der Besiegte mit Mannsfeld nach Holland. Allein er wurde am 23. Juli 1623 bei der Stadt Loo im Münsterschen abermals von Tilly vollständig besiegt.

Die dritte Periode umfaßt den dänisch-niedersächsischen Krieg vom Jahre 1624—1630. — Da Tilly den Norden Deutschlands bedrohte, erhob sich König Christian IV. von Dänemark, an der Spitze der Stände des niedersächsischen Kreises, gegen die immer gefährlichere Macht des fanatischen Kaisers und die katholische Liga. Er wurde aber am 27. August 1626 bei Lutter am Barenberge von Tilly ebenfalls gänzlich geschlagen, infolge dessen der Sieger den ganzen niedersächsischen Kreis besetzt, um sein Kriegsvolk, nach damaligem Kriegsgebrauch wieder in einer neuen, noch nicht ausgehungerten Gegend abfüttern und durch Plünderung sich selbst besolden zu lassen.

Nun trat im Dienste des Kaisers dem siegreichen Tilly noch ein zweiter, ebenso gewaltthätiger Kriegsmeister an die Seite. Fürst Wallenstein hatte inzwischen ein eigenes Heer angeworben und sich mit demselben dem Kaiser zu Diensten gestellt. Er wandte sich gegen den immer noch gefürchteten tapfern Mannsfeld, schlug denselben am 25. August 1626 bei Dessau, verfolgte ihn nach Ungarn, ergoß seine Heerschaaren, raubend und sengend, wieder nach Norden, eroberte, auf allen Wahlfeldern siegreich, das Land Mecklenburg, drang in Jütland ein, belagerte vom Mai bis Juli 1626 die feste Stadt Stralsund, die er, wie er schwur, haben wollte, „und wenn sie mit Ketten an den Himmel geschmiedet wäre." Er bekam sie aber nicht, sondern wurde genöthigt, am 22. Mai 1629 zu Lübeck mit König Christian IV. von Dänemark Frieden zu schließen.

Der Kaiser, durch Wallensteins Siege unumschränkter Gebieter und dadurch übermüthig geworden, hatte bereits am 3. März 1629 das berüchtigte Restitutions-Edikt erlassen, wodurch alle seit dem Vertrage von Passau im Jahre 1552 von den Protestanten eingezogenen Stifter, Klöster und Kirchengüter den Katholiken zurückgegeben und die Reformirten vom allgemeinen Religionsfrieden im ganzen Heil. Röm. Reiche ausgeschlossen wurden.

Das war ein Ei, das die Jesuiten mit großer Schlauheit dem Kaiser unterlegt zu haben glaubten. Allein sie hatten das Ei in die Nesseln gelegt.

Einerseits die anstößige Kühnheit des Restitutions-Ediktes selbst, wodurch der Kaiser sein politisches Uebergewicht so rücksichtslos zur Geltung brachte, anderseits Wallensteins höchst gewaltthätige Kriegs= führung, beide flößten den kaiserlichen Verbündeten, vorab Bayern und selbst der katholischen Liga, gerechte Besorgnisse ein. Sie glaubten dem gefährlichen Treiben des von den Jesuiten beherrschten Kaiser= hofes nicht länger mehr ruhig zusehen zu dürfen. Sie setzten deshalb auf dem Kurfürstentage zu Regensburg im Juni 1630 das Begehren durch, daß Wallenstein vom Kaiser des Dienstes gänzlich und sofort entlassen und die kaiserliche Armee vermindert werden mußte.*

Für den kaiserlichen Hof und die Jesuiten eine schwere Nieder= lage, welcher bald eine andere unangenehme Ueberraschung folgte!

Die vierte Periode umfaßt von 1630—1632 den Schwedischen Krieg. — Wie ein leuchtendes Nordlicht in finsterer Nacht, den Einen zum Schrecken, den Andern zur freudigen Erhebung, erschien der jugendlich hochgesinnte, tapfere, kriegserfahrene und zugleich fromme, für die Sache der Reformation, ohne irdischen Beigeschmack, heilig begeisterte Schwedenkönig Gustav Adolf auf dem Schauplatze des dreißigjährigen Krieges.** Er landete am 4. Juli 1630 mit 15,000 Mann auf der Insel Usedom. Das seiner großen Mission bewußte Heer war in seiner militärischen Ausrüstung, ganz besonders aber in seiner sittlich strengen, frommen Kriegszucht überall eine neue, be= wunderte Erscheinung. Wie dem jungen, strammgebauten, wohlbeleibten

* An dieser Gestaltung der Dinge nahm freilich auch Frankreich hervorragenden Antheil. Richelieu hatte ein lebhaftes Interesse, die Opposition der Liga gegen den Kaiser zu stärken. Der Regensburger Fürstentag, an dem er sich äußerlich der man= tuanischen Frage wegen vertreten ließ, bot ihm hiezu die erwünschte Gelegenheit.
** Die Ansicht, daß der „Löwe aus Mitternacht" nur aus heiliger Begeisterung für den Glauben das Schwert gezogen, ist durch G. Droysen (Gustav Adolf, 2 Bde.) mit Erfolg zurückgewiesen worden. Der schwedischen Intervention lagen neben den religiösen auch ausgeprägt politische Motive zu Grunde. Vgl. hiezu auch Jäh, Fr., Gustav Adolf und die Eidgenossen. Basel 1887.   [Anm. d. Red.]

König mit der hohen, heitern Stirn und der Adlernase zwischen den
zwei blauen, redlichen, tapfern Augen der Ruhm des Helden, so ging
seiner Armee der Ruhm guter Mannszucht und erprobter Kriegs-
tüchtigkeit voran.

Ohne Widerstand besetzten die Schweden Pommern... Bald stand
der König, im Bunde mit Hessen-Kassel und Sachsen-Weimar, den
Kaiserlichen gegenüber.

Noch mehr! Seit Jahren hatte Frankreich die Ereignisse in
Deutschland aufmerksam verfolgt. Die Fortschritte der kaiserlichen
Waffen und die steigende Dominante des Wiener Kabinetes hatten
seine Eifersucht schon lange wach gerufen. Die Erscheinung Schwedens
auf dem Kampfplatze war dem Kabinet von Versailles ein willkommener
Anlaß, sich ebenfalls auf das Kriegstheater zu drängen, um Oesterreich zu schwächen. Bald nach dem Erscheinen der Schweden in
Deutschland verbündet sich Frankreich mit Gustav Adolf, vorerst nur
dahin, daß es ihm Subsidiengelder und Truppen verheißt.

Desto muthiger sucht nunmehr der Schwede den Feind im
Herzen von Deutschland auf. Allein aufgehalten durch den von
Brandenburg und Kursachsen geschlossenen Leipziger Bund, vermag
er nicht die Stadt Magdeburg vor der Rache der Kaiserlichen zu
retten. Am 20. Mai 1631 wird die herrliche Stadt von dem furcht-
baren Tilly erstürmt, erst geplündert, dann angezündet und in einen
Schutthaufen verwandelt, der zugleich der Leichenhügel von 30,000
Menschen jeden Alters wird.

Aber schon im September gelingt es dem Schwedenkönig, mit
Brandenburg und Sachsen nun verbündet, den Zerstörer von Magdeburg für seine Unthat zu strafen, indem er am 17. September 1631
bei Breitenfeld einen glänzenden Sieg über denselben davon trägt.
Von da zieht jetzt Gustav Adolf siegreich und die bedrängten Protestanten überall rettend und befreiend, durch Thüringen und Franken
nach Süddeutschland. Während die Sachsen in Böhmen eindringen,
erzwingt er den Uebergang über den Lech und zieht am 17. Mai 1632
in München ein.

Der Kaiser sieht Wien vor den Schweden in Gefahr. Wallenstein wird von ihm wieder zum Oberfeldherren berufen und mit unumschränkter Macht ausgestattet. Dieser treibt mit einem schnell ge-
worbenen Heere die Sachsen wieder aus Böhmen hinaus und wendet

sich gegen Nürnberg, wo er drei Monate lang dem in einem Lager verschanzten Gustav Adolf ohne Erfolg gegenüber steht, dann nach Sachsen abzieht und vom Schwedenkönig dahin verfolgt wird. Bei Lützen messen sich die beiden Heere am 16. November 1632 in einer hartnäckigen, mörderischen Schlacht, in welcher Gustav Adolf den Heldentod stirbt, die Schweden aber gleichwohl unter der Führung des Herzogs Bernhard von Weimar das Schlachtfeld behaupten und die Kaiserlichen in die Flucht schlagen.

Die fünfte und Schlußperiode des Krieges umfaßt von 1632 bis 1648 den schwedisch-französischen Krieg. Nach dem Tode des Königs ernannte der schwedische Reichstag seinen Reichskanzler Axel Oxenstierna zum Legaten und Befehlshaber in Deutschland. Derselbe schloß sofort mit dem fränkischen, schwäbischen und rheinischen Kreise den Heilbronner Bund, infolge dessen das französische Kabinet alsobald seine Umtriebe begann, um Deutschland auf alle Weise zu schwächen, das Reich aufzulösen, Oesterreich zu verderben, und aus dem großen Schiffbruche für sich selbst so viel als möglich zu erbeuten. In diese Zeit fallen die ersten Schachzüge, Elsaß und Lothringen vom deutschen Reiche zu trennen und an Frankreich zu annexiren.

Die Herzoge Bernhard von Weimar und Georg von Braunschweig stellen sich als Oberbefehlshaber an die Spitze der protestantischen Kriegsmacht. Der Erstere operirt in Bayern, der Zweite in Niederdeutschland.

Unter der Hand knüpft Wallenstein mit Sachsen und Frankreich geheime Unterhandlungen an, die seinen Abfall vom Kaiser und der katholischen Sache, sowie gemeinsame Operationen im Sonderinteresse zum Ziele haben. Die Ermordung Wallensteins auf seinem Stammschlosse Eger am 25. Februar 1634, die er in den Sternen wollte gelesen haben, durchschnitt die Pläne des finsteren Verrathes. Indessen ging der Krieg seine Bahnen durch Blut, Thränen, Elend, Barbareien und allartigen Greuel der Verwüstung weiter fort.

Bernhard von Weimar wurde am 6. September 1634 bei Nördlingen von dem kaiserlichen Feldherrn Gallas geschlagen. Die Folge dieser Niederlage war, daß der Kurfürst von Sachsen am 10. Mai 1635 zu Prag mit dem Kaiser einen Separatfrieden schloß, welchem, des langen, hoffnungslosen Krieges müde, bald auch Brandenburg und die meisten andern protestantischen Fürsten nach und nach beitraten.

Nur Schweden und Frankreich, die den Krieg bisher ihren Grenzen ferne gehalten hatten, waren noch nicht müde. Auch nahm der Krieg fortan entschieden eine andere Färbung an. Er war kein Religionskrieg mehr. Der schlaue Kardinal Richelieu, der fernsüchtige Minister Ludwigs XIV. in Frankreich, hatte die Waffen seiner diplomatischen Feder dienstbar gemacht. Der Krieg hatte die Religion schon lange aus den Augen verloren und war ein politischer geworden.

Der schwedische Feldherr Banér schlug am 4. Oktober 1636 bei Wittstock die mit den Kaiserlichen unter Hatzfeld vereinigten Sachsen. Diese Siegeswende ging dem Kaiser Ferdinand II. so tief zu Herzen, daß er zusehends abnahm und am 15 Februar 1637 die Augen schloß. Nächst der Verfolgung der Protestanten war die Jagd sein höchstes Vergnügen. Ueber das von ihm erlegte Wild führte er ein eigenes Verzeichniß, das er alljährlich dem Vetter Kurfürsten von Sachsen übersandte. Die Opfer seiner Protestanten-Jagden hat ein Andrer aufgezeichnet und mit ihm vor dem Gericht der Geschichte verrechnet.

Ihm folgte sein Sohn Ferdinand III. in der Regierung. In Künsten und Wissenschaften, namentlich in der Mathematik, sowie in den Sprachen, deren er mehrere schrieb und sprach, vielseitig gebildet, war sein gerechter und humaner Sinn auch für die Lehren der Geschichte empfänglich, die ihm von derselben bald nach seiner Thronbesteigung gegeben wurden.

Der durch Vertrag von St. Germain zum Befehlshaber der französischen Armee erhobene Bernhard von Weimar schlug nämlich am 3. März 1638 die Kaiserlichen bei Rheinfelden und eroberte am 19. Dezember gleichen Jahres Breisach, das dann nach dem plötzlichen Tode Bernhards am 18. Juli 1639 mit dessen siegreicher Armee Frankreich anheim fiel.

Damit war aber das Mißgeschick der kaiserlichen Waffen noch nicht vollendet. Nach Banér ging der Oberbefehl im schwedisch-französischen Heere auf den trefflichen Torstenson über, der die Kaiserlichen im Jahr 1641 bei Wolfenbüttel, im Jahr 1642 bei Leipzig und bei Breitenfeld aus dem Felde schlug. Hierauf wandte Torstenson sich gegen den mit dem Kaiser verbündeten Christian IV. von Dänemark, jagte denselben auf die Inseln in die Flucht und brachte am 6. März 1645 bei Jankow in Böhmen den Kaiserlichen abermals eine solche Niederlage bei, daß der Kaiser von Prag nach Wien sich zurückziehen und seine Familie von da nach Grätz flüchten mußte, weil die Schweden bis gegen Wien vordrangen. Infolge jener Niederlage wurde auch der Kurfürst von Sachsen zum Rücktritt vom Prager Frieden gezwungen.

Nur noch einmal, am 20. Mai 1645, bei Mergentheim half der Zufall den Kaiserlichen die Franzosen schlagen. Aber schon am 3. Aug. des gleichen Jahres verließ das Glück bei Allersheim abermals ihre Fahnen, wo sie mit den Bayern den siegreichen Schweden das Feld räumen mußten.

Im Spätsommer 1646 drang das siegreiche schwedisch-französische Heer abermals durch Schwaben nach Bayern vor und nöthigte den dortigen Kurfürsten durch die ihm am 14. März 1647 beigebrachte Niederlage zum Waffenstillstande bei Ulm.

Am 17. Mai 1648 stießen die Kaiserlichen bei Zusmarshausen, unweit Augsburg, mit dem von Türenne und Wrangel befehligten schwedisch-französischen Heere zusammen und wurden abermals geschlagen. Gleichzeitig war der schwedische General Königsmark neuerdings in Böhmen eingedrungen, hatte durch Ueberfall die Kleinstadt von Prag genommen und sich schon die Großstadt für einen nächsten Angriff vorbehalten.

Denn auch hier hatte das Glück die kaiserlichen Waffen verlassen. Es war, als ob gerade die anfänglichen Schauderthaten in Böhmen, die entsetzlichen Ruinen von Magdeburg, all die blutigen Gottlosigkeiten Tillys, Wallensteins, der Jesuiten und der ganzen kaiserlichen Armee endlich die Rache des Himmels wach gerufen, und die Erinnyen das Glück von deren Fahnen für immer vertrieben hätten. Die Kaiserlichen vermochten keinen Sieg mehr an ihre Waffen zu fesseln. Es schien ihnen daher auch vorbestimmt zu sein, an der Stelle, wo sie den Krieg so schrecklich begonnen, auch ihr letztes Verhängniß finden zu müssen. Da wurde der westphälische Frieden verkündet und die Belagerung von Prag aufgehoben!

Das war der dreißigjährige Krieg, an dem ganz Europa Blut, Geld und Waffen, Kriegskunst und Kriegslist, Bosheit und Intriguen, Gift und Haß, und einzig die kleine, arme Eidgenossenschaft in den bedrohten Grenzorten Tröstungen der Humanität und freundnachbarliche Nächstenliebe gesteuert hat!

Das war der große, erschreckliche dreißigjährige Krieg, an dessen
Ende das weite, einst Jahrhunderte hindurch so reiche, starke, glückliche Deutschland aus tausend Wunden blutend, bis auf die Knochen
zerfleischt, ohnmächtig am Boden lag! Von der fernen Nordsee bis
an den herrlichen Rhein war in seinen Marken kein Fleck ohne Verwüstung, Jammer und Elend geblieben. Viele hundert Städte und
Dörfer waren in Schutthaufen verwandelt und viele derselben selbst
mit ihrem Namen verschwunden bis auf den heutigen Tag. Bis auf
vier Millionen Menschen hat der Krieg unter den Ruinen der Städte
und Dörfer begraben, auf seinen Schlachtfeldern gemordet und durch
Hungersnoth und Seuchen vertilgt. Sachsen allein verlor in 2 Jahren
900,000 Einwohner, Böhmen ⅓ und die blühende Stadt Augsburg
schmolz von 80,000 auf 18,000 Seelen zusammen. Ganze Gegenden
standen entvölkert, Schulen und Kirchen waren geschlossen, Künste und
Wissenschaften waren aus dem Lande geflohen. Wo einst fröhliche
Dichter, Sänger und Spielleute in Städten, Schlössern und Dörfern
die Feste verschönerten, durchzogen nach dem Kriege mit Raub und
Mord Schaaren von Panduren das Land.

Wenden wir unsern Blick ab von den Bildern des Krieges und
kehren wir ihn dem ersehnten Frieden zu!

Wie wir gesehen, waren bereits in der zweiten Hälfte des Krieges
einzelne kriegführende Parteien zum Abschluß von Separatfriedens-
verträgen genöthiget worden. Allmälig wurde die Sehnsucht nach
Frieden bei den Kriegsparteien immer lauter und immer allgemeiner.
Nur Schweden und Frankreich, die, wie bemerkt, den Krieg ihren
Ländern fernehielten, waren seiner noch nicht müde.

Die übrigen Parteien waren alle entkräftet. Die Mittel zum
Kriege fingen ihnen an zu fehlen an. Sie hatten bald kein Blut, keine
Waffen, keine Ausrüstung, keine Fourage und kein Geld mehr. Zudem ertrug auch der unglückliche Schauplatz des Krieges selbst, Deutschland ertrug den Krieg und keine Kriegsvölker mehr. Ueberall, wie
schon gesagt, war es verwüstet und größtentheils selbst verödet. Ueberall
war es ausgehungert bis auf den letzten Schnitz im Trog und den
letzten Fehsen im Speicher. Die meisten Felder lagen brach und wurden nicht mehr angepflanzt. Ihre Bestellung fand keine Hände, der
Pflug keine Zugthiere mehr. Zu Stadt und Land schaute überall der
bittere Hunger aus allen Fenstern heraus, und mit dem Hunger ver-

bunden, durchzogen überall Seuchen das Land, die den Kriegsvölkern gefährlicher als der Feind in der Feldschlacht war. Die verpesteten Lazarethe waren zu Todtenkammern, die offenen Felder miasmatische Kirchhöfe geworden. Der Krieg war dem ganzen Land ein Fluch geworden, es ertrug ihn nicht mehr.

Es flehte nicht mehr, es schrie nach Frieden, und schrie bereits allgemein dreizehn volle Jahre nach demselben. Nach dem Tode Ferdinands II. schenkte zwar sein Nachfolger dem Nothschrei bald ein williges Ohr. Langsam ließen auch andere Kriegsparteien sich herbei. Nur Frankreich eilte nicht. Die Absichten, die es mit dem Kriege hatte, waren noch nicht alle erreicht.

Ferdinand III. scheint diese Absichten zuerst durchschaut zu haben. Er arbeitete daher desto ernster und nachdrucksamer am Frieden. Allein erst nach jahrelangen Verhandlungen brachte er es 1640 auf dem Reichstage zu Regensburg dahin, daß der erste Anfang zu den Verhandlungen gemacht wurde, welcher darin bestand, daß man bestimmte, wo der Friedenskongreß zusammenkommen solle.

Jedoch schon über diese erste Frage zur Einleitung der Friedens-verhandlungen, also selbst über die Wiege des Friedens, konnte man nicht einig werden.

Es war nämlich von katholischer Seite die bischöfliche Residenz-stadt Münster in Westphalen verlangt worden. Allein Schweden und seine Partei wollte nichts von einer katholischen Stadt mit einer bischöflichen Residenz wissen. Es wurde Osnabrück verlangt, etwa sechs deutsche Meilen weit von Münster entfernt. Obwohl die Er-schwerung der Verhandlungen durch einen solchen örtlichen Dualis-mus und eine solche geographische Trennung und Absönderung der kontrahirenden Parteien in die Augen fiel, gab der Kaiser dennoch auf dem gedachten Reichstage seine Zustimmung dazu, um nur über den Anfang der Verhandlungen hinweg zu kommen.

Also sollten die Gesandten des Kaisers, Frankreichs und der andern nichtdeutschen Staaten in der bischöflichen Residenzstadt Münster ge-sondert, und außer den kaiserlichen die reichsständischen und die schwe-dischen Gesandten, ebenfalls gesondert, in der protestantischen Stadt Osnabrück tagen. Daß die beiden Friedensversammlungen sechs Meilen weit von einander verhandelten, hatte immerhin das Gute, daß sie beim Friedenstiften einander nicht in die Haare geriethen und nicht auseinander liefen, indem sie die gegenseitigen Anklagen, Stich- und Schmähreden nicht hörten.

Eine zweite, wichtige Frage war, wer in den Frieden eingeschlossen und zu dessen Verhandlungen eingeladen werden soll. Allgemein war man der Ansicht, daß es sich um eine große europäische Angelegenheit handle, und daß, außer den kontrahirenden Staaten Oesterreich, Spanien, Frankreich, Schweden und den deutschen Reichsständen, alle europäischen Staaten, namentlich England, Dänemark, Polen, Portugal, die Niederlande, Rußland, Lothringen, Venedig, die Schweiz, Siebenbürgen in den Frieden eingeschlossen sein sollen. Es soll den kontrahirenden Staaten gestattet sein, durch einen oder mehrere Gesandte sich vertreten zu lassen. Die meisten waren denn auch je durch mehrere, ja die Niederlande sogar durch acht Gesandte vertreten. Der venetianische und der päpstliche Gesandte hatten die Rolle der Vermittler übernommen. Wir werden aus den spätern, eigentlichen Friedensverhandlungen Anlaß haben, einzelne dieser Männer näher kennen zu lernen.

Eine dritte, abermals wichtige Frage war, wo man anfangen und wo enden wolle, das heißt, was und welche Materien man in die Friedensverhandlungen hineinziehen wolle. Die schon ums Jahr 1640 zu Hamburg unterzeichneten Präliminarien hatten darüber, um den Krieg zu Ende zu bringen, folgende Kardinalpunkte zur Vereinbarung bezeichnet:

I. Hebung der Beschwerden oder Ursachen, aus denen der Krieg entstanden war.

II. Verständigung darüber, wie es mit dem gehalten werden solle, was während des Krieges von einem Theile wider den andern vorgenommen worden, bezw. Frage der Amnestie.

III. Die Forderungen der Satisfaktion oder Genugthuung durch Erstattung der Kriegskosten, wofür auch Dritte mit dem Ihrigen in Anspruch genommen und ins Mitleiden gezogen werden mußten.

IV. Endlich die Vergütungen, welche zur Ausgleichung der Verluste, die zur Durchführung der Satisfaktion nach allen Richtungen gemacht werden mußten, zur allseitigen Herstellung des Friedens als Forderungen des Rechts und der Billigkeit an den Friedenskongreß herantreten.

Endlich war noch die schwierigste von allen Präliminarien zu allseitiger Befriedigung festzustellen. Dieselbe bildete auf Seite von Schweden und Frankreich sogar die Bedingung der Theilnahme an den Verhandlungen. Es war — lachen wir nicht, sondern denken wir die Narrheit mit dem Zopf der damaligen Zeit! — es war die Etiquette des diplomatischen Ranges.

Selbstverständlich wurde der erste Rang dem Kaiser, bezw. der kaiserlichen Gesandtschaft eingeräumt.

Dann aber fragte es sich, welcher Rang und welcher Titel den beiden Gesandtschaften von Schweden und Frankreich zukommen soll. Keine derselben wollte hinter der andern zurückstehen. Jede behauptete, mit Androhung des Rücktrittes vom Kongresse, den Vorrang vor der andern. Nach langen Verhandlungen, Kompromissen, Erklärungen, Beschwichtigungen, Zureden und Bitten ließen sie sich zu dem Aus= kunftsmittel herbei, daß sie sich die Gleichstellung gefallen ließen, in der Weise, daß man nie die eine hinter der andern — nie die Ge= sandtschaften von Schweden und Frankreich, oder die Gesandtschaften von Frankreich und Schweden — sondern immer in einer Titulatur die Gesandtschaften der „beiden Kronen" sprechen und schreiben mußte, wenn beide zu nennen waren.

Bei den andern Gesandtschaften war die Sache insofern leichter zu ordnen, als sie sich einfach nach der Rangstufe ihrer Souveräne rangiren und tituliren ließen. Aber auch da gab es noch schwere Anstände. Die festgestellte Rangordnung durfte ohne schwere Beleidigung nicht außer Acht gelassen und verletzt werden bei den Nationen in den Berathungen, beim Vortritt an den Thüren, im Abstatten der offiziellen Besuche und Gegenbesuche oder der sog. Aufwartungen. Darnach wurde die Zahl der Kutschen und der Pferde an denselben, die Zahl der Bedienten, die Stärke der bewaffneten Begleitung zu Pferd und zu Fuß, die Stärke der Ehrenwachen, die Zahl und Reihenfolge der Kutschen und Begleitung bei öffentlichen Aufzügen, beim Abholen und Empfang neuer ankommender Gesandtschaften oder beim Ehrenkomitat scheidender Gesandtschaften, sowie selbstverständlich auch bei Anlässen offizieller Mahlzeiten und gegenseitiger Gastereien — kurz alles und jedes Ceremoniell bis ins Kleinste ausgezirkelt und beobachtet. In jedem Winkel, an jeder Ecke, bei jeder Wendung und Bewegung erschien ein Zopf, an dem man nur mit der obligaten

Reverenz, oder mit der tiefsten, unverzeihlichsten Beleidigung vorbei kam.

Man würde Angesichts der großen, hochernsten Aufgabe, welche
der Kongreß zu lösen berufen war, solche Lächerlichkeiten nicht glauben,
wenn sie nicht in der „Geschichte des Westphälischen Friedens" des
gewissenhaften, sich überall auf die Quellen berufenden Karl Ludwig
von Woltmann zu lesen wären.

Dennoch war es nicht möglich, fortwährende Streitigkeiten,
Händel und Eifersüchteleien über Rang und Ceremoniell zu vermeiden.
Je zahlreicher die Gesandten in Münster und Osnabrück eintrafen,
desto zahlreicher wurden die daherigen Anstände.

Der venetianische Botschafter Contareno drohte, sein Mittleramt
aufzugeben und die Friedensversammlung zu verlassen, wenn der
Republik Venedig nicht der Rang vor den Kurfürsten gestattet
würde.

Vergebens drangen die Kurfürstlichen Gesandten in die Fürstlichen,
daß diese ihnen den Titel „Excellenz" geben sollten; und als Kur-
bayern sich dabei besonders eifrig bewies, erklärte der Mecklenburgische
Gesandte: Seine Herren wären so guten Geschlechts, als der Kurfürst
von Bayern; der wäre bei diesem Kriege fett geworden und hätte
andere Fürsten und Stände ohne Unterschied der Religion vertilgt;
nun wolle er noch weiter schreiten und auch die fürstliche Würde ver-
ringern, was man ihm durchaus nicht einräumen werde.

Die Kurbrandenburgischen Gesandten erregten vorzüglich bei den
Kaiserlichen Botschaftern Mißtrauen, durch ihre Art zu fahren. Graf
Orenstierna von Schweden hatte nämlich die Sitte, daß er sich fünf
Wagen vorausfahren ließ und er in den sechsten, als der Haupt-
kutsche folgte. Die Kaiserlichen Gesandten und die übrigen ließen dagegen den vornehmsten Wagen vorausfahren und dann die übrigen
nach dem Range nachfolgen. Die Kurbrandenburgische Gesandtschaft
ahmte nun diese schwedische Sitte nach, indem sie behauptete, das wäre
der uralte deutsche Brauch also zu fahren.

Eine verwickelte Fehde entstand, als Prinz August von Sachsen,
der im Besitze des Erzstiftes Magdeburg war, nicht nur Sitz und
Stimme, sondern auch das Präsidium in der Versammlung zu Osnabrück verlangte. Dadurch wäre aber der Vorbehalt, nach welchem ein
geistlicher Souverän, sobald er der katholischen Kirche abtrünnig ge-

worden, Herrschaft und Land verlor, so gut wie aufgehoben gewesen. Endlich vereinigte man sich dahin, daß Prinz August nicht unter den Geistlichen, sondern unmittelbar hinter Burgund seine Stimme abgeben soll.

Jetzt ward neuerdings der Streit aufgenommen, daß die fürstlichen Gesandten den kurfürstlichen den Titel „Exzellenz" geben sollen. Vergebens beschied die kaiserliche Gesandtschaft zu Osnabrück die Abgeordneten einiger bedeutender Fürstenhäuser zu sich und sagte ihnen, die kaiserliche Majestät habe bewilligt, daß den kurfürstlichen Gesandten der Titel der „Exzellenz" gegeben werde. Die Fürsten gaben es aber absolut nicht zu. „Wenn die gottlose Exzellenz nicht wäre," sagte der kurbrandenburgische Gesandte, „so wollten wir bald was Gutes mit einander ausrichten."

Vermehrt wurden die daherigen Fehden durch die Ankunft des neuen französischen Ambaßadors, des edeln Herzogs von Longueville, welcher geschickt wurde, um durch seinen hohen Rang die beiden andern französischen Gesandten, die Grafen d'Abvou und Servien, welche mit einander in offenem Zwiespalt lebten, zusammen zu halten. Er wurde bei seinem Einzuge in Münster nur von diesen beiden abgeholt. Warum? Weil der Gesandte von Venedig und die kurfürstlichen sich schlechterdings im Range zu fahren nicht weichen wollten. Der vermittelnde Nuntius Chigi ersuchte die französische Gesandtschaft, es möchte der Geschmeiere nachgeben, und der Ambaßador von einem feierlichen Einzuge abstehen.

Der Herzog von Longueville gab murrig nach, bestand aber desto hartnäckiger darauf, daß ihm, als einem Prinzen von königlichem Geblüt, der Titel „Hoheit" gegeben werden solle. Und siehe da, neuerdings Feuer im Dach! Sowohl die kaiserlichen als die spanischen Gesandten verweigerten dem französischen Herzog mit gleicher Hartnäckigkeit die verlangte „Hoheit".

Um einem ähnlichen Streite auszuweichen, hielt der neue spanische Gesandte Graf Penneranda, welcher den zu Münster verstorbenen Grafen Zapate ersetzen sollte, seinen Einzug ebenfalls in der Weise, daß er nur von den Kutschen seiner Landsleute abgeholt wurde. Dennoch initiierte der neue Gesandte sofort wieder andere Händel dadurch, daß auch er, der stolze Spanier, den kurfürstlichen Gesandten die „Exzellenz" entschieden verweigerte.

Warum führe ich hier alle diese lächerlichen und zugleich höchst ärgerlichen Vorspiele der Friedensverhandlungen vor, die leider viele Jahre dauerten, während die Armeen auf immer neuen Schlacht= feldern bluten mußten, und die deutschen Völker aus ihrem Elend immer lauter und kläglicher nach dem Frieden schrieen? —

Ich habe es gethan, um einen kleinen Einblick in die Erbärm= lichkeiten des Treibens und der Sittigung in den damaligen diplo= matischen Kreisen zu öffnen, um zu zeigen, daß hierin die Welt doch vernünftiger und besser geworden ist!

Ich habe es aber auch gethan, um einen Rahmen zu geben, in welchem sich der Gesandte der schweizerischen Eidgenossenschaft auf dem westphälischen Kongresse, der einfache Republikaner, der hochver= diente, ehrwürdige Bürgermeister von Basel, im herrlichsten Lichte abheben, und im wohlthuendsten Gegensatze gegen die „Erzellenzen" und „Hoheiten" und Thorheiten auf der Bühne der Diplomaten er= scheinen wird.

II.

Als man zu Anfang des Jahres 1645 zu Münster und Osna= brück so weit gekommen war, daß man die wirklichen Friedensunter= handlungen hätte beginnen können, so wollte keine Partei anfangen, keine ihre Forderungen stellen, keine ihre Propositionen eröffnen. Jede glaubte durch ihre Eröffnungen sich etwas zu vergeben, etwas zu ver= gessen und die Andern zu weitergehenden, neuen Ansprüchen zu ver= anlassen.

Als auch hierin Bahn gebrochen und man somit nach vierjährigem Vorspiel in die eigentlichen und wirklichen Friedensunterhandlungen hineingekommen war, fand sich auch die schweizerische Eidgenossen= schaft veranlaßt, ihre Aufmerksamkeit auf Dasjenige zu richten, was im fernen Westphalen, in Münster und Osnabrück verhandelt wurde.

Da man am Kriege selbst keinen Theil genommen, sich überdies nicht als reichsangehörig betrachtete, nichts nach Westphalen zu bringen und auch nichts zu holen hatte, so dachte wohl im Lande der Eidge= nossen während der Komödien, welche die fürstlichen Hoheiten und Ex= zellenzen über Titel, Präzedenzen und Hofstaat vor den Westphalen

jahrelang aufführten, kein Mensch daran, daß auch die Eidgenossenschaft noch in dieses hohe Schauspiel würde hineingezogen werden.

Wie ist es aber dennoch so gekommen? Und wer ist der denk-
würdige Mann gewesen, der dort unter den Vollmachtträgern der
hohen und niedern Potentaten die Sache der eidgenössischen Republik vertrat? Und wie hat der Republikaner aus der Schweiz unter
den fürstlichen Hoheiten und Exzellenzen die Sache seines Landes und
seiner Leute geführt und sie zu welchem Ende gebracht?

Im Jahre 1641 war der in Basel wohnhafte, nicht ganz saubere
Weinhändler Florian Wachter von Schlettstadt mit etlichen Fuhr-
leuten übereingekommen, er wolle ihnen für acht Weinfuhren bewaff-
netes Schutzgeleit geben, um damit ihre Fuhren aus dem Elsaß nach
Basel zu bringen. Allein die Fuhren wurden auf dem Wege von
zwölf französischen Streifreitern angehalten und ihnen mehrere Pferde
weggenommen, ohne daß sich Wachter mit seinen Leuten nur zur Wehre
setzte, vorgebend, sein großer Freund, der Kommandant von Schlettstadt, werde die Rosse schon wieder herschaffen. In Basel hielten die
Eigenthümer der geraubten Pferde den Wein zurück, bis Wachter ihnen
den Schaden ersetzt haben würde. Es kam zum Prozeß. Die Basler
Gerichte sprachen den Wachter von der Entschädigungspflicht frei und
legten ihm nur einen Antheil an den Gerichtskosten auf. Er appel-
lirte. Es blieb aber beim untergerichtlichen Spruch; jedoch wurde der
Appellant wegen sonstiger Schulden einige Tage mit Gefangenschaft
bestraft. Darüber erbost, wandte er sich rachgierig an das Reichskammergericht zu Speyer.

Das Kammergericht rief den Rath von Basel in's Recht. Allein
der Rath schickte den Rechtsruf uneröffnet nach Speyer zurück mit der
Erklärung: Basel sei schon von Kaiser Karl IV. (1347) und die ganze
Eidgenossenschaft von Kaiser Maximilian (1499) von des Reiches Gerichten
befreit worden; bei ihnen gälten keine andern als die eigenen Gerichte.

Mittlerweile stiegen die Rechtskosten, ohne daß nur in Form Rech-
tens prozessirt wurde, bald gegen 40,000 Gulden an. Natürlich wurde
von Basel jede Zahlung verweigert. Da ließ das Kammergericht im
August 1646 zu Straßburg und Mainz Basler Kaufmannswaaren
anhalten und nach der Frankfurter Messe auf einem Schiffe alles und
jedes Basler Gut in Verhaft legen.

Der Rath von Basel brachte die Sache an die Tagessatzung, und diese führte über die Gewaltthat Klage bei Kaiser Ferdinand III., jedoch auf den einseitigen Bericht des Kammergerichtes ohne Erfolg. Die Sache kam wieder an die Tagessatzung. Anfänglich wollten die katholischen Orte, weil es sich im Grunde nur um eine Privatsache von Basler Kaufleuten handle, sich nicht weiter mit der Angelegenheit befassen.

Von anderer Seite aber wurde darauf hingewiesen, daß durch das Vorgehen des Reichskammergerichtes die alten, kaiserlich verbrieften Rechte und Freiheiten, ja selbst die Freiheit und Unabhängigkeit gemeiner Eidgenossenschaft vom Deutschen Reiche offen und klar in Frage gestellt sei. Daß es sehr gefährlich wäre, bei Anlaß der schwebenden Friedensverhandlungen in Münster und Osnabrück zu schweigen und seine angestrittenen Rechte nicht zu wahren. Zudem wisse man ja, daß bei den Verhandlungen auch Punkte zur Sprache und Entscheidung kommen, welche die beiden in der Eidgenossenschaft herrschenden Religionen auf's Tiefste berühren. Es erscheine daher geboten, nicht zurückzubleiben, sondern zur Wahrung aller hierseitigen Rechte auch eine Gesandtschaft zu dem Friedenskongresse abzuordnen und zwar umsomehr, als man wisse, Frankreich werde als alter Bundesgenosse der Schweiz Kaiser und Reich gegenüber, wenn es nöthig, kräftig zur Seite stehen.

Eine dritte Partie wollte nicht lange Federlesens machen, Thätlichkeiten mit Thätlichkeiten erwidern, d. h. an Kaiser und Reich den Krieg erklären.

Indessen einigte man sich schließlich allseitig auf die Abordnung einer Gesandtschaft. Später stimmten auch die katholischen Orte bei.

Nun, wer soll gehen? —

Aller Augen waren auf Einen nur gerichtet. Dieser war von Gestalt ein vollkräftiger, fester, stattlicher Mann von 52 Jahren; stramm in Schritt und Tritt; in einfacher schwarzer Amtstracht bürgerlicher Art; vom Kopf bis zum Fuß, die silbernen Schnallen auf den Schuhen ausgenommen, weder Silber noch Gold am ganzen Mann, aus der bescheidenen weißen Halskrause erhob sich mit einem starken bräunlichen Vollbart, frei ohne Zopf und Perrücke, ein mannhaftes, biederes Haupt, aus dessen heiterernstem Antlitz Gemüth, Herz, Verstand, Klarheit, Klugheit, Ruhe, Redlichkeit und Sicherheit des Wollens und Vollbringens leuchteten. — Der Mann war der Bürgermeister Johann Rudolf Wettstein von Basel.

Dieser merkwürdige, um sein Vaterland hochverdiente Mann war der jüngste Sohn des Hans Jakob Wetzstein, der im Jahre 1579 von Rußikon, Kts. Zürich, nach Basel gekommen und daselbst noch im gleichen Jahre mit den Seinen in's Bürgerrecht aufgenommen worden war.

Mit trefflichen Naturanlagen ausgerüstet, legte der junge Wettstein im Gymnasium den Grund zu seiner Bildung. Obwohl bloß zum bürgerlichen Geschäftsmann bestimmt, zeichnete er sich im Erlernen der griechischen und lateinischen Sprache und in der Lektüre klassischer Schriftsteller des Alterthums auf's Rühmlichste aus. In Bureaux und Kanzleien zu Yverdon und Genf bildete er sich für das berufliche Geschäft aus und machte sich den mündlichen und schriftlichen Gebrauch der französischen Sprache eigen.

Nach Basel heimgekehrt, trat er bald und zwar schon mit 17 Jahren in den Ehestand. Er hatte leider damit kein glückliches Loos gezogen, sondern zu einer im Haushalt unerfahrenen Frau noch eine böse Schwiegermutter erheirathet.

Die Familie wuchs, der Ankauf eines Hauses und die Einrichtung des Hausstandes hatten bald die 800 Gulden Frauengut verschlungen. Sein Notariat und die ihm von seiner Zunft übertragene Stelle im Großen Rath brachten den jungen, braven und als tüchtigen Geschäftmann anerkannten Anfänger nicht vorwärts, sondern in Schulden. Er mußte selbst seinen Degen mit goldenem Gefäße um eine Dublone versetzen. Mit der Noth mehrte sich der Hausstreit. Er sah sich nach Rettung um. Sie kam. Sein Schwager war Hauptmann bei einem Venetianischen Regiment. Derselbe warb mehrere junge Bürger guter Familien an. Selbst verheirathete Männer wählten damals vielfach zeitweise den Soldatenstand. Auch Wettstein vertauschte im Mißmuthe das Weiberregiment mit dem Kriegsregiment und wurde im Dienste der Regierung von Venedig Kompagnieschreiber. Im Dienst wie in seinem Privatleben erwarb er sich bald allgemeine Liebe und Achtung. Allein die Liebe zur Heimath und besonders die fortwährend herzlichen Briefe seiner vortrefflichen und im Wittwenstande verlassenen Mutter zogen ihn mit Gewalt wieder nach wenigen Jahren in die geliebte Heimath zurück. Mit den besten Zeugnissen und einem ehrenvollen Hauptmanns-Brevete vom Senate der Regierung Venedig

kam er in Basel an. Bald waren da seine häuslichen Verhältnisse
freundlicher geordnet. Er wurde Obervogt auf Farnsburg, stieg
von Ehrenstelle zu Ehrenstelle, bis er im Jahre 1635 oberster Zunftmeister und im Jahre 1645 Bürgermeister von Basel wurde. In
allen diesen Stellungen hatte er sich nicht nur bei seinen Mitbürgern
von Basel, sondern bald in der übrigen Eidgenossenschaft solchen Ruf
erworben, daß er bei verschiedenen Anlässen zum Rathgeber, Schieds-
richter und Vermittler berufen wurde.

Das war der Bürgermeister Joh. Rudolf Wettstein von Basel;
das war der Gesandte der Eidgenossen auf dem westphälischen Friedenskongresse im Jahre 1646. — — — — —

Das Zeitalter, das Staatsrecht, die Religionsbegriffe, die Land-
karte, die Marksteine, die geistlichen und weltlichen Schlagbäume, der
Zopf des westphälischen Friedens — sie alle sind durch die große fran-
zösische Revolution am Ende des 18. Jahrhunderts Gegenstände des
Antiquitäten-Kabinetes der Geschichte geworden. — Sie ruhen im
Frieden!

Dennoch verlohnt es sich für uns Schweizer in mehrfacher Beziehung, dem Abschluß des westphälischen Friedens einige Betrachtungen zu widmen. Diese Betrachtungen werden sich in unsern
Herzen zu einem Akt der Dankbarkeit gestalten, und die Dankbarkeit
ist vor dem Richterstuhle der Geschichte immer ein Akt der Gerechtigkeit.

Wie so oft in der Geschichte, hat auch beim Abschluß des westphälischen Friedens ein besonders günstiges Geschick über der schweizerischen Eidgenossenschaft gewaltet. Wie wir gesehen, ist dieselbe während der ganzen langen Dauer des Krieges von dem blutigen Elend
und den entsetzlichen Leiden und Barbareien desselben sozusagen gänzlich verschont geblieben. Ja, dieselbe ist, wie wir abermals gesehen,
sogar selbst zur Theilnahme an den unerquicklichen Friedensverhandlungen gewissermaßen nur durch einen bloßen Zufall, durch einen
Arrest von Kaufmannswaaren der Stadt Basel, veranlaßt worden.

Gleichwohl war jene Friedensverhandlung, abgesehen von den
dabei mitspielenden Sonderinteressen der Stadt Basel, für die gesammte
Eidgenossenschaft von mehrfachen, höchst wichtigen, nach Außen und
Innen bleibenden Folgen.

Denn wie der westphälische Frieden die Grundlage des neuern europäischen Staatsrechtes wurde, so gingen auch die Wirkungen, welche derselbe für die schweizerische Eidgenossenschaft in seinem Gefolge hatte, weit, weit über den sech 3 ten Artikel des berühmten Instrumentes von Münster und Osnabrück hinaus.

Diese Wirkungen gingen theils sofort, theils in ihrer spätern staatsrechtlichen Entwicklung als bleibende Thatsachen in die Geschichte unseres Vaterlandes über.

Man darf von ihnen noch mehr behaupten und sagen: Diese Thatsachen haben sich auf dem Boden unserer Föderativ-Republik zu nachfolgenden sechs bleibenden Fundamentalsätzen unseres gemein-vaterländischen Staatsrechtes eigentlich kristallisirt.

Die erste und hauptsächlichste Folge des westphälischen Friedens-schlusses für die schweizerische Eidgenossenschaft war die ausdrückliche, völkerrechtliche Anerkennung der damals bereits seit anderthalb-hundert Jahren faktisch bestandenen, aber noch nirgends diplomatisch beurkundeten Unabhängigkeit vom Deutschen Reichsverbande.

Allerdings war diese Unabhängigkeit der Eidgenossenschaft that-sächlich schon im Frieden von Basel, den der deutsche Kaiser Maxi-milian I. am 22. Herbstmonat 1499 zur Beendigung des Schwaben-krieges mit den Eidgenossen schloß, klar und unzweifelhaft anerkannt worden. Schon in jener Urkunde steht der Bund der Eidgenossen nach keiner Seite mehr in irgend einem Abhängigkeitsverhältniß zu Kaiser und Reich da. Schon damals, beim Abschluß jenes Friedens-vertrages, nimmt die Eidgenossenschaft eine durchaus selbständige, völkerrechtlich souveräne, selbstherrliche Stellung ein.

Als daher der Rath von Basel vor den Friedensverhandlungen von Münster und Osnabrück dem französischen Gesandten, um ihn für die Unterstützung der eidgenössischen Sache und speziell für die mit in Frage kommende Arrest-Angelegenheit der Stadt Basel zu ge-winnen, eine ganze Sammlung alter Privilegien und Freiheitsbriefe zur Einsicht übersandte, schrieb derselbe dem Rathe zurück:

„Eure Freiheit ist rechtmäßig und legitim erworben durch die „Waffen, und zwar der Art, daß Ihr gar nicht mehr nöthig habt, „von alten Privilegien zu sprechen. Ihr habt gegenwärtig Euer „Schwert zu Euerem alleinigen Rechtstitel, der da ist das Gesetz „der Souveräne und der unabhängigen Republiken überall."

Gleichwohl war diese völkerrechtliche, diplomatisch beurkundete Anerkennung der souveränen Unabhängigkeit und Selbständigkeit vom
Deutschen Reiche immerhin noch keine allgemein selbstverstandene,
vollendete Thatsache. Die engzugeknöpften Juristen des hohen Reichskammergerichtes, dieser wunderbaren Garderobe von gelehrten Perrücken,
diese mechanische Werkstätte von Schrauben mit ewigem Gewinde, bei
welchem am Tage seiner Aufhebung im Jahre 1806 noch über 3000
Prozesse und zum Theil vom dreißigjährigen Kriege her, also seit 158
Jahren anhängig waren, wollte sowohl die gesammte Eidgenossenschaft
als die einzelnen Orte derselben noch jahrelang nach dem Abschluß
des westphälischen Friedens als einen intregrirenden Theil seines Juris-
diktionsgebietes betrachtet wissen, bis endlich, wie wir bald hören werden, ein besonderer kaiserlicher Machtspruch mit angedrohter, schwerer
Ordnungsbuße der juristischen Drechslerzunft die Wolkenperrücken zu-
recht setzte.

Trotz aller Proteste und Rechtsverwahrungen gegen seine Zu-
ständigkeit, beharrte das Kammergericht darauf, nicht nur die bereits
anhängigen Prozesse des eidgenössischen Territoriums zu Ende zu
führen, sondern auch neue Rechtshändel jenes Gebietes an sich zu
ziehen. Endlich aber mußte auch das Reichskammergericht auf kom-
petenten Entscheid des Reichsoberhauptes die volle landesherrliche Sou-
veränität und völkerrechtliche Unabhängigkeit sowohl der Eidgenossenschaft im Ganzen als der einzelnen Orte im Besondern anerkennen,
und dieselben mit seinen prozessualischen Vexationen und Raubanfällen
unangefochten lassen.

Eine zweite wichtige Folge des westphälischen Friedens für die
Eidgenossenschaft war nicht blos die gegenseitige Duldung, sondern
auch die prinzipielle Anerkennung der bürgerlichen Gleichberechtigung
der katholischen, lutherisch-protestantischen und evangelisch-reformirten
Glaubensgenossen und die Garantie der Ausübung ihres Kultus. Es
ging dieser Grundsatz dann auch stetsfort in die nachherigen eidgenössischen Landfriedensverträge von 1665 und 1712 über.

Der dreißigjährige Krieg war, wie erzählt, durch Bedrückung der
Protestanten in Böhmen und durch schnöde Aufhebung der ihnen vertragsmäßig zugesicherten Rechte zum Ausbruch gekommen. In demselben waren anfänglich die Reformation und die durch die Jesuiten
organisirte Gegenreformation die beiden kriegführenden Parteien. Der

dreißigjährige Krieg war daher in seinem ursprünglichen Grundcharakter ein Religionskrieg. Nicht der Mars der Heiden, sondern die soge- nannte Christusreligion war mit allen Furien der Barbarei der blutige Kriegsgott von 1618—1648. Der Krieg wurde erst mit dem Er- scheinen Schwedens und Frankreichs auf dem Kampfplatze politisch.

Die Ordnung der Religionsverhältnisse mußte daher zu den ersten Aufgaben der Friedensverhandlungen gezogen werden. Die Lösung dieser Aufgabe war eine der schwierigsten. Es handelte sich nämlich dabei nicht einfach darum, die Verhältnisse der Katholiken und Prote- stanten zu einander zu ordnen. Die gezeichneten Marksteine dieser Verhältnisse waren bald und leicht gefunden. Ungleich schwieriger und zäher war die Bestimmung der Rechtsstellungen der lutherischen Prote- stanten und der evangelischen Reformirten zu einander. Die Marken derselben waren während des Krieges weniger von den Waffen als von den erbitterten Streitsätzen der Theologen über das Abendmahl und die Prädestination oder die Gnadenwahl befehdet. Alle Einigungs- und Vermittlungsversuche blieben fruchtlos. Die theologischen Gegen- sätze und damit auch die konfessionellen Feindseligkeiten zwischen den deutschen Protestanten und den schweizerischen Reformirten, zwischen den Lutheranern und Zwinglianern waren schroffer und heftiger als die vereinigte Opposition beider gegen die Katholiken. Ja, sie traten zuletzt in besondern Bekenntnißschriften einander als gesonderte Religionen gegenüber. Die deutschen Protestanten hatten auf die Augs- burger Konfession, die schweizerischen Reformirten auf die helvetische Konfession geschworen und jede Partei glaubte die alleinseligmachende Religion zu besitzen.

Die frühern Religionsverträge hatten die daherigen Verhältnisse nicht entschieden. Der Passauer=Vertrag von 1552, den der Chur- fürst Moritz von Sachsen dem Kaiser mit dem Schwert in der Hand abgenöthigt hatte, sicherte allerdings den Protestanten die Ausübung ihrer Religion und ihrer bürgerlichen Rechte zu. Ebenso bestätigte der Religionsfriede von Augsburg vom Jahre 1555 den Pas- sauer-Vertrag und garantirte den Bekennern der Augsburgischen Kon- fession freies Bekenntniß ihrer Lehre, freie Ausübung ihres Kultus, den Besitz ihrer Kirchengüter bis zum Passauer-Vertrag, und — auch den Eintritt in's Reichskammergericht.

Diese Verträge reden nun allerdings nicht von Lutheranern, Zwinglianern, Calvinisten, Protestanten, Reformirten, Evangelischen u. s. w., sondern nur von „Augsburgischen Konfessions-Verwandten". Allein es steht historisch fest, daß zur Zeit des dreißigjährigen Krieges die Reformirten nicht zu den Augsburgischen Konfessions-Verwandten gezählt wurden. Sie waren deßhalb auch nicht in jenen allgemeinen Religionsfrieden von 1555 mit eingeschlossen, dessen Artikel 17 aus-drücklich besagte, daß in diesem Frieden nur die beiden Religionen der Katholiken und der Augsburger Konfessions-Verwandten gemeint und alle andern davon gänzlich ausgeschlossen seien.

Gestützt auf diesen Artikel des Augsburger Religionsfriedens, hat dann auch Kaiser Ferdinand II. durch sein Konstitutionsedikt vom 6. März 1629 die Reformirten von den Rechten jenes Friedens förm-lich ausgeschlossen, indem er in jenem Edikte erklärte:

„Daß solcher Religionsfrieden allein die der uralten Catholischen „Religion und dero Unserem geliebten Vorfahren Kayser Carolo V. „Anno 1530 den 25. Juni übergebenen ungeänderten Augsburgi-„schen Confessions-Verwandten angehe und begreife; alle anderen „widrigen Lehren und Sekten aber, wie dieselben auch genannt, „entweder bereits aufgekommen sein, oder noch aufkommen möchten, „als unzulässig davon ausgeschlossen, verbotten, auch nicht ge-„dultet oder gelitten werden sollen." —

Wie groß und fanatisch der Haß der sogenannten Protestanten oder Lutheraner gegen die sogenannten Reformirten, unter denen damals besonders die Calvinisten und Zwinglianer, bezw. die Angehörigen der Helvetischen Konfession verstanden wurden, ist aus folgender That-sache zu ermessen:

Im Anfange des 18. Jahrhunderts verfaßte der bekannte, wenn ich nicht sagen soll, der berühmte lutherische Theolog Philipp Nikolai einen Katechismus, in welchem die Frage: Ob die Calvinisten den Teufel anbeten? bejaht und begründet ist, und der Gott derselben wörtlich mit einem „Brüllochsen" verglichen wird. Aber noch mehr! Wegen dieses erbärmlichen Buches und zur Anerkennung und Beloh-lohnung seines hohen Werthes wurde der Verfasser im Jahre 1708 zum Hauptpastor nach Hamburg berufen, sein Katechismus aber nicht nur vielmals aufgelegt, sondern sogar in verschiedene Sprachen übersetzt.

Gegenüber solchen sog. Religionsordnungen und Religionsansichten muß der Artikel VII des westphälischen Friedens von Osnabrück aller- dings als eine große Errungenschaft und ein wichtiger Fortschritt in der religiösen Toleranz betrachtet werden. Dadurch nämlich wurden die an- geführten Bestimmungen des intoleranten Restitutionsediktes vom Jahre 1629 vollständig aufgehoben, die Reformirten mit den Protestanten auf die gleiche Linie gestellt und die Wohlthaten des allgemeinen Religions- friedens von 1555 fortan auch ihnen ausdrücklich zugesprochen.

Da jedoch der Bekehrungseifer und die Intoleranz der Reformirten und namentlich der Calvinisten bekannt war, so wurde ebenso ausdrück- lich beigefügt, daß die Gleichstellung der Reformirten der von den Prote- stanten vertragsmäßig eingeführten Religionsübung und der Gewissens- freiheit des Einzelnen in allen Theilen unbeschadet und den Reformirten namentlich nicht gestattet sein soll, ihre Konfession Andern gewaltsam aufzudrängen, oder Einkünfte von Kirchen, Schulen und andern Stif- tungen zu ihren Handen zu nehmen. Ueberhaupt war mit der Gleich- stellung der Reformirten zu den beiden andern christlichen Konfessionen die Toleranz auch des westphälischen Friedens erschöpft. Außer der katholischen, protestantischen und reformirten Religion sollte im ganzen heiligen Römischen Reiche keine andere aufgenommen und geduldet werden.

Indessen abgesehen davon, daß, wie bemerkt, das Prinzip der To- leranz und gleichberechtigten Parität aus dem westphälischen Frieden als selbstverstandener Grundsatz auch in die nachherigen Religionsfriedens- verträge der Eidgenossen aufgenommen wurde, war diese Bestimmung des Friedens für die Schweiz noch in anderen Beziehungen von der größten Bedeutung.

Bekanntlich hatte die evangelisch reformirte Konfession ihre Wiege und Geburtsstätte in der Schweiz. Durch ihre rechtliche Gleichstellung im westphälischen Frieden mit den beiden andern christlichen Bekennt- nissen wurde nun das Ansehen und die Autorität sowohl ihrer Lehre an sich, als auch ihrer Stifter und Begründer mächtig gehoben, was nicht wenig zur weitern Aufnahme und Verbreitung der Konfession beitrug.

Sodann wurde in der Schweiz der Grundsatz der Toleranz und Gleichberechtigung des Kultus für die Kirchen von Zürich und Genf, von Basel und Bern ebenfalls zur allgemeinen Anerkennung gebracht, was für den Frieden, die Ruhe und Wohlfahrt des Landes und die weitere Ausgestaltung des religiös-kirchlichen Lebens die wohlthätigsten Folgen hatte.

Endlich war es für die Schweizer beider Konfessionen höchst wichtig, daß sie sich von Religionswegen unbehindert und unbeschwert in allen Staaten des westphälischen Friedens niederlassen und nach ihrem Kultus leben konnten, während sie bisher im Auslande unter andern Glaubens-genossen fast überall großen daherigen Schwierigkeiten, Beschränkungen und selbst Verfolgungen ausgesetzt waren. —

Freilich war mit dem Artikel VII des westphälischen Friedens in der Praxis noch lange nicht Alles geebnet, was bisher in Sachen un-eben war; doch hatte man in vorkommenden Fällen ein positives Recht, welches angerufen werden konnte und, weil von den Mächten garan-tirt, geachtet werden mußte.

Ein dritter, auch für die Schweiz nicht unwichtiger Punkt des westphälischen Friedens war die Aufstellung des sogenannten Normal-jahres. Darüber waren nämlich überall die größten und oft blutigsten Streitigkeiten entstanden, von welcher Zeit an die während des Krieges von den kriegführenden Parteien eroberten geistlichen Güter: Kirchen, Klöster, Stifte, Stiftungen, Bisthümer mit ihren Einkünften und Rechten aus der Hand der frühern Besitzer als rechtsgültig in den Besitz des Siegers übergegangen betrachtet werden sollen.

Viele wollten das Jahr 1618, also den Anfang des Krieges, als Normaljahr festgesetzt wissen. Von anderer Seite wurde dagegen gel-tend gemacht, daß bei dem vielfach wechselnden Glücke der ersten Kriegs-jahre noch von keinem bleibenden Besitze des Eroberten die Rede sein könne.

Es wurde daher nach langen und zähen Verhandlungen, endlich das Jahr 1624 als Normaljahr aufgestellt, nach dessen Besitzstand Alles wieder hergestellt werden mußte. Was also die protestantische Kirche an Gütern, Stiftungen und Einkünften vor dem 1. Jänner 1624 besaß, das sollte ihr laut Art. V, 2 des Friedensvertrages auch fürder verbleiben.

Dadurch nun, daß die Reformirten zu den Augsburgischen Kon-fessions-Verwandten gezählt und den Protestanten rechtlich gleichgestellt waren, wurde auch der reformirten Kirche der Besitzstand gesichert, den sie vor dem 1. Jänner 1624 hatte.

Dies war für die schweizerische Kirche, und zwar einerseits für die zürcherische, baslerische und andere herwärtigen Kirchen, und anderseits für die katholischen Klöster, Stifte und Bisthümer der Schweiz, wie St. Gallen, Einsiedeln, Muri, Wettingen, St. Urban und die Bisthümer Chur und Basel, gar nicht unwichtig. Denn sie besaßen gerade in den Reichsländern ganz bedeutendes Eigenthum und konnten sich daher beiderseits zu dessen Garantie durch den allgemeinen Frieden nur Glück wünschen.

Dennoch war die Festsetzung des Normaljahres der zweite Hauptgrund, warum der Papst seinen Bannstrahl gegen den westphälischen Frieden schleuderte.

Ein vierter Punkt, wodurch der westphälische Friede für die Eidgenossenschaft, und zwar in politischer Beziehung, von hoher Bedeutung wurde, ist die Thatsache, daß jener Friede der Ausgangspunkt der nationalen Vereinigung und politischen Centralisation der eidgenössischen Orte wurde. Zum ersten Male spricht jene diplomatische Urkunde die Idee einer National-Einheit der kantonisirten und verörterten Eidgenossenschaft aus. Zum ersten Male erscheinen daselbst nicht die einzelnen Orte und Kantone besonders namhaft gemacht, sondern die „Uniti Helvetiorum Cantones" als Gesammtstaat.

Bis dahin erschienen in allen Bünden und gemeinsamen Akten der Eidgenossen: Bürgermeister und Rath, Schultheiß und Rath, Landammann und Räthe, Ammann und Rath mit Benamsung jedes einzelnen Ortes. Es war das zeit- und sachgemäß. Das Individuum hatte damals mehr persönliche Geltung, die Familie ihre Vorrechte, jeder Ort oder Kanton seine selbstherrliche, unabhängige Stellung. Der Bund der Eidgenossenschaft war kein Einheitsstaat, sondern ein Föderativstaat, dessen einzelne Bundesglieder nur sehr lose zusammenhingen, oder vielmehr mit Zürich, Bern und Luzern in vorörtlicher Rangstellung an der Spitze, nur historisch an einander gereiht waren, jeder Ort oder Kanton, groß oder klein, mit gleichem Recht, nur gleicher föderativer Bedeutung.

Zur Zeit des westphälischen Friedens war die Schweiz in dreizehn Kantonen abgerundet und abgeschlossen, wie solches bis zur französischen Revolution oder der sog. Helvetik der Fall war. Im westphälischen Frieden erscheint dieser Bund der XIII Kantone dem Auslande gegenüber zum ersten Male als Gesammtstaat, jedoch von ferne nicht als Einheitsstaat, dessen politische Gestaltung erst spätern Jahrhunderten vorbehalten war.

Gleichwohl war es der westphälische Friede, welcher dem Bund der eidgenössischen Orte zum ersten Male als Gesammtstaat, oder, wie die Diplomaten euphemistisch sagen, in das Konzert der europäischen Staaten eingeführt hat. Der Anfang der staatlichen Centralisation, der erste Stein zum Gebäude des heutigen Bundesstaates der schweizerischen Eidgenossenschaft, ist in Artikel VI des westphälischen Friedens zu finden.

Als fünfte, freilich mehr von den Zeitumständen gebotene, als aus der Idee vom Gesammtstaate hervorgegangene Folge des westphälischen Friedens war das damals erwachende Bewußtsein der Nothwendigkeit einer einigen, nationalen Organisation der eidgenössischen Wehrkraft, welchem Bewußtsein man damals in dem sogenannten Defentionale Ausdruck gab.

In dem dreißigjährigen Kriege nämlich war das Gebiet der Eidgenossenschaft da und dort mehrmals bedroht worden. Die Kriegsparteien, bald die Kaiserlichen, bald die Schweden, bald die Franzosen, erlaubten sich nach Belieben im Rheinthal, im Thurgau, in Schaffhausen und sonst größere und geringere Verletzungen unseres Gebietes. Unter dem Feldmarschall Graf von Aldringer und dem Herzog von Feria zog im Jahre 1633 sogar eine kaiserliche Armee von 25,000 Mann mit 40 Geschützen von Rheinfelden her durch das Gebiet und die Stadt Basel Breisach zu.

Bei der Belagerung von Lindau und Konstanz nahmen die Schweden und Franzosen solche Stellungen gegen das Gebiet der Eidgenossen, daß diese sich im Januar 1647 veranlaßt sahen, auf einer Tagsatzung in Wyl ein gemeinschaftliches Vertheidigungssystem, ein sogenanntes Defensionale aufzustellen.

Dasselbe war freilich damals noch eine sehr primitive Organisation des Bundeswehrwesens. Sie hatte lediglich den drohenden Ernstfall im Auge.

Jeder Stand stellte, diesem „Rathschlag" gemäß, zu einem gemeinschaftlichen eidgenössischen Heere nach freien Stücken ein gewisses Kontingent. Es fiel Niemandem ein, die Volkszahl zur Grundlage des Kontingentes zu nehmen; denn jeder Stand war gleichberechtiget.

Das Kopfzahlsystem ist erst im 18. Jahrhundert durch Rousseau's Lehren in Aufnahme gekommen. Bern stellte nur 400 Mann mehr und Luzern nur 200 Mann weniger als Zürich, Basel nur halbsoviel als Uri, Unterwalden oder Glarus. Das ganze eidgenössische Heer sollte aus 12,400 Mann und 50 Geschützen bestehen.

„Von diesen 12,000 Mann soll jede Compagney 200 Mann stark syn, auch jedes Orth ußziehen mit synem Erenzeichen; zemahlen under jedem Hundert bestellt werden 60 Musketiere, 15 Harnisch, 15 bloße lange Spieß und 10 Hellbarten. — Und dieß soll der erste Ußzug sein; und wann er beschicht, soll jedes Orth glych noch zweymal soviel in Bereitschaft halten."

Es wurden der Thurgau, das Rheinthal und Sargans an den nothwendigsten Orten mit Grenzwachten besetzt.

Dazu wurden zwei „Rendezvous" (Sammelplätze) verordnet, eins zu Frauenfeld, eins zu Bischofszell, und uff jedes sollen 6000 Mann gehören. Zu Jedem sollen ferner gewählt werden: zwei Generalproviant-meister, zwei Generalquartiermeister, ein Obersten über das Stuck-geschütz, zwei Generalwagenmeister, zwei Generalprovoß und Guiden-kapitän, vier Generalkommandanten und zu jedem Rendezvous von jedem Orth ein Kriegsrath.

Jedes Orth soll syne Stuck mit aller nothwendigen Munition und Zugehörd ußzurüsten haben; auch nach Proportion Schanzzüg mit-nemmen.

Im Thurgau sollen durch den Landvogt bestellt werden: 200 Puren mit Schuflen, 100 mit Bicklen, 100 mit Achsen und 100 mit Gerteln; item 60 Proviantwagen mit vier Rossen. Im Rheinthal soll der Landvogt 20 Proviantwagen mit vier Rossen bestellen.

An jedem der beiden Orte, wo ein Rendezvous bestimmt ist, soll ein Magazin angelegt werden mit 3000 Mütt Kernen, 1000 Mütt Roggen und 1000 Mütt Haber, zu erheben durch den Landvogt bei den Klöstern, Gerichtsherren, Gemeinden und rychen Puren.

Uff jedes Hundert Mann soll auch jedes Orth drei wohlgerüstete Rüter hergeben; über das werden die löbl. Städte Zürich und Bern ersucht, auch noch wyters etwas Rüterey in Bereitschaft zu halten.

Außerdem werden Wallis und Pündten ersucht, etwas Volk in stündlicher Verfassung zu halten: Wallis 1200 und Pündten 3000 Mann, um zu helfen, das allgemeine Vaterland vor Verderbnus zu erretten.

Ferneres sollen die Städte Baden, Bremgarten und Mellingen ihre Päß selbst versorgen und sich uff wyteren Befelch mit Mannschaft bereit halten. Item soll auch die Grafschaft Baden nebst Verwahrung ihrer Pässe noch 3—400 Mann auf den Füßen haben.

Dieses Defensionale wurde im Jahre 1666, als die französische Armee die Freigrafschaft Burgund, die als altverbündete Provinz von den Eidgenossen schmählich im Stich gelassen worden war, eroberte und Frankreich sich übermüthige, weitgehende Drohungen erlaubte, neuerdings gutgeheißen, erweitert und für die veränderten Verhältnisse angemessen abgeändert.

Wie wenig aber noch die Centralisation bei den eidgenössischen Orten Wurzel gefaßt hatte, ist daraus zu ersehen, daß im Jahre 1677 zuerst Schwyz, dann auch Unterwalden und Uri von dem Defensionale zurücktraten, in welchem die konfessionelle Polemik ein Werk des Teufels erblickte, das ihrer Kantonalsouveränität Gefahr bringe.

Dafür beschlossen die genannten Kantone damals, fürohin einem Mitstande erst dann und nur dann zu Hilfe zu ziehen, wenn derselbe wirklich angegriffen sei. Das Jahr 1798 hat diese uneidgenössische Politik darnach gerade an den Urkantonen schwer gerächt.

Gleichwohl stehen die Thatsachen fest: Der dreißigjährige Krieg hat den eidgenössischen Orten den Gedanken einer einheitlichen, nationalen Organisation des Wehrwesens eingegeben und der westphälische Frieden denselben bei ihnen in bleibender Erinnerung erhalten. Damit hängt aber gleichzeitig der Charakter unserer fernern Kriegsstellung nach Außen zusammen.

Eine sechste Folge des westphälischen Friedens für die Eidgenossen nämlich war, daß von da an die Neutralität der leitende Grundsatz ihrer Parteistellung zwischen den kriegführenden Nachbarmächten wurde und auch blieb bis auf den heutigen Tag.

Schon in den Burgunderkriegen fing man an einzusehen, daß Eroberungskriege sich mit dem Frieden und der Befestigung des Bundes im Innern nicht vertragen. Ihre Gefahren wurden von dem betreffenden Artikel im Stanzer Verkommniß nicht gedeckt. Anderseits haben darnach die Schwabenkriege den Eidgenossen gezeigt, daß ihre siegreichen Waffen fortan dem Schutze ihrer Marken gehören, wogegen sie aus den nachherigen Mailänder Kriegen die blutige Lehre über die Berge zurückbrachten, daß sie sich künftig fremder Händel müßigen sollen.

In früheren Jahrhunderten war das Prinzip der Neutralität bei den Eidgenossen weder bekannt, noch gegenüber ganz andern Verhältnissen zulässig. Das Staatsprinzip einer „ewigen Neutralität" ist in der eidgenössischen Politik neueren Datums.

Eroberungskriege waren in jenen früheren Zeiten für die Bildung, die Erstarkung und den Bestand der Eidgenossenschaft eine Nothwendigkeit. Mit den vielen feindseligen Dynastien im Lande, mit den Kyburgern, Habsburgern, fürstlichen Prälaten und andern Jungern und Maikäfern der Freiheit mußte in den Frühlingstagen der jungen Eidgenossenschaft aufgeräumt, ihre Herrschaften mußten beseitiget, ihre Gebiete mußten zu Handen der entstehenden und ersterbenden Eidgenossenschaft erobert werden.

Der Verlauf des dreißigjährigen Krieges hat die frühere Lehre der Mailänder Kriege überzeugend bestätigt und den Grundsatz der Neutralität zur abschließlichen Geltung gebracht.

Während des Krieges waren die Grenzpunkte des Landes, wie Basel, Schaffhausen und besonders Bünden fortwährenden Belästigungen ausgesetzt. Die wilden Brandungen des furchtbaren Krieges schlugen fortwährend über die Ufer herüber. In ihrem eigensten Interesse suchten zwar die Grenzorte die strengste Neutralität zu beobachten. Allein sie mußten oft der Uebermacht weichen. Im Jahre 1637 beschloß daher die Tagsatzung: es sei die Neutralität des Schweizerbodens streng und gewissenhaft aufrecht zu erhalten und keiner kriegführenden Partei ein Durchpaß zu gestatten.

Dazu hatte die Tagsatzung auch sonst die triftigsten Gründe.

Von der unglaublichen Rohheit und Verwilderung jener Zeiten kann man sich einen Begriff machen, wenn man erfährt, daß die Pommern die Bibelworte: „Und er soll dein Herr sein" buchstäblich und offiziell oder kanonisch übersetzt hatten: „Und hei schull deck pinigen und deck schlaun."

Wenn man erfährt, daß der gelehrte braunschweigische Superintendent Dr. Nikolaus Mädler seine Frau nicht allein öfters des kräftigsten durchprügelte, sondern dieselbe sogar wiederholt mit dem bloßen Degen verfolgte.

Ja, wenn man sogar erfährt, daß der Jurist Frieblieb es als Rechtsgrundsatz statuirte, der Ehemann handle gegen sein Gewissen und begehe eine Todsünde, wenn er seine Frau, zumal wenn sie nicht

pariren will, nicht geziemend und vollgemessen durchprügle. — Ein
seltener Friedlieb! Lucus a non lucendo!

Während Deutschland durch Verwüstung, Verödung, Hungersnoth, Seuchen, Raub, Brand, öffentliche Unsicherheit und sittliche Verwilderung das Bild des tiefsten Elendes darbot, hatte sich die vom
Kriege mehr bedrohte als berührte Schweiz eines verhältnißmäßigen
Wohlstandes zu erfreuen, konnte Verunglückten Hilfe reichen, Vertrie-
benen und Landesflüchtigen gastliche Aufnahme gewähren. Zu wiederholten Malen suchten ganze Schaaren von Flüchtigen hohen und niederen Standes hinter den damals erweiterten Befestigungswerken der
Stadt Basel Habe und Leben in Sicherheit zu bringen. Ein sogenanntes Asylrecht zwar kannte man damals noch nicht, wohl aber die
vom Evangelium gebotene ewige Asylpflicht der Nächstenliebe.

Das waren, in die Hauptbrennpunkte zusammengefaßt, die gün-
stigen Folgen des westphälischen Friedens für die Schweiz. Gegenüber
dem heutigen Stande der Dinge waren sie für die innere politische
Gestaltung und Befestigung der Eidgenossenschaft im Ganzen nur von
einigem, nur theilweis durchschlagendem Belang.

Mit Recht sagt ein schweizerischer Schriftsteller: „Nicht durch die
diplomatischen Federstriche zu Münster und Osnabrück, nicht durch
die Gnade Ferdinands III., nicht durch die Verwendungen der Höfe
von Versailles und Stockholm, nicht durch das Wohlwollen des Herzogs
von Longueville oder des Adler Salvius von Schweden ist die Selbständigkeit der Schweiz zu Stande gekommen. Auf den Schlachtfeldern
von Sempach und Näfels, auf der Malserheide und bei Dornach, da
wurde jene unaustilgbare Bluturkunde geschrieben, die da heißt: Freiheit und Unabhängigkeit von Kaiser und Reich!"

Das 17. Jahrhundert, diese Zeit tiefer Zerspaltung und Zerrissen-
heit hatte nicht mehr das Zeug, so etwas zu Stande zu bringen. Keine
aufopfernde Vaterlandsliebe, kein Gemeinsinn, keine Begeisterung für
höhere Ideale, kein Gefühl für Nationalwürde, kein gemeinvaterländischer
Gedanke regierte und führte Land und Leute. Der heilige Genius des
Vaterlandes hatte sich furchtsam in die braven Herzen weniger Patrioten geflüchtet. Es war die Zeit ungemessener Selbstsucht, schnöder
Käuflichkeit, gemeinen Eigennutzes, unversöhnlichen Familienhasses,
schrankenloser Rachgier, konfessionellen Haders, verketzerungssüchtiger
Orthodoxie, kleinlicher Intriguen um den Zopf des Kantons, des Kirch-

thurms, der Familie und der Person. Es war die Zeit der fürstlichen Jahrgelder, goldenen Fürstenketten und des Menschenhandels
in fremde Kriegsdienste, die Zeit der Pekulate und des Sportelthums,
die Zeit, wo jede freie Regung im Volke als hochverrätherische Ver-
schwörung unter Henkershand oder in ewiger Verbannung endete. Es
war eine jämmerliche, traurige Zeit, in der die heiligsten Interessen
des Landes bald da, bald dort von den an fremde Höfe verkauften
Parteien um feiles Geld verschachert wurden.

Darum folgte denn auch eine Demüthigung nach der anderen:
im Innern ein gefährlicher Bauernkrieg, dann ein erbitterter Religionskrieg; von Außen übermüthiger Hohn und steigende Mißachtung. Die
wenigen, aus den Gewitterwolken leuchtenden Sterne vermochten die
Nacht nicht zu erhellen, die herrlichen Patrioten der helvetischen Gesellschaft vermochten den Sturz des Hauses nicht mehr aufzuhalten.
Das eidgenössische Staatsgebäude war durch und durch morsch und
faul. Darum ist es im Jahre 1798 beim ersten gewaltsamen Stoß
wie ein Kartenhaus zusammengefallen.

Mit der französischen Revolution sind die Artikel des westphälischen
Friedens aus der Diskussion der europäischen Völker und Staaten ge-
fallen. Unter dem Verdikt jenes furchtbaren Weltgerichtes ist der alte
Staat zusammengebrochen. Unter Blitz und Donner haben die Völker
und Staaten Europas in einer fast vierzigjährigen Bluttaufe aus der
Hand der Vorsehung neue Gesetzestafeln empfangen.

Heute denkt Niemand mehr daran, mit Rückgriff auf den westphälischen Frieden den völkerrechtlichen Bestand und die staatliche
Unabhängigkeit der schweizerischen Eidgenossenschaft zu begründen oder
zu bezweifeln.

Warum aber, meine Verehrtesten, habe ich gleichwohl mich unter-
fangen, Sie mit dieser antiquirten Malerei zu unterhalten? —

Es geschah, um uns neuerdings an einer welthistorischen, selbst
mit unsäglichen Strömen von Blut geschriebenen Urkunde die große
Wahrheit zu vergegenwärtigen, daß der ewige Bund der Eidgenossen
seinen Bestand in den Stürmen der Zeiten nicht auf die Artikel alter
Pergamente fundamentiren und sturmfest machen kann.

Dieser unser völkerrechtliche Bestand wird daher nur so lange
dauern, als wir im Kampfe um unser politisches Dasein das ewige
Recht auf unserer Seite haben; den providentiellen Fortschritt in un-

ſerer politiſchen und ſozialen Entwicklung als höchſte Pflicht unſerer
Beſtrebungen anerkennen; die unbefleckte Ehre und ſittliche Würde
eines republikaniſchen Lebens heilig halten; den Glauben an den Gott
der Väter und an uns ſelbſt nicht verlieren; in allen großen Fragen
und ernſten Gefahren des Vaterlandes den Opferſinn des Helden ob
Sempach beurkunden; zu allem dem den Zaun des Landes, der da
iſt eine Achtung gebietende, nationale Wehrkraft, nicht zerfallen laſſen.

Der Gott der Väter ſchirme und erhalte das Vaterland!

Iſtein.
Eine Sage von M. Barack.[*]

Wenn der Rhein bei Baſel ſeine Nordwendung gemacht und
an Hüningen, Haltingen, Eimeldingen und Efringen vorüber
ſich Bahn durch den felſigen Thalgrund gebrochen hat, ſo gelangt er etwa drei Stunden unterhalb Baſel an eine gewaltige, aus
Korallenkalk beſtehende Felsmaſſe, dem weit und breit bekannten und
berühmten „Iſteiner Klotz“. Aus dem ſchäumenden Strome ſteil bis
zu einer Höhe von 110 Meter aufſteigend, bildet der rieſige Felsblock
einen höchſt intereſſanten, maleriſch ſchönen Anblick, während man von
ſeinem Gipfel, den ein Belvedere krönt, eine wahrhaft entzückende
Ausſicht hat: unmittelbar vor uns, zu unſern Füßen, der grünlich
ſchimmernde Rhein mit ſeinen zahlreichen Inſeln und Werdern —
darüber hinaus ſchweift der Blick über die geſegneten Fluren und
weinreichen Vorberge des Sundgaus und des Wasgaus, hoch überragt
von den ſchön geformten Kuppen der Vogeſen — links das ſchöne,
gewerbreiche Baſel mit ſeinen reizenden Umgebungen, über welche ſich

---

[*] Aus dem vortrefflich redigirten „Hebel's Rheinländiſchen Hausfreund“ pro
1891. Tauberbiſchofsheim, J. Lang.

als Hintergrund die gewaltigen Schneeriesen des Berner Oberlandes
erheben — rechts, dem Laufe des Stromes folgend, die blühenden Dörfer
des badischen und elsässischen Rheinthals bis in die Gegenden von Alt-
und Neu-Breisach mit dem Kaiserstuhlgebirge — in unserem Rücken
endlich die Rebgelände des „Markgräflerlandes", überragt von den
dunkeln, tannenbewachsenen Häuptern des Schwarzwaldes.

Auf der Spitze des Felsens selbst, nur wenige Schritte vom Belvedere entfernt, befinden sich noch die spärlichen Ueberreste einer alten
Ritterburg, des einstigen Sitzes des längst ausgestorbenen Geschlechtes
der Edlen von Istein. Ein romantischer Fußpfad führt an einer versteckt
in einer Bucht gelegenen Mühle — der Felsenmühle — und an verschiedenen, in die blendendweiße Felswand eingehauenen, mit Heiligen-
bildern geschmückten Nischen vorüber zu der gleichfalls in den Fels eingehauenen kleinen Wallfahrtskirche, der St. Veitskapelle, und endlich
über eine schmale Brücke aufwärts zu den Schloßtrümmern, an welche
— wie an den Isteiner Klotz selbst — sich mancherlei Sagen knüpfen.

Eine der schönsten hat schon unser leider zu früh geschiedener
Scheffel seiner Erzählung „Hugideo" zu Grunde gelegt. Eine andere,
nicht minder schöne, die sicher eines historischen Untergrundes nicht ent-
behrt, lebt gleichfalls im Volksmund der dortigen Gegend fort. Sie
bildet den Gegenstand unserer nachfolgenden Erzählung.

Ju der zweiten Hälfte des eilften Jahrhunderts lebte als Eigenthümer der stattlichen, auf dem „Klotz" erbauten Burg Herr Werner
von Istein, ein tapferer Ritter, der nach vielen Kriegszügen und Kämpfen,
welche er im Heergefolge seines Kaisers Heinrich „des Schwarzen" wider
die Böhmen und Ungarn mitgemacht, — ungern zwar, aber der Nothwendigkeit folgend — daselbst der Ruhe pflegte. In der Schlacht bei
Raab hatte er nämlich von einem heimtückischen Ungarn, der ihm im
Kampfe das Pferd unterlaufen und durch einen Streich in die Fesseln
zu Boden gestürzt hatte, eine so schwere Wunde am rechten Oberarm
erhalten, daß er nur durch Abnahme dieses für Krieg und Kämpfe
so nothwendigen Gliedes hatte am Leben erhalten werden können. Dadurch zu einem fortan „friedlichen Leben" gezwungen, saß der wackere
alte Kämpe auf seiner Stammburg als einer der reichsten Edlen des
Breisgaues und gab sich der einzigen Thätigkeit, die er auszuüben

noch im Stande war, mit Eifer, Liebe und Lust hin — dem Trinken
des trefflichen Weines nämlich, den er selbst auf seinem herrlichen
Grundbesitz baute. Sonst trieb er weiter nicht eben viel, besonders
seit seine edle, fromme Gemahlin, eine Tochter des benachbarten Grafen
Dietrich von Rötteln, von seiner Seite genommen war, denn der
Wein als Sorgenbrecher verhinderte ihn, sich trüben oder schweren
Gedanken hinzugeben, die ihn hin und wieder wegen der Umstände,
die den Tod seiner treuen Lebensgefährtin veranlaßt hatten, beschleichen
wollten.

Fünfzehn Jahre schon hatte er mit Frau Hedwig in der Ehe
gelebt, ohne daß ihm der ersehnte Sohn und Erbe geboren worden
wäre. Die edle Frau schien unfruchtbar, wiewohl sie der Mutter Gottes
in der benachbarten St. Veitskapelle persönlich ein „gülden“ Gewand ge-
stickt und seit Jahren täglich um Erfüllung dieses heißesten Wunsches
ihres Gemahls gebetet hatte. Da hatte denn endlich Herr Werner,
der sich gerade nicht durch übermäßige Frömmigkeit auszeichnete, im
Unmuth über die Vergeblichkeit des Betens und Bittens seiner Frau den
sündhaften Ausruf gethan: „Nun denn, wenn der Sohn nicht kommen
will in Gottes Namen, so mag er sich einfinden in's Teufels Namen!“
— Und der frevelhafte Wunsch des Freiherrn ging in Erfüllung.
Kaum ein Jahr später beschenkte Frau Hedwig ihren Gemahl mit dem
heißersehnten Sohne, aber — um den Preis ihres Lebens. Seither
schien es, als ob der Freiherr von Gewissensbissen gequält würde, die
er mittelst Trinkens zu verscheuchen suchte. Um seinen Sohn und
dessen Erziehung kümmerte er sich so gut wie gar nicht. „Der Teufelsbube“ — so nannte er ihn gewöhnlich selbst, wenn er in der Trunken-
heit auf das mit dessen Geburt verbundene Geheimniß anspielte —
war aber auch darnach. Wie sein berühmt gewordener Kollege „von
Teufels Gnaden“ Herzog Robert von der Normandie mit dem Bei-
namen „der Teufel“, war er mit dichtem schwarzem Haupthaar und
mit sämmtlichen Zähnen auf die Welt gekommen, mit welchen er seine
Amme biß, daß sie vor Schmerz laut aufschrie und nur mit Mühe
dazu vermocht werden konnte, ihm fernerhin noch die Brust zu reichen.
Auch ungewöhnlich groß und schwer war der Knabe, sonst aber schön
und wohlgestaltet, obgleich das Gesinde behauptete, die beiden stark
entwickelten Wölbungen am oberen Theil des Stirnbeins seien nichts
Anderes als Wurzelstöcke für die ohne Zweifel später nachwachsenden

„Teufelshörner". Diese Ansicht war allgemein verbreitet, und obwohl sich in den nächstfolgenden Jahren das erwartete Gehörn nicht nur nicht entwickelte, sondern die Stirne des kleinen Junkers Veit — welchen Namen er in der Taufe erhalten hatte — immer mehr eine unatürliche Ebenmäßigkeit annahm, so schrieb man dies allein der segens-vollen Kraft der heiligen Handlung der Taufe zu und glaubte nach wie vor an die zweifellose Teufelsnatur des Knaben. Und wirklich schienen in dieser letzteren Beziehung die Leute nicht unrecht zu haben, denn der Charakter des armen Veit, dem niemals irgendwelches liebende Entgegenkommen gezeigt wurde, entwickelte sich in den allerschlimmsten Richtungen. Da er der Liebe entbehrte, so fühlte auch er nur Haß in seinem Herzen gegen alle die Menschen, die bei seinem Anblick sich bekreuzten und ihm in's Gesicht sagten, er sei ein Höllensohn. Es bereitete ihm eine förmliche Lust, die ihm angeborene Teufelsnatur — an die er schließlich selbst glaubte — in jeder Weise zu entfalten und den Menschen thatsächlichen Grund zu der ihm gegenüber beobachteten Lieblosigkeit zu geben. Wo er es nur immer vermochte, spielte er dem Gesinde und den Dienstmannen seines Vaters schlimme Streiche. Er verdarb ihnen irgend ein Geräthe, schlug in der Küche Tiegel und Töpfe entzwei oder warf ihnen Sand und anderen Unrath in die Suppe, goß Essig in ihren Wein, zerschnitt ihnen Wäsche und Kleidungsstücke, kurz: er suchte nach Kräften sich an Jenen zu rächen, die ihm in Wort oder That etwas Böses zugefügt hatten. Dies wurde jeweils als Be-weis angesehen, daß Veit in Wahrheit ein Teufelsbube sei, und Nie-mand bedachte dabei, daß jedes Kind eben dringend der Liebe seiner Umgebung bedarf und, wo sie ihm versagt wird, instinktiverweise haßt und diesem Haß in der ihm allein möglichen „kindlichen" Weise Aus-druck gibt. Kein Mensch auf Burg Iftein dachte daran, daß die gegen alle Welt gezeigte Bosheit und Rachsucht des Knaben von ihr selbst ver-schuldet war und daß mit nur einem Fünkchen von entgegengebrachter Liebe das Herz Veit's für das gleiche Gefühl hätte erschlossen werden können.

Daß diese Möglichkeit vorhanden war, geht daraus hervor, daß, während Alles unter des Junkers Bosheit zu leiden hatte, zwei Ge-schöpfe allein vollständig hiervon ausgenommen waren: „Brumm", seines Vaters riesige Hatzrüde und Martha, die Tochter der unterhalb der Burg — an der Stelle, wo jetzt die Felsenmühle steht — in einer

elenden Hütte wohnenden sogenannten „Mausgret". Ihnen that Veit
niemals etwas zu Leide, denn der sonst so bösartige Hund war sein
einziger Freund, sein unzertrennlicher Gefährte, der ihm auf Schritt
und Tritt folgte, und Martha war ihm eine gewissermaßen verwandte
Natur, zu der er sich unwillkürlich hingezogen fühlte. Das etwa zwei
Jahre jüngere Mädchen war nämlich gleich ihm selbst von aller Welt
gehaßt, denn gleich ihrer Mutter, die ihnen Uebernamen wegen fort=
gesetzten Stehlens — im Volksmunde „Mausens" genannt — erhalten
hatte, galt auch Martha für diebisch, bösartig und falsch und wurde
darum, wo sie sich blicken ließ, geschlagen und mißhandelt. Aus diesem
Grunde aber war sie dem Junker sympathisch und stets, wenn er es
vermochte, gewährte er unter Brumm's Beihilfe ihr Schutz und Hilfe.
Dafür hing die arme, verwahrloste, übrigens hübsche Martha mit
ganzem Herzen an ihrem Beschützer und gleich Brumm war sie daher
stets dessen unzertrennliche Gefährtin.

Der Schloßherr kümmerte sich um dies Thun und Treiben seines
Sohnes, wie schon gesagt, in keiner Weise, obgleich sein alter Burg=
kaplan, Pater Dietrich Moßbrugger, wiederholt den Versuch gemacht
hatte, den Vater zu einer geregelten Erziehung Veit's zu veranlassen.
Er predigte in dieser, wie auch in mancher andern, das Leben Herrn
Werner's selbst betreffenden Beziehung vollständig tauben Ohren. Der
Ritter war durch sein unmäßiges Trinken schon zu sehr herunterge=
kommen, als daß er für den „Teufelsbuben", den er im Herzen als
Sohn niemals anerkannt hatte, irgendwelches Interesse gehabt hätte.
Da wollte es der wackere Geistliche auf eigene Faust unternehmen, den
Geist und vor Allem das Herz des Knaben durch systematischen Unter=
richt zu bilden und für die Lehren des Christenthums empfänglich zu
machen. Aber Stubensitzen und Lernen waren nicht nach dem Ge=
schmack des an völlige Freiheit gewöhnten Knaben. Schon nach der
ersten Lehrstunde wartete der Kaplan vergeblich auf seinen Schüler,
und als er ihn mit Gewalt auf seine Stube verbringen wollte, setzte
sich Veit zur Wehr und hetzte Brumm auf den alten Mann. Nur
durch die rechtzeitige Intervention Martha's, welcher der Riesenhund
ebenfalls auf's Wort gehorchte, wurde der Kaplan vor der Gefahr, zer=
fleischt zu werden, gerettet. Seither verzichtete Pater Dietrich auf
jeden ferneren Versuch, den Junker zu erziehen und zu bilden. Die
Zähne Brumm's hatten ihm die Lust hierzu gründlich verdorben und

„einem Teufel" konnte man wohl zu Leibe gehen, ihn aber zum Chriſtenthum bekehren zu wollen, war — wie der Kaplan jetzt nur allzu klar
einſah — unmöglich und geradezu ſündhaft.

Solcherweiſe wuchs der Junker mehr und mehr heran ohne jeg-
liche Bildung. Deſto mehr entwickelte ſich ſein Körper, beſonders ſeit
Marx Weber, ſeines Vaters alter Rüſtmeiſter, welcher allein von allen
Bewohnern der Burg Iſtein nicht an den in dem Junker ſteckenden
Teufel glaubte, ihn im Gebrauch der Waffen, im Reiten und Jagen
unterrichtete. Dieſe ſteten Uebungen, welchen ſich Veit mit wahrer
Leidenſchaft hingab, wirkten wahre Wunder an ſeinem Leibe. Mit
fünfzehn Jahren bereits überragte er ſeine Altersgenoſſen um Hauptes-
länge, war ein Hüne an Kraft und zugleich von einer Gewandtheit,
die geradezu unbegreiflich erſchien. Er ſchleuderte ſeinen Jagdſpieß
mit tödtlicher Sicherheit nach ſeinem Ziele, dreißig Schritte weiter als
ſein Lehrmeiſter, bändigte das wildeſte Roß und überſprang Hecken,
mannshohe Zäune und klafterbreite Gräben mit Leichtigkeit. Mit
Hirſchen und Rehen lief er um die Wette, Haſen und Füchſe über-
holte er ſogar. Die größte Freude aber gewährte es ihm, wenn er
des Abends, mit Jagdbeute beladen, heimkehrte und einen feiſten Bock
in die Hütte der Mausgret tragen und Martha als Geſchenk übergeben konnte, denn an der Freundſchaft mit ihr hielt er auch jetzt noch
feſt, obwohl der ehrliche Marx Alles that, um ihn von dem „unpaſſenden" Umgang mit der Tochter einer Diebin abzubringen. Der
Junker folgte eben hierin wie in Allem ſeinen Neigungen und Gefühlen: für den Begriff des „Unpaſſenden" hatte er keinerlei Sinn
und Verſtändniß.

So wurde der Junker zwanzig Jahre alt. Da trat ein Ereigniß
ein, das eine merkwürdige Veränderung der beſtehenden Verhältniſſe
verurſachte. Die Mausgret ſtarb und auf dem Todtenbette legte ſie
dem Vater Dietrich ein Geſtändniß ab, daß Martha, welche allgemein
als ihre Tochter gegolten hatte, nicht ihr Kind, ſondern das des Edlen
von Svoned auf der gleichnamigen, unweit Sasbach am Kaiſerſtuhl
gelegenen Burg ſei. Der Ritter hatte ſie einmal für einen verübten
Diebſtahl peitſchen laſſen; dafür rächte ſich die Geſchlagene an ihm, indem ſie deſſen unter Aufſicht einer falſchen Wärterin im Burghof
ſpielendes einziges Töchterlein raubte. Ihre Rache wollte, das
dreijährige Kind ſei in den ſorgfältig behüteten Hallen gebildeten und er-

trunken, denn man fand am Ufer einen seiner kleinen Schuhe. Die Eltern waren in Verzweiflung, um so mehr, da alle ihre Bemühungen, wenigstens die Leiche ihres kleinen Lieblings im Strome aufzufinden, erfolglos blieben. Da plötzlich, nach fünfzehn langen Grameßjahren, wurde ihnen vom Pater Dietrich die unverhoffte Nachricht, daß ihr Kind lebe, kaum zwölf Stunden von ihnen entfernt, in den ärmlichsten Verhältnissen in einer elenden Hütte als die vermeintliche Tochter derer, welche sie ihnen geraubt. Die vollgiltigsten Beweise für die Untrüglichkeit der Mittheilung waren — nach Erklärung des Kaplans — in dessen Besitz. Schleunigst machten sich darum die von freudiger Hoffnung erfüllten Eltern unmittelbar nach Empfang der Nachricht auf den Weg, und nach einem scharfen Ritte — man reiste ja damals fast nur zu Pferde — gelangten sie am Abend des gleichen Tages nach Burg Jstein, wo sie gemäß der zu jenen Zeiten eifrigst gepflegten Gastfreundschaft die freundlichste Aufnahme fanden. Der Schloßherr selbst freilich war nicht sichtbar; er war, wie gewöhnlich in den Abend= stunden, sinnlos betrunken. An seiner Statt empfing Pater Dietrich die Gäste, machte sie mit dem Bekenntniß der verstorbenen Bettlerin bekannt und legte ihnen die Beweisstücke   den vollständigen, wohl= erhaltenen Anzug vor, welchen Martha oder vielmehr Gertrud — denn dies war ihr richtiger Name — bei ihrem Verschwinden getragen hatte. Am andern Morgen aber — das Mädchen war Abends nicht zu finden gewesen — führte er den Eltern die so lange entbehrte, in= zwischen zur Jungfrau herangeblühte Tochter zu. Sie hatte trotz der schlechten Kleidung, welche ihren Körper bedeckte, etwas Vornehmes in ihrer Erscheinung und Haltung und zeigte, wenngleich keine ausge= sprochen schönen, doch immerhin angenehme Gesichtszüge, welche eine unverkennbare Aehnlichkeit mit des Sponecker's Gemahlin hatten. Mit zitternden Händen schlug diese ihr das wirre Haar an der rechten Schläfengegend etwas zurück und — mit dem Ausrufe: „Mein Kind, meine Gertrud!" sank sie dem Mädchen an die Brust. Sie hatte unter dem Haar verborgen ein kleines Mal von schwarzer Farbe, einem flie= genden Vogel nicht unähnlich, entdeckt und dadurch die Gewißheit er= halten, daß sie in Wahrheit ihr Kind in den Armen halte.

Martha oder Gertrud   wie wir sie von jetzt ab nennen wollen — war wie betäubt. Pater Dietrich hatte ihr keinerlei Mittheilung von dem Bekenntnisse des unseligen Weibes gemacht, welches sie bisher als ihre Mutter betrachtet hatte. Er hatte dies absichtlich unterlassen, um sie in völliger Unbefangenheit zu belassen für den Fall, daß der Ritter und seine Gemahlin sie als Tochter nicht anerkennen würden. Gertrud war daher gänzlich unvorbereitet auf den ihr bevorstehenden Wechsel ihrer Standesverhältnisse und ebenso auf den Ausbruch einer ihr durchaus ungewohnten Zärtlichkeit, welche sich jetzt von Seiten ihrer hochbeglückten Eltern über sie ergoß. Als ob sie träume, so ließ sie Alles mit sich geschehen. Sie ließ sich das wirre Haar ordnen, salben und in Flechten legen und sodann sich prächtige Gewänder anlegen, wie sie die Edeldamen trugen, ohne eine Miene zu verziehen. Als man ihr aber mittheilte, daß sie nunmehr ihre Hütte verlassen und mit ihren Eltern hinwegziehen solle, um fortan mit ihnen auf Schloß Sponeck zu wohnen, da geberdete sie sich wie toll, schrie und weinte und verlangte endlich, man solle wenigstens mit der Abreise warten, bis Junker Veit von seinem Ausritte heimgekehrt sei, denn von ihm wolle sie Abschied nehmen. Zufällig ritt in diesem Augenblicke der Junker, welcher noch keine Ahnung von den auf der Burg stattgehabten Vorgängen hatte, in den Burghof ein, und kaum vernahm Gertrud die ihr wohlbekannten Hufschläge seines Rosses, als sie mit freudestrahlendem Antlitz zum Fenster eilte, es hastig öffnete und hinabrief: „Veit — Veit, komm geschwind und hilf mir!"

Der Junker blickte auf und gewahrte erstaunt die schöne, reichgeschmückte junge Dame am Fenster. Aber es war Martha's Stimme, die gerufen hatte, und ohne eine Sekunde Zeit zu verlieren, eilte er daher hinauf in das Gemach, wo sie weilen mußte. Mit einem Freudenrufe flog Gertrud, als er mit zorngeröthetem Antlitz unter der Thüre erschien, ihm entgegen, umschlang ihn mit ihren Armen und rief mit vor Angst bebender Stimme: „Veit, rette mich — man will mich von Dir trennen!"

Veit antwortete ihr nicht sofort. Mit weit aufgerissenen Augen blickte er nieder auf das so seltsam verwandelte, ängstlich zu ihm aufschauende Mädchen, das seiner im Herzen unbewußt schon lange gehegten Liebe soeben so beredten Ausdruck gegeben hatte. Es war offenbar seine Freundin und Gespielin Martha, die in seinen Armen, an seiner Brust lag — aber wie in aller Welt war es zugegangen, daß die Tochter der Mausgret plötzlich so schön, so liebreizend und — eine Edeldame geworden war?

Diese unausgesprochenen Fragen ließen sich in seinen erstaunten
Mienen erkennen. Pater Dietrich beeilte sich daher, ihm das Räthsel
zu lösen, indem er ihm mit kurzen Worten den einst von der Mausgret an den Sponeckern verübten Raub und das heutige Wiederfinden
der lange entbehrten Tochter durch die Eltern schilderte. „Die Gnade
Gottes" — schloß der Pater seinen Bericht — „hat es heute wunderbar
gefügt, daß das Mädchen, welches so lange Zeit in Armuth und Niedrig-
keit unter uns gelebt hat, nunmehr seinen edlen Eltern zurückgegeben
wird, um fortan in Hoheit und Reichthum zu leben. Darum, Junker,
widersetzt Euch nicht dem Willen Gottes und gönnt Eurer Jugendgespielin das Glück, das sie in der Wiedervereinigung mit ihren Eltern
erwartet!"

Da, noch ehe Veit antworten konnte, richtete Gertrud sich auf
und rief wild, mit zorniger Geberde: „Ich will dies Glück nicht, will
bleiben, was ich war, hier bei Veit   ein anderes Glück begehre
ich nicht!"

„Recht so!" rief jetzt der Junker, indem er, wie zum Zeichen,
daß Gertrud unter seinem Schutze stehe, seinen Arm um ihre Schultern
legte. „Nie — niemals wollen wir uns trennen!"

Aber der Sponecker lächelte. „Das sollt Ihr auch nicht!" sprach
er ruhig. „Nur kurze Zeit wohnen soll meine Tochter in dem Schlosse
ihrer Ahnen, unter den Augen der liebevollsten Mutter, damit sie
würdig sei des edlen Namens, den sie trägt. Dort Junker, mögt Ihr
sie besuchen, so oft und so lange es Euch gefällt — —"

„Und von dort" — ergänzte die Edelfrau ihres Gatten Gedanken
— „mögt Ihr dereinst sie wieder holen, damit sie bei Euch bleibe ihr
Leben lang als Euer Weib, Eure treue Hausfrau!"

Als ob Gertrud vom Baume der Erkenntniß genascht und jetzt
erst ihre wahren Gefühle für Veit erkannt habe, so richtete sie bei
diesen Worten ihre großen, verwunderten Augen auf die Edelfrau.
Zugleich aber war es ihr, als ob eine um ihr Herz gelagerte Eisrinde
schmelze; sie begann zu ahnen, daß diese Frau, welche in so selbstloser
Weise ihr Glück begründen wollte, sie lieben müsse wie Niemand auf
der Welt. Ein Gefühl inniger Dankbarkeit, wahrer Kindesliebe, überkam
sie und faßte mächtig Wurzel in ihrem jungen Herzen. In einen einzigen Ruf drängte sie Alles zusammen, was sie in diesem Augenblick

fühlte, in den jubelnden Ruf „Mutter!", mit welchem sie sich in die geöffneten Arme der glückselig lächelnden Edelfrau stürzte.

Der Junker aber lachte laut auf bei dem ihm gemachten Vorschlage. Nie noch in seinem Leben hatte er bedacht, daß er jemals in die Lage kommen werde, ein Weib zu freien. Aber zu mißfallen schien ihm der Gedanke, daß seine Jugendfreundin sein Weib werden solle, keineswegs. „Mein Weib — meine Hausfrau?" rief er mit glänzenden Augen, „Du Martha?! Wolltest Du dies denn — wolltest Du wirklich mein Weib sein?"

Jetzt schaute Gertrud strahlenden Antlitzes zu ihm auf und abermals in seine Arme eilend, rief sie entschlossen: „Ja — ich will Dein sein, Dein glückliches, liebendes Weib will ich sein, für immer und allezeit!"

Da hob der Junker mit seinen riesenstarken Armen sie leicht wie eine Feder empor, küßte sie und rief: „Wohlan, so sei es gleich! Nichts von Abreise, Nichts von Trennung — heute noch werde mein Weib!"

Aber ernsten Tones sprach der alte Ritter: „Gemach — gemach! Die Tochter des Sponeckers wird nur aus dem Hause des Sponeckers, aus seinem freien, stolzen Edelsitze abgeholt, um im feierlichen Brautzuge ausgestattet mit reicher Mitgift, ihrem künftigen Gemahl zu folgen. So will es die Sitte und also ziemt es sich für die edle Tochter eines edlen Geschlechtes. Darum soll Gertrud heute noch mit uns aufbrechen und einziehen in die Hallen meiner Burg, aber, Junker von Istein, — ich gestatte Euch, morgen oder wann Ihr wollt, bei mir um ihre Hand zu werben: meiner Zusage möget versichert sein!"

Weit schien einen Augenblick nachzudenken; der feierliche Ernst, mit welchem der hochangesehene, alte Ritter sprach, verfehlte nicht, Eindruck auf ihn zu machen und seine feurige Ungeduld zu zügeln. „Gut denn," sprach er, „so reiset denn, wenn's Euer Wunsch ist und die Sitte es heischt — ich will mich nicht widersetzen. Aber morgen, Ritter, erwartet mich, um meine Werbung entgegenzunehmen, und übermorgen — ja übermorgen schon soll die Hochzeit sein!"

Da lachte der Ritter wie auch seine Gemahlin vergnüglich auf und die Letztere sprach munter: „So schnell wird sich's wohl nicht machen lassen, Junker. Ihr habt wohl noch nie gehört, was Alles zur Aussteuer eines Edelfräuleins gehört? Bedenket nur die hiefür

nothwendigen Kisten und Kasten voll Linnen, dann die Gewänder aus
Wolle und Seide, das Rauchwerk von Bären-, Zobel- und Edelmarder-
pelz, sowie die zahllosen anderen Siebensachen für Haus und Küche!
Das Alles muß erst gewoben, gewirkt und beschafft werden. Darum
zügelt nur Euere Ungeduld, denn wenn ich mit Gertrud und den
Mägden auch halbe Tage lang im „Gaden"* sitze und schaffe — vor
zwei Jahren wird unsere Arbeit schwerlich beendet sein können. — Nun,
nun — beruhigt Euch, Junker," fügte sie jedoch, als sie Veit's be-
stürzte Miene erblickte, lachend bei, „wir wollen sehen, was sich thun
läßt, die Frist zu kürzen; wir müssen eben recht fleißig sein, ganze
Tage und selbst Nächte hindurch arbeiten, dann wird's vielleicht reichen,
daß Ihr — in einem Jährlein schon Gertrud als Euere Hausfrau
heimführt!"

Mit diesen Worten reichte sie dem Junker die Hand zum Abschied
und schritt mit der nunmehr willig folgenden Gertrud hinter ihrem
Gatten her zum Burghof hinab, wo die Rosse zur Heimreise bereit
standen. Für Gertrud, die des Reitens völlig ungewohnt war, hatte
man eine Sänfte besorgt. Sie nahm Platz in derselben, alle Uebrigen
schwangen sich in die Sättel und, geführt von dem Junker, der sich
nicht wehren ließ, seiner Jugendgespielin und „künftigen Hausfrau"
das Geleite zu geben, ging es der Heimath zu. Erst jenseits Rheinweiler** trennte er sich von Gertrud und den Eltern mit dem wiederholten Versprechen, andern Tags sich auf ihrer Burg einzufinden, um
feierlich und förmlich um die Hand „des Edelfräuleins Gertrud von
Sponeck" zu werben.

„Der Mensch denkt und Gott lenkt": Es war dem Junker nicht
möglich, seinem Vorhaben gemäß andern Tags nach Sponeck zu reiten,
denn in der Nacht, plötzlich und unvorhergesehen, war sein Vater, der
alte Ritter von Istein, „sanft und selig," d. h. im Rausche, an einem
Schlagfluß verstorben. Der Junker war zwar nicht allzusehr betrübt
über den Verlust dieses Vaters, der sich nie um ihn bekümmert und
den er selbst kaum gekannt hatte, immerhin aber konnte er — wie Vater

---

* Diesen Namen trug das im „Frauenhaus" gelegene, für die Besorgung der
weiblichen Arbeiten bestimmte Gemach.

** Das badische Dorf Rheinweiler wird schon in Urkunden des eilften Jahrhunderts genannt.

Dietrich ihn mit einiger Mühe überzeugte — am Todestage deſſelben keine „Brautfahrt" unternehmen, umſomehr, da ihm ja als nunmehrigen Erben und Beſitzer der Burg Iſtein die Pflicht oblag, die zahlreich zur Leichenfeier ſich einfindenden Gäſte, die benachbarten, zu ſeiner Verwandtſchaft oder Freundſchaft zählenden Ritter und Edlen der Umgegend zu begrüßen. Dieſer Pflicht durfte er ſich unter keinen Umſtänden entziehen und wohl oder übel mußte er darum auf ſeinen Plan, nach Sponeck zu reiten, verzichten und ſtatt deſſen einen Boten mit der Anzeige des Trauerfalles und der hierdurch verurſachten Verzögerung ſeines Kommens dahin ſenden.

Schon am Tage nach dem Ableben des alten Ritters fanden ſich einzelne Ritter der nächſten Umgebung aus dem Elſaß, den Südvogeſen und dem Breisgau, zum Theil mit Weib und Kind, zur Leichenfeier auf der Burg ein, denn die Iſteiner waren ein hochangeſehenes Geſchlecht und mit den meiſten Adelsfamilien der ſüdlichen Lande verwandt oder verſchwägert und eine Leichenfeier mit den damit verbundenen kirchlichen Ceremonien und dem Leichenſchmauſe zu verſäumen, galt in jener Zeit als eine gröbliche Verletzung der geſellſchaftlichen und verwandtſchaftlichen Pflichten. Darum machte ſich auch der im Jura reich begüterte Graf Oswald von Thierſtein unmittelbar nach Empfang der Trauernachricht mit Gattin und Tochter auf den Weg nach Iſtein, denn er war als Gatte einer Schweſter des Verſtorbenen deſſen nächſter Verwandter und ſomit zur Kundgebung ſeines Beileids verpflichtet. Vielleicht auch mochte ihn die Ausſicht auf die ganze oder theilweiſe Erbſchaft der Hinterlaſſenſchaft ſeines Schwagers hierzu bewogen haben, denn wie aller Welt war auch ihm nicht unbekannt, daß der Iſteiner ſeinem einzigen Sohn im Leben ſtets gram geweſen, ja ſogar, daß er denſelben als ſolchen niemals habe anerkennen wollen. Unmöglich wäre es darum, ſeiner Anſicht nach, nicht geweſen, daß Veit durch ein vorhandenes Teſtament von der Erbſchaft ausgeſchloſſen und dieſe ihm ſelbſt, als dem Nächſtberechtigten, zugewieſen würde. Genug, der Graf traf am dritten Tage mit den Seinigen auf Iſtein ein und — dieſer Beſuch war für den Junker ein beſonders verhängnißvoller und ſollte auch bezüglich ſeiner Beziehungen zu Gertrud von den ſchwerſten Folgen ſein.

Bisher hatte Veit noch keinen Begriff von hoher weiblicher Schönheit gehabt. Von allen Mädchen, die er bis jetzt geſehen hatte, war

Gertrud weitaus die Schönste gewesen, aber sie war — wie bereits
erwähnt — durchaus keine Schönheit. Nun aber mit einem Male saß
er in seiner Base, der jungen Gräfin Itha von Thierstein, ein Mädchen
von so wunderbarer Schönheit vor sich, daß er nahe daran war, sie
für ein überirdisches Wesen zu halten. Von Stunde an war er wie
verwandelt. War es all' die Zeit her seine höchste Lust gewesen, in
Wald und Feld dem Wilde nachzuspüren und mit Speer oder Bolzen
zu erlegen, so hatte er jetzt — d. h. während des Aufenthaltes der
Thiersteiner auf dem Stein vor und nach der Leichenfeier — weder
Sinn noch Gedanken für die Jagd. Nur dem Fräulein spürte er nach,
keinen Fuß konnte sie vor ihre neben dem Palas* im Frauenhaus gelegene Kemenate setzen, ohne daß Veit sich ihr zugesellt hätte. Früh-
morgens schon, wenn sie hinabschritt in den großen Burghof, um sich
in den dort angelegten Rasen- und Blumenbeeten zu ergehen oder auf
der Bank unter der großen Linde Platz zu nehmen, fand auch alsbald
der Junker sich ein, um ihr Gesellschaft zu leisten; wenn sie einen
Gang über den Zwinger und vor die Zingeln machen wollte, so war
sofort auch er hierzu bereit; hatte sie Lust zu einem Ausritt in die
Umgebung oder zu einer Kahnfahrt auf dem Rheine, so war er wiederum
an ihrer Seite, um sie auf seinem Hengste zu geleiten oder ihr Schiff-
lein mit mächtigen Ruderschlägen durch die wogenden Fluthen des

---

* Die Ritterburgen der damaligen Zeit waren so gebaut, daß eine Ringmauer,
„die Zingeln" genannt, sämmtliche Bauten umschloß. In dieser befand sich das
„Außenthor", durch dasselbe gelangte man zunächst in den „Zwinger" oder „Zwingel-
hof", wo sich die Stallungen und Oekonomiegebäude befanden. Hinter dem Zwinger
umgab sodann gewöhnlich ein Graben mit einer zweiten hohen Mauer, die „Wehr"
oder die „Letze" genannt, die eigentliche Burg, zu welcher man nur mittelst einer
Zugbrücke durch die mit einem Fallgatter verschließbare „Einlaßpforte" gelangen
konnte. Hinter dieser Mauer und Pforte öffnete sich ein weiter Platz, der „Burghof",
auch „Ehrenhof" geheißen, mit Rasenplätzen und Blumenbeeten, einem Brunnen und
einer Linde geschmückt. Diesen Hof umschlossen die verschiedenen Burgbauten: 1) der
„Palas" oder das „Herrenhaus" mit zahlreichen Stuben oder „Kemenaten", der „Halle",
der Küche und den Kellern, 2) das entweder mit dem Palas verbundene oder allein-
stehende „Frauenhaus", vorzugsweise die „Kemenate" genannt, mit der „Familien-
stube", zugleich Schlafgemach der Hausfrau, der Mägdkammer und „Gaden"
oder der Werkstatt, endlich noch 3) „der Bergfrit" (Bergfried), ein hoher, runder oder
viereckiger, gewöhnlich freistehender Thurm mit dem Burgverließ oder Gefängniß.
Ein weiteres Gebäude, „die Dirnitz", ein durch Oefen heizbarer Wohnraum, kam erst
um die Mitte des vierzehnten Jahrhunderts dazu.

Stromes zu treiben. Ja selbst bei der Verrichtung ihrer Andacht in der Burgkapelle konnte Itha nicht allein sein, denn sogar an diesen heiligen Ort, den er nie zuvor betreten hatte, folgte ihr Veit nach.

Kurz, stets war er in ihrer Gesellschaft, die er sonst Niemand gönnte, ausgenommen seinem „Brumm", welcher noch immer, ungeachtet des sich fühlbar machenden Alters, sein Begleiter war und daher auch jetzt niemals von seinem Herrn und dem Fräulein wich. Merkwürdiger= weise jedoch übertrug der alte Hund seine Anhänglichkeit nicht, wie seinerzeit bei Martha=Gertrud, auch auf die schöne Gräfin; instinktiv schien er sie sogar zu hassen, und es bedurfte jeweils bei ihrem Er= scheinen eines energischen Befehls seines Herrn, daß er es nur bei einem zornigen Knurren bewenden ließ.

Was nun Itha selbst betrifft, so gab sie sich gar keine Mühe, des „brummigen Ungethüms" — wie sie den Hund nannte — Zu= neigung zu erwerben. Er war ihr zuwider wie — sein Herr selbst. Anfangs freilich schienen ihr die offenbaren Huldigungen des schönen, reckenhaften Jünglings durchaus nicht unangenehm zu sein. In der Folge aber, als sie seine gänzliche Erziehungslosigkeit, die Rohheit seines Herzens und seiner Sitten, sowie seinen völlig mangelhaften Sinn für Religion erkannte, fühlte sie sich mehr und mehr von ihm abgestoßen. Dazu kam noch, daß ihr die über Veit's Geburt verbreiteten Gerüchte zu Ohren kamen, so daß sie, die in der strengen Religiosität, aber auch in dem ganzen Aberglauben ihrer Zeit erzogen war, in seiner Nähe fortan nur Schreck und Entsetzen fühlte. Am liebsten hätte sie jetzt seine Gesellschaft gemieden, aber dies ging nicht an. Sie und ihre Eltern waren Gäste auf der Burg, Veit als Schloßherr ihr „Wirth"; der Verkehr mit ihm konnte also unmöglich umgangen werden. Das einzige Mittel, dem Umgang mit dem „Teufelssohn" zu entfliehen, blieb darum nur eine schleunige Abreise. Aber vergeblich suchte Itha ihren Vater hiezu zu bestimmen. Diesem war die offenbare Neigung Veit's zu seiner Tochter nicht entgangen, und da die im Geheimen gehoffte testamentarische Ausschließung desselben von der Erbschaft sich nicht verwirklichte, so war ja die Vereinigung des von seinem Schwager hinterlassenen reichen Besitzthums mit seinem eigenen am leichtesten durch die eheliche Verbindung des Erben mit seiner Tochter zu er= reichen. Die Bitten Itha's, von diesem Plane abzustehen, da Veit ja schon so gut wie verlobt mit Gertrud von Sponeck sei, rührten den kalten Rechner nicht. Herzensbündnisse wurden ja in jener realistischen, allem Idealismus abholden Zeit nur selten geschlossen. Darum weigerte sich der Graf von Thierstein auf's Entschiedenste, „gerade jetzt, wo seine Pläne so gute Aussicht auf Erfolg hatten," abzureisen. Er blieb, und Itha konnte es nicht verhindern, wenigstens bisweilen noch mit dem gehaßten Bewerber zusammen zu sein und insbesondere seine Begleitung bei Ausritten und Spaziergängen hinzunehmen.

Dies war der Stand der Dinge ungefähr vier Wochen nach dem Tode des alten Isteiners. Da trat unerwartet eine Katastrophe ein, die in ihren höchst tragischen Folgen den Plänen des Thiersteiners und der Angst und Sorge Itha's ein Ende machte.

Gertrud hatte alle die Zeit her mit freudig hoffendem Herzen auf Veit's Ankunft geharrt. Als aber Tag um Tag, Woche um Woche verging, ohne daß der heiß Ersehnte gekommen wäre, da begann sie zu befürchten, daß Veit krank geworden oder ihm ein Unfall zugestoßen sei. Sie bestürmte ihren Vater mit Bitten um die Erlaubniß, nach Istein reisen und nach dem Geliebten sehen zu dürfen. Aber der Ritter willigte nicht darein. Die Gründe des Fernbleibens Veit's waren ihm nicht unbekannt geblieben und er konnte nicht umhin, sie seiner Tochter, als diese mit Bitten nicht nachließ, endlich mitzutheilen. Die Wirkung dieser Nachricht auf Gertrud war eine furchtbare. Laut schrie sie auf und zerraufte sich in wildem Schmerze das Haar. Veit untreu — in den Liebesbanden einer Anderen befangen: das war ja nicht möglich, — das konnte nicht sein! — Auf ihn verzichten, ihn gar jener Anderen gönnen zu sollen, jener Verhaßten, die ihn zur Untreue verleitet, ihn, den allein sie geliebt auf der ganzen Welt, der ihr Gott, ihr Alles war — nein, das war zu viel verlangt von ihr! — Sie mußte hin zu ihm, ihn sehen und sprechen und — wenn er sie in Wahrheit nicht mehr liebte, dann — ja dann wollte sie sterben!

Solche und ähnliche Gedanken fuhren ihr blitzartig durch's Gehirn, während sie bald zornige Verwünschungen ausstoßend, bald jammernd und händeringend ihre Kemenate durchrannte. Vergebens suchten sie ihr Vater und ihre herbeigerufene Mutter zu beruhigen; sie hörte nicht auf ihre herzlichen Trostesworte — wollte sie nicht hören. Sie schrie und tobte, weinte und jammerte bis zum Abend. Da endlich schien sich der in ihrem Herzen brausende Sturm zu legen und sanf-

teren Gefühlen Platz zu machen. Sie küßte Vater und Mutter und
zog sich in ihre Schlafkemenate zurück, um sich zur Ruhe zu begeben.
Beruhigt legten sich auch die Eltern zu Bette. Am Morgen aber
wurden sie durch Geschrei und seltsames Hin- und Herrennen geweckt.
Angsterfüllt forschten sie der Ursache nach und erfuhren nun zu ihrem
unsäglichen Schrecken, daß man das Fräulein vermisse: ihre Kemenate
sei leer, das nach dem Rhein gehende Fenster geöffnet; ohne Zweifel
habe sie von hier aus den Weg in's Freie gesucht oder — sich in den
vorüberfließenden Strom gestürzt. Entsetzt ließ der Sponecker in der
Umgebung der Burg, auf dem nach Istein führenden Wege und —
im Rheine nach der Entwichenen suchen, aber vergeblich, nirgends
wurde eine Spur von ihr gefunden. —

Am Abend ebendieses für die Edlen von Sponeck so unglücklich
angebrochenen Tages hatte auf Istein die Gräfin Itha Lust, nach der
Tags über herrschenden drückenden Sommerschwüle sich unten am Gestade des Rheines ein wenig zu ergehen. Sie hoffte, unbemerkt von
Veit aus der Burg in das oberhalb des „Klotzes" am Ufer wachsende
dichte Buschwerk gelangen und daselbst ein Stündchen des Alleinseins
verbringen zu können. Aber kaum hatte sie sich daselbst auf einen
mit Moos überzogenen Felsblock gesetzt, so trat schon der Junker mit
seinem steten Begleiter Brunm hinter einem Weidenstamme hervor
und setzte sich an ihre Seite. Itha erschrack und wollte sofort den
Rückweg antreten, aber der Junker hielt sie gewaltsam zurück, indem
er ihr fast drohend zurief: „Bleibt, Base, ich habe mit Euch zu reden!"

Zitternd fügte sich die Gräfin in's Unvermeidliche und bedeutete
dem Junker durch ein Zeichen, zu sprechen.

Veit richtete seinen glühenden Blick durchbohrend auf Itha und
begann rauh: „Ich wollte Euch nur sagen, daß ich's nunmehr satt
habe, mich von Euch an der Nase herumführen zu lassen. Ihr habt
mir's angethan — und seit vier Wochen, seit ich Euch zum ersten Mal
sah, laufe ich Euch nach wie ein Hund. Ihr aber findet seit einiger
Zeit Gefallen daran, mich zu quälen, denn geflissentlich vermeidet Ihr
meine Gesellschaft und sobald Ihr mich kommen sehet, weicht Ihr mir
aus. Das kann nicht so fortgehen. Ich bin nicht darnach beschaffen,
den schmachtenden Liebhaber zu spielen — nein, beim Teufel, meinem
Ahnherrn, — ich will erhört sein, will Dich besitzen — heute noch
jetzt gleich!"

Mit diesen Worten suchte er Itha in seine Arme zu schließen, aber mit übermenschlicher Anstrengung riß sie sich los und im nächsten Augenblick stand sie hochaufgerichtet auf dem Gipfel des gegenüberliegenden, in den Strom hineinragenden Felsblockes. „Zurück von mir," rief sie mit vor Zorn bebender Stimme, „denn bei Gott und allen Heiligen schwöre ich's: wenn Ihr auch nur eine Hand nach mir ausstrecket, so stürze ich mich in die Fluthen des Rheins!"

Verblüfft wich Veit einen Schritt zurück. Einen Moment zögerte er, dann, ungeachtet der Drohung Itha's machte er Miene, zu ihr auf den Block zu springen, um sie herabzureißen. Aber „Zurück!" erscholl es wiederum, doch — nicht aus Itha's Munde, sondern aus dem einer Andern, die in diesem Augenblicke aus dem Gebüsch hervorbrach. Erstaunt richtete der Junker den Blick auf die Angekommene; gleichzeitig aber stürzte Brumm mit freudigem Bellen dieser entgegen — es war Gertrud.

„Martha — Gertrud, Du hier?!" stammelte Veit verlegen. Gertrud antwortete nicht sogleich. Sie beugte sich nieder zu dem treuen Hunde, um ihn zu liebkosen. „Guter Brumm," sprach sie schmerzlich, „Du wenigstens bist nicht treulos — hast mich nicht vergessen, wie Dein Herr! — Warum bist Du treulos, Veit?" rief sie sodann diesem zu. „Sprich, liebst Du mich nicht mehr?"

Veit schleuderte ihr einen bösen Blick zu und trotzig seine Fäuste ballend, rief er: „Nein, ich liebe Dich nicht — habe Dich nie geliebt! Erst seit ich diese sah," fügte er, auf Itha zeigend, bei, „weiß ich, was Liebe ist!"

Da stieß Gertrud, ihre Arme zum Himmel erhebend, einen einzigen herzerschütternden Schrei aus, dann rannte sie verzweiflungsvoll dem Ufer zu und stürzte kopfüber in den brausenden Strom.

Entsetzt stand Veit bei dieser unerwarteten, schrecklichen That. Wie mit einem Zauberschlage schien er sich der Größe der Liebe Gertrud's und seines eigenen gegen sie begangenen Unrechts bewußt geworden. Nur ein Gefühl, nur einen Trieb hatte er jetzt: ihr zu helfen, sie zu retten. Mit einem Sprung befand er sich an der Stelle, wo er Gertrud hatte verschwinden sehen, mit einem zweiten lag er auch im Rheine — fast gleichzeitig mit dem treuen Brumm, der in gewaltiger Flucht ihm nachsetzte. Itha aber eilte hilferufend stromabwärts, wo sie Leute gewahrte. Mit mächtigen Stößen schwimmend,

strebte Veit dahin, wo Gertrud's Gewand aus den Quellen schimmerte
und endlich — endlich hatte er sie erreicht. Er zog sie an sich — da
schlug die Ertrinkende instinktiv die Arme um ihn und zog ihn mit
sich in die Tiefe.

Henleub sah Brumm Beide in den Wellen verschwinden. Er
ruderte hastig, und es gelang ihm, einen Zipfel von Gertrud's Gewand
zu erschnappen. Er zog und zerrte daran und strebte dem Ufer zu.
Aber die Last war zu groß — der Strom erfaßte ihn. Gleichwohl
ließ der treue Hund nicht los, aber endlich erlahmte seine Riesenkraft
und mit ihnen, die er retten wollte, versank er in den Fluthen.

Am Isteiner Klotz, wo der Strom sich westwärts wendet, warf
er die drei Leichen aus. Dort fanden sie Itha und die von ihr zu
Hilfe gerufenen Leute. Man begrub Veit und Gertrud unweit der
Stelle, wo sie der Strom angeschwemmt hatte, in einem gemeinschaftlichen Grabe. Den treuen Brumm bettete man ihnen zu Füßen.

Der Graf von Thierstein war der Erbe der Güter des letzten
Isteiners. Durch seine Tochter Itha, welche sich dem Edlen Werner
von Kaltenbach auf Schloß Bürgeln vermählte, kamen sie an diesen.
Auch dessen Geschlecht ist längst ausgestorben. Jetzt gehört der Istein
der freiherrlichen Familie von Freistedt.

Am Fuße des Klotzes entstand um die Mitte des zwölften Jahrhunderts das Dorf Istein. Der Platz, wo Veit's und Gertrud's
Grab sich befand, wurde zum Friedhof des Dorfes erwählt. Noch
heutzutage zeigt man sich auf demselben die Stelle, wo sie ruhen.

Die Sprachgrenzen in der Schweiz.
Von Professor Eugen Ritter in Genf.

In den ersten Jahrhunderten unseres Zeitalters hatte sich die
lateinische Sprache auf der ganzen schweizerischen Hochebene,
sowie im Norden Galliens heimisch gemacht. Als die Barbaren
aber in das Reich einbrangen und sich mächtig darin festsetzten, ging

ein großes Gebiet, zwischen den Alpen und dem Meere liegend, auf die Völker germanischer Sprache über und ist ihnen bis jetzt geblieben. Besonders in unserm Lande ist die deutsche Sprache wie ein Keil zwischen dem Jura und den Alpen eingedrungen.

Nimmt man eine Landkarte, auf der die Sprachgrenzen aufgezeichnet sind, zur Hand, z. B. die von Kiepert (1867 in Berlin, Buchhandlung Reimer, veröffentlicht), oder jene, dem Andrée'schen Atlas beigegebene, oder auch die, welche Hr. Groeber 1888 in seinem „Grundriß der romanischen Philologien" herausgegeben, und zieht dann eine gerade Linie von Lüttich nach Udine, die beiden äußersten Punkte, wo sich die romanischen Sprachen erhalten haben, so wird man sehen, daß die deutsche Sprache im alten Helvetien am weitesten in den Schooß der romanischen Gegenden eingedrungen ist. Bis zum Genfersee und der Festung Ecluse hat sie aber ihren Weg nicht gefunden; sie hat nicht die ganze schweizerische Hochebene beherrscht. Die Sprachgrenze geht quer durch unser Land, anstatt den natürlichen Landesgrenzen zu folgen. Sie durchschneidet den Jura und die Berner Alpen, die Saane und die Saone; sie beherrscht nur auf einer Fläche von vier oder fünf Meilen die Ufer des Neuenburger- und Murtensees, wo sie mit einer jener Grenzen zusammentrifft, welche die Natur dem Erdreich selbst bezeichnet hat.

Wenn es eine Gegend gibt, geographisch umgrenzt und eingeschlossen, ein Land, dessen Natur die Umrisse deutlich gezeichnet hat, so ist es gewiß das zwischen der Furka und St. Maurice gelegene Rhonethal. Das Wallis, sowie die schweizerische Hochebene ist also durchschnitten und in zwei Theile getheilt worden durch diese Linie, welche die deutsche und die französische Sprache trennt und welche in ungeschickter Weise theilt, was eigentlich zusammen gehört hätte.

Eine Gebirgskette, deren eintönige und gleichförmige Bildung von einem Ende zum andern die gleiche ist, ist der Jura. Die Sprachgrenze theilt ihn auch in zwei ungleiche Theile, und im Vorbeigehen gesagt, hat die Geschichte im französischen Sprachgebiet auch politische Grenzen gezeichnet, welche dieses hügelreiche Land willkürlich zerschneiden, wodurch es die natürliche Einheit verliert; die Theile sind: der Berner, Neuenburger und Waadtländer Jura, der Jura der Grafschaft Burgund und Bugey.

Die jetzige Sprachgrenze ist das Endergebniß einer Reihe einzelner Zusammenstöße, welche kommen mußten durch die Niederlassungen gewaltthätiger Horden da und dort. Es bezeugen noch viele Ortsnamen in der romanischen Schweiz und in Savoyen, daß sich ehemals Männer von germanischer Rasse an den beiden Ufern des Genfersees und bis zur Festung Ecluse niedergelassen hatten. Man glaubt, daß das westliche Helvetien zur Zeit der Merovinger mit germanischen Sprachinseln bedeckt gewesen sei, während die lateinische Sprache allerdings nicht gänzlich aus dem östlichen Helvetien verschwunden war. Mit der Zeit hat sich Alles ausgeglichen, eine einzige Linie hat das Land in zwei Gebiete getheilt, so daß in jedem von beiden, ohne in Bezirke zerlegt zu sein, hier germanische und dort romanische Dialekte gesprochen werden. Einige Jahrhunderte später sind die literarischen Sprachen dazu gekommen, und wir sehen nun vor den letztern die Dialekte verschwinden.

Aber der Zustand der Dinge, welcher sich in jetziger Zeit in eine ganz neue Civilisation umgestaltet hat, ruft uns theilweise die Zeit des Barbarenthums in Erinnerung. Nicht, daß man an der Grenze der Sprachen die hundertjährigen Marksteine, die früher gesetzt wurden, erschüttert gesehen hätte: das zum Lande gehörige Eigenthum kommt nicht in andere Hände und die in jedem Dorfe niedergelassenen Familien bewahren unveränderlich ihre Sprache.

Zu unsern Tagen wie zu undenklichen Zeiten beschleicht den deutschen Arbeiter, der die Stadt Murten überschritten und auf französischem Gebiete angelangt ist, die merkwürdige Empfindung, welche Jeremias Gotthelf in „Jakob's Wanderungen durch die Schweiz" so vorzüglich beschrieben hat. Hingegen siedeln sich in allen unsern romanischen Städten deutsche Kolonien an und vermehren sich zusehends. Diese Einwanderung der Deutschen in die großen Städte Europas, welche Ernst Renan als eine der glücklichsten Begebenheiten unsres Zeitalters bezeichnet, verwirklicht sich fortwährend in unsern romanischen kleinen und großen Städten. Die Bevölkerung Genfs zählt heutzutage auf 75,000 Einwohner 10 bis 12,000, deren Muttersprache Deutsch ist: mehr als das halbe Viertel der Einwohnerschaft. In Lausanne ist das Verhältniß ungefähr das gleiche; noch stärker tritt es in Vevey hervor. In Chaux-de-fonds und Neuenburg erreicht oder überschreitet die Bevölkerung deutscher Zungen sogar den vierten Theil der

Einwohnerzahl[1]). Wir merken daraus, daß die deutschen Sprachinseln, welche früher in den Landstrichen Epalinges, Bufflens, Afferans,
Allinges existirten, die Neigung haben, sich in unsern romanischen
Städten niederzulassen. Wir müssen aber beifügen, daß sich die deutsche
Sprache kaum von einer Generation zur andern aufrecht erhält. Einer
unserer Gemeinderäthe, Hr. Rivoire, sagte bei einer Veranlassung:
Die Stadt Genf hat große Schulen, wo die Kinder deutscher Abstammung freien Zutritt haben; nach einem Monat sprechen sie dort französisch, nach zweien, wenn sie auch noch deutsch verstehen, so sprechen
sie es doch nicht mehr[2]). Nimmt man eine Wählertabelle der Stadt
Genf zur Hand, so sieht man in der That Namen deutscher Familien
darauf, welche sich vor den andern sogleich unterscheiden lassen; das
deutsche Element der Bevölkerung Genfs besteht also nicht nur aus
einem halben, sondern aus einem ganzen Viertel. Was bedeutet es
anders, als daß schon die Hälfte der deutschen Auswanderer die Sprache
ihrer Vorfahren verlernt hat? Die Uebrigen folgen nach, wenn einige
Zeit darüber hinweggegangen ist. Unsere romanischen Städte sind wie
Mündungen, durch welche der volle Fluß germanischer Herkunft das
Niveau der Bevölkerung französischen Ursprungs zur Fluth bringt,
wie jenseits des Meeres, in den Vereinigten Staaten, wo er die Zahl
der englisch Sprechenden vermehrt.

Wir übrigen Schweizer können aber inmitten der Schwierigkeiten,
die natürlich des Widerstreites der beiden Sprachen wegen entstehen,
nur zufrieden sein, wenn wir unsre Lage mit derjenigen andrer Länder
vergleichen. — Bei uns ist der Sprachenunterschied nicht das Zeichen
des Rassenunterschiedes wie in Kanada. Mein ausgezeichneter Kollege,
Herr Professor Karl Vogt, hat im Gegentheil die Ansicht unterstützt,
daß die Waadtländer germanischer Rasse sind; auch ist es wahrscheinlich,
daß in der östlichen Schweiz Elemente sind, die noch vor dem Sieg
der Barbaren her existirten.

Der Sprachenstreit stellt sich bei uns nur zwischen zwei Sprachen
ein, oder, das Tessin nicht zu vergessen, zwischen zwei Familien von
Sprachen; denn es ist nicht wie in Oesterreich, wo in Triest die ita-
lienische, in Transsylvanien die rumänische, in Böhmen und im Süden
die slavische, die ungarische Sprache eingerechnet, mit der deutschen zu
kämpfen haben: vier Sprachfamilien treffen in diesem eingeschlossenen
Lande zusammen.

Der Unterricht ist bei uns in größerem Maßstabe verbreitet als anderswo, und die Kenntniß der beiden Sprachen in jedem von beiden Theilen der Schweiz ist allgemeiner und häufiger, als man sie im gleichen Falle in andern Ländern verbreitet sieht.

Kurz gesagt, ist es die eidgenössische brüderliche Eintracht, welche bei uns die ganze Frage regiert. Anstatt daß der politische Geist und der nationale Enthusiasmus wie auswärts die Sprachenverschiedenheiten betont und sie noch verschärft, lastet er auf allen Denjenigen, welche mit Staatsfragen zu thun haben, wie eine wohlthätige Kraft, die den Sprachenkampf mildert und dämpft. Selbst die Ungeschicklichkeit, mit welcher ihre Grenze gezogen wird, führt alle bedachtsamen Geister zu dem Gefühl, daß man sich nicht an sie anschließen, daß man im Gegentheil für die Einigkeit des Landes gegen die unangenehmen Folgen dieses Vermächtnisses vergangener Zeiten kämpfen soll. Nun aber ist das Mittel gegen das Uebel vorgezeichnet: es ist der Fortschritt der Erkenntniß.

Möge doch der größte Theil der Schweizerbürger so weit kommen, die beiden Sprachen geläufig zu sprechen: diese so einfache Lösung wird jedem Einzelnen, sowie auch dem ganzen Lande im täglichen Leben nützlich sein.

———·———

1) Es bleibt noch zu bemerken, daß die großen Städte der deutschen Schweiz die romanischen Schweizer gar nicht im gleichen Verhältnisse an sich ziehen: In Basel z. B. sind nur 2000 Einwohner, deren Muttersprache das Französische ist, in Bern etwas mehr, in Zürich 1400.

2) Es wäre sehr interessant, zu vernehmen, was in dieser Hinsicht in Neuenburg und Chaux-de-fonds vor sich geht.

Frank Buchser †.
(Mit Bildniß.)
Von F. A. Stocker.

Alles ist dem Tod verfallen! Die kräftige Gestalt Frank Buchser's, der mächtige Mann von körnigem Bau, von wetter-
harten, festen Zügen, von Gliedern wie Eisen, erprobt unter
den Klimaten dreier Welttheile, der Ritter ohne Furcht und Bangen
— Tadel wollen wir nicht sagen, denn welcher Mensch ist ohne Tadel
— er ist nicht mehr! Seit den Tagen der tückischen Influenza
siechte er in Feldbrunnen bei Solothurn, in seinem väterlichen Besitzthum dahin, Asthma war seine Plage, und den 22. November Abends
6 Uhr starb er trotz der unausgesetzten Pflege seines Bruders Dr. Jos.
Buchser, mit dem er wie ein Herz und eine Seele lebte.

Franz Buchser (oder wie er sich mit dem amerikanischen Namen
Frank schrieb) wurde den 15. August 1828 in Feldbrunnen geboren.
Seine Eltern waren bemittelte Bauersleute; die Mutter wollte den
Jungen studiren lassen, doch Buchser hatte keine Liebe zum Studiren
und fand die Schulbänke langweilig. Schon frühzeitig verrieth er
Neigung zum Zeichnen, die sich eines Morgens, als er im achten Jahre
die Kühe hütete und sah, wie die Sonne durch die Nebelwolken drang,
zur vollen Gewißheit ausbildete: er wollte Maler werden. Aber die
Mutter, obschon sie eine poetische Ader besaß, hatte, indem sie den
Maler Disteli vor Augen sah, eine Abscheu vor der Malerei. In
Buchser lebte schon in frühester Jugend der Drang, in die weite Welt
zu gehen, er trug das Gefühl in sich, daß aus ihm etwas Rechtes
werden müsse.

Die Verwandten aber entschieden mit den Eltern, ihn schließlich
Klaviermacher werden zu lassen. Er kam zu Klaviermacher Flöhr
in Bern in die Lehre, wobei in Buchser die musikalische Neigung
entwickelt wurde. Hier empfing der 14jährige Bursche von dem verstorbenen Maler Heinrich von Arx (dem Verfasser der Phantasien
im Berner Kornhauskeller) Unterricht im Zeichnen und seiner geistigen
Anregung hat Buchser viel zu verdanken.

Frank Buchser

Nach Beendigung der Lehrzeit eilte er nach Paris, wo er ſich dem Studium der franzöſiſchen Sprache widmete, aber wenig zeichnete. In Paris hatte er einen Verwandten mütterlicherſeits, den Direktor der franzöſiſchen Akademie, Viktor Schnetz, der ſich aber unglücklicher=weiſe in Rom befand. Paris war ohne groſen Erfolg für Buchſer's künſtleriſche Entwicklung.

Nach Rom iſt aller Maler Ziel! Buchſer reiste, mit Geld wohl verſehen, nach Rom. Auf der Reiſe von Monterreau bis Chalons sur Seine lernte er eine Schauſpielerin kennen, die er zeichnete, jedoch ohne künſtleriſche Vollendung, aber trotzdem den Hauch der Wahrheit und des Genies verrathend. In Florenz beſuchte er die erſte Bilder=gallerie mit Genuß. Erſt im Palazzo Pitti gingen ihm, dem 19jäh=rigen jungen Mann, die Augen auf über künſtleriſches Sein und Werden, und da entſchloß er ſich beſtimmt, Maler zu werden.

Der Entſchluß wurde der Mutter mitgetheilt, der Vater war ge=ſtorben, aber von dieſer Seite wurden alle Mittel ergriffen, dieſen Ent=ſchluß rückgängig zu machen. Es war Anfangs Juli 1847, Schnetz war drei Tage vorher aus Rom abgereist. Die Mutter ſchickte kein Geld, da traten armſelige Zuſtände für Buchſer ein. Ein ſchweizeriſcher Maler, Jakob Wietlisbach aus Wohlen (Aargau), munterte Buchſer auf, in die päpſtliche Garde zu treten. Er trat ein. Der Mutter aber war dieſer Umſtand trotz ihres ſtrengen Katholizismus ſehr pein=lich. In der Garde gab es profeſſionelle und nichtprofeſſionelle Gar=diſten, die nichtprofeſſionellen hatten Zutritt in die Akademie und in die Gallerien.

Da kam die italieniſche Revolution und der republikaniſche Geiſt erwachte in Buchſer. Er wurde 1849, nachdem er verſchiedene Aus=fälle mitgemacht, durch Vermittlung des Oberlieutenants G. von der Garde entlaſſen.

Buchſer machte als Akademiker unter Garibaldi mehrere Ge=fechte gegen die Franzoſen mit. Zwei Tage vor der Einnahme Roms warnte ein Bündner Freund Buchſer zur Flucht, und mit dem näch=ſten Kourier reiste er nach Paris ab. Die Revolution hatte ihn aus dem bisherigen Garniſonsleben hinaus und auf die richtige Bahn geleitet. In Paris wurde nach der Natur und nach Antiken in der Akademie oder in der Ecole des beaux arts und im Louvre in Privat=ateliers gezeichnet. Buchſer blieb von 1849 bis 1850 in Paris, ging dann nach Belgien und auf die Akademie von Antwerpen. Mit der Studienrichtung daselbst war er in einem fortwährenden Krieg, gleichzeitig genoß er aber die volle Liebe und Achtung in Privatkreisen. Buchser war eben ein junger, vielversprechender, hochgewachsener schlanker und schöner Mann und war überall gern gesehen. Er benützte das Material, das die Akademie bot, gehörig aus, bildete aber gleichzeitig den Geist und sein künstlerisches Schaffen nach alleiniger, nach und nach realistisch werdender Richtung. Viel Fleisch, aber wenig Geist, so beurtheilte Buchser das Wesen der Akademie.

Im Jahre 1852 kehrte er nach Paris zurück. Endlich fand er Schnetz, der ihn mit außerordentlicher Liebe empfing und ganz überrascht war von Buchser's Studien, die so ganz von der bisherigen Richtung abwichen, die allzusehr die Nachahmung pflegte und den Geist des Einzelnen darben ließ. Da war es, wo der Schüler sich ablöste und der Meister zu werden begann.

Noch in demselben Herbst wanderte Buchser nach Spanien zum Studium der alten spanischen Meister, Velasquez, Ribera u. A. Ein buntes, romantisches Künstlerleben entwickelte sich in Madrid, Granges, Aranjuez. Da fingen die schönen Tage Buchser's an. „Los tres amiguos" war das erste Bild, das er auf Spaniens Boden malte. In bangen Stunden das Urtheil der Madrilenen erwartend, sah er sich plötzlich unter die ersten Maler Spaniens versetzt. Die ganze Madrider Presse leitartikelte über Buchser, der in bescheidener Weise diese Lobsprüche, durch seine eigene Kritik zersetzt, entgegennahm.

Von dem spanischen Ruhme gesättigt, ging's 1853 nach England. Hier war sein Atelier zum Stelldichein der ganzen vornehmen Welt geworden. Buchser scheint von der ersten Zeit an sich den wunderschön gelegenen englischen Badeort Scarborough zu seinem Lieblingsaufenthalt erwählt zu haben; und Scarborough erwiderte sein Gefühl der Anhänglichkeit mit einem wahrhaft englischen Stolze auf seinen Adoptivsohn. So lesen wir in „The Scarborough Gazette" von mehreren neuen Schöpfungen Buchser's, deren Naturwahrheit und Wirkung auf den Beschauer mit Enthusiasmus geschildert wird. „Die „Gemälde," sagt das genannte Blatt zum Schlusse, „werden vielen „unserer Leser im Gedächtniß bleiben, „welche Gelegenheit hatten, sie „in der Ausstellung zu sehen; jetzt befinden sie sich alle in den Händen „von Privateigenthümern."

Aber für Buchſer's Talent wäre dieſe Welt zum Verderben geworden, er mußte fort. Freilich hatte London mit ſeinen geſunden
Grundſätzen über Malerei einen vortrefflichen Einfluß auf Buchſer
ausgeübt, er hatte für viele vornehme Kreiſe Portraits gemalt, viel
Geld verdient, aber auch viel verbraucht, deßhalb mußte er fort.

Anno 1855 finden wir Buchſer in der Schweiz; aber der Prophet
gilt nichts in ſeinem Vaterlande, bewährte ſich auf das Zutreffendſte
auch bei ihm. Er malte eine heilige Familie in das St. Joſefskloſter
in Solothurn, 1855 und 1856 mythologiſche Bilder, theilweiſe als
Fortſetzung der Studien aus Rom, und ging im Jahre 1857 zum
zweiten Male nach Spanien.

Der Aufenthalt in Spanien war wie das ſpaniſche Leben ſelbſt
bunt, und Buchſer darf ſich rühmen, dasſelbe in allen ſeinen Varia-
tionen kennen gelernt zu haben, wie er auch den Spanier kannte vom
Banditen bis zur Königin hinauf.

Hier begann er mit der Ausführung von Genrebildern in Sevilla,
Malaga und Granada (Alhambra). Während der Studien der mau-
riſchen Architektur kam ihn die Sehnſucht an, die Mauren in ihrer
Heimath aufzuſuchen. Das geſchah im Juni 1858. Da malte er
ſeine marokkaniſchen Bilder und erlebte Abenteuer, mit denen man
ganze Bände füllen könnte.

Zu Ende des Jahres 1858 kam Buchſer nach der Schweiz
zurück und ſtellte ſeine Bilder in der ſchweizeriſchen Ausſtellung aus.
Sie hatten einen ſolchen Erfolg, daß alle verkauft wurden, es war die
erſte Anerkennung im Vaterlande.

In dieſe Zeit fällt die Bearbeitung der „Kapuzinerſchule".

Ein Berichterſtatter der „Zürcher Preſſe" ſagt über dieſes Bild:
„Wir befinden uns in einem Kapuzinerkloſter in der Nähe von
Solothurn. Im ſchattigen Halbdunkel ſitzen und ſtehen die Patres
im Halbkreiſe, dem Beſchauer zugekehrt. Die Sonne ſtiehlt ſich durch
das Blätterdach und wirft ihre blendenden Lichtſtreifen auf die braunen
Mönchskutten und den kiesbeſäten Boden. Der Pater Lektor hält
ſeinen Vortrag. Der dicke Prior, dem die Hitze arg zuſetzt, vermag
nur mit Anſtrengung dem Vortrage zu folgen, die übrigen Kapuziner
beugen ſich theils über dickleibige Poſtillen, theils hören ſie dem Vortrag
des jungen Mönches zu. Im Hintergrunde öffnet ſich eine reizende
Fernſicht über das ſchweizeriſche Mittelland und das trunkene Auge

schweift bis zu den Berner-Alpen mit ihrer firngepanzerten Jungfrau. Das fesselnde Bild „Accademia dei Cappuccini" athmet Naturwahrheit und Licht und Leben, es ist ein Griff in die volle, reale Welt. Die Mönchstypen sind alle Portraits, charakteristische Physiognomien, wie sie nur in einem Haufen von Infallibilisten gefunden werden können. Es ist denn auch diese realistische Wahrheit und der grelle Kontrast des beschaulichen Mönchthums mit dem in der Ferne vorbeilaufenden Dampfroß, dem Prototyp unsers geschäftigen, nach materiellem Gewinn jagenden Zeitalters, der das Ganze auf den ersten Blick wie eine Satire auf das ruinenartig in unsere Tage hineinragende Mönchsthum erscheinen läßt und doch ist das Bild ohne alle Tendenz gemalt, obschon der Maler ein eifriger Altkatholik ist. Von wunderbarer Schönheit ist denn auch die Luftperspektive und die auf den ersten Anblick fast störenden Lichteffekte, die nach längerer Betrachtung durch ihre positive Wahrheit überraschen. Gewiß ist die Kapuzinerakademie unseres Freundes Buchser eine kecke Kriegserklärung an landläufige Schulen und einseitige, die Unfehlbarkeit beanspruchende Theorie, allein der neue Bahnbrecher hat auch das Zeug an sich, veraltete Ueberlieferungen über Bord zu werfen und selbstgefundene Pfade zu wandeln."

Während Buchser sich zu Feldbrunnen aufhielt, entdeckte Herr J. A. Zetter aus Solothurn in der Allerheiligen-Kapelle zu Greuchen die Madonna, die sich gegenwärtig im Museum in Solothurn befindet und die sofort von Buchser als ein Werk des berühmten Basler Malers Hans Holbein erkannt wurde.

Als 1859 der marokkanische Krieg ausbrach, erhielt Buchser durch die spanische Regierung die Einladung, als „Historienmaler der Expedition" den Feldzug mitzumachen. Buchser sagte zu und wußte sich diesen Anlaß zu Nutzen zu ziehen, große Gruppen und landschaftliche Studien zu machen, die ihm später für seine amerikanischen Bilder zu Gute kamen. O'Donnel behandelte ihn mit großer Auszeichnung und Liebe, ebenso General Prim, die er bald portraitirte.

Im Spätsommer 1860 kehrte Buchser nach Spanien zurück. Von seinen marokkanischen Bildern ist besonders hervorzuheben das Portrait Sidi Hatsch Abdalem und das Bild, das namentlich an der Londoner Ausstellung Aufsehen erregte und sich gegenwärtig im Museum in Luzern befindet: „Die Rückkehr vom Markte."

Mit reichen Kunſtſchätzen kam er 1861 nach England, wurde 1862 zum Kommiſſär der eidgenöſſiſchen Ausſtellung gewählt, ſtellte ſelbſt einige Bilder aus, z. B. „die Juden von Mekka", worin zum erſten Male die originelle kecke Richtung Buchſer's mit einiger künſt- leriſcher Vollendung hervortrat und das höchſt lobenswerthe Urtheil des Herzogs von Cambridge hervorrief. Im Uebrigen malte er Portraits und Genrebilder und betrachtete das Portraitmalen als ein ſehr be- lehrendes und freies Studium. Von der Londoner Ausſtellung an galt Buchſer zu den epochemachenden, ſcharf und originell ausgeſprochenen Künſtlern.

Im Sommer 1863 wurde Buchſer krank und kehrte in's Vater- haus nach der Schweiz zurück. Die Zeit füllte er aus mit Malen und Politiſiren. Daß er auch eine untergeordnete Beſchäftigung nicht zur Seite ſetzte, beweist, daß er die Stelle eines Gemeindeammanns von Feldbrunnen und St. Nikolaus, einer Gemeinde von kaum 300 Ein- wohnern, annahm. Scherzweiſe nannte er ſich gerne „Alkalde von Feldbrunnen".

Mit dem Jahre 1866 trat ein Wendepunkt in dem Leben Buch- ſer's ein. Er ging nach Amerika. Tag für Tag hatte er über den amerikaniſchen Krieg geleſen, da überwog der Reiz des großen Bürger- krieges die ſüße Gewohnheit und Buchſer warf ſich mit aller Energie in das amerikaniſche Leben. Am 14. März 1866 vollendete er das letzte Werk in Europa und den 7. Auguſt gleichen Jahres ſtellte er in Amerika das erſte Bild aus, von ſämmtlichen Zeitungen aller Farben höchſt beifällig aufgenommen. Vom Bundesrathe in allen Regierungs- kreiſen empfohlen, wurde er im Senat und im Hauſe der Repräſen- tanten eingeführt und wurden ihm alle Mittel an die Hand gegeben, Land und Leute zu ſtudiren. Er malte die amerikaniſchen Größen General Sherman, Lee, Seward, den Dichter William Cullan Bryant ꝛc., welche gegenwärtig den Bundespalaſt in Bern zieren. Von New-York ging er nach Waſhington, wo er vom Staatsſekretär Seward offiziell dem Präſidenten im Weißen Hauſe vorgeſtellt und vom Kongreß und Senat mit außerordentlicher Höflichkeit empfangen wurde. Statt aber ſich mit dem gefaßten Gedanken zu beſchäftigen, die großen Amerikaner zu malen, dachte er an große Reiſen im Weſten.

Da kam ihm der Schweizer General Sutter aus Kalifornien in den Weg, er malte ihn. Seine Bilder, die er in Waſhington ausgestellt hatte, verschafften ihm sofort einen Ruf durch die ganzen Vereinigten Staaten von Nordamerika.

Nun machte er sich mit General Sherman auf die Reise nach dem Westen über Chicago, Omaha, dem River Blatt entlang über das Fort Carwey (bis dahin ging die Pacific-Bahn) über den River Blatt nach Fort Jearung, von da über den Chienpaß nach der großen Ebene von Fort John Beaufort, dann nach Virginia. Da trennte er sich von seiner Reisegesellschaft und malte dort bei vier Wochen. Die Natur war zu schön. Von dort ging's nach Denver-City und in die Goldregionen der Rocky Mountains. Die ganze Reise war durchwoben von Abenteuern aller Art unter den verschiedenartigsten Bekanntschaften. Dann fuhr Buchser hinunter über St. Louis, Cincinnati, Buffalo nach den Fällen des Niagara und zurück nach Washington, wo Johnson gemalt wurde.

Im Sommer 1867 ging Buchser in die Urwälder von Westvirginien, im Spätsommer in das Shenandoahthal. Dort begann er seine Negerstudien, und kehrte nach Vollendung derselben nach New-York zum Empfang seines Bruders, des Arztes, zurück, der nach Amerika übersiedelte.

Im Sommer des Jahres 1868 ging er wieder auf Reisen und zwar diesmal zu den Indianern nach den Stromschnellen von St. Mary am Lake Superior, nach dem südlichen Theile der Hudsonsbay und nach Michigan.

Betrachten wir noch rasch die Stromschnellen von St. Mary. Der Ausfluß des Obern Sees im Norden von Michigan, welcher eigentlich die Hauptgewässer des Niagarafalles und des St. Lorenzstromes liefert, bietet eine großartige und eigenthümliche Naturerscheinung. Vermittelst einer optischen Täuschung erscheint die wallende und wogende Wassermasse gleichsam gewölbt, so daß man die Krümmung der Erde wahrzunehmen glaubt. Diesen Moment stellt das Bild des Künstlers dar und damit eine Ahnung der Unendlichkeit, die den Beschauer lange sinnend und im Raum verloren davor stehen läßt. Er glaubt, die Wasser rauschen zu hören und am fernsten Horizont einen Küstensaum aus den wogenden Fluthen auftauchen zu sehen und am Ende läßt er sich selbst von den schaukelnden Wogen hinaustragen in die endlose Weite.

Und wiederum ein Bild des Urwaldes, aber diesmal ein wunderbar
liebliches. In der lauſchigen Einſamkeit des dichten Waldesſchatten
badet ein weißes, unſchuldvolles Mädchen. Das koſende Waſſer ladet
zum Bade ein und die ganze Umgebung mahnt an die reizendſten
Schilderungen, die Pinſel und Feder uns überliefern.

In eigenthümlichem Kontraſte zu dem vorſtehenden Bilde ſteht
ſein Pendant: Das ſchwarze Naturkind im Bade. Ein ſchöngeformtes,
üppiges Negermädchen, entzückt vom liebenden Spiel der Schmetter-
linge, haſcht nach den leichtbeſchwingten Sonnenfaltern. Wilde Reben
und das ſaftige Grün des üppigen, beinahe an das Tropiſche gren-
zenden Urwaldes umſäumen das klare Gewäſſer. Kecke Sonnenſtrahlen
dringen durch das dichte Blätterdach und ſpielen neckiſch auf Schulter
und Buſen des ſchönen Kindes von Sudan.

Fernere Gemälde, die Buchſer aus Amerika gebracht hat, ſind folgende: Ein „Auguſtmorgen im alten Virginien“ führt uns ein gemüth-
liches Dorf am Oſtabhange der blauen Berge vor. Den Vordergrund
des Bildes nimmt eine röthliche Straße ein, über die ſich der Schlag-
ſchatten rückwärts ſtehender Bäume ausbreitet. An einem Lattenhag,
der längs der Straße ſich hinzieht und einen üppigen Garten mit
Maispflanzung von derſelben trennt, ſtehen drei edle Pferde ange-
bunden. Der Pferdehüter, ein weißer Junge, hat ſich bäuchlings hin-
geſtreckt und ſtützt träge den Kopf auf beide Arme. Während die
Morgenſonne ihre ſengenden Strahlen auf die Gegend wirft, lagern
ſich links einige den wohlhabenden Ständen angehörige Perſonen im
gemüthlichen Schatten vor dem behäbigen Pflanzerhauſe. Ein junges
Negermädchen eilt mit Erfriſchungen die Treppe hinunter, um ſie einer
noch zu Pferde ſitzenden Dame anzubieten. Das Ganze rahmt eine
reiche Vegetation ein, Maisfelder mit majeſtätiſchen Lotus- und Akazien-
bäumen mit Schlingpflanzen überragt, welch letztere auch das Pflanzer-
haus umranken und beſchatten. Das Bild athmet heiße Luft und
über dasſelbe liegt das intenſiveſte Licht des ſüdlichen Himmels ausgebreitet.

„Vor einer Negerhütte“ heißt das zweite Bild: Ebenfalls im heißen
September im Schatten vor der Hütte unter der Akazie ſitzt eine
ſchöne Negerin, die ein weißes Kind an ihrem Buſen ſtillt. Vor
ihr liegt platt auf dem Boden ein träger Negerſchlingel, ihm zur
Seite einige Hühner und Früchte, die er ohne Zweifel irgendwo ge-

ſtohlen hat. Der Burſche ſieht recht verſchmitzt drein und ſcheint zu
allen möglichen ſchlimmen Streichen aufgelegt. Den Hintergrund
bildet eine ganze Negerplantage, beſtehend aus Tabak-, Kohl- und
Maispflanzungen. In der hellen Sonne ſteht ein einfaches Blockhaus,
aus deſſen Schornſtein bläulicher Rauch aufſteigt und gegen den tief-
ernſten Wald hinzieht, deſſen herrliche Syfomoren bereits in's Gelbe
ſpielen. Ganz zuletzt am Horizont ſteigen die blauen Berge auf und
geben dem lichtdurchſättigten Genrebild einen wohlthuenden Abſchluß.
Die Exkurſion wurde bis in die Kupferregionen fortgeſetzt. Viele
Bilder und Skizzen waren die Ausbeute dieſer; hauptſächlich konzentriren
ſie ſich um die großartigen Rapids of St. Mary. Hier malte er das
große Gruppenbild „Mary Blane." Im Schatten eines Baumes, durch
deſſen Laubdach ſich keck und luſtig das Sonnenlicht ſtiehlt, befinden
ſich verſchiedene Neger, die der melancholiſchen Ballade von der „Mary
Blane" lauſchen, welche ein junger ſchwarzer Miniſtral bei Banjo-
Begleitung vorträgt.

　　Im Winter 1868/69 beſuchte Buchſer den abgetretenen Staatsſekretär Seward in ſeiner Reſidenz in Auburn im Weſten von New-
York, am See von Owosca. Hier verweilte Buchſer drei Monate und
ging dann im Juli nach dem öſtlichen Virginien über den Alleghany,
nach Charlotteville, wo die Negerſtudien fortgeſetzt wurden. Im Herbſt
1869 malte er den General Lee, den General der Südlichen, in ſeiner
damaligen Heimath Lexington, ein Bild, das ebenfalls im Bundespalaſt
in Bern aufgeſtellt iſt. Den Winter brachte er in Waſhington und
New-York zu, den Sommer 1870 wieder in Charlotteville, um ſeine
Negerſtudien fortzuſetzen, den Winter 1870/71 wieder in New-York.
Im Frühjahr 1871 den 20. Mai kam Buchſer nach fünfjährigem
Aufenthalte wieder in Europa an, gerade als Paris in Flammen ſtand.
Seine Mutter war alt geworden, das hielt ihn im Vaterlande zurück.

　　Während dieſer Zeit beſchäftigte er ſich vorzugsweiſe mit Bildern
aus dem Emmenthal und ſeinem kernhaften Volke, das Buchſer, der
ſelbſt eine kernhafte unwüchſige Natur war, ſo ſehr anzog.

　　Wenn wir nicht irren, ſo verließ Buchſer ſein freundliches Heimath-
dörfchen Feldbrunnen im Auguſt 1875. Seine Mutter, an der er
mit inniger Liebe hing, ſtarb, und da wollte ihm die Heimath nicht
mehr recht zuſagen. Buchſer war zwar von jeher ein arger Zugvogel
geweſen, allein ſeine Freunde hatten geglaubt, als er Anfangs 1871

nach langem Aufenthalte in Amerika wieder in die Schweiz kam,
werde er nun endlich ſeinen dauernden Wohnſitz hier aufſchlagen und
ſich häuslich einrichten.

Aber den ſtrebſamen Künſtler trieb es ungeſtüm vorwärts, Neues
und Schönes in fremder Form und Geſtalt zu ſehen und zu ſchaffen.
Fremdartiges und Merkwürdiges, was nicht ſchon ſo oft Gegenſtand
der Studien und Ausführung geweſen war, konnte ihm die Heimath
nicht bieten, er mußte alſo hinaus „in die Fremde".

Buchſer wandte ſich wieder England zu, wo er allerdings kein
Fremdling war. Wir erinnern uns noch ganz gut der Zeit, wo ein großer
Theil der engliſchen Preſſe ihn mit Enthuſiasmus empfing, und mit
Vergnügen habe ich zeitweiſe in den „Basler Nachrichten" den Leſern
Kenntniß gegeben von den Erfolgen Buchſer's in den engliſchen Groß-
handelsſtädten.

Buchſer ſcheint bald nach ſeiner Ankunft in England einige Jagdſtücke,
Grous shooting ꝛc., mit vielem Erfolg gemalt zu haben. Ein Portrait in ganzer Figur einer Dame aus Scarborough muß allem An-
ſchein nach alles von Buchſer bisher Geleiſtete weit übertroffen haben,
denn des Lobes in den Blättern wollte kein Ende nehmen, ſo tief-
innig muß nach aller Beſchreibung die Anmuth ſein, die Schönheit
und die gediegene Eleganz, die dieſes poetiſch verklärte, in ſchmelzen-
dem Kolorit ſtrahlende Bild umgeben. Der Beifall, den das Bild
fand, hatte zur Folge, daß Buchſer ſich eine Zeit lang der Portrait-
malerei widmete. Ein anderes Bild, das Portrait eines berühmten
Ingenieurs, machte ebenfalls außerordentliches Aufſehen durch ſeinen,
wie ein engliſches Blatt ſich ausdrückt, „noch nie dageweſenen Realismus."

Schade, daß Buchſer's Bilder meiſtentheils in's Ausland wanderten, nach England, Spanien, Paris und Amerika.

Das Portraitfach konnte unſern Maler auf die Dauer nicht
befriedigen, er wandte ſich bald mit Vorliebe einem beſondern Genre
zu, dem engliſchen Fiſcherleben. Das Leben am Strand, das bewegliche Volk der Fiſcher und Schiffer, das Meer ſelbſt in ſeinen mannigfaltigen Geſtaltungen boten ihm reiche Motive für den ſichern und
geübten Pinſel und wir erſehen aus den Beurtheilungen mehrerer
Bilder, daß er den draſtiſchen Ernſt und die Poeſie des Lebens am
Meere wohl begriffen und wiederzugeben verſtanden hat. Doch wenn
der Frühling wieder über die Berge zog, dann lockte es auch Buchſer

heraus aus dem Halbdunkel des Ateliers und dem Qualm der Städte
nach den grünen Wäldern und den blühenden Auen Englands. Da
entſtanden in den neuen Wäldern von Hampſhire (The new forest)
ein Jagdſtück, Jäger zu Pferde mit Hunden und Treibern, und
mehrere andere Bilder, worunter ein altes, oft dageweſenes, aber
immer glückliches Thema: die Kohlenbrenner, Stoffe, die dem Realismus Buchſer's ſattſam Nahrung boten.

Die Engländer halten Frank Buchſer für einen Ihrigen; kein
Ausländer kann nach ihrer Meinung eine ſchöne Dame, ein Pferd ana-
tomiſch richtig zeichnen und malen. Buchſer's ungemeine Verſatilität
überraſcht daher Jeden, der an ſeine Bilder herantritt und ein eng-
liſcher Kunſtkritiker betont geradezu den Umſtand, daß Buchſer es ſo
meiſterhaft verſtehe, Pferde und Hunde zu malen, als eine Eigenthüm-
lichkeit, die ihn engliſchen Malern gleichſtelle. Daß Frank Buchſer
in dieſen beiden Sujets exzellirt, macht ihn in England ſo „populor"
und führte ihn in jene Kreiſe ein, in denen der Sport eine der vielen
Lebensbedingungen der ariſtokratiſchen Welt iſt.

Aus der Zeit des Aufenthalts in England wollen wir nur noch
drei Bilder beſprechen: „Sorgenfrei", „Fluth umfangen" und das
„Fiſchermädchen". Das zweite befindet ſich im Berner Muſeum.

Die Sonne Englands ſcheint milder, aber in gewiſſer Art nicht
weniger reizvoll. Denn wem anders als ihren lichthellen Strahlen
hätte es gelingen mögen, die ſchöne Lady aus den ſchattirt dunkeln
Gängen des wohlverwahrten Schloßparks heraus- und ihr entgegen-
zuführen am kühlen Strande des endloſen Meeres? Gewiß, dieſer
Dienſt iſt ihr höchlich zu danken. Denn es iſt nicht alltäglicher Genuß,
die feinen Züge eines ſo edel gebildeten Geſichtes zu erſchauen und
ſich zu erfreuen an ſo zartem und zugleich ſo königlichem Bau.
„Sorgenfrei" iſt das Bild betitelt. Der Wohllaut dieſes einzigen
Akkordes iſt in reicher Fülle über das ganze Bild ausgegoſſen. Nicht
nur in der reizvollen landſchaftlichen Umgebung glänzt wohlthuender
Sonnenſchein, ſondern es herrſcht auch in der Bruſt der holden Lady
eine entſprechende wonnige Stimmung vor, die ihren ſprechenden Ausdruck in der Bewegung jedes einzelnen Gliedes, in der Haltung des
Körpers wie in dem Ausdruck des lieblichen Geſichtes findet.

„Fluth umfangen" zeigt uns ein verwahrlostes, verwildertes
Mädchen, das ſich in dumpfer Verzweiflung, auf eine vorſpringende

Klippe gelagert, in das schreckliche Schicksal ergeben hat, welches ihr
das steigende, an den senkrechten Ufern emporbrandende Meer bereiten
wird. Sie hat sich in dieses Schicksal ergeben, aber nicht mit stillem,
gottergebenem Herzen. Ein unheimliches, dämonisches Feuer blitzt aus
den finster zusammengezogenen Augen, und ein wilder Trotz umspielt,
wie Hohn auf Geschick und Vorsehung, die emporgeworfenen Lippen.
Das Kinn in die rechte Hand gestützt, liegt sie, einer wilden Katze
nicht unähnlich, ausgestreckt auf dem harten Stein und scheint in ein
schauriges Brüten über ein jetzt abgeschlossenes, liebe- und freud-
loses Leben zu versinken. Die Einsamkeit war der Fluch ihres Lebens.
Und sie, der Vorlassenen eine, die der unbarmherzige Kampf um's
Dasein Tücke und Bosheit gelehrt hat, geht unter, einsam, unbeweint
und unbeklagt, im Kampf mit der gewaltigen, fühllosen Natur. Das
Bild ist von ergreifender, düsterer Gewalt. Es ist eins von denen,
die man, hat man sie einmal mit ihrer ganzen Tragik recht in sich
aufgenommen, nimmermehr vergessen kann. Die Farben sind, der
Stimmung gemäß, anspruchslos, aber von realistischer Kraft.

„Das „Fischermädchen" ist das dritte Bild, welches unsere Aufmerksamkeit fesselt. An einer Hafenmauer bietet es Fische feil. Im
Typus ist es dem oben besprochenen Bilde verwandt, doch blickt es
offen und nur mit dem Ausdruck einer gewissen Befangenheit, dem
ein leichter Anflug angeborner Traurigkeit beigemischt ist, in die Welt.
Es ist ebenfalls eine von den Verstoßenen, wie sie unsere Zeit so
häufig aufweist; der soziale Gegensatz ist durch einige elegante weib-
liche Badegäste im Hintergrunde auf dem Hafendamm angedeutet,
deren eine mit der Angelruthe den Fischfang als fashionabeln Sport
betreibt, von dessen Ertrag das zerlumpte Mädchen vor uns ein arm-
seliges Leben zu fristen gezwungen ist.

Wenn auch in dem Gemälde die blauen Töne und Schatten
störend wirken, so sind die Farben in einer so eigenthümlichen gesuch-
ten Manier angebracht, daß das Ganze dadurch ein sammtartiges Ansehen erhält und aus der Ferne betrachtet, wie eine Gobelindarstellung
wirkt.

* * *

Nochmals geht Buchser 1878 nach Marokko. Sein „mauri-
scher Markt in Tanger" ist eine ureigene überwältigende Leistung,

die den Stempel einer vollausgebildeten, künstlerischen Persönlichkeit
trägt. Man möchte glauben, die gesammte Einwohnerschaft des Sul-
tanats Marokko habe sich auf diesem engen Raume zusammengefun-
den. Männer, Weiber, Kinder, jedes Alter, jeder Stand, jede Rasse
regt und bewegt sich hier in kunterbuntem Gewimmel, ruft und schreit,
gestikulirt und rennt, schachert, ißt und trinkt, und in dem ungeheuren Menschenknäuel doch keine Verwirrung, nichts verwischt und
flach, Alles kommt in dieser grellen Sonne zu seiner malerischen Wirkung, jeder Kopf hebt sich frei ab von dem seines Nachbars, überall
cirkulirt Luft, und über dieses brausende Gewoge leuchtet ein wolken-
loser, schwerer afrikanischer Himmel. Dieser „Markt in Tanger"
macht einen geradezu verblüffenden Eindruck von lebendiger farbiger
Bewegung. Ein solches im besten Sinne realistisches Gemälde mag
manchen Beschauer auf den ersten Blick befremden; für das wahrhaft
künstlerische Können eines mit dem vollen Bewußtsein seiner Kraft
schaffenden Meisters ist dieses Werk eines der lehrreichsten Beispiele.

Im Frühjahr 1878 geht's auf die großen Fahrten nach Italien,
nach Rom, Tivoli, Olevano und in's Sabinergebirge und 1884 und
1885 nach Capri. Hier in Italiens heitern Gefilden malte er das
„Römische Baueruidhll" (in der Zürcher Kunstsammlung), den „Sonnen-
untergang im Sabinergebirge", die „Banditenbraut", die Schäferidylle
„Il bacio" ver Kuß). Wir befinden uns, sagt ein Rezensent im
„St. Galler Tagblatt", auf den würzigen, farbenstrahlenden Höhen
des Sabinergebirges mit seinen Olivenbäumen, seinen Pinien und
rothblühenden Kaktushecken. Bei einem von keinem Wölkchen getrübten
klaren, blauen Himmel, wie er nur über dem glücklichen Italien sich
wölbt, ist an einem schwülen Sommertag in den heißen Nachmittags-
stunden die junge schöne Hirtin eingeschlafen, sie hat das seitwärts
geneigte, hübsche Köpfchen über die rückwärts gekreuzten Arme gelegt,
die Beine übereinander geschlagen und träumt von schöner goldener
Liebeszeit. Auf einem Felsvorsprung steht ein ehrwürdiger weißer
Ziegenbock mit mächtig geschwungenen Hörnern und schaut hinunter
in die Campagna, wo seine Schäfchen tief unten im Thal weiden. Da
kommt ein brauner junger Hirtenjunge mit schwarzen Augen und
langem pechschwarzen Haare über den sanft abwallenden Rain herauf-
geschlichen und beugt sich kniend, auf einen kräftigen Arm gestützt,
zu Häupten des Mädchens und guckt in das rosige Gesicht der Schla-

fenden, und wir sehen den Moment nahen, da er die Erschreckte trium-
phirend mit einem Kuß weckt. Ueber die herrliche Gruppe breiten
hochgewachsene Bäume ihre Schattenkrone und durch das Blätterwerk
stiehlt sich neugierig die Sonne.

Ein unendlicher Zauber liegt über das ganze Bild ausgebreitet;
Gruppirung, Meisterschaft in Zeichnung und Technik, farbenprächtiges
und doch harmonisches Kolorit, eine reizende Landschaft mit virtuoser
Behandlung der Licht- und Luftperspektive, glückliche Lösung schwieriger
Verkürzungen, kurz Alles vereinigt sich, um das in Handlung und
Ausführung gleich ausgezeichnete Gemälde als ein vollendetes Meister-
werk erscheinen zu lassen.

Und ein anderer Berichterstatter äußert sich in den „Basl. Nachr."
über dieses Bild folgendermaßen:

Unter dem gegen die Mittagssonne schützenden Laubdach zweier
italienischer Eichen ruht, anmuthig auf dem Rücken gelagert, das
Köpfchen auf beide Arme gebettet, die Schenkel lässig über einander
geschlagen, ein reizendes Mädchen von etwa dreizehn bis vierzehn
Jahren. Der Spinnrocken ist seiner schläfrigen Hand entsunken; die
Augen sind fest geschlossen; auf dem anmuthigen Antlitz spiegelt sich
der Wiederschein rosiger Träume. In wahrhaft künstlerischem Gegensatz
zu diesem Dornröschen in zierlich italienischer Gewandung naht sich
von der rechten Seite her, ein ächter „Wilder". Ein junger Bursche,
mit einem wahren Urwald über die Stirn hängenden, straffen, pechschwarzen Haares, naht sich, leise auf den Knien heranrutschend, der
schönen Schläferin einen Kuß zu rauben. Er ist schon in nächster
Nähe angelangt. Seine beiden Hände fest aufstemmend, neigt er sich
vorn über, und wir sehen den Moment, wo seine lüstern zugespitzten
Lippen den rosigen Mund Dornröschens berühren und dieses, erschreckt auffahrend, den frechen Räuber mit klingender Münze bezahlen wird.

Dieser Liebesszene diskret den Rücken kehrend und anscheinend
in tiefsinnig-philosophische Betrachtung der gegenüberliegenden Volster-
Berge versunken, steht im Mittelgrund, in meisterhafter Verkürzung
gezeichnet und trefflich gemalt, ein weißer langhaariger Ziegenbock,
während links unten in ziemlicher Entfernung die Heerde, sich selbst
überlassen, zwischen Olivenbäumen friedlich weidet. Ein Hirtenidyll
par excellence!

Und wie sehr entspricht die Ausführung dem Gegenstand. Wie schön ist die Linienführung in der ganzen, denkbarst anmuthig hinge-gossenen Gestalt des schlafenden Mädchens! Wie reizend der Umriß des Profils! Wie zart die Farbengebung! Man sieht, der Künstler hat dem Gegenstand seine volle Liebe entgegengebracht, die sich von der Hauptperson auf alles Uebrige erstreckt. Daher die bis in's Detail sorgfältige Ausarbeitung auch in den Nebensachen; daher ein gewisses, äußerst wohlthätig wirkendes Maßhalten in der Beimischung realistischer Elemente. So ist der heranschleichende Ritter zu unserer Freude dies-mal mit einem Paar ganz erträglicher Hosen ausstaffirt, und statt des durchlöcherten Wamses zeigt er uns — angenehm für ihn, wie auch für uns — einen nackten, prächtig modellirten Oberkörper. Das Landschaftliche ist sehr schön: der Himmel durchsichtig klar, die Luft-perspektive trefflich, der Baumschlag, das Gesträuch, der felsige Vorder-grund mit gewohnter Meisterschaft ausgeführt.

Und ein letztes Bild:

„Das Gemälde stellt ein blühendes Weib dar, welches, in einem durch tiefes Walddickicht rieselnden, krystallhellen Bache stehend, mit beiden Händen das vom kokett rückwärts geneigten Köpfchen, reich-herabwallende, feuchte Tizian'sche Goldhaar ausringt: in der Kompo-sition vielfach an eine in Arbeit begriffene, reizende Statue des Bild-hauers Kißling, erinnernd. Zeichnung und Kolorit, namentlich die Modellirung des jugendlich schönen Körpers sind außerordentlich ge-lungen."

* * *

Zwei Male (1883 und 1884) ging Buchser nach Dalmatien, Corfu und Griechenland, und wir erinnern uns noch lebhaft, wie der Künstler mit einer Freudigkeit und Herzinnigkeit uns seine neuen Schätze vorlegte, die er in Griechenland gewonnen hatte. Da stand Buchser auf der Höhe seiner Kunst. In Griechenland, wo der Himmel in unver-wüstlichem Glanze und mit ewiger Heiterkeit lächelt, hat Buchser zwei Winter zugebracht, und hier ist ihm, nach eigenem Geständniß, im täg-lichen und stündlichen Verkehr mit diesen ganzen Menschen und mit den herrlichen Ueberresten altklassischer Kunst der volle Begriff helleni-scher Formen- und Farbenschönheit wie eine neue Offenbarung auf-gegangen.

Die zwei größern Arbeiten, die er von dort mitgebracht, athmen
denn auch ganz den Geist der Antike. Eine Besprechung in den
„Basl. Nachr." schildert diese Bilder folgendermaßen:

„Der stille Götterhain unten am Meeresarm, der das Land der
Phäaken von Epirus trennt, mit der uralten, knorrigen Olive rechts
im Vordergrund, durch deren verwitterten Stamm das Blau des
Himmels blickt, während ihr feines Blattwerk sich wie Filigranarbeit
auf dem weiten Wasserspiegel abzeichnet, gemahnt in seiner ruhigen
Schönheit an eine Preller'sche Odyssee-Landschaft — und die junge
Corfiottin, welche so frisch und keck, mit fliegenden Gewändern den
schmalen Fußsteig einherschreitet, der von Castrades nach Süden führt,
läßt sich dem Besten an die Seite stellen, was in diesem Genre überhaupt gemalt worden ist."

Die übrigen Bilder, die Buchser von Griechenland gebracht hat,
sind Landschaften und größere Genrebilder voll Charakter und Leben,
die uns die prächtige Natur und die nicht minder bedeutenden Menschen
des jonischen Archipels vor Augen führen. Vor Allem ist es der schon
genannte sonnige Olivenhain am Strande des Meeres, der in rei-
zender Ruhe den Mittelpunkt füllt, indeß die reich gefaltete Alpenkette
von Epirus in der Ferne blaut. Wir spüren das leise Spiel des
Windes im Geäst der uralten Oelbäume, wir folgen den verschlungenen
Wegen in's Dickicht der Baumgärten hinein und unwillkürlich theilt
sich die Klarheit und der ruhige Glanz dieser südlichen Welt unserm
Gemüth mit. Es ist ein Bild voll Naturtreue, mit unendlicher Liebe
behandelt, und in jenen tiefen und doch leuchtenden Farbentönen, um
welche Mancher den Maler Buchser beneidet. Mehrere kleinere Landschaften führen uns die Ufer des Meeres mit dem Treiben der Fischer,
oder eine schöne Bucht mit tiefen Fernen, oder ein felsiges Thal mit
Cypressen im letzten Dämmerschein des Abends vor Augen. Und nun
erst die Menschen!

Darüber lassen wir einen Berichterstatter der „Allg. Schw. Ztg."
reden:

„Ein großes Bild: ein Mädchen voll Kraft und edler Entschieden-
heit in den klassischen Zügen, rasch einherschreitend in dem prächtigen,
fast antiken Kostüm, das Kleid im Seewinde flatternd: eine königliche
Gestalt im einfachen Gewand des Landvolks, eine Griechin im aller-
glücklichsten Moment aufgefaßt: Anmuth und Energie im Verein.

Und welche Landſchaft! Im Winde ſich biegende Oelbäume, ein tief-
blaues, erregtes Meer, und drüben die Alpen des Feſtlandes: Alles
in Farbengluth und Farbenzauber leuchtend. Buchſer iſt ein Maler,
der nicht verſchmäht, immer zu lernen, und der deßhalb auch Fort-
ſchritte macht. Kaum je hat er ſo Erfreuliches, ſo vollkommen Schönes
geſchaffen wie diesmal, frei von jeder Exzentrizität."

„Mehrere kleinere Figurenbilder vervollſtändigen unſern Einblick
in griechiſches Weſen: ein Parteigänger oder Klephte, niedergedrückt
in das blühende Gras, darüber die Schneegipfel der Berge; ein ſtolzer,
höchſt ſelbſtbewußter Hirt, aufrecht, in Waffen; mehrere Spinnerinnen
und Stickerinnen, wie ſie durch die Fluren hinſchreiten: jede in Koſtüm
und Haltung von klaſſiſcher Vollendung, Töchter des heute noch ſo
hoch begabten griechiſchen Volkes."

* * *

Gerade auf der Höhe ſeiner Meiſterſchaft angelangt, erfaßte
Buchſer die heimtückiſche Influenza und nun liegt er bereits im kühlen
Erdengrunde begraben.

Buchſer begann in ſeiner Malerei mit der landläufigen Scha-
blone, wie er dies noch in ſeinem Bilde „die Entſagung" kundgibt, wo
er auf einer Reihe von Mönchsgeſichtern die Wirkung des Anblicks
eines jungen vorbeireitenden Ehepaars zum Ausdruck brachte; ſeit er
aber drei Erdtheile bereiste, hat er an realiſtiſcher Kraft gewonnen, deßhalb nimmt Buchſer in der Malerwelt eine ſelbſtändige, eigenartige Stellung ein, die ihn auszeichnet wie die Reformer gegenüber der Orthodoxie in religiöſen Dingen. Buchſer hat ſich geſehnt nach dem Para-
dieſe ewiger Schönheit; dieſe Schönheit wollte er nicht erringen auf
dem Wege phantaſtiſcher Gebilde, ſondern auf der wenig beſchrittenen
Bahn eines geſunden Realismus, den er ſelbſt in der ausgeſprochenſten
Weiſe als Menſch repräſentirte.

Buchſer war der Gerſtäcker der ſchweizeriſchen Maler, er war
ein Wandervogel, den es nie lange zu Hauſe litt; was er dann
draußen in den amerikaniſchen Wäldern oder in der Sonnengluth
Afrika's traf, das warf er ſofort an Ort und Stelle flott und keck
auf die Leinwand. Seine Bilder haben daher auch, was man beim
Weine „Erdgeſchmack" nennt. Akademiſche Malweiſe liebte er nicht,
pyramidaler Aufbau der Gruppen, ſymmetriſches Abwägen ꝛc., das

Alles kümmerte ihn wenig, er nahm die Sachen realiſtiſch, wie er ſie
fand; ein hübſches Beduinenmädchen oder eine alte häßliche Vettel,
Alles wanderte in ſeine Mappe. Die realiſtiſche Geſtaltung der Schönheit aber war ihm Lebensaufgabe. Buchſer hat ſich ſelbſtändig auf
die Höhe gearbeitet. Da, wo viele Andere an den Klippen voll
Schwierigkeiten geſcheitert wären, hat er geſiegt. Mit dem Temperament
eines unermüdlichen Kämpfers, mit der Tapferkeit, mit welcher er
gegen die Hinderniſſe des Lebens anſtritt, mit dem Ernſt und der
Spontaneität ſeiner Ideen, iſt er aus dem Kampfe als Sieger hervor-
gegangen. Er war vor Allem ein Koloriſt, wie er im Buche ſteht.
Er liebte es, Lichtreflexe hervorzubringen, Lichter auf den Geſichtern,
auf den Kleidern und ſelbſt auf den Sachen.

Wenn irgend ein Klima, ein Himmel oder eine Atmoſphäre be-
ſondere Schwierigkeiten bot, ſo machte es ihm ein Vergnügen, gegen
dieſe anzukämpfen und wenn er dieſelben beſiegt hatte, brach er ſein
Zelt ab und ſchlug es hundert Stunden weiter auf, wo er in der
freien Natur arbeitete und ſich wohl befand. Er liebte es nicht, aus
dem Kopfe zu malen, die einfache Erinnerung genügte ihm nicht, er
mußte die Sache ſelbſt haben. So nahm er auf ſeinen Reiſen be-
gonnene Gemälde mit ſich, um ſie an Ort und Stelle zu vollenden,
um ihnen ihren wahren Charakter, ihren wahren Ton zu verleihen.
Man erſtaunt, bei ihm, der ſonſt ſo ſubjektiv war, in der Kopie der
Natur eine ſolche Geduld und Gewiſſenhaftigkeit anzutreffen, überhaupt
daß er ſo objektiv ſein konnte.

So arbeitſam und reichhaltig er in ſeinen Gemälden war, ſo trieb
er nie „Fabrikarbeit“. Das Beſichtigen von Gallerien aller Herren
Länder hatte Buchſer's Geſchmack geläutert und die ſtete, munter-
brochene Uebung ſeine Technik vervollkommnet. Sein Ruhm nach
künſtleriſchen Motiven war mit Mühen und Entbehrungen aller Art
verknüpft. Im Volsker-Gebirge und in den Abruzzen iſt keine reich-
liche Tafel gedeckt und zu den heiligen Eichen von Davona und in's
Innere der Peloponnes führen noch keine Eiſenbahnen und Poſten.
Buchſer iſt deswegen ein bedeutender Künſtler geworden, weil er von
jeher ein fleißiger und gewiſſenhafter Künſtler war.

* * *

Noch einer andern Thätigkeit Buchſer's wollen wir gedenken, ehe
wir das letzte Gewinde zum Kranze auf das Grab Buchſer's zu

St. Nikolaus legen, wenn wir auch eines Andern Feder dazu benützen müssen (K. Eggenschwyler).

„Schon 1864/65 stiftete Buchser mit den Malern Stückelberg (Basel) und R. Koller (Zürich) zum Zwecke, die Künstlergesellschaft von der vormundschaftlichen Fessel der Kunstvereine zu befreien, „die Vereinigung schweizerischer Künstler". Dieser Verein entsprach in der Folge den Voraussetzungen nicht, die Buchser bei seiner Gründung leiteten. Er nahm später, Anfangs der Achtziger Jahre, seinen Lieb-lingsgedanken wieder auf, um ihn in anderer Weise zu verwirklichen. Er ergriff die Initiative, die hervorragendsten schweizerischen Künstler unter die Fahne der Emanzipation wahrer Kunst vor den Launen, Schrullen und barocken Urtheilen eines verknöcherten Kunstbonzenthums zusammenzuschaaren und rief, als er neuerdings von dieser Seite auf Hindernisse und gehässige Angriffe stieß, die schweizerische Kunstliga in's Leben, mit deren Hilfe es ihm gelang, eine Aera materiell unab-hängiger, geistig freierer Kunstthätigkeit unter vorzugsweiser Berück-sichtigung nationaler Ideen und Bedürfnisse anzubahnen. Wenn auch die Früchte seiner unermüdlichen Anstrengungen, in der Schweiz das Interesse von Behörden und Volk für die Idee des Schönen und ihre Verkörperung durch die Kunst mehr als bisher zu wecken, Andere nach ihm genießen werden, so erhellte doch das Bewußtsein, für eine edle Sache opfermuthig, unverdrossen und unentwegt gestritten zu haben, den Abend seines irdischen Seins mit innerer Befriedigung."

* *. *

Hart an der südöstlichen Ecke der Kirche zu St. Nikolaus bei Feldbrunnen, neben dem Grabe des Dichters Dr. Fr. Jos. Schild, des „Großätti vom Leberberg" und in der gleichen Reihe von Charles Sealsfield ruht Buchser. Dienstag den 25. November Nachmittags um 2 Uhr hat man ihn zur Ruhe bestattet. So unfreundlich am Morgen die Witterung war, so augenehm gestaltete sie sich des Nachmittags. Mit vielen Kränzen beladen, fuhr der architektonisch ausgeführte Leichenwagen vom Hause Buchser's in Feldbrunnen weg, von wenigen Künstlern, aber von vielen Freunden aus Solothurn begleitet. Es war ein langer Leichenzug, der sich über die Höhe neben dem Schlosse von Bejenval vorbei, nach der Kirche von St. Nikolaus bewegte. Hier erwartete den Zug der Männerchor von Solothurn, der vor Beginn der Feier und nach derselben zwei schöne Lieder sang. Der altkatholische Geistliche, Herr Prof. Meier, gab in längerer Rede seinen Gefühlen Ausdruck über den Glauben und das freie Denken und wies darauf hin, daß Buchser allezeit aus seinen Erfahrungen, die er in drei Welttheilen gemacht, sich eine eigene, über allen Religionen stehende Religion gebildet habe, in der das freie Denken von jeher die Grundlage gewesen sei.

Und nun lebe wohl, alter lieber Freund. Dein Leib ruhe aus in dem stillen Friedhof von St. Nikolaus, Deine Seele aber schwinge sich auf zu dem ewig Schönen und Hehren, das Dir immer ein Vorbild war Dein ganzes Leben hindurch! Lebe wohl!

Der Pfeifertag in Rappoltsweiler im Elsaß.

Seit dem frühesten Mittelalter hausten auf dem Berge oberhalb der jetzigen Kreisstadt Rappoltsweiler im Elsaß die edlen und gestrengen Herren von Rappoltstein, Hoheneck und Geroldseck. Diesem mächtigen Rittergeschlechte war zu Ende des 14. Jahrhunderts die Schutz- und Schirmherrschaft über die Bruderschaft der Pfeifer und fahrenden Leute des Elsaß übertragen worden. Jedes Jahr am 8. September, am Gedenktag der Geburt Maria's, versammelten sich die Mitglieder dieser Pfeiferbruderschaft in Rappoltsweiler, um ihre Angelegenheiten zu ordnen, ihre Streitigkeiten zu schlichten, ihrem Könige die Abgaben zu entrichten und sich nach den Geschäften des Tages an Spiel und Tanz zu erfreuen.

Da sich die Pfeifer und Spielleute in frühern Jahrhunderten in Deutschland durch ihre Frechheit und Aufdringlichkeit und ihren ausschweifenden Lebenswandel hervorthaten, wurden sie von der katholischen Kirche in den Bann gethan und waren im bürgerlichen Leben völlig schutz- und rechtlos.

Durch die Bemühungen und Vermittlungen Wilhelm's von Rappoltstein im Jahre 1461 söhnte sich die Kirche wieder mit den Pfeifern aus,

sie wurden wieder vom Banne losgesprochen und durften zu Ostern
kommunizieren, doch sollten sie sich vierzehn Tage vor und nach der Kommu=
nion der Ausübung ihres Possenreißergewerbes enthalten. Die Pfeifer=
bruderschaft umfaßte nicht nur allein die Flötenspieler, sondern alle Spiel=
leute überhaupt, „sie seien Pfeifer, Trommelschläger, Geiger, Zinkenbläser,
oder wie sie sunsten für Spiel oder Kurzweil treiben können." Das
Gebiet der Bruderschaft umfaßte fast das ganze Elsaß: es erstreckte
sich zwischen Rhein und Gebirge vom Hauenstein oberhalb Basel bis
an den Hagenauer Forst. Nur wer Mitglied der Genossenschaft war,
durfte öffentlich spielen. Aber nicht jeder Spielmann wurde in die
Vereinigung aufgenommen. Die Bedingungen der Aufnahme waren
„ehrliche Geburt, Nachweis der bisherigen Führung und eine feste
Lehrzeit" (ein bis zwei Jahre). Nur wer diesen Forderungen ent=
sprach, seinen Eintritt und einen jährlichen Beitrag entrichtete, war
berechtigt, im Elsaß als Pfeifer und Spielmann aufzutreten. Zum
Dank, daß die Kirche die Spielleute wieder in Gnaden aufnahm, er=
nannte die Bruderschaft die heilige Maria von Dusenbach (bei Rappolts=
weiler) zu ihrer Schutzpatonin.

Die Bruderschaft hatte auch ihre eigene Gerichtsbarkeit. Der
eigentliche Richter war der Pfeiferkönig, welcher im Namen des Schutz=
herren Recht sprach. Ihm zur Seite saßen die übrigen Mitglieder des
Gerichtshofes. Gegen die Uebertreter der Zunftgesetze wurden schwere
Geldstrafen verhängt, zuweilen bis zu 100 Gulden. Nach Beendigung
des Gerichts begannen die Festlichkeiten im „Herrengarten", einer rei=
zenden Gartenanlage der Schloßherren. Gaukler und Possenreißer
traten auf und belustigten das herbeigeströmte Volk durch allerlei
Kunststücke, durch Tänze, Spiel und Sprünge, während die besten
Spielleute sich zu einem Wettkampfe vereinigten. Bei Einbruch der
Nacht zog Jung und Alt nach den Tanzplätzen. Diese Festlichkeiten
dauerten in der Regel drei Tage, und bis an's Ende des vorigen
Jahrhunderts wurde der „Pfeifertag" mit Aufwand und Pracht gefeiert.

Am 7. und 8., 14., 15. und 21. September 1890 veranstaltete die
freiwillige Feuerwehr von Rappoltsweiler das 500jährige Jubiläum des
„Pfeifertages", bei welchem alle die Festlichkeiten wiederkehrten, die
seiner Zeit die „Pfeifertage" der frühern Jahrhunderte ausgezeichnet
hatten. Ein auch in weitern Kreisen bekannter Dichter, Dr. Ernst
Zahn, schrieb zur Feier des Tages ein historisches Festspiel „Die

„Pfeiferbrüder", das an vier Sonntagen zur Aufführung gelangte
und, von Herrn Moritz Bloch theilweise in Musik gesetzt, großen Beifall errang. Zur Feier des Tages wurde auch eine Festschrift herausgegeben, eine hübsche Broschüre mit 13 kolorirten und schwarzen Ab-
bildungen vom heutigen und einstigen Rappoltsweiler, vom Pfeifertag
im 15. und 16. Jahrhundert und von einzelnen hervorragenden Gebäulichkeiten und Brunnen der Stadt.

Beim Feste selbst ging es hoch her. Tanzbelustigungen fanden
im Stadttheater von 3 Uhr Nachmittags an allen fünf Festtagen
statt. Montag den 8. und Samstags den 18. September wurden
von der Feuerwehr, bei der wir namentlich den ersten Brandmeister,
Herrn Leo Faller, als besonders thätig hervorheben, Fackelzüge
organisirt. Zu gleicher Zeit wurden die Ruinen der alten Schlösser
mit bengalischem Feuer beleuchtet. Am Sonntag den 14. September
wurde der historische Festzug abgehalten; derselbe bestand aus allen
Schauspielern des Festspieles im Kostüm, der freiwilligen Feuerwehr und
ihrer Kapelle, sowie aus den mitwirkenden Musikvereinen. Es war ein
malerischer Zug; das Fest überhaupt war von Orginalität und Frische.

Der Name der Stadt Rappoltsweiler wird schon im Jahre 768
genannt. Egenolf von Urslingen aus Württemberg wurde in der
Mitte des 12. Jahrhunderts vom Bischof von Basel mit der Herrschaft Rappoltstein belehnt. Er brachte die Herrschaft zu großer
Macht und Blüthe und im Mittelalter erscheinen die Herren von
Rappoltstein gar oft in der Geschichte des Elsaß, wo sie eine gewisse
Stellung einnahmen. Egenolf II. war der Erbauer der Wallfahrts-
kapelle von Dusenbach. Mit Rudolf von Habsburg zogen drei Rap-
poltsteiner in den Kampf gegen Ottokar von Böhmen. Gegen Ende
des 14. Jahrhunderts war das Ansehen Bruno's von R. so groß,
daß Karl die französische Karl VI. ein Bündniß mit ihm schloß. Auch sein
Sohn Schmasman stieg zu hohen Ehren empor. Der Kaiser Sigismund ernannte ihn sogar zum Beschützer der Kirchenversammlung von
Basel. Unter Wilhelm II. erreichte Rappoltstein seinen Glanz- und
Höhepunkt. Kaiser Karl V. verlieh Wilhelm seiner Verdienste wegen
das goldene Vließ. Während des dreißigjährigen Krieges hatte Rappoltstein viel zu leiden. Durch einen Streit wegen der Erbfolge
zerfiel 1673 die Herrschaft und die Stürme der französischen Revolution raubten ihr den letzten Rest der Selbständigkeit.

Als besondere Sehenswürdigkeit wird den Touristen das neuere Schloß der Herren von Rappoltstein gezeigt, das Stammschloß des kgl. bayerischen Hauses und die Geburtsstätte des Königs Max I., früher Oberst des elsässischen Regiments, ein Gebäude, das auf einer Anhöhe steht und gegenwärtig als Realschule dient. Ferner werden als Sehenswürdigkeiten genannt: der fünf Stock hohe Metzgerthurm; das hohe Pfeiferhaus, das zur Zeit der Feubalität den Pfeiferbrüdern als Versammlungsort diente; der prachtvolle Herrengarten; der Sinnplatz mit dem Standbild des Weinbaus, von dem Künstler Friedrich von Rappoltsweiler gemeißelt; der Marktplatz mit dem Brunnen Wilhelm's von Rappoltstein; die Pfarrkirche, vor zehn Jahren neu restaurirt.

Vergessen wir die Hauptmerkwürdigkeit Rappoltsweilers nicht: die Weinberge, die durch ihre ausgezeichneten Gewächse, wie Riesling, Tokayer, Edelwein, Muskateller u. s. w. weithin bekannt sind. Die vortreffliche Qualität wird durch einen alten Elsässer Spruch bestätigt:

> Zu Thann im Rangen,
> Zu Gebweiler in der Wannen,
> Zu Türkheim im Brand
> Wächst der beste Wein im Land.

> Man sagt gegen den Reichenweyer Sporen,
> Haben sie all' das Spiel verloren;
> Doch als die Perle der Weine gilt allgemein
> Der „Zahnacker" unter dem Hoh-Rappoltstein.

www.ingramcontent.com/pod-product-compliance
Lightning Source LLC
Chambersburg PA
CBHW021125270326
41929CB00009B/1050